Über dieses Buch

Karl Marx' Hauptwerk »Das Kapital« gehört zu den wichtigsten und folgenreichsten theoretischen Schriften der Weltgeschichte. Wegen seiner häufig schwierigen Sprache war das klassische Werk der politischen Ökonomie breiten Leserkreisen bisher jedoch kaum zugänglich. Daher ist diese ausführliche und leicht verständliche Darstellung des »Kapital« eine unentbehrliche Arbeitsunterlage für Hochschulseminare, Schulungsgruppen und Kurse in Gewerkschaften und Volkshochschulen sowie für interessierte Einzelleser. Denn hier werden alle zentralen Begriffe der drei Bände des Werkes eingehend erklärt. Im Gegensatz zu früheren Abhandlungen zu diesem Thema verzichtet der Autor dabei weitgehend auf Fachjargon und Fremdwörter, ohne damit auch die wissenschaftliche Genauigkeit zu opfern. Der zweite Band dieser Einführung behandelt neben der Weiterführung der Darstellung des Marxschen Originaltextes auch die Beiträge anderer sozialistischer Theoretiker, die nach Marx an der Analyse des kapitalistischen Wirtschafts- und Gesellschaftssystem weitergearbeitet haben.

Der Autor

Erhart Löhnberg, als Sohn eines sozialistischen Arztes 1903 in Hamm (Westfalen) geboren, studierte zuerst Naturwissenschaften, dann Soziologie und Psychologie in Berlin, wo er 1932 bei Alfred Vierkandt und Wolfgang Köhler promovierte. 1937 emigrierte er zunächst in die Schweiz. Später ließ er sich in Belgien zum Metallarbeiter umschulen. 1938 zog er nach Bolivien. Hier arbeitete er als Lehrer und als Mitarbeiter der von dem sozialistischen Reichstagsabgeordneten Dr. August Siemsen herausgegebenen Exilzeitschrift »Das Andere Deutschland«. Ab 1952 war er im englischen Schuldienst tätig, und seit 1958 lebt er in Westberlin und beschäftigt sich wissenschaftlich mit ökonomischen und politischen Fragen.

Erhart Löhnberg

»Das Kapital« zum Selbststudium

Eine Einführung in das Hauptwerk
von Karl Marx

Band 2

Fischer
Taschenbuch
Verlag

Fischer Taschenbuch Verlag
April 1975
Umschlagentwurf: Jan Buchholz/Reni Hinsch
Fischer Taschenbuch Verlag GmbH, Frankfurt am Main

Gesamtherstellung: Hanseatische Druckanstalt GmbH, Hamburg
Printed in Germany
ISBN 3 436 01897 x

Inhalt

Sechzehntes Kapitel

Das Kapital in der Landwirtschaft*

Der Profit des Fabrikanten und des Kaufmanns, sowie der Zins des Leihkapitals stammen alle von dem in der Industrie erzeugten Mehrwert her, also aus der Arbeit des industriellen Lohnarbeiters. Sie sind die drei bisher betrachteten »Formen« des Mehrwerts. Doch der Begriff »Industrie« ist weiter zu fassen als die Produktion innerhalb von Fabrikgebäuden. Auch die kapitalistisch betriebene, d. h. sich Mehrwert aneignende Landwirtschaft gehört nach M. zur Industrie (im weiteren Sinne des Wortes).
Auch der Besitzer von Grund und Boden bezieht, wenn er ihn von anderen Personen bebauen oder sonstwie verwerten läßt, ein arbeitsloses Einkommen, die sogenannte Grundrente. Auch sie ist eine Form des Mehrwerts; dieser stammt von der kapitalistisch betriebenen Produktion in der Landwirtschaft her, denn er entsteht dadurch, daß ein Kapitalbesitzer – gewöhnlich ein Pächter – ein Stück Land durch Lohnarbeiter bzw. landwirtschaftliche Tagelöhner bebauen läßt und sich den Mehrwert aneignet, den die Erzeugnisse dieses Stückes Land enthalten und der beim Verkauf dieser Erzeugnisse auf dem Markt realisiert wird. Und der Pächter tritt dem Grundbesitzer einen Teil des Mehrwerts ab.
Wenn ein Grundbesitzer einer anderen Person das Nutzungsrecht an Grund und Boden abtritt, d. h., um das hierfür geläufige Wort zu verwenden, eine Landfläche verpachtet, so erhält er dafür von dem Pächter eine bestimmte Geldsumme, die Pachtsumme oder Pacht, die er dem Grundbesitzer gewöhnlich zu bestimmten Terminen, z. B. jährlich, zu entrichten hat. Wenn dem Boden schon *vor* der Verpachtung Kapital einverleibt worden war, indem z. B. Entwässerungs- oder Bewässerungsanlagen oder Pflanzungen darauf angelegt oder Nivellierungen ausgeführt oder Wirtschaftsgebäude oder ähnliches darauf errichtet wurden, so ist der jährliche Zins, den der Pächter für die Benutzung dieser Kapitalanlagen, die ja nicht ihm gehören, zu zahlen hat, nur ein Teil des Pachtgeldes. Dieser Teil der Pachtsumme ist aber nicht die eigentliche Grundrente; diese ist vielmehr derjenige Teil des Pachtgeldes, den der Pächter für die Benutzung einer bestimmten Bodenfläche auch dann zu zahlen hat, wenn darauf noch nie vorher gearbeitet oder vorher noch keinerlei Kapital angelegt worden ist. Die bloße Tatsache, daß jemand Besitzer von Grund und

* Die folgende Darstellung der Marxschen Lehre von der Grundrente lehnt sich in den Grundzügen an die Behandlung des Themas in dem von H. Duncker und K. A. Wittfogel herausgegebenen Kursus »Politische Ökonomie«, Wien 1930, an, doch haben wir hier eine viel ausführlichere Behandlung dieses Themas unternommen.

Boden ist, macht ihn durch dessen Verpachtung zum Empfänger eines arbeitslosen Einkommens, der Grundrente.

Der Pächter seinerseits zahlt die Pacht nur deswegen, weil er durch die Benutzung dieses Stückes Land einen Profit erzielt oder zu erzielen hofft. Würde er durch die Bebauung dieses Landes nur den landesüblichen Durchschnittsprofit erzielen und von diesem außerdem noch die Pacht zahlen müssen, so würde es sich für ihn nicht lohnen, das Land zu pachten und zu bebauen. Der von ihm erzielte Profit muß daher normalerweise höher sein als der landesübliche Durchschnittsprofit. Die Grundrente ist derjenige Teil des von dem Pächter durch die Bearbeitung einer Bodenfläche erzielten Mehrwertes, der übrig bleibt, wenn von diesem Mehrwert der Durchschnittsprofit des Pächters abgezogen worden ist; der Pächter behält den durch die Benutzung der Landfläche (d. h. durch den Verkauf ihrer Erzeugnisse) erzielten Durchschnittsprofit für sich selbst; dem Grundeigentümer zahlt er den Überschuß über den Durchschnittsprofit, eben die Grundrente.

Für die Aneignung der Grundrente müssen offenbar zwei Hauptbedingungen erfüllt sein: Erstens der Privatbesitz an Grund und Boden, und zweitens kapitalistische, d. h. Mehrwert (Profit) erzeugende Betriebe darauf; und zwar solche, die einen höheren als den landesüblichen durchschnittlichen Profit abwerfen.

Die Grund- oder Bodenrente ist meist ein in Geld ausgedrückter, aber auch in Sachwerten oder in Naturprodukten ausdrückbarer bestimmter Wert. Er kann nicht von selbst, gleichsam wie ein Baum, aus dem Boden wachsen; wie jeder Wert muß auch die Grundrente in Marxscher Sicht letzten Endes durch Arbeit entstanden sein. Damit ist die Leitlinie für die Untersuchungen über die Bodenrente vorgezeichnet: Es gilt, die Fragen zu beantworten, *wie* sich der Mehrwert in die Bodenrente »verwandelt«, d. h. in Form der Bodenrente erscheint; und die weitere Frage, wovon die *Größe* der Bodenrente abhängt.

Bei seinen – zum großen Teil nur Manuskript gebliebenen und von ihm nicht mehr in endgültige Form gebrachten – Untersuchungen über die Bodenrente geht Marx von der Voraussetzung aus, daß die gesamte Landwirtschaft auf kapitalistischer, also Mehrwert erzeugender Grundlage, mit Hilfe von landwirtschaftlichen Lohnarbeitern, betrieben wird, daß die kleinen selbständigen Bauern, die ihre Wirtschaft noch durch eigene Arbeit und mit ihren eigenen Produktionsmitteln betreiben, praktisch völlig von der Bildfläche verschwunden oder doch zu volkswirtschaftlicher Bedeutungslosigkeit herabgesunken sind. Ein solches Bild entspricht auch heute, in der 2. Hälfte des 20. Jahrhunderts, noch keineswegs der Wirklichkeit. Vielmehr finden wir überall in den westlichen Industrieländern und vor allem natürlich in den noch nicht industrialisierten Ländern und Erdteilen noch eine große

oder zahlenmäßig überwiegende Menge kleiner selbständiger, Waren erzeugender Bauernwirtschaften.
Andererseits wird aber schon heute die große Masse landwirtschaftlicher Erzeugnisse in kapitalistisch betriebenen landwirtschaftlichen Großbetrieben erzeugt. Die Tatsache jedoch, daß zu Marx' Zeiten, also vor rund 100 Jahren, die Landwirtschaft zum großen Teil noch nicht auf kapitalistischer Grundlage betrieben wurde, ist für seine theoretische Frage nach Wesen und Herkunft der Bodenrente ohne unmittelbares Interesse. Er weist selbst des öfteren mit Nachdruck darauf hin, daß ein großer Teil der landwirtschaftlichen Betriebe noch auf die geschichtlich ältere, nichtkapitalistische Art produziert. Gegenstand seines Interesses und seiner Untersuchungen ist aber die Bodenrente unter der Voraussetzung, daß die Gesamtheit oder mindestens der volkswirtschaftlich entscheidend ins Gewicht fallende Teil der Landwirtschaft kapitalistisch, d. h. mit Hilfe von Lohnarbeitern Mehrwert produziert. – »Die Unterstellung, daß die kapitalistische Produktionsweise sich der Landwirtschaft bemächtigt hat, schließt ein, daß sie alle Sphären (Wirkungskreise) der Produktion und der bürgerlichen Gesellschaft beherrscht, daß also auch ihre Bedingungen, wie freie Konkurrenz der Kapitale, Übertragbarkeit derselben von einer Produktionssphäre in die andere, gleiche Höhe des Durchschnittsprofits usw., in ihrer ganzen Reife vorhanden sind.« Außerdem: »Für unsere Entwicklung (des Gedankenganges) ist es also ein ganz gleichgültiger Einwand, wenn daran erinnert wird, daß auch andere Formen des Grundeigentums und des Ackerbaus existiert haben oder noch existieren.« (III, S. 627f) Bei seiner Beantwortung der Fragen nach der Herkunft und Beschaffenheit der Grundrente wird man daher stets diese Voraussetzung im Auge behalten müssen.
Wie erwähnt, erzielt der Pächter durch die kapitalistische Bewirtschaftung des von ihm gepachteten Stückes Land Mehrwert (Profit); davon behält er den Durchschnittsprofit für sich selbst, und den darüber hinausgehenden Teil des Profits zahlt er als Grundrente an den Eigentümer des betreffenden Stückes Land. Bringt die Bebauung oder sonstige Verwertung der Landfläche nicht genügend Profit ein, um sowohl dem Pächter den durchschnittlichen Profit zu sichern, als auch die Grundrente an den Eigentümer zu zahlen, so wird dieser solch ein Landstück nicht verpachten können, sondern vielleicht die Produktion darauf mit Lohnarbeitern selbst betreiben, falls er dabei den landesüblichen Durchschnittsprofit erzielen kann.
In der Landwirtschaft oder durch sonstige Verwertung einer Landfläche ist es also offenbar möglich, unter bestimmten und zwar sehr häufig erfüllten Bedingungen einen Profit zu erzielen, der größer ist als der landesübliche Durchschnittsprofit, denn sonst könnte ein Pächter nicht die Rente an eine andere Person

zahlen und trotzdem noch den durchschnittlichen Profit für sich selbst behalten.

1. Die Benutzung von Naturkräften

Unter Grund und Boden soll hier nicht nur ein bloßes Stück Land, sondern auch alles andere verstanden werden, was sich darauf oder darunter befindet: Bäche, Flüsse, Waldungen, Wasserfälle, Steinbrüche, Erz- oder Kohlenlager und anderes mehr, so z. B. auch Fischereien, Bauterrain, Forsten, Bergwerke etc. Als Beispiel soll uns aber die Landwirtschaft dienen. Für die Pacht des Bodens wird dem Eigentümer jedenfalls Geld gezahlt, ganz gleich, ob der Pächter Landwirtschaft oder ein Fabrikant ein Fabrikunternehmen, oder ob jemand auf der Landfläche eine Fischerei betreibt.
Man nehme z. B. an, die Fabriken eines bestimmten Produktionszweiges, etwa Holzsägereien oder Kistenfabriken, verwendeten in einem Lande in überwiegender Zahl Dampfmaschinen; eine bestimmte geringe Zahl der gleichen Art von Fabriken jedoch nutze die Kraft von Wasserfällen aus, die sich auf ihrem Fabrikgelände befinden. Der durchschnittliche Produktionspreis (Marktpreis) einer bestimmten Menge der in diesen Fabriken erzeugten Waren – sagen wir Holzkisten –, für deren Fertigstellung ein Kapital von 100 angelegt worden ist (100 Mark, $, £ oder sonstiges Geld) möge 115 betragen. Das bedeutet, daß die betreffende Menge von Waren, deren Herstellung (Rohmaterial, Arbeitslöhne, Maschinenverbrauch usw.) den Fabrikbesitzer 100 gekostet hat, auf dem Markt für 115 verkauft wird; der Profit auf diese Warenmenge beträgt hier also 15 Prozent.
Nicht nur die verschiedenen Unternehmungen dieses Produktionszweiges – Kistenfabrikation –, sondern darüber hinaus die Industrie dieses Landes möge den Durchschnittsprofit von 15 Prozent verdienen. Da nun die mit Wasserkraft arbeitenden Kistenmachereien keine Dampfmaschinen für die Herstellung der Kisten anzuschaffen brauchen, so wird das von ihnen für die Herstellung der betreffenden Menge von Kisten auszulegende Kapital – der Kostpreis – geringer sein als der Kostpreis der großen Mehrzahl ihrer Konkurrenten, die auf Dampfmaschinen angewiesen sind. Der Kostpreis der mit Wasserkraft arbeitenden Kistenhersteller wird also nicht 100, sondern z. B. nur 90 betragen. Trotzdem würden aber die mit Wasserkraft arbeitenden Betriebe die betreffende Menge Kisten ja ebenfalls zum allgemeinen herrschenden Marktpreis von 115 verkaufen. Das würde bedeuten, daß sie auf ihr ausgelegtes Kapital von 90 einen Profit von 115 — 90 = 25 machen würden, also nicht nur den durchschnittlichen Profit von 15 wie die mit Dampfkraft arbeitenden Konkurrenten, sondern

einen darüber hinausgehenden Profit in Höhe von 10, also einen *Extra*profit.
Wenn die mit Wasserkraft arbeitenden Kistenfabrikanten auf ihren individuellen Kostpreis von 90 den Durchschnittsprofit von 15 Prozent (also 13,50) schlagen würden, dann könnten sie die betreffende Menge Kisten für 103,50 verkaufen und ebenso wie ihre mit Dampfkraft arbeitenden Konkurrenten den Durchschnittsprofit auf das ausgelegte Kapital erhalten. Der Verkaufspreis von 103,50 wäre dann der »individuelle Produktionspreis« der mit Wasserkraft arbeitenden Kistenfabrikanten, womit derjenige Produktionspreis gemeint ist, der sich ergibt, wenn die unter speziellen Bedingungen arbeitenden Fabrikanten auf ihre speziellen Kapitalauslagen den durchschnittlichen Profit schlagen.
Wenn aber der von uns angenommene zu diesem Zeitpunkt »herrschende«, den Markt »regulierende Produktionspreis« für diese bestimmte Menge Kisten 115 beträgt, dann werden die mit Wasserkraft arbeitenden, von der Naturkraft Wasser begünstigten Kistenfabrikanten diese Menge Kisten nicht für 103,50 verkaufen – das wäre dann ihr »individueller Produktionspreis« –, sondern sie werden sich mit großem Vergnügen dem allgemeinen, herrschenden, dem regulierenden Produktionspreis anpassen; sie werden also ihre Kistenmenge nicht für 90 + 13,50 = 103,50, sondern für 90 + 25 = 115 absetzen; ihr Profit ist also um 11,50 höher als der ihrer mit Dampfmaschinen arbeitenden Konkurrenten; es ist ihr *Extra*profit; ihr *Surplus*profit; und ihre Profit*rate* ist

$\frac{25}{90} = 27^7/_9$ Prozent.

Ist nun der Kistenfabrikant nicht Eigentümer des Landstückes mit der Naturkraft, so muß er dem fremden Grundeigentümer für das Recht, den Boden mit der Naturkraft zu benutzen, ein Pachtgeld zahlen. Die Pacht wird in der Regel nicht kleiner sein als der Extraprofit – in diesem Beispiel 11,50 – andernfalls fänden sich sofort viele Bewerber ein, die alle gern mehr als den durchschnittlichen Profit durch eine billige Pacht des Landstückes verdienen wollen. Der Eigentümer würde dann aber die Tatsache der vielen Angebote für das günstige Land ausnutzen und die Pachtsumme sofort steigern. In der Regel wird jedoch niemand bereit sein, dem Eigentümer für die Pacht dieses Bodens mehr als 11,50 zu zahlen, da mit einer Fabrikation von Kisten auf teurem Boden nicht einmal der landesübliche Durchschnittsprofit zu erzielen wäre. So wird das Pachtgeld – die Bodenrente – für den Gebrauch des Bodens mit dem Wasserfall (oder mit einer sonstigen Naturkraft) durchschnittlich gleich dem Extraprofit sein, so daß trotz der Bezahlung des Extraprofits das Verdienen des Durchschnittsprofits gesichert ist. (III, S. 653–661)
Statt Pachtgeld oder Extraprofit braucht Marx hier und in der Folge gewöhnlich den völlig gleichbedeutenden Ausdruck *»Sur-*

plusprofit«. Im vorliegenden Falle beruht der Surplusprofit – also die Pachtsumme oder Extraprofit oder Grundrente – auf dem Vorhandensein einer besonderen Naturkraft, dem Wasserfall auf dem Grundstück; doch kann es sich in anderen Fällen um eine besonders günstige Verkehrslage eines Landstückes oder um eine von Natur aus größere Fruchtbarkeit des Bodens oder um das Vorkommen von Steinbrüchen, eines Erzlagers, von Stein- oder Braunkohlen, von Petroleum oder um einen durch das Landstück fließenden schiffbaren Fluß und anderes mehr handeln.

2. Surplusprofit und Grundrente

In der Industrie entspringt der Surplusprofit (Extraprofit) aus dem Kapital selbst, wenn ein Fabrikant oder wenige Fabrikanten modernere Produktionsmethoden anwenden als die Konkurrenten. Anders verhält es sich mit dem Surplusprofit eines Kapitalisten, der einen Wasserfall oder andere besondere Naturkräfte oder besondere natürliche Bedingungen (Windkraft, Vorkommen von Erdgas, fruchtbarer Boden, Erzlager usw.) für die Produktion verwendet. Die hierdurch gesteigerte Produktivkraft (Ergiebigkeit) der Arbeit entspringt nicht aus dem Kapital selbst, sondern aus der Benutzung einer vorgefundenen Naturkraft, die diesem kapitalistischen Pächter von dem Grundeigentümer zur Verfügung gestellt wird. Solche Naturkräfte oder Naturbedingungen finden sich nur in bestimmten Gegenden der Erde und in begrenzter Anzahl vor und sind, im Gegensatz zu den Maschinen oder sonstigen Fabrikanlagen industrieller Unternehmungen, nicht ohne weiteres oder überhaupt nicht herstellbar. Wasserfälle, Erzlager, Ackerböden von besonderer Fruchtbarkeit, sind nicht beliebig erzeugbar, die Orte ihres Vorkommens sind beschränkt. Die Naturkräfte oder natürlichen Bedingungen erzeugen von sich aus keine Waren und sind daher nicht die Quelle oder auch nur ein Teil der Quelle von Mehrwert oder von Surplusprofit. Surplusprofit, der in der Landwirtschaft an den Eigentümer des Ackerbodens oder Weidelandes bezahlt wird, also die Bodenrente in der Landwirtschaft, entsteht vielmehr als Folge der *Unterschiede* der in der Natur *vorgefundenen*, von den einzelnen Unternehmern, seien es Windmühlen- oder Kistenfabrikanten oder landwirtschaftliche Betriebe, in den Dienst gestellten, d. h. von ihnen benutzten Produktions*bedingungen*. Diese Unterschiede bestehen in der größeren oder geringeren Ergiebigkeit der Naturkräfte oder Naturbedingungen, wie: große, kleine oder gar keine Wasserfälle, gute oder schlechte Ackerböden, ertragreiche oder ertragarme Steinbrüche oder Erzvorkommen u. a. m. Auf der anderen Seite ist aber das Vorhandensein verschieden günstiger oder verschieden brauchbarer Naturbedingungen beim Bestehen von

Privateigentum an Grund und Boden offensichtlich die unabdingbare Voraussetzung für die Bodenrente; während die Quelle des Surplusprofits und damit der Bodenrente die von den Kapitalisten verwendete, in ihren Dienst gestellte menschliche *Arbeit* ist, die unter solchen verschiedenen, naturgegebenen Bedingungen gleich große Mengen der gleichen Waren zu individuell verschiedenen Preisen bzw. individuell verschiedenen Werten erzeugt (da bei diesen Überlegungen, wo nicht ausdrücklich anderes vermerkt ist, zur Vereinfachung der Betrachtung Preise und Werte als gleich groß angenommen werden). So z. B. könnten in unserem Beispiel die mit Wasserkraft arbeitenden Kistenfabrikanten die betreffende Menge Kisten zum individuellen Preise von 90 + 13,50 = 103,50 Mark verkaufen und hätten dabei den durchschnittlichen Profit von 15 Prozent auf ihren Kostpreis von 90 Mark erzielt. Wie schon angedeutet, nennt Marx diese individuellen Preise – also Kostpreise + Durchschnittsprofit – »*individuelle* Produktionspreise«, während die herrschenden Marktpreise der mit Benutzung von Naturkräften oder Naturbedingungen hergestellten Erzeugnisse stets *höher* sind als ihre individuellen Produktionspreise: Die Marktpreise sind stets gleich Kostpreis + Durchschnittsprofit + Surplusprofit (Rente); in diesem Beispiel ist der Marktpreis für die betreffende Anzahl von Kisten gleich 90 + 13,50 + 11,50 = 115. In den Marktpreisen ist also immer der Surplusprofit, d. h. die Bodenrente enthalten. Das kann ja nicht anders sein, weil nur dadurch, daß die Marktpreise in der Regel höher liegen als die individuellen Produktionspreise, eine Grundrente entstehen und bezahlt werden kann. Dies gilt aber nur für die in den folgenden Kapiteln zu beschreibende Differentialrente (Unterschiedsrente). Für die später zu erörternde absolute Rente gelten andere Bedingungen.
Ebenso wie die Naturkräfte an und für sich, hat auch das Grundeigentum, das Verfügungsrecht über den Boden, an und für sich mit der Erzeugung des Mehrwerts (Profits) oder des Surplusprofits, und daher mit dem Preis der Waren, nichts zu schaffen. Surplusprofit wird ja auch dann erzielt, wenn kein Grundeigentümer existiert, wenn z. B. das Land mit dem Wasserfall vom Fabrikanten als herrenloses Land benutzt oder wenn es ihm vom Staat oder einer Gemeinde geschenkt wird. Nicht das Grundeigentum erzeugt den Wertteil, der sich in Surplusprofit verwandelt, »sondern es befähigt nur den Grundeigentümer, den Eigentümer des Wasserfalls, diesen Surplusprofit aus der Tasche des Fabrikanten in seine eigene zu locken. Es ist die Ursache, nicht der Schöpfung dieses Surplusprofits, sondern seiner Verwandlung in die Form der Grundrente, daher der Aneignung dieses Teils des Profits, respektive des Warenpreises, durch den Grund- oder Wasserfallseigentümer ... Der Wasserfall, wie die Erde überhaupt, wie alle Naturkraft, hat keinen Wert, weil er keine in ihm ver-

gegenständlichte Arbeit darstellt und daher auch keinen Preis, der normaliter (in der Regel) nichts ist als der in Geld ausgedrückte Wert. Wo kein Wert ist, kann ... auch nichts in Geld dargestellt werden ...« (III, S. 660f)
Trotzdem bezahlt der Käufer eines Stückes Land mit Wasserfall oder eines sonstigen begehrten Bodens dem Eigentümer Geld, also einen Preis. Aber dieser Kaufpreis ist nicht der Geldausdruck des Wertes der Naturkraft oder des Grundstücks, sondern der Ersatz, sozusagen die Ablösung dafür, daß der bisherige Eigentümer des Landes nach dem Verkauf keine Grundrente mehr daraus beziehen kann, da es ihm ja dann nicht mehr gehört. Kurz: Der Boden oder die Naturkraft sind zwar *Bedingung* für die Entstehung des Profits, aber sie erzeugen ihn nicht. Daher wird beim Verkauf von Land nur scheinbar der Bodenpreis gezahlt, in Wirklichkeit etwas anderes.
Man nehme an, ein Grundeigentümer beziehe aus der Verpachtung eines Stückes Land für, sagen wir, 20 Jahre, jährlich eine Geldsumme, eben die Grundrente, in Höhe von 200 $. Der in dem betreffenden Land zu dieser Zeit für Verleihen von Geld übliche Zinsfuß betrage 5 Prozent. Kauft nun jemand dieses Grundstück für 4000 $, so bezieht er als der neue Besitzer von jetzt an 20 Jahre lang die Rente von jährlich 200 $; genauso als hätte er jemand 4000 $ zu 5 Prozent Zinsen geliehen oder das Geld etwa in Wertpapieren zu diesem Zinsfuß angelegt. Hiernach scheint die Bodenrente nichts anderes als die Verzinsung eines Bodens zu sein, dessen Preis bzw. Wert 4000 $ beträgt. In Wirklichkeit sind jedoch die 4000 $ »... der Kaufpreis nicht des Bodens, sondern der Grundrente, die er abwirft, berechnet nach dem gewöhnlichen Zinsfuß.« (III, S. 636) In diesem Falle für die Dauer von 20 Jahren. Nicht der Wert des Bodens, des Wasserfalls oder anderer Naturdinge auf ihm wird mit der Rente bezahlt, sondern die kürzere oder längere Abtretung des *Verfügungsrechtes* auf den Boden und seine Vorteile, das Recht auf ihre Benutzung, auf die Benutzung ihres Gebrauchswertes. Nur in dem Maße, wie Arbeit in den Boden gesteckt wird, bekommt er auch Wert. – Den gleichen Tatbestand kann man auch so ausdrücken: Der Kaufpreis des betreffenden Landstückes (in diesem Falle 4000 $) ist offensichtlich ebenso groß wie ein bei der Bank deponierter oder ein an Geschäftsleute ausgeliehener Geldbetrag, der in Form von Zinsen jährlich die gleiche Geldmenge (200 $) einbringt, wie sie der Eigentümer des Landstückes jährlich in Form von Grundrente erhält, wenn er es verpachtet. Oder man sagt: Der Betrag von 4000 $ ist die »kapitalisierte« Rente von 200 $, womit man meint, daß der Jahreszins von 200 $ in 20 Jahren den Betrag von 4000 $ erreicht. Der Preis des Landstückes ist demnach nichts anderes als die »kapitalisierte« Bodenrente.

3. Die erste Form der Differentialrente

Man betrachte drei Stücke Land von gleicher Größe, aber verschiedener Fruchtbarkeit; sie mögen Boden A, Boden B und Boden C genannt werden, und man nehme an, jeder der drei Pächter dieser drei Böden gebe für ihre Bebauung, z. B. mit Roggen, ein gleich großes Kapital von 100 für Arbeitslöhne, Maschinen, Dünger, Saatgut, Viehhaltung und sonstige nötige Ausgaben aus, wobei auf jedem Boden die gleiche Zahl von Arbeitern gleich lange und mit gleicher Arbeitsintensität beschäftigt sei. Diese 100 sind der Kostpreis für die Erzeugung einer bestimmten Menge Roggen auf dem betreffenden Landstück. Der Ertrag dieser drei verschiedenen Böden sei: Auf Boden A 4 dz, auf Boden B 5 dz und auf Boden C 6 dz Roggen. Die Produktivität (Ergiebigkeit) der landwirtschaftlichen Arbeit ist also auf Boden A am geringsten, auf C am größten. Die Kapitalisten, die ihr Geld in der Landwirtschaft anlegen – gleich, ob es Pächter oder die Grundbesitzer selber sind –, müssen, ebenso wie die Kapitalisten anderer Produktionszweige des Landes, auf ihre Kapitalanlagen mindestens die durchschnittliche Profitrate erhalten. Wäre das nicht der Fall, so würden sie ihr Kapital lieber in anderen Produktionszweigen oder in kaufmännischen Unternehmungen anlegen, wo sie die Durchschnittsprofitrate erhalten könnten; insofern gelten auch hier die bei der Betrachtung der Industrie betonten Gesichtspunkte.

Man nehme nun an, daß der Durchschnittsprofit in dem hier gewählten Beispiel für den Verkauf des von den drei verschiedenen Landstücken geernteten Roggens 20 Prozent beträgt. Das würde bedeuten, daß der Pächter des Bodens A für seine 4 dz Roggen auf sein angelegtes Kapital von je 100 ($, £, Mark oder sonstiges Geld) einen Mehrwert von 20 ($ oder sonstiges Geld) erhält; d. h., daß er seine 4 dz Roggen für 120 verkauft. Verkauften die Pächter der Böden B und C ihre 5 bzw. 6 dz Roggen ebenfalls für 120, so würden sie ebenfalls den Mehrwert von 20 und daher die durchschnittliche Profitrate von 20 Prozent erzielen.

Anders aber verhält es sich dann mit den Preisen für den einzelnen dz. Da Boden A für 4 dz den Produktionspreis auf dem Markt von 120 erhält, so ist der Preis pro dz vom Boden A gleich 120 : 4 = 30 Mark; und für den einzelnen dz der Böden B und C würde der Preis 120 : 5 = 24, bzw. 120 : 6 = 20 Mark betragen. Auf jeder Bodenart wären daher die *individuellen* Produktionspreise für die Gewichtseinheit – in diesem Falle für den einzelnen dz – *verschieden*. In der Tat sind diese verschiedenen Preise pro dz die *eigentlichen, wahren* oder wirklichen Produktionspreise, die den durchschnittlichen Mehrwert bzw. den Durchschnittsprofit enthalten.

Aber normalerweise ist es nicht möglich, daß auf dem gleichen

Markte zur selben Zeit die gleiche Menge desselben Produktes zu verschiedenen Preisen verkauft wird, wenn die erzeugte Gesamtmenge des Produktes der 3 Bodenarten – in diesem Beispiel 15 dz – zur Deckung der Nachfrage nach diesem Getreide wirklich erforderlich ist. Es wird sich in der gleichen Gegend zu dieser Zeit vielmehr ein *einheitlicher* Preis für die gleiche Menge Roggen bilden, und zwar wird der dz von *allen* Bodenarten, in diesem Fall zum Preis von 30 Mark verkauft werden; denn die Pächter der Böden B und C werden den dz Roggen nicht für 24 bzw. 20 Mark verkaufen, wenn die vom mittelguten Boden B oder vom guten Boden C erzeugte Menge von 5 bzw. von den weiteren 6 dz, also von 11 dz dieses Getreides gar nicht ausreicht, um die Nachfrage zu dekken, sondern wenn die Nachfrage auch nach der von dem schlechtesten Boden A produzierten Ernte von 4 dz besteht und der dz vom Boden A zu 30 Mark verkauft werden kann. Kurz: Der Verkaufspreis der Erzeugnisse der verschiedenen Böden pro dz (oder pro sonstiger Gewichtseinheit) wird sich nach dem Produktionspreis des Erzeugnisses der *schlechtesten* (unfruchtbarsten) Bodenart – in unserem Beispiel der Bodenart A – richten! Daher wird jeder der 3 Pächter den dz Roggen auf dem Markte für 30 Mark verkaufen: Pächter A seine 4 dz für 4 × 30 = 120 Mark, B seine 5 dz für 5 × 30 = 150 Mark und C seine 6 dz für 6 × 30 = 180 Mark. In einem Schaubild sähe das so aus:

Bodenart	A	B	C	insgesamt
Angelegtes Kapital; z. B. in Mark	100	100	100	300
Ertrag; z. B. in dz	4	5	6	15
Produktionspreis des Ertrages bei einem Durchschnittsprofit von 20%	120	120	120	360
Individueller Produktionspreis pro dz (eigentlicher, wirklicher Produktionspreis)	30	24	20	–
Allgemeiner Produktionspreis (Marktpreis pro dz)	30	30	30	–
Allgemeiner Preis (Marktpreis des Gesamtertrages)	120	150	180	450
Rente	–	30	60	90

Auf den besten, d. h. ergiebigsten Böden ist die landwirtschaftliche Arbeit am produktivsten; eben deswegen hat das Produkt pro Gewichtseinheit dort den geringsten Wert; oder, wie es heißt: den geringsten individuellen Produktionspreis. Dennoch bestimmt in der Landwirtschaft nicht die produktivste Arbeit den Preis des Erzeugnisses, sondern, wie man sah, die unproduktivste Arbeit. Und darin unterscheidet sie sich von dem, was man über die Industrie erfahren hatte.

Wenn in der Industrie eine Unternehmung produktiver als die anderen Betriebe des gleichen Zweiges arbeitet, so ist der Wert des einzelnen Stückes der in diesem Unternehmen erzeugten Ware geringer als bei der Konkurrenz, und der produktiver arbeitende

Unternehmer erzielt, wie man sich erinnert, beim Verkauf einen Extramehrwert (Extraprofit). Doch kann ein solcher Zustand in der Industrie nicht von langer Dauer sein, weil die Konkurrenz bald ebenfalls die produktiveren Methoden bei sich einführt oder weil neue Unternehmungen gegründet werden, die von vornherein mit höherer Produktivität arbeiten als die Mehrzahl der Betriebe; daher gleicht sich in der Industrie die Produktivität der Betriebe einer Branche bald an, und damit die Werte und Preise, und der Extraprofit einzelner hört bald wieder auf.

Anders in der Landwirtschaft, wo die Verschiedenheit der Produktivität der Böden von ungleicher Fruchtbarkeit oder sonstigen ungleichen Vorteilen nicht ohne weiteres auszugleichen ist. Auch ist die Anzahl solcher oder überhaupt der Ländereien beschränkt; man kann gute Böden oder Wasserfälle oder Steinbrüche nicht, wie modernere Maschinen, herstellen oder vermehren und daher die Unterschiede in der Ergiebigkeit von Ackerland nicht einfach beseitigen. Wenn das doch geschieht, so muß man mehr Geld in den Boden stecken; dann ist aber dafür eben der Kostpreis der Produktion entsprechend höher. Daher können sich in der Landwirtschaft die Preise gleicher Mengen der Erzeugnisse nicht zu Durchschnittspreisen ausgleichen, sondern sie gleichen sich, wie erwähnt, an den Preis des Produktes des schlechtesten und nicht etwa des mittelguten oder gar guten Bodens an. (Den Preis des Produktes vom schlechtesten, d. h. unergiebigsten Boden nennt Marx den »regulierenden« Preis, weil sich die Preise der anderen Böden nach ihm richten.) Jeder Pächter verkauft in diesem Falle seinen dz Roggen für 30 Mark.

Soweit gut. Aber auch nur soweit! Es geht hier ähnlich zu wie bei dem oder bei den wenigen Pächtern, deren Fabrikgelände mit einem Wasserfall gesegnet ist. Sollten tatsächlich die Pächter der mittelguten und der guten Böden B und C ihre Roggenernte für 150 bzw. 180 Mark, also zu einem Preis verkaufen können, der mit einem Profit von 30 bzw. 60 Mark über dem des Pächters A liegt, d. h. zu einem Extraprofit (Surplusprofit) von 30 bzw. 60 Mark (denn der Pächter A bezieht ja beim Verkauf seines Roggens für 120 bereits den Durchschnittsprofit von 20 Mark)? In der Tat gibt es auch hier normalerweise keinen Extraprofit. Denn der Besitzer der besseren Böden weiß, daß ihre Bewirtschaftung einen höheren als den durchschnittlichen Profit einbringt, und er verlangt daher von dem Pächter des besseren Landstückes ein entsprechend höheres Pachtgeld als es der Pächter des schlechtesten Bodens zu zahlen hat; und daher wandert der Extraprofit (Surplusprofit) der besseren Böden in die Tasche des Grundbesitzers; nur erhält der Surplusprofit, wenn er in die Tasche des Grundbesitzers wandert, einen anderen Namen. Auch in der Landwirtschaft heißt er jetzt nicht mehr Surplus- oder Extraprofit, sondern führt den vornehmeren Namen *Grund-* oder

Bodenrente. Der Extraprofit hat sich in die Bodenrente »verwandelt«; aber nur soweit, wie etwa Herr Meyer sich in Herrn Müller »verwandelt«, wenn er sich nun als Herr Müller vorstellt ... Nun erhält jeder Pächter den Durchschnittsprofit. Die Frage, ob der Pächter eines guten Bodens gar nicht erst in den Besitz des Extraprofits kommt, weil er von vornherein für den Boden eine höhere Rente zahlen muß, oder ob er den Ertrag zu höherem Preise verkauft und vielleicht erst dann die Bodenrente zahlt, ist ganz gleichgültig; den Extraprofit bekommt nicht er, sondern der Grundeigentümer.

Diese Art der Grundrente – im vorliegenden Beispiel 30 Mark für den Eigentümer des Bodens B und 60 Mark für den von C – heißt *Differentialrente*; von dem Worte Differenz bzw. Differential, welches »Unterschied« bedeutet; und die hier betrachtete Grundrente ist deswegen eine Unterschiedsrente (Differentialrente), weil sie durch den Preis*unterschied* für die Ernte der 3 verschiedenen Bodenarten entsteht (andere Beispiele mit 4, 5 und mehr verschiedenen Bodenarten bringt der Verfasser des »Kapitals« in Hülle und Fülle). – In diesem Beispiel ist die Differentialrente zwischen dem Marktpreis der Ernte des mittelguten Bodens B und der des schlechtesten Bodens, A, gleich 150 Mark — 120 Mark = 30 Mark, und die Differentialrente zwischen den Böden A und C beträgt 180 Mark — 120 Mark = 60 Mark. – Die gesamte Differentialrente beträgt in diesem Falle 30 Mark + 60 Mark = 90 Mark. Die Differentialrente hat also, wie man gesehen hat, die verschiedene Fruchtbarkeit der Böden oder ihre verschieden gute Ausstattung mit sonstigen Naturkräften oder sonstigen natürlichen, also nicht durch Arbeit entstandenen Vorteilen, zur Voraussetzung.

Bei der Differentialrente ist überhaupt zu bemerken, daß der »allgemeine« Preis, d. h. der Marktpreis des gesamten Bodenproduktes (auch manchmal »Marktwert« genannt, was bei dieser Betrachtung der Landwirtschaft aber immer Marktpreis bedeutet), immer über seinem wahren Produktionspreis steht. Wie man auch aus dem Schaubild sofort ersieht, beträgt der allgemeine Marktpreis der 15 dz Roggen 450 Mark; ihr »wirklicher«, »wahrer« Produktionspreis ist aber nur 360 Mark. Der Preisunterschied zwischen dem »allgemeinen« (Marktpreis) und dem »wirklichen« Produktionspreis beträgt 450 Mark — 360 Mark = 90 Mark; das ist eben der Gesamtbetrag der Differentialrente für die Erzeugung der 15 Zentner Roggen. Warum nennt Marx hier die 360 Mark für die 15 Zentner (er nimmt andere Zahlenbeispiele; das hat aber mit der Sache nichts zu tun) den »wirklichen« Produktionspreis? Aus dem Grunde, weil diese 360 Mark derjenige Produktionspreis der 15 dz ist, der die Verschiedenheit der Böden, also die wirklichen, wahren, individuellen Produktionsverhältnisse auf den Böden, zum Ausdruck bringt. Gemäß der verschiedenen Fruchtbarkeit der Böden müßte doch der einzelne dz für 20 oder

24 oder für 30 Mark verkauft werden; je nach dem Boden, von dem er stammt, weil bei gleich großer Kapitalanlage auf jedem Boden infolge der Bodenunterschiede die dz ihre verschiedenen Preise behalten müßten. Der wirkliche Gesamtproduktionspreis der 15 Zentner setzt sich dementsprechend zusammen aus: 4 dz zu 30 Mark; 5 dz zu 24 Mark; und 6 dz zu 20 Mark. Zusammen 360 Mark. Aber, wie gezeigt wurde, wird statt dessen in allen Fällen zum Preise des vom schlechtesten (unfruchtbarsten) Bodens geernteten dz, also für 30 Mark der dz, auf dem Markt verkauft, weil sich die Preise der Produkte der verschieden guten Böden, also die wahren, individuellen Produktionspreise nicht ausgleichen, d. h. keinen wirklichen, wahren Durchschnittspreis bilden können; dieser wirkliche Durchschnittspreis müßte 360 Mark : 15 = 24 Mark pro dz betragen. Statt dessen beträgt der Marktpreis der 15 dz 15 × 30 = 450 Mark. Das bedeutet, daß auf dem Markt der Roggen (in diesem Beispiel) 25 Prozent (450 : 360, bzw. 30 : 24) zu teuer verkauft wird! Und wie mit dem Roggen, so geht es mit dem Weizen, mit dem Hopfen, mit den Kartoffeln ...

Indem so auf dem Markt der Preis des Produktes vom schlechtesten Boden, d. h. dem teuersten Produkt gezahlt wird, erzeugt die kapitalistische Produktion auf dem Lande infolge des Privatbesitzes an Grund und Boden und der landwirtschaftlichen Lohnarbeit auf dem Markt »einen falschen sozialen (nämlich zu hohen, nicht die gesellschaftlich notwendige Arbeit verkörpernden) Wert ... Denkt man sich die kapitalistische Form der Gesellschaft aufgehoben und die Gesellschaft als bewußte und planmäßige Assoziation (Vereinigung) organisiert, ..., so verkörperten die 15 dz Roggen eine Arbeitsmenge, die dem Werte von 360 Mark entspricht. Die Gesellschaft würde also dann dies Bodenprodukt nicht erkaufen zu dem $1^1/_4$fachen der wirklichen Arbeitszeit, die darin steckt. ... die Basis einer Klasse von Grundeigentümern fiele damit weg.« (III, S. 673 f), da dann die Zahlung des Surplusprofits, d. h. der Differentialrente, fortfällt und sich die individuellen verschiedenen Produktionspreise zu einem Durchschnittsproduktionspreis ausgleichen würden. Darüber hinaus würde, was Marx hier nicht mehr besonders betont, in einer nichtkapitalistischen Gesellschaft selbstverständlich auch der landesübliche Durchschnittsprofit fortfallen und dadurch die Waren noch wohlfeiler werden bzw. eine andere Verteilung des Warenwertes stattfinden. Die politische Frage, in welcher Weise und durch welche Organe der menschlichen Gesellschaft diese Umverteilung der Wertprodukte der Arbeit erfolgen soll, ist erst das wirkliche Problem und kann nicht Gegenstand dieser Darstellung der Marxschen Volkswirtschaftslehre sein.

In der letzten Spalte des Schaubildes sind unter dem Worte »Rente« die Zahlen 0, 30 und 60 eingetragen, welche, wie man inzwischen gesehen hat, bedeuten, daß der Pächter des Grundstücks A seine 4 dz Roggen für 120 auf dem Markt verkauft und dabei auf seine 100 Mark ausgelegtes Kapital 20 Mark Mehrwert, also eine Profitrate von 20 Prozent erzielt, während die Pächter der Böden B und C einen Surplusprofit (Extraprofit) von 30 bzw. 60 Mark erzielen, den sie dem Grundeigentümer als Bodenrente abliefern müssen.

Nun müßte der Pächter A aber doch eigentlich ebenfalls Grundrente zahlen; weil er ja Pächter ist! Wenn er aber nur den Durchschnittsprofit von 20 Prozent erzielt und davon außerdem Pachtgeld (Rente) zahlen soll, so würde er hiernach nicht einmal den Durchschnittsprofit von 20 Prozent für sich selbst behalten können. Ist aber ein Boden so schlecht, daß er keinen Surplusprofit einbringt, so wird sich kein Pächter dafür finden; der Eigentümer könnte ihn dann vielleicht selber bebauen und dabei den Profit von 20 Prozent einheimsen, da er sich selber ja keine Rente zu zahlen braucht. Die Überschrift »Rente« für Bodenart A hätte also keinen rechten Sinn, da sich normalerweise kein Pächter findet, der für solchen Boden dem Grundeigentümer noch eine Rente zahlen soll. Tatsächlich liegen aber die Verhältnisse für die Böden vom Typus A nicht so ungünstig, wie es nach der bisherigen Betrachtung scheinen könnte: Man wird bald sehen, daß unter bestimmten Bedingungen auch auf dem schlechtesten bebauten Boden eine Differentialrente entstehen kann; und daß, zweitens, auch der schlechteste Boden, wird er kapitalistisch bebaut, zwar keine Differentialrente, so doch etwas anderes einbringt.

Auch bei der Differentialrente ist zu beachten, daß der Verkaufspreis der Bodenprodukte und die Höhe der Bodenrente immer von vielen Bedingungen abhängen: so von der Größe und den Änderungen der Ergiebigkeit dieses oder jenes Bodens oder von der Größe der auf einem oder mehreren der betreffenden Landflächen angelegten Kapitale, von der Anzahl der in Bebauung genommenen Landflächen von guter oder weniger guter Qualität, und von anderem mehr. Auch an dieser Stelle ist noch einmal zu betonen, daß die gewählten Zahlenbeispiele für die Getreidepreise und Landflächen usw. selbstredend nur der Verdeutlichung der Überlegungen dienen, also nicht etwa irgendwo geltende Preise sein sollen. Die verschiedenen Länder verwendeten vor 100 Jahren, wie meist noch heute, verschiedene Geld-, Flächen- und Gewichtseinheiten. Es ist hier also gleichgültig, ob ein dz Roggen oder Weizen »wirklich« 34, 60 oder 40 oder 25 Deutsche Mark kostet oder nicht.

Recht lästig ist für manche Leser des »Kapital«, daß die angelsächsischen Länder nicht nur zu Marx' Zeiten, sondern z. T. auch heute noch – übrigens entgegen den Beschlüssen und Empfehlungen internationaler Konferenzen zum Zwecke der Vereinfachung der Umrechnungen der Geld- und anderer Maßsysteme – neben unserem kontinentalen Münz- und Maßsystem in der Praxis des täglichen Lebens und in den höheren Schulen mit dem £, dem Schilling, dem Penny rechnen; und zur Messung von Landflächen z. B. den »Acre« verwenden. Ein Acre ist etwas weniger als ein halber Hektar; genauer ist 1 Acre = 4046,7 Quadratmeter. Als Getreidemaß verwenden die Engländer z. B. den »Quarter«; das sind 290,78 Liter; oder den »Bushel«; das ist der achte Teil eines Quarters, also rund 36,35 Liter. – Da im »Kapital«, besonders in den Tabellen zur Grundrente, Marx und der ihn manchmal ergänzende Friedrich Engels diese Maß- und Geldeinheiten verwenden, darf noch einmal daran erinnert werden, daß 1 englisches Pfund Sterling (abgekürzt £) = 20 Schilling, daher $^1/_2$ £ = 10 Schilling; $1^1/_2$ £ = 30 Schilling ist usw.

Dennoch braucht sich, wer das »Kapital« liest, an den dort verwendeten Geld- und Maßeinheiten nicht zu stören. Statt z. B. 1 Acre mag man in Gedanken ruhig »1 Hektar« oder »1 Morgen«, statt »Quarter« oder »Bushel« ruhig »Doppelzentner«, »Tonnen« oder Entsprechendes sagen. Auch darf man statt »1 Acre« ruhig immer »1000 Acres« (oder »1000 Hektar«) und statt »1 Quarter« immer ruhig »1000 Quarters« oder »1000 Doppelzentner« denken; d. h., man darf jede vorkommende Zahl ruhig mit 1000 multiplizieren, denn es handelt sich ja bei den Beispielen in Wirklichkeit stets um große Landflächen und große Erträge. Dies vorausgeschickt, wird man kaum mehr ernste Schwierigkeiten selbst beim Studium des Dritten Bandes des »Kapital« finden (allerdings enthalten alle mir bisher bekannten Marx-Ausgaben besonders im Dritten Buche eine ganze Reihe störender Druckfehler bei den Zahlenangaben).

In der Folge seien einige Schaubilder über die Bodenrente fast genauso wiedergegeben, wie man sie im »Kapital«, Band III findet. (Vgl. z. B. III, S. 698)

Man betrachte diesmal 4 gleich große Landstücke von verschiedener Fruchtbarkeit: Böden A, B, C, D. Boden A soll als Folge einer Kapitalausgabe von 3 £ eine Ernte von 1 Quarter Roggen, Boden B bei einer gleich großen Ausgabe 2 Quarters, Boden C 3 und Boden D 4 Quarters Roggen liefern. Der Durchschnittsprofit betrage wieder 20 Prozent, also $^1/_5$ des jeweils angelegten Kapitals. Dies bedeutet: Wenn der Pächter des Bodens A z. B. für die Bebauung von 1 Acre dieses Bodens 50 Schilling (= $2^1/_2$ £) Kapital ausgibt, so wird der Durchschnittsprofit darauf, der beim Verkauf der Roggenernte dieses Bodenstückes erzielt wird, daher 10 Schilling (= $^1/_2$ £) betragen.

Hier muß auf ein schlecht gewähltes Wort des Verfassers des »Kapital« aufmerksam gemacht werden. Der Einfachheit halber rechnet er in allen Tabellen über die Bodenrente die Kapitalauslagen und den dazugehörigen Durchschnittsprofit, also in diesem Beispiel die $2^1/_2$ £ Kapitalauslagen, mit den $^1/_2$ £ Durchschnittsprofit darauf, zu einer *einzigen* Geldsumme, also hier zu 3 £, zusammen und nennt diese Summe – hier also die 3 £ – die *»Produktionskosten«*. Diese Bezeichnung ist jedoch von seinem eigenen Standpunkt aus unkorrekt, da er ja selbst, wie man früher sah, unter dem Worte »Produktionskosten« nur die Kapitalauslagen, also die wirklichen Kosten – die hier nur $2^1/_2$ £ betragen – versteht, während die $^1/_2$ £ durchaus keine »Kosten«, sondern doch den *Profit* darauf bedeuten. Man sollte daher die 3 £ nicht als »Produktionskosten« bezeichnen; viel besser wäre es gewesen, anstatt des Wortes »Produktionskosten« das Wort »individueller Produktionspreis« im Gegensatz zum Verkaufspreis auf dem Markte zu wählen; letzteren nennt Marx mit Recht »Marktpreis«, »allgemeiner Produktionspreis« und ähnlich. Aber Marx richtet sein Augenmerk bei der Betrachtung der Bodenrente vor allem auf die Größe der Rente, also auf den Profit*überschuß*; und im Vergleich dazu sind Kapitalauslage und Durchschnittsprofit für den Pächter nur das Mindestmaß an Ausgabe und Verdienst. Nur derjenige Profit, der größer ist als der durchschnittliche, ist für den Pächter und für die Betrachtung der Grundrente interessant; ein Pächter, dessen Profit geringer als der Durchschnittsprofit sein würde, käme gar nicht auf seine Kosten und würde die Landwirtschaft in der Regel aufgeben. Daher ist es zwar sicherlich nicht korrekt, doch zu rechtfertigen, wenn bei der Betrachtung der Bodenrente von Marx Kapitalausgabe plus Durchschnittsprofit öfter mit dem Worte »Produktionskosten« bezeichnet wird. Wenn man nur stets daran denkt, daß »Produktionskosten« also Kapitalausgabe + Durchschnittsprofit bedeuten, so besteht gar keine Gefahr für das Verständnis.

Nach diesen Bemerkungen sei unser letztes Beispiel als Schaubild mit den englischen Geld- und Maßeinheiten, fast genauso wie im »Kapital«, wiedergegeben (III, S. 674):

Bodenart	A	B	C	D	Total
Bodenfläche in Acres	1	1	1	1	4
Kapitalauslage in £	$2^1/_2$	$2^1/_2$	$2^1/_2$	$2^1/_2$	10
Durchschnittsprofit (= $^1/_5$ davon) in £	$^1/_2$	$^1/_2$	$^1/_2$	$^1/_2$	2
Produktionskosten (Kapitalauslage + Durchschnittsprofit) in £	3	3	3	3	12
Produkt (Ernte in Quarters)	1	2	3	4	10
Verkaufspreis der Ernte auf dem Markt in £	3	6	9	12	30
Rente in £	0	3	6	9	18

Aus diesem Schaubild geht hervor, daß der Pächter von A $2^1/_2$ £ Kapital für die Bebauung seines Acre Land ausgibt, und darauf beim Verkauf seines Produktes – 1 Quarter Roggen – für 3 £ einen Profit von $^1/_2$ £, also von $^1/_5$, d. h. 20 Prozent, erzielt. Da dieser Profit nicht höher als der durchschnittliche Profit ist, zahlt

Pächter A keine Rente. Der Pächter des Bodens B legt ebensoviel Kapital aus wie Pächter A, erntet aber von seinem Acre 2 Quarters Roggen, zu 3 £ das Quarter (da das Quarter Roggen vom Boden A den Preis des Quarters Roggen aller anderen Böden bestimmt) und verkauft die 2 Quarters für 3 × 2 = 6 £. Da der Produktionspreis (Kosten plus Durchschnittsprofit) auf Boden B ebenfalls 3 £ beträgt, so erzielt Pächter B einen Surplusprofit in Höhe von 6 £ weniger 3 £ = 3 £, die er als Rente an den Grundeigentümer zu zahlen hat. Für die Pächter C und D gelten die entsprechenden Überlegungen. Man sieht, daß diese Tabelle im Vergleich mit der vorhergehenden über die Bodenrente gar nichts wesentlich Neues sagt: Nur wurden englische Maßeinheiten benutzt.

4. Die zweite Form der Differentialrente

Bei der ersten Form der Differentialrente wurden die Ergebnisse gleich großer Arbeit auf mehreren gleich großen Landflächen von verschiedener Fruchtbarkeit betrachtet; hierbei liegen die verschiedenen Landflächen nebeneinander oder sind jedenfalls räumlich voneinander getrennt.
Die zweite Art oder Form der Differentialrente ist das Ergebnis der landwirtschaftlichen Arbeit mit neuen, d. h. *zusätzlichen* Kapitalanlagen, die auf *derselben* Bodenfläche gemacht werden.
Man nehme an, der Pächter des mittelguten Bodens B in der vorletzten Tabelle lege nicht nur 100 Mark, sondern 200 Mark, also einen zusätzlichen Betrag von 100 Mark, für die Bebauung dieser Bodenfläche mit Roggen aus und produziere als Folge der doppelt so großen Kapitalanlage (durch bessere Düngung, größere Bodenpflege, größere Arbeitsmenge durch ebenso viele oder durch mehr Arbeiter usw.) anstatt 5 dz 10 dz Roggen, während die Böden A und C auf je 100 Mark ausgelegtes Kapital, genau wie vorher, 4 bzw. 6 dz Roggen ergeben. Ist der durchschnittliche Profit wieder 20 Prozent, so beträgt er auf die 200 Mark Auslagen 40 Mark. Die Produktionskosten (Auslage + Profit) für die Erzeugung der 10 dz Roggen sind daher gleich 240 Mark; und der individuelle Produktionspreis für jeden dz Roggen vom Boden B beträgt nach wie vor 24 Mark. – Da aber auf dem Markt der Preis des einzelnen Zentners vom Preis des schlechtesten Bodens bestimmt wird, der wieder 30 Mark beträgt, so wird der allgemeine Preis (Marktpreis) der verdoppelten Menge dieses Getreides vom Boden B 10 × 30 = 300 Mark betragen. Daher wird die von der Bearbeitung des mittelguten Bodens B stammende Grundrente nicht, wie im vorletzten Beispiel, 150 — 120 = 30 Mark, sondern jetzt 300 — 240 = 60 Mark betragen. Die zusätzliche Geldanlage in Höhe von 100 Mark hat eine *zusätzliche* Rente

von 30 Mark für die gesamte Kapitalanlage auf dem Boden B hervorgebracht; die Produktivität des Bodens hat sich gewissermaßen durch die Verdoppelung des in ihm angelegten Kapitals ebenfalls verdoppelt. Die »Differentialrente Zwei« (oder Differentialrente II) ist die Folge einer *vergrößerten* Kapitalanlage, d. h. der Verwendung von mehr oder besseren Werkzeugen, mehr oder besseren Maschinen, Düngemitteln, von mehr Arbeit usw. für *denselben* Boden; kurz: das Ergebnis einer *Intensivierung* der Bodenbearbeitung.

Bodenart	A	B	C	Total
Kapital	100	200	100	400
Ertrag (dz)	4	10	6	20
Produktionskosten	120	240	120	480
Individueller Preis pro dz	30	24	20	–
Allgemeiner Preis	30	30	30	–
Marktpreis	120	300	180	600
Rente	0	60	60	120

In diesem letzten Beispiel führt eine zusätzliche Kapitalanlage auf einem der Böden, B, zu einer Verdoppelung des Ernteertrages. Die Anlage zusätzlicher Kapitale braucht aber nicht nur auf einem Boden, sie kann auch auf mehreren oder auf allen Böden erfolgen; und die entsprechende Vergrößerung der Ernte braucht nicht gerade in einer Verdoppelung zu bestehen; sie kann auch mehr als das Doppelte betragen, oder sie kann z. B. bei einer Verdoppelung des angelegten Kapitals das Einundeinhalbfache betragen. Alles hängt von den Besonderheiten der Böden und der Art ihrer Bearbeitung ab. Ein weiteres Beispiel wird helfen, sich mit solchen Überlegungen vertrauter zu machen.

Wir gehen jetzt von 5 gleich großen Landflächen aus: A, B, C, D, E. – Der Pächter von A, der auch hier der unfruchtbarste Boden sein soll, möge auf ihm wieder, wie auf dem vorletzten Schaubild, 50 Schilling (= 2¹/₂ £) Kapital pro Acre anlegen; der durchschnittliche Profit darauf sei wieder 20 Prozent, also 10 Schilling (= ¹/₂ £); die Summe beider, 60 Schilling, sind in der von Marx hier gewöhnlich gewählten Ausdrucksweise die »Produktionskosten« dieses Pächters. Sein Boden gebe eine Ernte von 10 Bushels Roggen.

Bodenart	A	B	C	D	E	Total
Produktionskosten in Schilling	60	60	60	60	60	300
Produkt (Ernte) in Bushels	10	12	14	16	18	70
Verkaufspreis pro Bushel	6	6	6	6	6	–
Verkaufspreis der Ernte in Schilling	60	72	84	96	108	420
Rente in Schilling	0	12	24	36	48	120

Der Verkaufspreis der Ernte von A ist gleich seinen Produktionskosten, so daß dieser Boden keine Rente einbringt; die anderen Pächter erzielen höhere Ernten; die von ihnen gepachteten Böden geben die auf dem Schaubild gezeigten Renten. Bis hierher handelt es sich aber noch um die *erste Form* der Differentialrente, da wir es hier nur mit den Ergebnissen der Unterschiede *verschiedener* Bodenflächen zu tun haben.

Man nehme nun an, alle Pächter verdoppelten ihre Produktionskosten auf den gleichen Böden (es braucht von jetzt ab nicht mehr daran erinnert zu werden, daß bei der Darstellung der Bodenrente in den »Produktionskosten« stets der Durchschnittsprofit inbegriffen ist); d. h. jeder füge zu den bisher angelegten 60 Schilling weitere 60 Schilling. Infolge dieser Verdoppelung der Produktionskosten erziele Boden A zusätzlich 5, Boden B zusätzlich 6 Bushels Roggen usf., wie das Schaubild es zeigt; d. h. immer eine Erntesteigerung um die Hälfte der früheren Ernte. Der schlechteste Boden ist wieder A, dessen Gesamternte nunmehr 15 Bushels Roggen beträgt und bei einem Verkauf für 120 Schilling die Produktionskosten deckt; der Bushel Roggen von A kostet daher 120 : 15 = 8 Schilling; dies ist der Preis, der jetzt die Preise aller übrigen Böden bestimmt (oder, wie der von Marx hier öfters gebrauchte Ausdruck lautet: »reguliert«). Das folgende Schaubild zeigt die Ergebnisse und bedarf keiner Erläuterung.

Bodenart	Produktionskosten in Schilling	Produkt (Ernte) in Bushels	Verkaufspreis pro Bushel	Verkaufspreis der Ernte in Schilling	Rente in Schilling
A	60 + 60 = 120	10 + 5 = 15	8	120	0
B	60 + 60 = 120	12 + 6 = 18	8	144	24
C	60 + 60 = 120	14 + 7 = 21	8	168	48
D	60 + 60 = 120	16 + 8 = 24	8	192	72
E	60 + 60 = 120	18 + 9 = 27	8	216	96
Total	600	105	–	840	240

Boden A war im vorhergehenden Schaubild »rentelos« und ist es auch nach der Verdoppelung der Produktionskosten geblieben, aber Boden B bringt durch diese Kapitalvergrößerung (Intensivierung der Bodenbebauung) jetzt einen Extraprofit (Surplusprofit), d. h. eine Rente, von 24 Schilling. Ist nun für den Pächter von B noch der Pachtvertrag aus jener Zeit in Kraft geblieben, als er nur 60 Schilling Produktionskosten für die Bewirtschaftung dieses Bodens hatte, so zahlt er dem Bodeneigentümer noch die frühere Rente von 12 Schilling (die Differentialrente I); dann wird er die jetzt hinzugekommenen 12 Schilling (die Differentialrente II) in die eigene Tasche stecken. Besteht aber bei dem Einsammeln der Ernte von 18 Bushels bereits ein neuer Pachtvertrag, der die Zahlung von 24 Schilling Rente an den Grundeigentümer des Bodens B festsetzt, so behält sein Pächter nicht mehr als den Durchschnittsprofit. Die entsprechenden Betrachtungen gelten für die Pächter C, D und E.

Wie immer, sind auch die Betrachtungen über die Bodenrente

grundsätzliche Erwägungen; sie sind sozusagen nur Grundschemata; sie suchen die – ob mit Recht oder zu Unrecht als bestehend angesehenen – durchschnittlichen Verhältnisse zu formulieren, von denen es zahlreiche Abweichungen in der einen oder anderen Richtung gibt, auf die Marx selbst hinweist. So geht schon aus der bisherigen Darstellung hervor, daß Verhältnisse eintreten können, in denen ein Pächter eine höhere als die durchschnittliche Profitrate erzielt; es kommt eben auf die Besonderheiten des Bodens, des Pachtkontraktes und anderer Umstände an. Umgekehrt gibt es Pachtbedingungen, unter denen die Pächter mehr oder weniger erheblich unter dem durchschnittlichen Profit für sich selbst behalten können. So berichtet Marx von den Pachtverhältnissen in Irland zu seiner Zeit, wo in der Regel noch kleine Bauern auf nichtkapitalistischer Grundlage Landwirtschaft trieben und keine landwirtschaftlichen Arbeiter bezahlen konnten; diese Bauern mußten in der Regel den Grundeigentümern das gesamte über die notwendige Arbeitszeit hinaus geschaffene Arbeitsprodukt bzw. dessen Gegenwert als Rente überlassen; so daß diese Kleinbauern praktisch, obwohl sie keine eigentlichen Arbeiter waren, genauso schlecht standen wie diese, da sie nur das Existenzminimum für sich behielten. Aber selbst bei der schon mit kapitalistischen Mitteln betriebenen Landwirtschaft waren in England zu Beginn des vorigen Jahrhunderts die Pächter in der Regel gezwungen, mit erheblich weniger als dem Durchschnittsprofit vorlieb zu nehmen; solchen Pächtern war es meist nicht möglich, ihr sehr geringes Kapital in der städtischen Industrie anzulegen oder gar auszuwandern. Oft genug halfen sie sich in der Weise, daß sie ihrerseits, um ihre Produktionskosten zu verbilligen bzw. um nicht allzuviel von ihrem Durchschnittsprofit zu verlieren, auf die Löhne der landwirtschaftlichen Arbeiter derartig drückten, daß diese nun unter dem Existenzminimum leben mußten!

5. Differentialrente auch auf dem schlechtesten Boden

Auch der schlechteste Boden bringt unter bestimmten Bedingungen eine Differentialrente hervor. Um das zu sehen, kann man z. B. vom folgenden, bei früherer Gelegenheit gezeigten Schaubild ausgehen:

Bodenart	A	B	C	Total
Produktionskosten in Schilling	120	120	120	360
Ernte in dz	4	5	6	15
Produktionskosten pro dz	30	24	20	–
Allgemeiner Preis (Marktpreis) pro dz	30	30	30	–
Marktpreis der Ernte	120	150	180	450
Rente	0	30	60	90

Es trete nun der Fall ein, daß die Nachfrage nach Roggen im Steigen begriffen ist, so daß die bisher erzeugten 15 dz (natürlich kann man wieder überall 3, 4 oder mehr Nullen an die Zahlen hängen!) nicht mehr ausreichen und der Bedarf durch die Zufuhr von weiteren 3 dz gedeckt werden muß. Aber nur auf dem Boden B sei die Erzeugung dieser 3 dz Roggen bei 120 Mark Produktionskosten möglich, neue Böden für die Produktion dieser Zufuhr seien nicht verfügbar. Daher erzeugt Pächter B, der bisher mit Produktionskosten in Höhe von 120 Mark eine Ernte von 5 dz hervorgebracht hatte, mit Hilfe von zusätzlichen 120 Mark die zusätzlich benötigten 3 dz, wie aus dem folgenden Schaubild ersichtlich:

Bodenart	A	B			C	Total
Produktionskosten in Schilling	120	120	+	120	120	480
Ernte in dz	4	5	+	3	6	18
Produktionskosten pro dz	30	24	+	40	20	–
Allgemeiner Preis (Marktpreis) pro dz	40	40			40	–
Marktpreis der Ernte	160	320			240	720
Rente	40	80			120	–

Nun ist Boden A nicht mehr der schlechteste Boden, denn er hat bei Produktionskosten in Höhe von 120 Mark eine Ernte von 4 dz gegeben, während Boden B bei gleich großen Produktionskosten von 120 Mark nur 3 dz hervorgebracht hat, so daß Boden B bei zusätzlicher Auslage nun die Rolle des schlechtesten Bodens übernommen hat. Denn die 3 zusätzlichen, auf B geernteten 3 dz verursachten Produktionskosten in Höhe von 120 Mark; daher ist der Preis eines durch dieses zusätzliche Kapital von B erzeugten dz gleich 120 : 30 = 40 Mark; und die Marktpreise aller übrigen dz der Böden A, B und C steigen nun ebenfalls bis auf 40 Mark. Die Folge davon ist, daß auch die Preise aller Gesamternten auf dem Markte steigen und die Renten. Boden A, der bisher rentelos war, bringt nun eine Rente von 40 Mark.
Pächter B hat aber, falls der frühere Pachtvertrag noch in Kraft ist, dem Grundeigentümer dieses Bodens nach wie vor die Rente von 30 Mark zu zahlen, so daß der Pächter von seinem Extraprofit in Höhe von 80 Mark nach Entrichtung der Rente an den Bodeneigentümer noch 80 — 30 = 50 Mark für sich behalten würde. – Pächter C, der jetzt einen Extraprofit von 120 Mark erzielt, hat, wenn auch sein früherer Pachtvertrag noch Gültigkeit haben sollte, ebenfalls seine frühere Rente weiterzuzahlen, 60 Mark, so daß er nach ihrer Bezahlung noch 60 Mark für sich behält.
Doch gerade wegen der Möglichkeit lohnender zusätzlicher Kapitalanlagen werden die Grundeigentümer darauf sehen, daß die Pachtverträge in solchen Fällen nur auf kurze Zeit abgeschlossen werden, um den steigenden Profit möglichst selbst zu bekommen; während umgekehrt die Pächter, wenn sie lohnende zusätzliche

Anlagemöglichkeiten sehen, die Verträge auf möglichst lange Zeitdauer abzuschließen bemüht sein werden.
Damit auf den schlechtesten Böden eine Differentialrente erzeugt wird, genügt es nicht, daß auf einem besseren Boden ein zusätzliches Kapital eine zusätzliche Ernte erzeugt, vielmehr muß die Zusatzernte auf dem besseren Boden *kleiner* sein als die Ernte auf dem bisher schlechtesten Boden.
Aber auch dann, wenn auf den schlechtesten Böden keine Differentialrente entsteht, so zahlen sie dennoch immer eine Rente; zwar keine Differentialrente, jedoch eine Rente anderer Art: die absolute Rente. Bevor Marx' Ansichten darüber skizziert werden, sei noch kurz der Fall betrachtet, wo die Nachfrage nach dem landwirtschaftlichen Produkt nicht steigt, sondern fällt.
Wenn im vorletzten Schaubild nicht immer 15 dz Roggen benötigt werden, sondern die Nachfrage auf 11 dz sinkt, so wird auch der Roggenpreis sinken; man wird keine 30 Mark mehr auf dem Markt dafür bezahlen; Pächter A wird daher für seine 4 dz nicht mehr den Durchschnittsprofit erhalten; Boden A wird, solange wie diese neuen Bedingungen bestehen, nicht mehr mit Roggen bebaut werden, und die Böden B und C werden die Nachfrage nach den 11 dz decken. Boden B, der 5 dz erzeugt, wird jetzt der schlechteste bebaute Boden, der den Roggenpreis bestimmt: Alle 11 dz werden jetzt für 24 Mark pro dz verkauft werden.

6. Die absolute Grundrente

Bei der Untersuchung der Grundrente wurde bisher stets vorausgesetzt, daß der Erlös vom Verkauf des Produktes der schlechtesten Bodenart, A, nicht mehr einbringt, als die Unkosten und den durchschnittlichen Profit, so daß zwar ein Pächter in der Regel durchaus bereit sein würde, solchen Boden zu bebauen – denn er würde damit ja den landesüblichen Durchschnittsprofit verdienen –, nicht aber der Grundeigentümer, weil er dann dem Pächter das Land umsonst verpachten müßte. Es wurde schon früher darauf hingewiesen, daß solche schlechten Ländereien gelegentlich von den Bodenbesitzern selbst bearbeitet werden, da sie sich selbst ja keine Rente zu zahlen brauchen, können sie den Durchschnittsprofit selbst einstecken.
Nun ist aber oft festzustellen, daß infolge gestiegener Nachfrage nach, sagen wir wieder, Getreide, in einem Lande – etwa nach einer Bevölkerungszunahme oder durch den Wegfall der bis dahin erfolgten Einfuhr von Bodenprodukten aus fremden Ländern – sich die Notwendigkeit ergibt, weit größere Mengen von Ländereien auch der Bodenart A mit Getreide zu bebauen als bis zu jenem Zeitpunkt. Die Grundeigentümer selbst sind in der Regel nicht in der Lage, diese erforderlich gewordene Bebauung neuer

Ländereien selbst in die Hand zu nehmen; sie werden ihre nunmehr lohnend gewordene Bewirtschaftung vielmehr an Pächter vergeben.
Wenn die Ländereien schlechter Sorte früher nicht bebaut worworden waren, weil sie keine Rente einbrachten, weil also der Verkauf ihrer Produkte keinen Surplusprofit abwarf, so ändert sich nun die Lage infolge der gesteigerten Nachfrage, die zu einer Steigerung der Preise dieses Getreides führt; und die Bewirtschaftung der Bodenart A wird nun eine Bodenrente abwerfen, weil der Verkaufserlös (Marktpreis) ihres Produktes jetzt nicht nur die Unkosten und den Durchschnittsprofit, sondern außerdem noch einen Surplusprofit einbringt, so daß also diese Bodenprodukte auf dem Markt über ihrem individuellen Produktionspreis verkauft werden. Wenn in dem Beispiel (oben, S. 400) der für 1 Quarter Roggen erzielte Marktpreis (der allgemeine Produktionspreis) 60 Schilling betrug und dieser Erlös von dem Verkauf nur die Unkosten in Höhe von 50 Schilling deckte und nur den landesüblichen Durchschnittsprofit von 10 Schilling (= 20 Prozent) einbrachte, so würde ein infolge gesteigerter Nachfrage gestiegener Roggenpreis daher irgendwo über 60 Schilling, z. B. bei 70 Schilling pro Quarter liegen, und der erzielte Profit daher nicht mehr, wie bisher, 10 Schilling, sondern, bei gleichen Unkosten wie vorher, jetzt 20 Schilling betragen. Hiervon steckt der Pächter nach wie vor 10 Schilling in die eigene Tasche, muß aber dem Eigentümer dieses schlechtesten Bodens A jetzt ebenfalls 10 Schilling Rente zahlen, und – kann zahlen! Mit anderen Worten findet die Heranziehung bisher nicht bebauter schlechter Ländereien zur Erzeugung eines gewünschten Bodenproduktes nur dann statt, wenn auch sie eine Rente, d. h. der Verkauf ihrer Erzeugnisse einen höheren Preis als den Produktionspreis, einbringen. Marx geht also anhand solcher Betrachtungen und auf Grund einer weiteren Betrachtung, die wir unten kennenlernen werden, davon aus, daß auch der schlechteste bebaute Boden noch irgendeine Rente einbringen muß, allerdings keine Differentialrente.
Wäre die Ausdehnung des Getreidebaues auf den schlechten Bodenarten A schon zu einem früheren Zeitpunkt erfolgt, als sie zwar keine Rente brachten, aber die steigende Nachfrage nach dem Getreide hätten decken können, so wären die Getreidepreise erst gar nicht so weit gestiegen, daß sich der Anbau für den Rente fordernden Grundeigentümer lohnt. Aber bis die Marktpreise so weit steigen, daß auch die Böden A eine Rente abwerfen, in unserem Beispiel also: bis die Getreidepreise über 60 Schilling pro Quarter gestiegen sind, wird der Eigentümer diese Ländereien zur Verpachtung gar nicht freigeben bzw. wird kein Pächter sie nehmen und daher kein Eigentümer sie verpachten können. Und der Eigentümer wird sie, wie erwähnt, nur selten selber bebauen.

Denn die Voraussetzung dieser Betrachtung ist hier die in weitestem Umfang bestehende, zur Regel gewordene Aufspaltung der Landwirtschaft in die zwei ganz verschiedenen Menschengruppen a) der Grundeigentümer, die in der Regel den Boden nicht selber bebauen, deren Arbeit vielmehr darin besteht, die Einnahmen aus dem Boden in Form der Rente einzukassieren, zu verzehren oder anderweitig anzulegen; b) der kapitalistischen Pächter, deren Arbeit darin besteht, aus dem Boden den durchschnittlichen Profit – wo möglich, manchmal auch mehr, siehe den Abschnitt über die Rente des schlechtesten Bodens – für sich selbst herauszuholen und den Surplusprofit in Gestalt der Grundrente für den Landeigentümer herauszuwirtschaften und ihm abzuliefern. Eigentlich wäre hier noch eine dritte Gruppe von Menschen zu erwähnen: die landwirtschaftlichen Arbeiter oder Tagelöhner, die allein den gesamten Mehrwert, sowohl den landesüblichen Durchschnitts-, wie den Surplusprofit erzeugen; doch ihre Existenz ist ohnehin die selbstverständliche Voraussetzung für die Erzeugung jeden Mehrwertes.
Das bloße juristische Eigentum am Boden, d. h. die Tatsache, daß jemand kraft des Gesetzes Eigentümer ist, erzeugt ihm noch keine Rente, aber es verleiht ihm die Macht, den Boden so lange der Bebauung zu entziehen, bis die »wirtschaftlichen Verhältnisse« es ihm ermöglichen, auf deutsch: bis die Marktpreise für das betreffende Bodenprodukt genügend hoch gestiegen sind, eine Rente auch für den Boden A einzuheimsen; sei es in der Landwirtschaft selbst, sei es auf Grundstücken mit Bauten oder auf Landflächen mit Steinbrüchen, Bergwerken, fischreichen Gewässern, Waldungen, mit günstiger Verkehrsverbindung zu Wasser und zu Lande oder mit naher Entfernung zum Absatzmarkt u. a. m.
Es muß also der Marktpreis des betreffenden Bodenerzeugnisses *über* seinen Produktionspreis (also über Kapitalauslage + Durchschnittsprofit) gestiegen sein, damit die Zahlung der Grundrente für diesen Boden an den Grundeigentümer möglich wird. So ergibt sich die Zahlung der Grundrente des schlechtesten Bodens, also einer Grundrente von ganz besonderer Art, einfach aus der Tatsache, daß der Eigentümer die Macht besitzt, auf die Preisentwicklung der Bodenprodukte durch Absperrung von der Bebauung Einfluß zu nehmen; die Preise müssen erst so hoch liegen, daß die Eigentümer solcher Ländereien solche Böden zur Bebauung freigeben, was sie dann tun, wenn sie eine Rente dafür erhalten. Nicht die Verteuerung des Getreides oder sonstigen Bodenerzeugnisses ist die Ursache dieser neuen Rente, sondern umgekehrt ist das Verlangen des Grundeigentums nach der Rente die Ursache der hohen Preise.
Aus diesen Überlegungen folgt, daß die hier betrachtete neue Art der Grundrente keine Differentialrente ist; sie rührt *nicht* wie diese von den *Unterschieden* in der Bodenfruchtbarkeit (oder den Un-

terschieden zwischen anderen natürlichen Eigenschaften verschiedener Bodenarten) her, sondern sie hat einen anderen Ursprung. Sie ist auch nicht an das Vorhandensein einer solchen Differentialrente gebunden, da sie ja auch für die Benutzung solcher Bodenarten gezahlt werden muß, die überhaupt keine Differentialrente abwerfen. Und für die besseren Böden muß diese »absolute Rente« noch *neben* der Differentialrente gezahlt werden. Denn wenn im letzten Beispiel der Marktpreis für ein Quarter Korn von 60 auf 70 Schilling gestiegen ist, so sind nunmehr die 70 Schilling der herrschende, »regulierende« Preis geworden. Das bedeutet, daß die besseren Bodenarten, B, C, ... usw. ihre Produkte ebenfalls nun für 70 Schilling pro Quarter verkaufen.
Die soeben besprochene Art der Grundrente, die »absolute Rente«, ist, verglichen mit der Differentialrente, *»absoluter«* Natur, denn sie steht und fällt nur mit dem Grundeigentum und seiner Macht über das Land.
Zusammenfassend kann man sagen: Die schlechtesten Böden bringen nur manchmal, unter besonderen Verhältnissen, eine Differentialrente, aber sie bringen immer eine absolute Rente ein, während die besseren Bodenarten stets sowohl eine Differentialrente als auch eine absolute Rente abwerfen, worüber man die beigefügte Tabelle eines Beispiels für die Beziehungen zwischen der absoluten und der Differentialrente vergleichen wolle.
Die hier skizzierte Marxsche Auffassung von der absoluten Rente macht das früher von ihm über die Differentialrente Mitgeteilte in keiner Weise ungültig; die Differentialrente entsteht aus dem *Unterschied* zwischen den *individuellen* (wirklichen) Produktionspreisen für das Erzeugnis einer bestimmten Bodenart und dem dafür geltenden Marktpreis oder »allgemeinen Produktionspreis«, während die absolute Rente unabhängig davon eine Art Preiserhöhung für die Produkte *aller* Arten von Böden bedeutet. Wie auch aus der beigefügten Tabelle ersichtlich ist, existieren normalerweise stets beide Arten von Renten, wenn sie auch in der Tasche oder auf dem Bankkonto des Grundeigentümers als eine einheitliche, ununterscheidbare Gesamtgeldsumme, Pachtgeld genannt, landen.
Wenn einige wenige Menschen unter Ausschluß aller anderen über Gegenstände oder Arbeitsleistungen so verfügen, daß sie Angebot und Nachfrage nach diesen auf dem Markt bestimmen, so heißt solch ein Alleinbesitz ein *Monopol*. (Vgl. oben, Kapitel 10) Auch das Grundeigentum ist ein Monopol; große Teile des Erdballs befinden sich in der juristischen Macht von Grundeigentümern, ihre Länder zu brauchen oder zu mißbrauchen, zu verkaufen, zu verpachten oder für sich zu behalten. Der Grundbesitz ist ein Monopol nicht nur gegenüber den Stadt- und Landarbeitern, sondern auch gegenüber Fabrik- und Geldbesitzern, die keine Grundeigentümer sind, d. h. also auch gegenüber den kapi-

Differentialrente

Da Marx die absolute Rente fast nur allgemein-theoretisch behandelt hat, sei hier versucht, die Beziehungen zwischen der Differentialrente und der absoluten Rente durch ein schematisches Zahlenbeispiel zu verdeutlichen. Als industrielle Profitrate, die auch der landwirtschaftliche Pächter für sich selbst erzielt, nehmen wir hier bei beiden Arten der Rente 20 Prozent, als Mehrwertrate in beiden Fällen 100 Prozent an. Alle Preise sind in Schillingen. Dann könnten z. B., wenn nur die Differentialrente bezahlt würde, folgende Preise gelten:

Bodenart	Fläche in Acres	Kapital-Auslagen + Mehrwert konst. Kap. + var. Kap. + Mehrw.	Ertrag in Quarters	Individueller = wirkl. Produktionspreis pro Quarter	Regulierter = herrschender Preis (= Marktpreis) pro Quarter	Marktpreis der gesamten Ernte	Diff.-Rente	Absol. Rente
A	1	40 c + 10 v + 10 m = 60	1	60	60	1 × 60 = 60	0	0
B	1	40 c + 10 v + 10 m = 60	$1^1/_5$	50	60	$1^1/_5$ × 60 = 72	12	0
C	1	40 c + 10 v + 10 m = 60	$1^1/_2$	40	60	$1^1/_2$ × 60 = 90	30	0
D	1	40 c + 10 v + 10 m = 60	2	30	60	2 × 60 = 120	60	0

Differentialrente und absolute Rente

Wenn *neben* der Differentialrente *auch* eine absolute Rente bezahlt werden muß, was laut Marx die Regel ist, so könnten für die gleiche Menge und Qualität dieses Produktes auf denselben Böden z. B. folgende Preise gelten: (Die absolute Rente betrage hier 10; diesen Betrag hat der Pächter von seinem vergrößerten Mehrwert zu zahlen. Die organische Zusammensetzung des Kapitals muß hier nach Voraussetzung geringer sein als oben; wir nehmen sie mit 30 c : 20 v, und den gesamten Mehrwert daher mit 20 m an, wovon der Pächter auf seine Kapitalauslagen (50) den Mehrwert 10 für sich behält und seine Profitrate daher 10 : 50 = 20 Prozent beträgt, also ebensoviel, als hätte er nur die Differentialrente zu zahlen.)

									Insges.
A	1	30 c + 20 v + 20 m = 70	1	70	70	1 × 70 = 70	0	10	10
B	1	30 c + 20 v + 20 m = 70	$1^1/_5$	$58^1/_3$	70	$1^1/_5$ × 70 = 84	12	12	24
C	1	30 c + 20 v + 20 m = 70	$1^1/_2$	$46^1/_3$	70	$1^1/_2$ × 70 = 105	30	15	45
D	1	30 c + 20 v + 20 m = 70	2	35	70	2 × 70 = 140	60	20	80

talistischen Pächtern. Man kann zwar neue Fabriken bauen oder ein vorhandenes Geldkapital vergrößern, aber man kann auch mit noch so viel Geld keinen neuen Boden herstellen. Der Grundbesitzer ist der Monopolist des nicht herstellbaren Bodens. Überläßt er ihn anderen Menschen zur Benützung, so nutzt er natürlich seine Monopolstellung aus und stellt Bedingungen. Freilich ist die Voraussetzung dafür, daß die Pächter auf bestimmte Bedingungen eingehen und daß sich genügend Bewerber um den zu bebauenden Boden einfinden. Finden sich keine Interessenten, die den Boden pachten wollen, so erhält der Eigentümer keine Rente.

Wenn das Erzeugnis der Bodenart A bei normaler Verwertung des für diesen Boden ausgegebenen Kapitals nur den Durchschnittsprofit ergibt und daher in unserem Beispiel für 60 Schilling pro Quarter verkauft wird, so erscheint die absolute Rente in der Tat zunächst als ein Überschuß, als eine Art Preisaufschlag, in diesem Falle von 10 Schilling, auf den bisher für den schlechtesten Boden bestehenden Produktionspreis (Marktpreis).

Woher stammt dieser Überschuß des Marktpreises über den Produktionspreis? Welche Beziehungen bestehen zwischen den Überschuß, also die absolute Rente einbringenden Marktpreisen und dem Wert der landwirtschaftlichen Produkte? Liegen, anders gesprochen, die den Surplusprofit für den Boden A, also die absolute Grundrente einbringenden Marktpreise nicht vielleicht über dem Wert der verkauften Produkte, oder stimmen sie mit ihrem Wert überein oder liegen die Marktpreise vielleicht gar noch unter ihrem Wert? Die Antwort auf diese von ihm selbst gestellte Frage sucht Marx durch folgende Betrachtung zu geben, die er übrigens ausdrücklich als Annahme bezeichnet.

Wie erinnerlich, werden in der Industrie die Produkte zu ihren durchschnittlichen Produktionspreisen verkauft, wobei einige Produktionszweige weniger, andere Zweige mehr als ihren eigentlichen, ursprünglichen, individuellen, wirklichen Mehrwert erzielen; aber schließlich erhält durch die Verteilung des Gesamtmehrwerts auf alle Zweige jeder Produktionszweig den gleichen durchschnittlichen Mehrwert bzw. die durchschnittliche Profitrate, die also für die gesamte Industrie gilt. Wir vergleichen nun die Verhältnisse in der Industrie mit der Landwirtschaft und betrachten ihre Beziehungen zueinander vom Gesichtspunkt der Profitraten aus.

Das gesamte Industriekapital eines Landes in Höhe von 400 Millionen bestehe im Durchschnitt aus 300 Millionen konstantem und 100 Millionen variablem Kapital; und die Mehrwertrate betrage 100 Prozent, so daß der erzeugte industrielle Mehrwert ebenfalls 100 Millionen beträgt. Der Durchschnittswert – den Marx ja den Produktionspreis genannt hat – der in der Industrie erzeugten Waren setzt sich also zusammen aus:

$$300\,c + 100\,v + 100\,m = 500.$$

Die *Masse* des Mehrwerts in der Industrie ist also gleich 100 Millionen und die durchschnittliche industrielle Profitrate gleich

$$100 : 400 = 25 \text{ Prozent.}$$

Das bedeutet, daß in der Industrie im Durchschnitt auf je 100 ausgelegtes Kapital das Produkt für 125 verkauft wird.

Ganz anders liegen die Verhältnisse beim landwirtschaftlichen Kapital, weil in den Ländern mit entwickelter Industrie die Entwicklung der Landwirtschaft mehr oder weniger weit hinter der industriellen Entwicklung zurückbleibt. Die organische Zusammensetzung des landwirtschaftlichen Kapitals ist daher normalerweise geringer als die in der Industrie: In der Landwirtschaft wird im Verhältnis zur Industrie weniger Geld für Maschinen, Anlagen, Bauten und Rohstoffe, aber dafür mehr Geld für Arbeitskräfte ausgegeben.

Das landwirtschaftliche Kapital eines Landes möge 100 Millionen betragen und sich aus 60 c + 40 v zusammensetzen, also im Sinne des soeben Dargelegten eine geringere organische Zusammensetzung aufweisen als das Industriekapital dieses Landes zum gleichen Zeitpunkt, so daß bei der gleichen Mehrwertrate von 100 Prozent der von den Arbeitern in der Landwirtschaft erzeugte Mehrwert 40 Millionen und der Wert der in dieser Landwirtschaft erzeugten Produkte 140 Millionen beträgt.

Die Wertzusammensetzung der betreffenden landwirtschaftlichen Erzeugnisse wäre dann

$$60\,c + 40\,v + 40\,m = 140,$$

was bedeutet, daß auf je 100 ausgelegtes Kapital in der Landwirtschaft die damit erzeugten Produkte für 140 verkauft werden.

Gäbe es nun kein Monopoleigentum an Grund und Boden und würde daher dem Grundeigentum keine Bodenrente bezahlt werden müssen, so hätte man folgende Lage:

Das gesellschaftliche *Gesamt*kapital (Industrie und Landwirtschaft) beträgt (in diesem Beispiel) 300 c + 100 v + 60 c + 40 v = 500 und die *gesamte* Mehrwertmasse des Landes wäre 100 + 40 = 140. Die durchschnittliche Profitrate des gesellschaftlichen *Gesamt*kapitals des Landes würde also $\frac{140}{500} = 28$ Prozent betragen. In solchem Falle würden sowohl in der Industrie wie in der Landwirtschaft auf je 100 ausgelegtes Kapital die damit erzeugten Produkte für 128 verkauft werden.

Während sich aber, wie man bei früherer Gelegenheit sah, innerhalb der Industrie die verschieden hohen Profitraten der verschiedenen Industriezweige zu einer durchschnittlichen, für die gesamte Industrie geltenden Profitrate *ausgleichen*, sich auf diese

Weise daher ein industrieller Durchschnittsprofit bilden kann, nimmt das landwirtschaftliche Kapital an der Ausgleichung der Profitraten zwischen der Landwirtschaft und der Industrie keinen Anteil. Genauer gesagt, es verhindert einen Ausgleich der Profitraten, weil jeder den durchschnittlichen Profit übersteigende Profit in der Landwirtschaft von vornherein von dem durchschnittlichen Profit abgezweigt, d. h. fortgenommen werden muß, um als Grundrente in die Tasche oder auf das Bankkonto der Grundeigentümer zu fließen. D. h.: Die landwirtschaftlichen Produkte werden bei je 100 ausgelegtem Kapital nicht für 128 verkauft, wie es der gesellschaftlichen Durchschnittsprofitrate entsprechen würde, sondern für 140. Von der gesamten Mehrwertmasse der Landwirtschaft in Höhe von 40 Millionen erhalten die Pächter pro Hundert nicht mehr als ihre industriellen Kollegen, nämlich auch nur 25; und die anderen 15 zahlen sie den Grundeigentümern in Form der absoluten Rente. Da also die Pächter auf je 100 ausgelegtes Kapital in der Landwirtschaft von dem dort erzeugten Mehrwert von 40 den Betrag von 25 erhalten, somit eine ebenso hohe Profitrate erzielen wie die Industriekapitalisten, so stellen sich die Pächter nicht schlechter als diese. Gäbe es kein Grundeigentum und käme es daher zur Bildung einer für Industrie und Landwirtschaft gleich großen Profitrate, so könnten die Bodenprodukte pro 100 ausgelegtes Kapital für 128 verkauft werden. Aber infolge der Existenz des Eigentums und damit des Verfügungsrechtes am Land müssen sie höher – und zwar in dem letzten Beispiel für 140 – verkauft werden, damit die absolute Rente – in diesem Falle in Höhe von 15 – bezahlt werden kann. Daher müssen die Marktpreise der landwirtschaftlichen Produkte höher als die Produktionspreise, d. h. als die Preise nach Ausgleichung der Profitraten, sein; und das kaufende Publikum muß und wird die Marktpreise so lange zahlen, wie die Nachfrage groß genug ist.

Damit ist auch die Frage nach dem Verhältnis zwischen dem Wert und den Marktpreisen für die – in diesem Zusammenhang der Einfachheit halber nur aus Industrie und Landwirtschaft bestehend gedachte – gesamte Produktion der Gesellschaft beantwortet: In diesem Beispiel hatte auf je 100 ausgelegtes Kapital das Industrieprodukt den Wert 125, das landwirtschaftliche Erzeugnis den von 140: Bei gleich großen Kapitalauslagen (100) ist der Wert der landwirtschaftlichen Produkte höher als der Wert der in der Industrie erzeugten.

Man sah oben: Wäre ein Ausgleich der in der Industrie und in der Landwirtschaft erzeugten Werte zu einem durchschnittlichen, für die gesamte gesellschaftliche Produktion geltenden Marktpreise, also zu dem, was Marx »Produktionspreise« genannt hat, möglich, so würden in diesem Beispiel auf je 100 ausgelegtes Kapital sowohl die Industrie- wie die landwirtschaftlichen Produkte für 128 verkauft werden. Ein solcher Produktionspreis von 128 läge dann über dem Wert des industriellen und unter dem Wert des landwirtschaftlichen Produktes. Da nun aber der Ausgleich dieser Werte nicht oder doch zum großen Teil nicht erfolgen kann, d. h. die landwirtschaftlichen Produkte zu ihrem vollen Wert von 140 oder doch ungefähr zu diesem Wert, und die Industrieprodukte zu ihrem Wert von 125 verkauft werden, so stehen die landwirtschaftlichen Produkte um 12 höher im Wert und die industriellen Erzeugnisse um 3 niedriger als es bei einem Ausgleich der Fall wäre.

Wenn in diesem Abschnitt davon die Rede war, daß die Bodenprodukte – als Beispiel diente stets Getreide – zu ihrem Wert verkauft werden und daher einen höheren als den gesellschaftlichen Durchschnittsprofit abwerfen, so gilt auch dies, wie alle Erörterungen im »Kapital«, nur unter mehreren Voraussetzungen. Vor allem muß, wie schon betont wurde, die organische Zusammensetzung des landwirtschaftlichen Kapitals geringer sein als beim industriellen; entwickelt sich aber in einem Lande durch die Fortschritte der Technik und der Chemie die landwirtschaftliche Produktion so weit, daß zwischen der organischen Zusammensetzung des industriellen und des landwirtschaftlichen Kapitals kein Unterschied mehr besteht, dann gleicht sich der in der Landwirtschaft erzeugte Mehrwert und daher auch die Profitrate der industriellen an; dann entfällt die Möglichkeit einer absoluten Grundrente. Andererseits ist die Möglichkeit einer Zahlung der Grundrente ja schon dann gegeben, wenn der für das Bodenprodukt gezahlte Marktpreis nur etwas über dem allgemeinen Produktionspreis pro Quarter (oder sonstiger Gewichtseinheit) steht (vgl. oben die Tabelle); also selbst dann, wenn der Marktpreis noch nicht den vollen Wert der Bodenerzeugnisse erreicht. In dem Beispiel (oben, Seite 408) kann der Pächter auch dann schon eine absolute Grundrente zahlen, wenn der Marktpreis pro Quarter 61, 62, 63 ..., also weniger als der mit 70 angenommene volle Wert beträgt. Oder, um das letzte Beispiel heranzuziehen, wird das Ackerbauprodukt nicht zum vollen Wert 140 realisiert, sondern darunter, z. B. (pro Hundert) zu 130, also mit einer Profitrate von 30 Prozent verkauft, liegt sein Marktpreis (pro Hundert) auch dann noch über dem industriellen Produktionspreis von 125 (pro Hundert). In einem solchen Fall kann nur ein kleiner Teil des landwirtschaftlichen Mehrwerts, 5, als Rente abfließen, andernfalls könnte der kapitalistische Landwirt, der Pächter, sein Produkt nicht mehr ebenso hoch (pro Hundert) verkaufen wie sein industrieller Kollege; er könnte also nicht mehr, wie dieser, zu einer Profitrate von 25 Prozent verkaufen. Dann würden sich aber nicht mehr genug Pächter finden, sie würden in die Industrie abwandern und ihr Kapital lieber dort anlegen. So sorgt der Mechanismus der gegebenen Anlagemöglichkeiten

dafür, daß die Pächter ihre 25 Prozent Profitrate und die Grundeigentümer eine absolute Grundrente von wechselnder Höhe bekommen, aber alles dies selbstverständlich nur unter bestimmten Voraussetzungen, von denen hier einige erwähnt wurden.
Da so die Ausgleichung zu dem durchschnittlichen Marktpreis, d. h. zu dem für die Gesamtgesellschaft geltenden Produktionspreis, durch das Grundeigentum verhindert wird, erweist es sich durch sein Bodenmonopol als Schranke, als Hindernis für die Verbilligung der Bodenprodukte.
Durch diese Ausführungen über die Landwirtschaft, deren Hauptgesichtspunkte wir wiederzugeben versuchten, haben wir »alle drei Klassen« kennengelernt, »welche den Rahmen der modernen Gesellschaft konstituieren ... Lohnarbeiter, industrieller Kapitalist, Grundeigentümer.« (III, S. 632) Die beiden zuletzt genannten Klassen teilen sich in den gesamten von den Lohnarbeitern erzeugten Mehrwert. Der Pächter, also der kapitalistische landwirtschaftliche Unternehmer, eignet sich den landesüblichen, in der Industrie geltenden Durchschnittsprofit an; er betrachtet und behandelt den landwirtschaftlichen Betrieb ebenso als Anlagefeld wie der industrielle Unternehmer die industrielle Produktion, während der Profitüberschuß der Landwirtschaft sowohl als Differentialrente wie als absolute Grundrente an den Bodeneigentümer geht. Dieser ist kein eigentlicher Kapitalist, sondern Rentenempfänger; aber nicht in dem Sinne, wie man das Wort »Rentenempfänger« heutzutage meist gebraucht: Für Menschen, welche Renten erhalten, weil sie jahrzehntelang dafür produktiv gearbeitet haben, sondern die Bodeneigentümer sind Rentenempfänger nur auf der Grundlage des Bodenmonopols, eines politischen Überbleibsels aus vergangenen Zeiten der Lehns- oder sonstiger Grundherrschaft.
Die dritte Klasse von Menschen sind die Erzeuger des gesamten Mehrwerts sowohl der Industrie als auch der Landwirtschaft; sie nehmen an dem von ihnen erzeugten Reichtum nicht teil; es sei denn, man betrachte ihren Lohn als Reichtum. Doch der Lohn erlaubt ihnen in der Regel und im Durchschnitt nur die Fristung ihrer nackten Existenz bzw. einen kulturellen Mindeststandard.
Aber wenn auch die Grundeigentümer keine eigentlichen Kapitalisten sind, so sind sie doch Eigentümer des Produktionsmittels »Boden«, und dieses Eigentum ermöglicht es ihnen, die landwirtschaftlichen Arbeiter oder Bauern auszubeuten. Man ersieht hieraus, daß es in der kapitalistischen Gesellschaft um *zwei* Gruppen von Eigentümern an Produktionsmitteln geht: Die Industriellen und die Grundeigentümer. Aber der gesamte Mehrwert stammt nur aus der Lohnarbeit der Industrie, zu der die kapitalistisch wirtschaftenden, Lohnarbeiter beschäftigenden Pächter von Grund und Boden zu rechnen sind.

7. Der Begriff »Kapital«

Aus den bisherigen Ausführungen ergibt sich zusammenfassend der Begriff des Kapitals wie folgt: Das »konstante Kapital« – der Wert der gekauften Produktionsmittel – und das »variable Kapital« – der Wert der gekauften Arbeitskräfte, also der Arbeitslohn – sind, wie die übrigen Unter-Teile des Kapitals für sich allein kein Kapital. Das konstante Kapital – Rohmaterial, Hilfsstoffe, Maschinerie etc. – verändert im Produktionsprozeß seine Wertgröße nicht, während das variable Kapital – die für eine bestimmte Produktionszeitdauer gekauften Arbeitskräfte – nicht nur seinen äquivalenten Wert erzeugt, sondern darüber hinaus noch einen Zuschuß, den Mehrwert. Doch kann das variable Kapital den Mehrwert nicht ohne das konstante Kapital erbringen: Ohne Werkzeuge, Rohstoffe, Anlagen, Maschinen können keine kapitalistischen, d. h. Mehrwert verkörpernde Produkte hergestellt werden; stets kann dies nur durch das Zusammenwirken beider Kapital-Teile geschehen. Daraus folgt: Kapital ist die Geldsumme, mit der Produktionsmittel und Arbeitskräfte gekauft werden, die im Produktionsprozeß Mehrwert erzeugen.
Die Produktion des Mehrwerts geschieht in einem Kreislauf. Erst wenn der Kreislauf Geld – Ware – Geld in der Weise beschrieben ist, daß an seinem Schluß die verfügbare Geldsumme größer ist als zu Beginn, hat sich der für den Kauf der beiden Kapitalteile ausgegebene Geldbetrag in Kapital »verwandelt«. Die beiden Kapital-Teile, c und v, selbst wenn sie bereits gekauft wurden, aber untätig daliegen, sind also noch kein »Kapital«; sie sind nur »mögliches« Kapital (III, Kapitel 21). Daher bezeichnet der Kapitalbegriff keinen Ruhezustand, sondern einen Vorgang, eine Bewegung; er ist ein dynamischer Begriff.
Sodann ist das Kapital kein Ding, keine Sache, keine Ansammlung von Gegenständen, und seien sie noch so wertvoll. Selbst Tausende gekaufter Arbeitskräfte und Millionen Tonnen Rohmaterial, Maschinen und Anlagen sind, auch wenn sie im Produktionsprozeß tätig sind, nur für oberflächliche Betrachtung »Kapital«. Kapital sind sie in Wahrheit erst dann und nur deswegen, wenn und weil das von den produktiv schaffenden Menschen gemeinschaftlich, durch Arbeitsteilung ko-operativ erzeugte Produkt nicht ihnen, sondern fremden Privatleuten gehört. Da nicht die Gesamtheit der produktiv schaffenden Erzeuger, sondern die Besitzer der Produktionsmittel und der Arbeitskraft über das Produkt verfügen und sich dabei den Mehrwert aneignen, so ist das Kapital ein bestimmtes *Verhältnis* zwischen Menschengruppen; zwischen den schaffenden Erzeugern und den nicht schaffenden Eigentümern; diese üben das Kommando über die Arbeitsbedingungen, über Menge und Art der zu erzeugenden Gegenstände, über die unbezahlte Arbeit aus; genauer: über den un-

bezahlten Teil des Arbeitsprodukts. So bezeichnet der Kapitalbegriff nicht ein bloßes Eigentums- und Sachverhältnis, sondern er ist auch ein soziologischer Begriff; er bezeichnet nicht nur die Arbeits- und Eigentumsbeziehungen zwischen Menschen, sondern darüber hinaus auch die damit verknüpften wirtschaftlichen und politischen Machtverhältnisse in einer bestimmten und zwar vorübergehenden Periode der Menschheitsgeschichte. Wenn die sachlichen Kapitalteile der Verfügungsgewalt ihrer privaten Eigentümer entrissen und in gemeinschaftliches, allen Mitgliedern der Gesellschaft gehörendes Eigentum verwandelt werden, »so verwandelt sich nicht persönliches Eigentum in gesellschaftliches. Nur der gesellschaftliche Charakter des Eigentums verwandelt sich. Es verliert seinen Klassencharakter.«[1] Dann stehen sich nicht mehr die zwei Gruppen – Klassen – der Gesellschaft mit entgegengesetzten Interessen gegenüber, sondern es herrscht das gemeinsame Interesse der solidarisch verbundenen Mitglieder der Gemeinschaft aller Schaffenden, deren Arbeitsprodukte von den Organen der Gemeinschaft verwaltet und verteilt werden. Dieses vergesellschaftete Kapital ist dann kein »Kapital« mehr, denn Produktionsmittel und Arbeitskraft sind dann nicht mehr Mittel oder Objekt der Ausbeutung.

Je nach seinem Anwendungsgebiet wurde in den vorhergehenden Kapiteln unterschieden zwischen dem industriellen und dem Kaufmannskapital, dem Kapital in der Landwirtschaft und dem Bankkapital. Auf jedem dieser Produktionsgebiete wird der Mehrwert unter verschiedenen Bedingungen, aber letzten Endes stets durch gekaufte Produktionsmittel und Arbeitskräfte erzeugt.

Auch die Aktie – das verbriefte Anrecht auf den Besitz eines bestimmten Bruchteils am Vermögen und an dem von Produktionsunternehmungen erzielten Mehrwert, Dividende genannt – ist Kapital, doch hat der Besitzer einer nur geringen Zahl von Aktien oder von Aktien von nur geringem Nennwert, also der kleine Sparer, praktisch keinen Einfluß auf das Vermögen und die Verwendung des Gesamtmehrwerts; diesen haben nur die Großaktionäre bzw. die Besitzer einer genügend großen Zahl von Aktien; nur sie haben durch ihre guten Geschäftsverbindungen und ihre große finanzielle Beteiligung am Bankkapital einen wirklichen Einfluß auf die Geschäftsführung und die Anlagen der Banken; sie können eher an den Generalversammlungen der Aktionäre teilnehmen und über die Höhe der auszuzahlenden Dividenden bestimmen.

Man könnte meinen, der kleine Sparer, der mittlere Angestellte und Beamte, der seine Ersparnisse in Aktien oder anderen zinstragenden Papieren anlegt, sei selber ein kleiner Kapitalist, denn die ihm zufließenden Zinsen stammten ja aus dem Mehrwert, also aus dem Ertrag der nicht von ihm selbst erschaffenen Werte, son-

[1] Kommunistisches Manifest, in: MEW, Bd. 4, S. 476.

dern von anderen produktiv schaffenden, ausgebeuteten Menschen in Handel und Industrie. Doch ist diese Ansicht irrig, denn der kleine Sparer, Angestellte oder Beamte, ja auch der »besser« bezahlte Arbeiter erhält in Form der Zinsen (Dividenden) aus den von ihm gekauften Wertpapieren nur einen kleinen Bruchteil des Mehrwertes zurück, den er bzw. die Arbeiter und Angestellten des Landes durch ihre eigene Arbeit erst geschaffen haben.[2]
Zum Unterschied von der sofort verfügbaren Kapitalsumme in Form des baren Geldbetrages nennt Marx das Kapital in Form von Wertpapieren »fiktives Kapital«, weil der betreffende Betrag nicht sofort verfügbar ist, sondern eine Anweisung bzw. eine verbriefte Berechtigung auf die Verwendung eines bestimmten Kapitalbetrags für einen späteren bestimmten Zeitpunkt bedeutet.

Siebzehntes Kapitel

Die Einkommen und ihre Quellen

1. Die »Dreieinigkeitsformel«

Mit der Untersuchung des Kapitaleinkommens aus der Landwirtschaft ist die Betrachtung der gesamten Produktion der Gesellschaft unter den Bedingungen des Kapitalismus im wesentlichen zum Abschluß gelangt. Kapital, Boden und Arbeit: Das sind die drei *Quellen*; Profit, Grundrente und Arbeitslohn die aus diesen drei Quellen stammenden *Arten* oder, wenn man will: *Formen* der Einkommen, wofür Marx meist das französische Wort »revenuen« verwendet. Andere Quellen bzw. Arten von Einkommen als diese drei gibt es in dieser Wirtschaftsordnung letzten Endes nicht. Von dem in der Industrie (und der industriellen Landwirtschaft) erzeugten Profit verbleibt ein Teil den Industriellen (und Landwirten), die sich in der früher geschilderten Weise mit den Kaufleuten – den »Zirkulationsagenten« – darin teilen; ein anderer Teil geht als Zins an die Geldverleiher (hauptsächlich Banken), während der aus dem Eigentum am Boden stammende Profit-Teil als Bodenrente an die Grundeigentümer geht. Aber ob aus Industrie oder aus der Landwirtschaft: Alle Arten von Profit und daher die Einkommen aller Gruppen von Kapitalisten stammen

[2] Mehr Einzelheiten über diesen Punkt finden sich z. B. bei P. M. Sweezy, »Theorie der kapitalistischen Entwicklung«, dtsch. Köln 1959, S. 202ff sowie in den Bemerkungen über die Mittelschichten in diesem Buch, Kapitel 17.

nur aus dem Mehrwert, sind Abzweigungen von dem allein durch die Arbeiterschaft der Industrie und Landwirtschaft erzeugten Mehrwertstrom. Die dritte Art von Einkommen, der Arbeitslohn, ist das »Einkommen« der Arbeiterschaft; es stammt *nicht* aus dem Mehrwert, sondern ist im Prinzip und im Durchschnitt nur die gewöhnlich in Geldform erfolgende *Rückerstattung* der von ihr selbst erzeugten, zur Fristung ihres leiblichen bzw. kulturellen Mindestlebensstandards erforderlichen, ihr von den Kapitaleigentümern *zugewiesenen* Wertgröße, während der ebenfalls von der Arbeiterschaft erzeugte Mehrwert nur an die Kapitalbesitzer bzw. Grundeigentümer fällt; denn allein die Kapitalbesitzer verfügen über die Arbeitsbedingungen und die Arbeitsprodukte und damit über ihre Zuteilung, soweit sie ihnen nicht von der organisierten, zum Bewußtsein ihrer Lage gekommenen Arbeiterklasse streitig gemacht wird. Doch nicht der Willensakt des einzelnen Kapitalisten oder selbst einer Gruppe entscheidet über die Größe des ihm oder ihr zufallenden *Anteils* am Mehrwert, sondern die Wirtschaftsstruktur des betreffenden Landes, wie sie sich durch die geschichtlichen, politischen, geographischen und sonstigen Bedingungen entwickelt hat, sowie die vom Willen der beteiligten Einzelmenschen unabhängigen wirtschaftlichen Gesetze, die z. B. für die Entstehung der Wertgröße und der Profitverteilung maßgebend sind, wie man das in den betreffenden Abschnitten dieses Buches gesehen hat.

Den von der Gesamtgesellschaft (eines Landes) z. B. jährlich erzeugten Wert-Teil »Arbeitslohn plus Profit plus Grundrente«, also die Summe aller jährlichen drei Einkommen, nennt Marx das *Roheinkommen* oder *Nationaleinkommen* der Gesellschaft. Fügt man zu diesem noch den Wert des im gleichen Zeitraum verzehrten (verbrauchten) konstanten Kapitals, so erhält man den Gesamtwert des in diesem Zeitraum erzeugten gesellschaftlichen Produktes; dieser heißt der *Rohertrag* oder auch das (jährliche) *Bruttoprodukt* der Gesellschaft. Bildlich könnte man die Wertverteilung eines in einem Jahre erzeugten Gesamtproduktes etwa so darstellen:

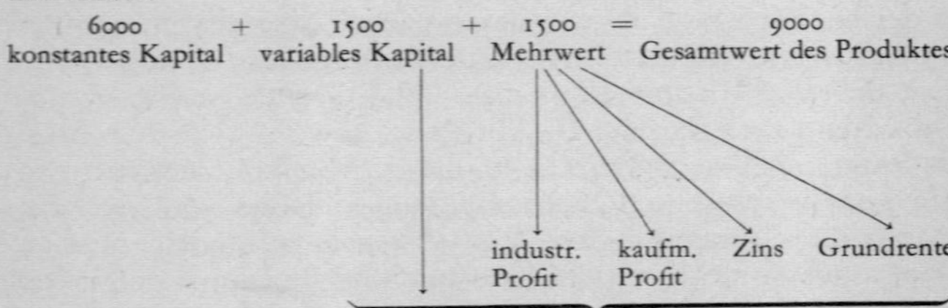

Wie man früher sah, bestehen konstantes und variables Kapital, ebenso wie der Mehrwert des Gesamtproduktes eines Landes

(»der Gesellschaft«) aus den zwei Abteilungen der gesellschaftlichen Produktion: der Gebrauchsgüter und der die Produktionsmittel erzeugenden Industrie. Nimmt man das frühere Beispiel für die einfache Reproduktion (oben, Kap. 12), so würden sich die oben genannten Zahlen so zusammensetzen:

I. Abteilung	4000 c + 1000 v + 1000 m = 6000
II. Abteilung	2000 c + 500 v + 500 m = 3000
Zusammen:	6000 c + 1500 v + 1500 m = 9000

Ebenso, wie bei der Schilderung der Industrieproduktion aus Gründen der Vereinfachung der Untersuchung und um die Industrie zunächst einmal für sich betrachten zu können, die Rolle und der Profit des Kaufmanns zuerst nicht berücksichtigt wurden, um sie dann an späterer Stelle der Darstellung gesondert besser behandeln und anschließend in das Gesamtbild der Produktion und Zirkulation einfügen zu können, so erfolgte auch die Betrachtung des Kapitals in der Landwirtschaft gesondert, um schließlich durch die Untersuchung seiner Beziehungen zur Industrie und zum Grundeigentum das Gesamtbild der kapitalistischen Produktion zu ergänzen. Dadurch, daß nun in die gesellschaftliche Produktion und Reproduktion auch die Grundeigentümer als Rentenverzehrer, als weitere Gruppe von Mehrwertverzehrern, hinzukommen, ändert sich am Gesamtbild nichts Wesentliches. Wie man sieht, erhalten sie ihre Renten als Teil des Profits der landwirtschaftlichen Produzenten, die ja im Grunde nur eine Art von Industriellen sind; nämlich solche, die ihr Kapital in der Landwirtschaft arbeiten lassen. Die Nahrungsmittel produzierenden Landwirte gehören zusammen mit den Grundeigentümern zur II. Abteilung der gesellschaftlichen Produktion – der Konsumtionsmittelindustrie –, während die Produzenten von Ländereien mit Waldungen Bauholz liefern oder von Ländereien mit Steinbrüchen, Erzlagern oder mit Petroleumvorkommen Rohstoffe oder Halbfabrikate für die Produktionsmittelindustrie liefern und daher samt ihren Grundeigentümern zur I. Abteilung zu rechnen sind.

Das verbrauchte konstante Kapital beider Abteilungen wird ganz in der bei der Untersuchung der einfachen oder erweiterten Reproduktion geschilderten Art und Weise ersetzt. Das bedeutet hier, daß alle Arbeiter, Kapitalisten und Grundeigentümer, also Grundrentenbezieher der II. Abteilung, 500 v + 500 m = 1000 als Einkommen verzehren. D. h., die II. Abteilung verkauft von den von ihr erzeugten Konsumgütern in Höhe von 3000 für 1000 an ihre eigenen Arbeiter, Kapitalisten und Grundeigentümer. Daher müssen noch weitere Konsumtionsgüter im Betrage von 2000 verkauft werden, um das gesamte verzehrte konstante Kapital dieser Abteilung ersetzen zu können. Diese 2000, die ja nur in Form von Konsumtionsmitteln auf den Markt gebracht werden, bezahlen und verzehren die Arbeiter, Kapitalisten und Grundrentenempfänger der Abteilung I, deren Einkommen = 1000 v + 1000 m = 2000 beträgt. Für diesen von den Arbeitern, Kapitalisten und Grundrentenempfängern der I. Abteilung erhaltenen Betrag kaufen die Kapitalisten der II. Abteilung von denen der I. Abteilung Rohstoffe, Maschinen usw., also das von der II. Abteilung noch zu ersetzende konstante Kapital ein. Dadurch hat die I. Abteilung von ihrem verbrauchten konstanten Kapital in Höhe von 4000 für 2000 verkauft, d. h. diesen Geldbetrag erhalten und kann daher für 2000 verbrauchtes konstantes Kapital ersetzen. Sie muß also noch weitere 2000 von ihrem verbrauchten konstanten Kapital ersetzen. Das geschieht in der bei früherer Gelegenheit dargestellten Weise durch wechselseitigen Verkauf und Kauf von konstantem Kapital innerhalb der eigenen Abteilung I.

An dem früher provisorisch gezeichneten Bild der gesellschaftlichen Produktion ändert sich deshalb nur dies, daß auch die Grundrentenempfänger zu den Mehrwertverzehrern hinzugerechnet werden müssen.

Damit sind die Hauptgruppen, sozusagen die Grundtypen oder Hauptpfeiler der kapitalistischen Wirtschaft dargestellt. Marx meint damit nicht, daß die heutige Wirtschaft, genauer die Wirtschaft des 19. Jahrhunderts, worin er lebte und schrieb, nur aus Arbeitern im engeren Sinne und den genannten Kapitalistengruppen bestehe und erst recht nicht, daß die Erzeugung und Verteilung der erzeugten Werte stets und überhaupt so einfach vor sich gehe, wie hier und wie im »Kapital« oft angegeben. Er schreibt im Texte Dutzende von Malen und bei jeder grundsätzlichen Untersuchung eines neuen Produktions- und Verteilungstyps, daß er zur Herausarbeitung des grundsätzlichen Gedankenganges hauptsächlich vereinfachende Schemata oder Gedankenmodelle zur Betrachtung vorlegt, und er wirft oft Seitenblicke auf solche Fälle, die das Grundschema der Untersuchung mehr oder weniger komplizieren und geht auch hier und da ein Stück Weges, um die Behandlung besonderer, vom Grundschema abweichender Fälle anzudeuten. Marx weiß sehr wohl, daß die Wirklichkeit der Wirtschaft erheblich komplizierter ist, als in einem Gedankenmodell zum Ausdruck kommen kann, das man erst einmal hinschreiben und untersuchen muß, um das Grundsätzliche des Aufbaus der Wirtschaft verstehen zu können. Zu diesem Zweck müssen, wie fast immer bei Untersuchungen über die menschliche Gesellschaft, zunächst vereinfachende Annahmen gemacht werden. So z. B. nimmt Marx zunächst an, daß man es bei der Betrachtung nur mit einer isolierten kapitalistischen Wirtschaft zu tun hat, d. h., daß der Außenhandel von der Betrachtung ausgeschlossen sein soll; oder daß die Wirtschaft nur aus Kapitalisten und Arbeitern besteht, daß daher von allen sogenannten »dritten Personen« bei der Untersuchung abgesehen werden möge, oder daß die Waren zu ihren Werten bzw. zu ihren Produktionspreisen

verkauft werden, daß also von der Rolle der Monopole in der Wirtschaft abgesehen wird, daß der Kredit nicht betrachtet, daß der Wert des Geldes als stets gleich (konstant) angenommen wird. Bei unserer Diskussion des Gesetzes vom Fall der Profitrate und der Folgen der Kapitalakkumulation findet der Leser weitere Hinweise auf diesen Gesichtspunkt der Vereinfachung des Gedankenmodells bei Marx. In einem im Jahre 1929 erschienenen Buch, über das an anderer Stelle ausführlicher gesprochen werden wird, hat Professor Henryk Grossmann auf die Marxsche Untersuchungsmethode hingewiesen und mit Recht beklagt, daß diese von vielen Verfassern von Büchern über Marx nicht genügend in Betracht gezogen worden ist. Hierher gehört auch der berühmte, so oft »entdeckte« angebliche »Widerspruch« zwischen der Marxschen Lehre vom Wert der Waren im I. und im III. Bande des »Kapital«, worüber wir schon einiges in einem früheren Kapitel dieser Schrift mitgeteilt haben. Im Sinne der Darstellung von Grundtypen und von Gedankenmodellen, die das Grundsätzliche und Wesentliche der Verhältnisse zum Ausdruck bringen sollen, muß man daher auch Marx' übrigens nicht in jedem Falle zum Abschluß gelangten Untersuchungen dieses Kapitels verstehen.
Der von der Gesamtgesellschaft, den beiden »Abteilungen«, genauer, der von ihren Arbeitern erzeugte Gesamtmehrwert von 1500 verteilt sich auf die vier Hauptgruppen von Kapitalisten: unter dem Namen »Profit« an die Industriellen und die Kaufleute, als »Zinsen« an die Geldverleiher und als Bodenrente an die Grundeigentümer. Die Verteilung der Mehrwerte unter die verschiedenen Kapitalistengruppen erfolgt in den verschiedenen wirtschaftsgeschichtlichen, politischen usw. Zeitabschnitten eines Landes je nach den wechselnden Bedingungen oder Möglichkeiten für Kapitalanlagen in diesem oder jenem Produktionszweig in verschiedener Weise. Anders verteilen sich Gesamtwert und Gesamtmehrwert in Peru, anders in Belgien, anders in Spanien, anders in England. Anders in den gleichen Ländern z. B. vor 30 Jahren, anders heute.
»Kapital – Profit, Boden – Grundrente, Arbeit – Arbeitslohn, dies ist die *trinitarische Formel*, die alle Geheimnisse des gesellschaftlichen Produktionsprozesses einbegreift.« (III, S. 822) Das lateinische Wort »Trinität« heißt soviel wie »Dreieinigkeit« oder »Dreifaltigkeit« und bezieht sich auf die katholische Glaubenslehre von der Dreiheit der göttlichen Person: Vater, Sohn und Heiliger Geist, die aber ihrer göttlichen Natur nach ein einziger Gott seien. Hiervon übernimmt Marx den Begriff für seine Auffassung von den Beziehungen zwischen den drei Quellen der Einkommen. Das Wort »Trinität« und das Eigenschaftswort »trinitarisch« (= »drei-einig«, »drei-faltig«) soll die Verschiedenheit oder Verschiedenartigkeit der drei Quellen aller Einkommen trotz ihrer in anderer Hinsicht bestehenden Einheit im Gesamtgefüge der

kapitalistischen Wirtschaft zum Ausdruck bringen. An sich sind Kapital, Boden und Arbeit völlig verschiedene Tatbestände, die nichts miteinander zu tun haben. Denn was hat etwa die Tatsache, daß ein Mensch oder eine Gruppe von Menschen über Rohstoffe, Fabrikräume, Maschinen u. a. m. verfügt und nicht daran und damit arbeitet und sich vielleicht in einem anderen Land befindet, trotzdem Profit aus dem Unternehmen bezieht, mit der Tatsache zu schaffen, daß andere Menschen, welche diese Produktionsmittel nicht besitzen, aber damit arbeiten, und »dafür« von der anderen Gruppe, den Eigentümern, Arbeitslohn erhalten? Und was hat das Eigentum an einem Stück Land, das aus fruchtbarer Lehmerde oder unfruchtbarem Sandboden besteht oder Waldungen oder Petroleumvorkommen enthält, an sich mit der Geldsumme zu tun, die von dem Bodenpächter X oder der Petroleumgesellschaft Y, jahraus, jahrein auf das New Yorker Bankkonto des an der Riviera oder in Kuweit lebenden Grundeigentümers oder Ölscheichs eingezahlt wird? Der Empfang einer jährlichen Bodenrente hat mit dem von anderen Menschen am oder unter dem Boden ausgeführten Arbeitsprozeß absolut nichts zu schaffen. Oder hat etwa die Ausgleichung der individuellen Werte der Bodenerzeugnisse zu Marktwerten damit zu tun, daß diese vom Bodenbebauer auf den Grundherrn übertragen werden? Diese zwischenmenschlichen Beziehungen folgen nicht aus der Natur der Dinge.
»Und endlich als Dritten im Bunde ... ›die‹ Arbeit ... !« (III, S. 823) Ist es eine naturgegebene Tatsache, daß jemand, der arbeitet, dies nicht für sich, sondern für andere tut? Hat der Mensch nicht Jahrtausende, ja viele zehn Jahrtausende lang gearbeitet, ohne von fremden dritten Personen dafür Lohn zu erhalten; und arbeitet nicht auch heute noch ein großer Teil der Menschheit in Stadt und Land, in manchen Gegenden der Erde, in den »unterentwickelten« Ländern z. B., als Kleinbauern oder Handwerker, zum eigenen Wohlergehen und ohne von fremder Seite dafür Arbeitslohn zu erhalten? – Man braucht die Beispiele nicht zu vermehren: Kapital, Boden und Arbeit haben zunächst nur die äußerliche Eigenschaft gemeinsam, Quelle aller Einkommen zu sein; diese Gemeinsamkeit besteht in der eigentümlichen Verbindung von Verschiedenheiten; indem eine Gruppe von Menschen über die Produktionsmittel und damit über die Arbeitsbedingungen verfügt, ist die andere Gruppe davon ausgeschlossen. Und die vom Verfügungsrecht über die Produktionsmittel Ausgeschlossenen sind durch die Not gezwungen, daran zu arbeiten, um von den nicht daran Arbeitenden einen Teil des Produktes zugewiesen zu bekommen! Aber diese Verbindung von Verschiedenheiten ist nicht naturgegeben, nicht naturnotwendig; sie besteht nicht seit und je; sie ist auch nicht für ewig, sondern nur eine durch die Entwicklung bestimmter wirtschaftlicher, politischer, geogra-

phischer und anderer Bedingungen durch Machtverhältnisse zustandegekommene Verknüpfung von verschiedenen Menschengruppen und Eigentumsrechten an bestimmten Dingen, wie Rohstoffen, Maschinen, Land u. a. m. Erst durch diese bestimmte Art von Verknüpfung werden Rohstoffe, Maschinen, Werkzeuge, Gebäude »Kapital«; erst durch diese Verknüpfung wird das Eigentum an einem Stück Land Quelle von Bodenrente, erst durch diese nicht naturgegebene Verknüpfung wird menschliche Arbeit, die der Erhaltung und Verbesserung der Existenzbedingungen für alle dienen könnte, zur Lohnarbeit, zur »Lohnfrage«. So sind Kapital, Boden und Arbeit an sich völlig heterogene, inkommensurable Dinge oder Vorgänge, oder, wie Marx es humorvoll ausdrückt: »Sie verhalten sich gegenseitig wie Notariatsgebühren, rote Rüben und Musik.« (III, S. 822).

Aber in der kapitalistischen Wirtschaft sind diese drei von Haus aus so verschiedenartigen Gegebenheiten »Kapital«, »Boden« und »Arbeit« dennoch zu einer Einheit verbunden, weil alle drei Arten von Einkommen nur durch die Gesamtarbeit einer einzigen Menschengruppe und weil Profit, Zins und Grundrente – also alle kapitalistischen Einkommen – nur durch die Mehrarbeit der gleichen Gruppe, der Arbeiterklasse, erzeugt werden; so wie dies beispielsweise die Schaubilder der einfachen und erweiterten Reproduktion, sowie das letzte Schaubild über die Verteilung des gesamten Mehrwerts zeigen. Die Werte und Mehrwerte erzeugende Arbeit der Nichtbesitzer der Produktionsmittel ist also das »einigende« Band, die gemeinsame Voraussetzung, die letzte Quelle aller drei Einkommensarten; und zwar nicht nur der arbeitslosen Einkommen der Besitzer, sondern auch der »Einkommen« der Nichtbesitzer der Produktionsmittel: der Arbeitslöhne. Ohne die Mehrarbeit würde das Kapital keinen Profit und der Boden keine Rente einbringen; und ohne Arbeit an den Produktionsmitteln würde der Arbeiter keinen Arbeitslohn erhalten. Verfügt der arbeitende Mensch selber über die Produktionsmittel und damit über das Gesamtprodukt der Arbeit, so würde ihm auch das Mehrprodukt gehören. Er hätte damit aufgehört, Lohnarbeiter, und die Kapitalbesitzer hätten aufgehört, Bezieher »arbeitsloser« Einkommen, also Kapitalisten zu sein. Mehrarbeit, Profit, Zins und Grundrente wären dann alle miteinander verschwunden, und damit hätte die kapitalistische Wirtschaft aufgehört zu existieren, weil dann ihre Voraussetzungen verschwunden wären. Man kann auch sagen, daß die kapitalistische Wirtschaft in der Verknüpfung der an sich so verschiedenartigen Tatsachen Profit, Grundrente und Arbeit zu einer »Dreieinigkeit« von Einkommen besteht: sie ist die Einheit, das einigende Band der Dreifaltigkeit. Die Heterogenität von Profit, Grundrente und Arbeitslohn ändert also nichts an der Gemeinsamkeit ihres Ursprungs. Sie bilden bei aller Verschiedenheit die drei Quellen und die drei daraus fließenden Einkommen

eine »Trinität«, allerdings keine heilige, denn für die große Mehrheit der Menschen bedeutet sie nur Mühsal und Tränen.
Besitz oder Nichtbesitz von Kapital oder Grund und Boden markieren somit, wenn auch über Zwischenglieder, wie man gleich sehen wird, letzten Endes die Trennungslinie, die unheilvolle Spaltung der modernen Gesellschaft in die beiden Klassen der Kapitalisten und der Proletarier. Doch ist damit selbst eine oberflächliche Einstufung der unterschiedlichen Gruppen oder Schichten der kapitalistischen Gesellschaft, wie auch Marx sehr gut wußte, nicht erschöpft; sie ist komplizierter, als die genannten Klassen das zum Ausdruck bringen. Dieser Tatsache sei in grob skizzierender Weise Rechnung getragen.

2. Die Mittelschichten

Zu Marx' Lebzeiten von relativ geringer Wichtigkeit, hat in den darauf folgenden Jahrzehnten eine neue Personenschicht ein stets zunehmendes Gewicht bekommen: die »Gehaltsempfänger«, die das Marxsche Grundschema von den nur zwei Hauptklassen der Kapitalisten und der Proletarier zwar nicht ungültig macht, aber eine differenziertere Betrachtung der Einkommensverhältnisse und Klassenschichtung erfordert, als dies in den Marxschen Reproduktionsschemata unmittelbar zum Ausdruck kommt. Wegen der wachsenden Zahl der Gehaltsempfänger wird ihre politische Mentalität von entsprechend zunehmender Wichtigkeit für die Entscheidung des Konfliktes zwischen Kapitalismus und Sozialismus. Seit Marx' Tod hat nämlich der Anteil der vorwiegend oder nur körperlich schaffenden Erzeuger von Sachgütern an der erwerbstätigen Gesamtbevölkerung in allen Industrieländern immer mehr ab- und der Anteil der Angestellten und Beamten, sowie der Angehörigen der sonstigen sog. »Dienstleistungsberufe«, die der Zirkulationssphäre des Kapitals angehören, immer mehr zugenommen. So zeigte der Anteil der Angestellten an der Gesamtzahl der Erwerbstätigen im Deutschen Reich und in der Bundesrepublik Deutschland von 1882 bis 1967 die folgende Entwicklung:

Anteil der Angestellten an der Gesamtzahl der Erwerbstätigen im Deutschen Reich und in der Bundesrepublik Deutschland von 1882–1967

Jahr	Selbständige und mithelfende Familienangehörige in %	Angestellte und Beamte, einschließlich Soldaten, in %	Arbeiter in %
1882	35,6	7	57,4
1925	32,8	17	50,2
1967	19,4	33,2	47,4

Quellen: »Bevölkerung und Wirtschaft. Langfristige Reihen; 1871 bis 1957 für das Deutsche Reich und die Bundesrepublik Deutschland.« Hrsg. vom Statistischen Bundesamt, Stuttgart 1958; und »Wirtschaft und Statistik«, hrsg. vom Statistischen Bundesamt, Heft 2, Stuttgart 1968, Zahlenteil, Seite 75.

In den USA stieg die Zahl der Angestellten mit niedrigem Gehalt von 1890 bis 1950 von weniger als 1,5 Millionen auf 11,25 Millionen oder um fast das Neunfache, während im gleichen Zeitraum die Zahl der Lohnempfänger in der Industrie von 10,25 auf 24,75 Millionen oder um weniger als das 2½fache stieg.[1] »Es ist von Interesse ..., daß die Zahl der Lohnempfänger in der Industrie in Prozent der Gesamtzahl aller nicht in der Landwirtschaft Beschäftigten von 57 Prozent 1920 auf 48 Prozent 1950 herabsank, und dies trotz eines außergewöhnlich großen Anstiegs der Gesamtzahl von Arbeitskräften in dem Jahrzehnt von 1940 bis 1950.«[2] Die Gesamtzahl der zivilen Arbeitskräfte in den USA betrug in runden Zahlen: 1920 40 Millionen; 1940 53; 1950 60 und 1957 fast 71 Millionen.[3]

Auch das Gros der kaufmännischen und Industrieangestellten und die Angehörigen der vielen Dienstleistungsberufe – Verkehrswesen, freie Berufe usw. – gehören zu den sich abrackernden, sehr oft nervlich besonders strapazierten und fast durchweg in relativ frühen Lebensjahren »verbrauchten«, ausgebeuteten, im Zirkulations- oder Organisationssektor der Wirtschaft arbeitenden Menschen der kapitalistischen Gesellschaft; ihre Arbeiten dienen entweder, wie bei den Industrie- und Handelsangestellten, der Erzielung eines möglichst hohen Profits, oder sie gehören jener Arbeitssphäre an, die sich nicht mit der Waren*produktion*, sondern mit ihrer *Verteilung* oder mit der Organisierung der kapitalistischen Gesellschaft befaßt, wie die Ärzte, die Finanz- und anderen Beamten, die Polizei, die Rechtsanwälte und Notare, die Angestellten des Transportwesens im weitesten Sinne u. a. Doch nur sehr wenige Angehörige der genannten Gruppen erkennen die prinzipielle Gleichheit ihrer wirtschaftlichen Lage als Ausgebeutete und daher ihre Interessensolidarität mit dem physisch arbeitenden Proletarier, dem Marx' und Engels' Analysen vor allem gegolten hatten. Die vom vorwiegend körperlich arbeitenden Proletarier meist erheblich verschiedenen Arbeitsverrichtungen, Kleidung und der verschiedene Lebensstil erzeugen bei der dauernd wachsenden Zahl der Angestellten, den vom Kapital abhängigen »Gehaltsempfängern«, ein anderes »Bewußtsein«, eine andere Mentalität und eine andere Selbsteinschätzung ihrer gesellschaftlichen Stellung als das beim körperlich schaffenden abhängigen Lohnempfänger der Fall ist; und dieses andere Bewußtsein hindert in hohem, oft ganz entscheidendem Maße den politischen Zusammenschluß der genannten Gruppe der Mittelschichten mit der Arbeiterschaft zur Erkämpfung einer ausbeutungsfreien, also sozialistischen Gesellschaft: Die Ausbeutung des heutigen produk-

[1] Joseph M. Gillman, »The Falling Rate of Profit«, London 1957, S. 149, Fußnote.
[2] Gillman, ebd.
[3] »Historical Statistics of the United States, Colonial Times to 1957«. – Series D, 1–12. Labor Force Status of the Population, 1890 to 1957.

tiv Schaffenden wird durch den maschinellen und automatisierten Betrieb auch viel unsichtbarer gemacht als im Frühkapitalismus, denn der heutige Arbeiter des automatisierten Betriebes erscheint nicht mehr in so sinnfälliger Weise wie früher als der körperlich fronende Mensch, dessen Arbeitsleistung in anschaulicher Weise nach der Stückzahl der Produkte zu bewerten ist, sondern eher als der auf bestimmte Handgriffe an der Maschinerie oder Apparatur spezialisierte Mensch; er tritt nicht mehr wie früher als körperlich ausgenutzter Schaffender dem Kapitalbesitzer gegenüber, sondern scheint in die technisierte Produktionsgemeinschaft des Betriebes integriert, dem er ebenso gut angehört wie der Ingenieur oder der Verwaltungsangestellte; die scheinbare Integrierung erheblicher Teile der modernen Fabrikarbeiterschaft in das mechanisierte und automatisierte System der Ausbeutung geht so weit, daß die Betriebsbelegschaft in manchen Fällen ein wachsendes positives Interesse an der Leistungs- und Konkurrenzfähigkeit »ihres« Betriebes nimmt.[4] Die politischen Konsequenzen der hier nur angedeuteten Mentalität der Angestellten und großer Teile der Arbeiterschaft werden wir noch kennenlernen.

Marx hat die wirtschaftliche Rolle der Mittelschichten seiner Zeit klar erkannt, mehrere grundsätzliche Bemerkungen dazu gemacht und ihnen auch den Platz zwischen den beiden Grundklassen der kapitalistischen Gesellschaft – den Kapitalisten und den Proletariern – zugewiesen, doch zu einer eingehenden ökonomischen Analyse der Mittelschichten finden sich bei ihm nur wenige Andeutungen, deren wichtigste Henryk Grossmann zusammengestellt hat.[5]

Zur Vereinfachung sind bei Marx zunächst die Kapitalisten und die Arbeiter »... die einzigen Klassen, die im *kapitalistischen* Produktionsprozeß fungieren und daher den spezifischen Charakter dieses Prozesses, das *Kapitalverhältnis*, begründen.« (Hervorhebungen von Grossmann.) Denn, will man das Wesen des Kapitalismus verstehen, so muß man zunächst die Analyse auf den »reinen« Kapitalismus beschränken, also bloß jene drei Klassen berücksichtigen, die begriffsmäßig »den Rahmen der modernen Gesellschaft« konstituieren, »nämlich Lohnarbeiter, industrielle und landwirtschaftliche Kapitalisten und die Grundeigentümer«. (III, S. 632) In weiterer Annäherung an die Wirklichkeit muß aber nachträglich dieser (von Marx nur provisorisch gesetzte) Rahmen für die Analyse der kapitalistischen Gesellschaft mit den übrigen empirischen Klassen und Schichten gefüllt werden. Denn, so heißt es bei Marx: »Die Sache erscheint in Wirklichkeit ver-

[4] Belege für diese Entwicklung und treffende Bemerkungen dazu findet man z. B. bei Herbert Marcuse, »Der eindimensionale Mensch«, Neuwied und Berlin 1967, S. 45 ff.

[5] »Eine neue Theorie über Imperialismus und die soziale Revolution«. In: Archiv für die Geschichte des Sozialismus und die Arbeiterbewegung, XIII, 1928, S. 149 ff.

wickelter, weil Teilnehmer ... an der Beute – dem Mehrwert des Kapitalisten – als von ihm unabhängige Konsumenten auftreten.« (II, S. 410) »Die wirkliche Konstitution der Gesellschaft (besteht) keineswegs bloß aus den Klassen der Arbeiter und industriellen Kapitalisten.«[6] Es gibt noch verschiedene Mitzehrer am Mehrwert, »daher (bringt) die Art, wie sie ihre Revenue verausgaben, und der Umfang der letzteren, sehr große Modifikationen im ökonomischen Haushalt und speziell im Zirkulations- und Reproduktionsprozeß des Kapitals hervor«.[7] So findet man in der Landwirtschaft neben dem »reinen« Großgrundbesitzer noch den Grundeigentümer, der die Bebauung des Landes auf eigene Rechnung betreibt und die überall noch massenhaft vorhandenen Klein- und Parzellenwirte. Während der kapitalistische Großbetrieb des Landpächters außer dem Arbeitslohn noch den Durchschnittsprofit erzielt und die Bodenrente an den Grundherrn zu zahlen hat, zahlt der Kleinbauer den Arbeitslohn an sich selbst, nach Abzug der eigentlichen Kosten. »Solange der Preis des Produkts ihm diesen deckt, wird er sein Land bebauen ...« (III, S. 814)

Bei seinen Untersuchungen setzt Marx also aus methodologischen Gründen der Darstellung zunächst nur die Existenz von kapitalistischen Warenherstellern und Lohnarbeitern voraus. Dieses ursprüngliche Schema der Zweiteilung der kapitalistischen Wirtschaft der Profiterzeugung und -verteilung ist nur als eine vorläufige Vereinfachung, eine Schematisierung zum besseren Verständnis der komplizierteren Wirklichkeit gedacht, in das er, wie man schon weiß, später auch das Kapital des Kaufmanns, der Banken und des Landwirts einfügt. Ebenso ist auch Marx' nachträgliches Eingehen auf die Handels- und die Industrieangestellten und andere Mittelschichten aufzufassen.[8] Über den wachsenden Anteil des Handels an der Gesamtbevölkerung schreibt er: »Der Warenhandel als Funktion des Kaufmannskapitals ... entwickelt sich immer mehr mit der Entwicklung der kapitalistischen Produktion.« (II, S. 114) In der handwerksmäßigen Produktion produzierte man für den Selbstgebrauch oder für die Kunden, ohne daß das Produkt in den Handel kam. »Der Umfang, worin die Produktion in den Handel eingeht, ... hängt ab von der Produktionsweise, und erreicht sein Maximum in der vollen Entwicklung der kapitalistischen Produktion, wo das Produkt nur noch als Ware ... produziert wird.« (III, S. 337) »... im Maß, wie sich die [kapitalistische] Produktionsstufe erweitert, vermehren sich

[6] »Theorien über den Mehrwert«, II, 17. Kap. (Über Ricardos Akkumulationstheorie), in: MEW, Bd. 26, S. 493.

[7] Marx, ebd.

[8] Wer tiefer in die von Marx angewandte Forschungs- und Darstellungsweise eindringen will, findet eine prägnante Zusammenfassung in Henryk Grossmanns Einleitung zu seinem Buche: »Das Akkumulations- und Zusammenbruchsgesetz des kapitalistischen Systems«; zuerst Leipzig 1929, in 2. Aufl. Frankfurt a. M. 1970.

die kommerziellen Operationen, ...« (III, S. 310) Es wächst die Zahl der Angestellten. »Es wird dadurch die Anwendung kommerzieller Lohnarbeiter nötig ...« (III, S. 310)
Mit der Akkumulation des Kapitals wächst beständig das Einkommen der Kapitalistenklasse; das heißt aber nicht, daß der für den Arbeitslohn verausgabte Teil des Einkommens stets im gleichen Maße mitwachsen muß. Vielmehr wird oft ein Teil des wachsenden Kapitaleinkommens »als Revenue aufgegessen von den Kapitalisten, Großgrundbesitzern, ihren Dienstleuten, den unproduktiven Klassen, Staat, den Zwischenklassen (Handelsleuten) etc. ... Die nicht von der Arbeit direkt lebenden Klassen und Unterklassen vermehren sich, leben besser als früher, und ebenso vermehrt sich die Zahl der unproduktiven Arbeiter.«[9]
Mit dem wachsenden Umfang der Unternehmungen erfolgt sowohl im Handel wie in der Industrie die Scheidung des Kapitalisten vom industriellen und kommerziellen Manager (Geschäftsführer, Direktor), so »daß die Arbeit der Oberleitung ganz getrennt vom Kapitaleigentum auf der Straße herumläuft. Es ist daher nutzlos geworden, daß diese Arbeit der Oberleitung vom Kapitalisten ausgeübt werde«. (III, S. 400) Es entsteht die Schicht der kommerziellen und industriellen Dirigenten, deren Funktion in der Verwaltung des nicht ihnen selbst, sondern den Kapitalisten gehörenden Kapitals besteht. »Der Verwaltungslohn, sowohl für den merkantilen wie den industriellen Dirigenten erscheint vollständig getrennt vom Unternehmergewinn, sowohl in den Kooperativfabriken (Genossenschaftsfabriken) der Arbeiter, wie in den kapitalistischen Unternehmungen ... Die Aktienunternehmungen hingegen ... haben die Tendenz, diese Verwaltungsarbeit als Funktion mehr und mehr zu trennen von dem Besitz des Kapitals, ...« (III, S. 401) Marx weist hier auch auf die hohe Entlohnung solcher Direktoren für die Teilnahme an jeder wöchentlichen Sitzung der Aktionäre hin. Gegen Ricardo erhebt Marx den Vorwurf, er habe vergessen, die beständige Vermehrung der zwischen den Arbeitern auf der einen Seite, den Kapilisten und Großgrundbesitzern auf der anderen Seite stehenden Mittelklassen hervorzuheben; diese würden großenteils direkt vom Einkommen des Kapitals ernährt, sie seien eine Last für die arbeitenden Klassen und vermehrten die soziale Sicherheit der oberen Zehntausend.[10]
Die große Schicht der an der materiellen Produktion nicht unmittelbar beteiligten Menschen: Beamte, Militärpersonen, freie Berufe u. a. bezeichnet Marx mit dem Begriff »Dritte Personen«, den er in doppeltem Sinne verwendet:
Einmal versteht er darunter die Selbstproduzenten (selbständige Bauern und Handwerker), also Überbleibsel früherer Produk-

[9] MEW, Bd. 26, 2. Teil, S. 564.
[10] Ebd., S. 576.

tionsweisen, die mit dem Wesen der kapitalistischen Produktionsweise nichts zu tun haben und daher bei der Analyse der inneren Natur des Kapitalismus von vornherein und endgültig ausgeschaltet werden können und müssen ... Zweitens zählen zu den »Dritten Personen« jene, die Marx in seiner drastischen Sprache als »König, Pfaff, Professor, Hure, Kriegsknecht« (II, S. 372) bezeichnet – es gehören hierher Staats- und Gemeindebeamte, Soldaten, Rentenempfänger, Advokaten, Ärzte, Lehrer, Künstler und sonstige Repräsentanten freier Berufe –, die zwar auf der Basis der kapitalistischen Produktion existieren, aber an der materiellen Produktion weder unmittelbar noch mittelbar (als Intellektuelle) teilnehmen, daher vom Standpunkt der materiellen Produktion unproduktiv sind. »Sie vermehren nicht die materielle Produktenmasse, vielmehr vermindern sie sie durch ihre Konsumtion, wenn sie auch als Äquivalent dafür manchmal wertvolle und notwendige Arbeit leisten. Das Einkommen dieser Personen ist kein ›arbeitsloses Einkommen‹, erzielt kraft ihrer Verfügungsgewalt über das Kapital.«[11] Vielmehr »... beziehen die Empfänger dieser ... Revenuen dieselben, vermittelst ihrer gesellschaftlichen Funktion als König, Pfaff, Professor, Hure, Kriegsknecht etc., und sie können also diese ihre Funktion als die Originalquellen ihrer Revenue betrachten.« (II, S. 372)

»Alle nicht direkt in der (Kapital-)Reproduktion, mit oder ohne Arbeit, figurierenden Gesellschaftsglieder können ihren Anteil am jährlichen Warenprodukt – also ihre Konsumtionsmittel – in erster Hand nur beziehen aus den Händen der Klassen, denen das Produkt in erster Hand zufällt – produktiven Arbeitern, industriellen Kapitalisten und Grundbesitzern. Insofern sind ihre Revenuen materialiter abgeleitet von Arbeitslohn (der produktiven Arbeiter), Profit und Bodenrente, und erscheinen daher jenen Originalrevenuen gegenüber als abgeleitete.« (II, S. 372)

Durch die Existenz dieser »Dritten Personen« ist die Zahl der Konsumenten erheblich größer als die Zahl der Produzenten. Ladenbesitzer, die den Arbeitern Lebensmittel verkaufen, Schankwirte, sowie für Arbeiter tätige Handwerker, Ärzte, Advokaten etc., verdienen und konsumieren daher auf Kosten des Lohns der Arbeiterklasse, sie vermindern den v-Teil im Marxschen Reproduktionsschema. Grossmann meint nun, daß jene Gruppe »Dritter Personen«, deren Konsum nicht auf Kosten der Arbeiterklasse geht, den Mehrwert, also die für die Kapitalakkumulation verfügbare Quelle, vermindere, weil sie konsumiere, ohne im Austausch dafür dinglich-materielle Arbeit zu leisten: »Zwar bieten diese Personen als Äquivalent für die erhaltenen Waren *Dienstleistungen*. Aber der immaterielle Charakter dieser letzteren macht

[11] H. Grossmann, »Das Akkumulations- und Zusammenbruchsgesetz des kapitalistischen Systems«, a. a. O., S. 356.

es unmöglich, sie für die Akkumulation des Kapitals zu verwenden...«[12] Grossmanns Auffassung ist anfechtbar, denn die Heeres- und Polizeiangehörigen, die Verwaltungsbeamten in Gemeinde und Staat, die Riesenschar der in Handel und Industrie tätigen Gehaltsempfänger, sowie der Angestellten im Transportwesen, im Hotel- und Gasthausgewerbe und der Post usw. dienen alle der Aufrechterhaltung der kapitalistischen Wirtschaftsordnung, die ohne das Transport- und Nachrichtenwesen, ohne Polizei und Heer, ohne Handels- und Industrieangestellte, angefangen von der Schreibkraft bis zum Absatzspezialisten, nicht existieren könnte. Zwar muß es auch in einer profitfreien Gesellschaftsordnung Dienstleistungsberufe geben, es muß benachrichtigt, transportiert, verpackt, sortiert und Produktion und Verteilung der Güter müssen planmäßig organisiert werden. Aber dann empfangen nach sozialistischer Auffassung die Angehörigen der Dienstleistungsberufe das Entgelt für ihre Arbeit von den Verwaltungsorganen einer *von ihnen selbst*, durch ihre delegierten und von ihnen kontrollierten Funktionäre beherrschten Gesellschaftsordnung, in welcher der Ertrag der Arbeit nach den Bedürfnissen und Wünschen seiner Erzeuger und nicht von privaten Aneignern des Mehrwertes verteilt wird. Die Begriffe »Arbeitslöhne« und »Gehälter« in einer profitfreien, klassenlosen, also sozialistischen Gesellschaft würden damit ihren heutigen Sinn verlieren.[13] Weiter unten wird man bei dem Resümee der Arbeit von J. M. Gillman über das Fallen der Profitrate wieder bemerken, daß insbesondere die Handels- und Industrieangestellten für den Absatz der kapitalistisch erzeugten Waren mit fortschreitender Ausdehnung und Spezialisierung der Produktion und der Ausdehnung der Märkte immer unentbehrlicher werden, da ein Absatz ohne die Bürotätigkeit (im weitesten Sinne) dieser Angestelltenschicht nicht möglich ist; denn allein durch den Produktionsprozeß entsteht ja noch kein Mehrwert, dieser kann nur durch den Verkauf auf dem Markt realisiert werden, wozu die Tätigkeit dieser Angestelltenschicht eben entscheidend mithilft.

Die große Masse der Handels- und Industrie- und Verwaltungsangestellten erkennt jedoch nur selten, daß sie trotz ihrer andersartigen Arbeitsweise und ihres verschiedenen Lebensstils im Grunde ebenso echte Proletarier sind wie die vorwiegend oder ausschließlich körperlich fronenden Arbeiter. Die schlechtbezahlten Kategorien von Angestellten, die großen Wert auf ihre Abgrenzung vom physisch schaffenden Proletarier legen, werden bekanntlich häufig als »Stehkragenproletarier« (in USA auch als white collar oder black-coated workers) bezeichnet. Man nennt sie nicht »Lohn-«, sondern »Gehaltsempfänger«! Doch wenn ihr Betrieb sich nicht mehr rentiert oder wenn eine Wirtschaftskrise

[12] Grossmann, a. a. O., S. 359f.
[13] Vgl. oben, Fünfzehntes Kapitel, Abschnitt »Ist der Kaufmann überflüssig?«

ausbricht, dann werden sie ebenso arbeitslos wie der körperlich Schaffende.

Scheinbar schwieriger als die Einordnung der großen Masse der ausgebeuteten Angestellten ist die soziologische und ökonomische Einordnung der »besser« und der hochbezahlten Angestellten im Handels-, Industrie- und Bankwesen, die sog. leitenden Angestellten, in das Marxsche Reproduktionsschema der zwei Hauptgruppen »Kapitalisten« und »Proletarier«. Eine scharfe Grenze zwischen schlecht und besser bezahlten Angestellten ist natürlich ebensowenig zu ziehen wie eine scharfe Grenze zwischen arm und reich. Auch verstehen es die Kapitalbesitzer vielfach, ihre leitenden und hochbezahlten Angestellten durch allerlei Vergünstigungen und Gewährung von Möglichkeiten eines gehobenen Lebensstils, z. B. in den Arbeitsräumen, den Speiselokalen usw., gegen die gehaltsmäßig schlechtgestellten Angestelltengruppen auszuspielen. Häufig erweist sich die Bezahlung und die Stellung der sog. leitenden Angestellten als gar nicht so günstig wie das vielfach angenommen wird.

Die höchstbesoldeten Spitzengruppen der Angestellten sind die Manager (Direktoren, Geschäftsführer), die eine Sondergruppe bilden. Einen Manager mit einem Monatsgehalt von z. Z. (1970) z. B. 15000 DM oder mehr kann man selbst dann nicht als den produktiv schaffenden »armen und ausgebeuteten« Stehkragen- oder sonstigen proletarischen Diener des Kapitals bezeichnen, wenn er sich im Dienste seines Konzerns oder sonstigen Unternehmens bis zum Herzinfarkt abrackert: Die hohen Gehälter der Manager und Aufsichtsräte sind die von den Kapitalbesitzern gewährte Entlohnung für die Verwaltung der ihnen anvertrauten Riesenvermögen, die Entlohnung für ihre Tätigkeit als Organisatoren der Betriebe, als erfahrene und gewitzte Spezialisten zum Zwecke der bestmöglichen, d. h. möglichst hohen Profit (Dividenden) einbringenden Kapitalanlage; ihre Riesengehälter sind die ihnen von den Kapitalbesitzern gewährte Belohnung und sind ein bestimmter kleiner Bruchteil des mit ihrer Hilfe ergatterten Profits der betreffenden Aktiengesellschaften oder Konzerne.

Wie schon Marx sah, führen die den Managern von den Kapitalbesitzern erteilten, oft weitgehenden Vollmachten für die Kontrolle und Organisierung der Unternehmungen und der ihnen anvertrauten Riesenkapitalien zu einer weitgehenden Trennung zwischen den Funktionen der Manager und denen der Kapitalbesitzer; die letzteren haben mit der Organisierung und Verwaltung ihrer eigenen Gelder nur noch sehr wenig zu tun, weil sie sich im wesentlichen darauf beschränken, sich die Profite ihrer angelegten Kapitale anzueignen. In seinem Buch »The Managerial Revolution«[14] hat James Burnham die Auffassung vertreten, daß

[14] New York 1941, deutsch: »Das Regime der Manager«, Stuttgart 1948.

diese Funktionstrennung zwischen den Kapitalbesitzern und den mit großen Vollmachten für die Kapitalverwaltung ausgestatteten, bürokratisch gewordenen und weitgehend selbständig handelnden Managern eine tiefgreifende Machtverschiebung, eine wahre soziale »Revolution« gegenüber der Frühzeit des Kapitalismus bedeute, in welcher der Kapital*besitz* noch gleichbedeutend mit dem *Verfügungsrecht* darüber gewesen war; heutzutage sei dies ganz anders; das Verfügungsrecht sei weitgehend Sache der Manager geworden, während die Funktion der Kapitalbesitzer sich praktisch nur noch auf die Aneignung der Profite beschränke. Doch Burnhams Auffassung ist sehr stark übertrieben, denn die Aktionärsversammlungen wählen nur solche Geschäftsführer und Aufsichtsräte, die man als erfahrene, talentierte, gewitzte Kapitalverwalter kennt und die über genügende Sachkenntnis und Geschäftsverbindungen verfügen, um den Kapitalbesitzern möglichst hohe und möglichst risikolose Profite zu sichern. So bleiben die Manager trotz erheblicher Selbständigkeit in ihren Dispositionen Delegierte, Vertrauensleute, Diener des Kapitals. Rechtfertigen sie nicht das in sie gesetzte Vertrauen der Kapitalbesitzer, so müssen sie zurücktreten. Das geschieht allerdings ziemlich selten, und bei mangelnder Rentabilität der betreffenden Kapitalunternehmungen oder bei Wirtschaftskrisen sind es fast immer nur die Arbeiter und die schlechtbezahlten Angestelltenkategorien, die entlassen werden und nicht die Manager, die vielmehr gerade die Rationalisierungen, die Einsparungen sonstiger Art, d. h. die Entlassungen empfehlen oder anordnen. »Tatsächlich ist die Managerschicht der aktivste und einflußreichste Teil der besitzenden Klasse. Alle Untersuchungen zeigen, daß ihre Mitglieder zum größten Teil aus den mittleren und oberen Bereichen des Klassengefüges kommen; sie sind das, was C. Wright Mills die ›ganz Reichen‹ nennt; mit wenigen und nicht ins Gewicht fallenden Ausnahmen sind sie wohlhabend von Geburt, also auch ohne das hohe Einkommen und die großen Privilegien, die sie ihren Geschäftsverbindungen verdanken. Natürlich stimmt es ..., daß das Management bei den typischen Großunternehmen nicht der Kontrolle der Aktionäre unterworfen ist, und in diesem Sinne gibt es tatsächlich die ›Trennung von Eigentum und Verfügungsgewalt‹. Aber daraus darf man noch lange nicht schließen, daß das Management im allgemeinen vom Eigentum im allgemeinen getrennt ist. Ganz im Gegenteil befinden sich Manager unter den größten Eigentümern, und durch ihre strategische Stellung fungieren sie als Beschützer und Fürsprecher des gesamten Großbesitzes. Weit davon entfernt, eine Klasse für sich zu sein, bilden sie in Wirklichkeit den Vortrupp der besitzenden Klasse.«[15] Die Erfahrung zeigt in der Tat, »... daß die großen Administratoren auf dem Höhepunkt

[15] Paul A. Baran/Paul M. Sweezy, »Monopolkapital«, Frankfurt a. M. 1967, S. 41 ff.

ihrer Karriere bedeutende Vermögen angesammelt haben und zu ›Großbourgeois‹ geworden sind und es als logische Fortsetzung ihres ›Erfolges‹ ansehen, die Tochter eines Großbankiers oder des Chefs eines Industriemonopols zu heiraten und in den führenden Schichten der Großbourgeoisie und ihren ›großen Familien‹ aufzugehen. In den Vereinigten Staaten stammen übrigens zwei Drittel der Finanzkader selbst aus der gesellschaftlichen Elite.«[16] »Bei diesen großen ›Administratoren‹ vollzieht sich die Akkumulation des Kapitals ebenso sehr durch die Bewilligung fürstlicher Gehälter wie durch die Verteilung von Gratisaktien, durch die Möglichkeit, dank der ›Optionen‹[17] risikolos ungeheure Gewinne zu erzielen, durch die Gewinne aus stattlichen ›Spesenrechnungen‹ und nicht zuletzt durch den Besitz von Informationen, die ersprießliche Börsenspekulationen erlauben. Die Ergebnisse sind übrigens bekannt: als Herr Charles Wilson nach einer Karriere als ›Manager‹ von General Motors Verteidigungsminister wurde, besaß er von ›seiner Firma‹ Aktien im Werte von 2,5 Mill. Dollar. Herr Gillet, der sich an die Spitze der größten belgischen Finanzgesellschaft, der Société Générale, aufgeschwungen hatte, vermochte mehrere Millionen belgische Francs zu akkumulieren. In den vier Jahren von 1954 bis 1957 erreichten allein seine Tantiemen eine Höhe von beinahe 40 Mill. Francs. Der Erfolg der ›Manager‹ ist somit nichts anderes als eine periodische – und klassische – Erneuerung der Groß-Bourgeoisie durch die Eingliederung neuer Elemente.«[18] Mit diesen kurzen Bemerkungen sind nur einige der sich auf die wirtschaftliche und politische Haltung der Mittelschichten beziehenden Fragen angedeutet.

[16] Vance Packard: »Die Pyramiden-Kletterer«, Düsseldorf 1965.
[17] »Bei der Emission neuer Aktien haben die Direktoren auf einen Teil dieser Wertpapiere das ›Options‹-Recht. Fallen die Kurse dieser Papiere sogar an der Börse, so brauchen sie sie nicht zu kaufen. Steigen sie dagegen, so machen sie von ihrem Recht Gebrauch und verdienen Millionen, ohne in den Geldbeutel greifen zu müssen.« (Ernest Mandel, »Marxistische Wirtschaftstheorie«, Frankfurt a. M. 1968, S. 571.)
[18] Ebd., S. 571 ff.

Achtzehntes Kapitel

Das Gesetz des Fallens der Profitrate

1. Allgemeine Bestimmung des Gesetzes

Durch die Konkurrenz sind die Kapitalisten unaufhörlich gezwungen, ihre Produktion zu verbilligen und zu verbessern. Das geschieht bekanntlich dadurch, daß sie in ihre Betriebe, wann und wo immer möglich, technische Verbesserungen, arbeitsparende Maschinen und Methoden einführen, die den Absatz steigern und den Preis pro Stück Ware senken. So holen sie sich in der früher beschriebenen Weise einen Extraprofit. Die Anschaffung leistungsfähigerer Produktionsvorrichtungen bedeutet, daß die gleiche oder gar eine geringere Anzahl von Arbeitern als zuvor mehr Roh- und Hilfsstoffe in fertige Produkte verwandeln, d. h., daß sie in der gleichen Zeit eine größere Anzahl von Produkten der gleichen Sorte erzeugen. Die Einführung aller solcher technischen Verbesserungen in einen kapitalistischen Betrieb ist nun in der Regel gleichbedeutend mit der Vergrößerung der Kapitalausgaben für das konstante Kapital und mit einer verhältnismäßigen (»relativen«) Verringerung seiner Ausgaben für das variable Kapital (Arbeitslöhne).

Schematisch kann man sich das z. B. so klarmachen: in einem Betrieb seien während einer bestimmten Zahl von Arbeitsstunden für die Herstellung von 100 St. einer bestimmten Ware 10 Arbeiter tätig, die für ihre Arbeit während dieses Zeitraums 40 $ Löhne erhalten. Man nehme an, daß diese 10 Arbeiter bei der Produktion der 100 St. Ware einen bestimmten Verschleiß von Maschinerie und Anlagen verursacht und eine bestimmte Menge von Rohstoffen und Hilfsstoffen verbraucht haben; und zwar möge der Wert dieses verbrauchten konstanten Kapitals 60 $ betragen. (Für die folgende Betrachtung soll aus Gründen der Vereinfachung Preis und Wert als gleich groß angenommen werden.) Das Wertverhältnis des verbrauchten konstanten zum verbrauchten variablen Kapital ist daher im vorliegenden Beispiel wie 60 : 40 oder 3 : 2.

Nun führe dieser Betrieb neue, bessere Maschinen oder sonstige arbeitsparende technische Neuerungen bei sich ein, wodurch sich die Ausgaben für das konstante Kapital von 60 $ auf 80 $ erhöhen. Durch diese kann man damit in der gleichen Zeit z. B. 200 St. der gleichen Ware herstellen. Vielleicht sind zur Bedienung der verbesserten technischen Einrichtungen und zur Verarbeitung der größeren Menge von Rohstoffen nach wie vor nur 10 Arbeiter erforderlich, welche die 200 St. Ware für den gleichen Arbeitslohn wie vorher produzieren. Dann ist das Verhältnis des konstanten Kapitals zum variablen gleich 80 : 40, also 2 : 1. Früher war das konstante Kapital $1^1/_2$mal, jetzt ist es 2mal so groß wie das variable. Dieses hat also *im Verhältnis* zum konstanten Kapital abgenommen.

Es können nach der Anschaffung der produktionserhöhenden Anlagen aber auch mehr Arbeiter eingestellt worden sein; z. B. 12 Arbeiter zum gleichen Lohn von 4 $ pro Kopf für die gleiche Arbeitsdauer. Dann würden die Auslagen für das variable Kapital für die gleiche Arbeitsdauer 48 $ und für das konstante Kapital 80 $ betragen; und das Verhältnis beider Kapitalteile wäre dann 80 : 48 oder 5 : 3. Auch dies würde eine Abnahme des variablen Kapitals im Verhältnis zum konstanten Kapital bedeuten, denn anfänglich war dieses $1^1/_2$mal und im letzten Fall ist es $1^2/_3$mal so groß wie das variable; und erst recht würde das variable Kapital im Verhältnis zum konstanten abnehmen, wenn weniger als 10 Arbeiter in der gleichen Zeit die 200 St. Waren zum gleichen Stundenlohn herstellen würden. Also auch dann, wenn die Anzahl der für eine bestimmte Zeitdauer beschäftigten Arbeiter und damit das variable Kapital *zunimmt*, so nimmt es doch bei einer Erhöhung der Arbeitsproduktivität im Verhältnis zum Wachstum des konstanten Kapitals ab; das konstante Kapital wächst dann rascher als das variable.

Es handelt sich hier nach Marx um einen allgemeinen Wesenszug der kapitalistischen Entwicklung: Die organische Zusammensetzung des Kapitals (das Wertverhältnis zwischen dem konstanten und dem variablen Kapital), d. h. der Bruch c : v, nimmt infolge der dauernden Einführung technischer Vervollkommnungen immer mehr zu. Dies hat eine Wirkung von größter Tragweite: Wenn nämlich immer mehr Betriebe eines Landes zu einer Erhöhung der organischen Zusammensetzung ihres Kapitals übergehen, wenn somit die Erhöhung der organischen Zusammensetzung der Kapitale zur Allgemeinerscheinung wird, so daß sich die durchschnittliche organische Zusammensetzung des Gesamtkapitals des betreffenden Wirtschaftsgebietes erhöht, so ist die Folge davon nach Marx auf lange Sicht ein Herabsinken der allgemeinen Profitrate.

Der Sinn dieses Satzes leuchtet schnell ein, wenn man sich an das im »Kapital« über die Entstehung der Durchschnittsprofitrate Mitgeteilte erinnert. Man sah dort: Die Durchschnittsprofitrate ist gleich dem Verhältnis der gesamten gesellschaftlichen Mehrwert*masse* eines Landes zu seinem *Gesamtkapital*. Dort betrug im letzten Beispiel für eine bestimmte Zeitdauer die gesamte gesellschaftliche (d. h. die gesamte, in der betreffenden Volkswirtschaft erzielte) Mehrwertmasse 110; und da in jenem Beispiel die Annahme galt, daß die gesamte gesellschaftliche Produktion der Einfachheit halber nur aus 5 verschiedenen Erzeugerbranchen besteht, so war dort der gesamte gesellschaftliche Durchschnittsprofit

110 : 5 = 22. (Man kann natürlich auch hier und im folgenden hinter alle Zahlen wieder die Worte »Tausend« oder »Millionen« $ setzen.) Der Durchschnittsprofit von 22 auf je 100 für Maschinen, Rohstoffe etc. und Arbeitslöhne ausgelegtes Kapital ist aber bekanntlich die Durchschnittsprofitrate. Als Ergebnis wurde bei diesem Beispiel festgehalten, daß die gesellschaftliche Durchschnittsprofitrate dort 22 Prozent betrage. Daß als Begleiterscheinung einer zunehmenden organischen Zusammensetzung des Gesamtkapitals eines Landes die durchschnittliche Profitrate sinken muß, kann man sich an einem Beispiel klarmachen.

Das gesellschaftliche (= Gesamt-) Kapital (v + c) eines Landes betrage 100 Mill. $ und bestehe aus 70 Mill. $ Wert für Maschinen, Anlagen, Rohstoffe u. a.; kurz: für das konstante Kapital; und 30 Mill. $ für das variable Kapital (Arbeitslöhne). Wenn man nun annimmt, daß in dem betreffenden Lande die Mehrwertrate (der Grad der Ausbeutung, m : v) 100 Prozent beträgt, daß also die Arbeiter, die für eine bestimmte Zeitdauer 30 Mill. $ Löhne erhalten, in diesem Zeitraum einen Mehrwert von ebenfalls 30 Mill. $ erzeugen, so ist der Wert der mit diesen 100 Mill. $ ausgelegtem Kapital erzeugten Produkte = 70 Mill. $ konst. Kap. + 30 Mill. $ var. Kap. + 30 Mill. $ Mehrwert = 130 Mill. $. Die Durchschnittsprofitrate beträgt daher 30 Mill. $: 100 Mill. $ = 30 Prozent. Wenn nun bei immer weiter fortschreitender Entwicklung des Kapitalismus, d. h. durch die unaufhörliche Einführung technischer Neuerungen aller Art in dem betreffenden Lande, die dortigen Betriebe mehr und billigere Waren produzieren, so werden sich zwar einerseits ihre Profite erhöhen, andererseits aber zugleich auch die Anschaffungskosten für die technischen Modernisierungen und meist auch für die gewachsene Menge der bei der Produktion verarbeiteten Rohstoffe. Diese größeren Kapitalauslagen werden durch die Akkumulation des Kapitals ermöglicht, die ihrerseits wieder durch größer werdende Profite zustandekommt. (Man vgl. hierzu unsere allgemeinen Ausführungen über die Akkumulation der Kapitale.) Als Folge dieser allseitigen Wertzunahme möge sich das Gesamtkapital des gleichen Landes nach z. B. 20 Jahren verdoppelt haben, also jetzt 200 Mill. $ betragen. In diesem angewachsenen Gesamtkapital wird ein verhältnismäßig größerer Wertteil für das konstante und ein verhältnismäßig geringerer Wertteil für das variable Kapital angelegt worden sein als vor 20 Jahren. Das neue Gesamtkapital mag z. B. aus 160 Mill. $ konstantem und 40 Mill. $ für Arbeitslöhne bestehen. Dann ist die organische Zusammensetzung des neuen Kapitals im Vergleich zu der des früheren gestiegen; denn früher betrug sie 70 Mill. : 30 Mill., das ist 7 : 3; jetzt aber 160 Mill. : 40 Mill., das ist 4 : 1. Anders gesagt, war das konstante Kapital vor 20 Jahren $2^1/_3$mal, jetzt ist es 4mal so groß wie das variable Kapital.

Wie steht es nun mit der allgemeinen, d. h. der Durchschnittsprofitrate des neuen Kapitals, verglichen mit der des Kapitals vor 20 Jahren? Vorausgesetzt, daß die Größe der Ausbeutung (die Mehrwertrate) der Arbeiter sich nicht geändert hat, daß sie also wie früher 100 Prozent beträgt, und daß die Arbeiter, deren Löhne jetzt 40 Mill. betragen, einen Mehrwert von ebenfalls 40 Mill. erzeugen, so beträgt die allgemeine Profitrate des neuen Gesamtkapitals des betreffenden Landes 40 Millionen $: 200 Mill. $ = 1 : 5, also 20 Prozent. Die im gleichen Lande vor 20 Jahren bestehende Profitrate ist daher in diesem Fall von 30 Prozent auf 20 Prozent gefallen.

Man sieht zugleich, daß die Erhöhung der organischen Zusammensetzung des Kapitals unter *diesen* Umständen nicht zu einer Entlassung von Arbeitern führt, denn mit 40 Mill. $ Arbeitslöhnen kann das Gesamtkapital des Landes mehr Arbeiter beschäftigen als mit den 30 Mill. $ vor 20 Jahren, wobei aber alle anderen Umstände als gleichbleibend vorausgesetzt sind, also z. B. keine Lebensmittel- oder Wohnungsteuerung oder andere Veränderungen der Lebenshaltungskosten auftreten dürfen.

Statt die kapitalistische Entwicklung des gleichen Landes zu verschiedenen Zeiten kann man natürlich auch die verschieden hohe organische Zusammensetzung von zwei verschiedenen Ländern mit ungleicher kapitalistischer Entwicklung zum gleichen Zeitpunkt vergleichen; etwa ein lateinamerikanisches und ein hochindustrialisiertes europäisches Land.

Die fortschreitend zunehmende Produktivität (Ergiebigkeit) der Arbeit, also die Tatsache, daß in der gleichen Zeit pro Arbeiter mehr und mehr Produkte hergestellt werden, die fortschreitende verhältnismäßige Abnahme des variablen Kapitals im Vergleich mit dem konstanten, die fortschreitend höhere organische Zusammensetzung des Gesamtkapitals und damit das Fallen der Profitrate, dies sind alles nur verschiedene Ausdrucksweisen für den gleichen Tatbestand: die fortschreitende kapitalistische Entwicklung des Landes. In ihrem Gefolge oder als ihre Begleiterscheinung steigt zwar die Mehrwertmasse absolut (rein zahlenmäßig) genommen – im letzten Beispiel von 30 Mill. auf 40 Mill. $ –, sie sinkt aber, wie gesagt, im Verhältnis zu dem in der Produktion angewandten Gesamtkapital, das im letzten Beispiel von 100 Mill. auf 200 Mill. angewachsen war.

Die triviale Frage, warum denn eigentlich das für die Produktion tätige Gesamtkapital eines Landes ständig wächst, erledigt sich auf Grund der früheren Überlegungen von selbst, da sie die Beantwortung dieser Frage bereits enthalten: Der kapitalistische Produktionsprozeß und die kapitalistische Entwicklung bestehen ja im wesentlichen gerade in der Kapitalvergrößerung: Je größer die Masse der erzielten Profite, desto mehr Kapital kann und wird auch in der Regel akkumuliert werden; und je mehr das Kapital infolge der Akkumulation angewachsen ist, desto mehr können und werden die Kapitalbesitzer modernere Anlagen anschaffen, um die Konkurrenten zu schlagen, um die Masse des Profites noch mehr zu vergrößern, wobei aber, wie man soeben in dem konstruierten Beispiel gesehen hat, die Profit*rate* weiter sinkt: Sie ist das *Verhältnis* der Profitmasse (Mehrwertmasse) zum Gesamtkapital. Das Sinken der Profitrate und die Vergrößerung des Gesamtkapitals eines Landes sind nur zwei Seiten desselben Sachverhaltes, und dieser heißt: die kapitalistische Entwicklung des betreffenden Landes. Nicht nur die Größe des Gesamtkapitals, auch die »Masse« (d. h. die Größe) des Gesamtprofits (oder Mehrwerts) eines Landes »kann« nicht nur, sondern sie *muß* im Laufe – als Folge und als Voraussetzung – der kapitalistischen Entwicklung wachsen – wenn auch, nach der in diesem Kapitel diskutierten Behauptung, die wachsende Profitmasse im Verhältnis zum wachsenden Gesamtkapital sinkt. Die Tatsache, daß die absolute Größe der Profitmasse im Laufe der kapitalistischen Entwicklung zunehmen muß, ist ebenfalls schon in den vorhergehenden Überlegungen enthalten: Eine kapitalistische Akkumulation kann nur stattfinden, wenn immer größere Profitmassen erzielt und zu dem früheren Kapitel gefügt werden. Und die größeren Mengen Profit entstehen durch verschiedene Methoden, von denen die Modernisierung der Produktion eine wesentliche ist. »Dieselben Gesetze produzieren also für das Gesellschaftskapital eine wachsende absolute Profitmasse und eine fallende Profitrate.« (III, S. 229)

Das einschlägige Marxsche Kapitel trägt die Überschrift »Tendenzieller Fall der Profitrate«. Das soll bedeuten, daß die Profitrate im Fortgang der kapitalistischen Entwicklung die Tendenz oder Neigung hat, zu fallen. Das Wort »Tendenz« ist im allgemeinen Sprachgebrauch nicht restlos eindeutig. Manchmal bedeutet es einfach nur soviel wie »Hang«, »Neigung«, »Streben in eine bestimmte Richtung«. Dann bedeutet das Wort »Tendenz« aber auch soviel wie eine überwiegende oder vorwiegende Entwicklungsrichtung. In diesem Sinne würde das Wort nicht nur einen Hang oder eine Neigung ausdrücken, sondern darüber hinaus die Tatsache, daß ein bestimmter Hang oder eine Neigung sich gegen einen anderen Hang oder eine Neigung, gegen andere Ursachen oder Faktoren durchsetzt.

Wenn Marx von einem »tendenziellen« Fall der Profitrate spricht, so ist damit zunächst gemeint, daß es Faktoren oder Ursachen gibt, welche die Profitrate auf lange Sicht und im großen und ganzen gesehen zum Herabsinken bringen. Würden die vorhin aufgezählten Ursachen – Erhöhung der organischen Zusammensetzung des gesellschaftlichen Kapitals im Verlaufe der kapitalistischen Entwicklung – für sich allein wirken, ohne daß irgendwelche, dem Fallen der Profitrate entgegenwirkende Faktoren zur Wirkung gelangen, so würde die Profitrate mit der Entwicklung des Kapitalismus dauernd und unaufhaltsam weiter fallen. Aber es gibt auch Ursachen, »welche die Wirkung des allgemeinen Gesetzes (des Fallens der Profitrate – E. L.) durchkreuzen und aufheben, und ihm nur den Charakter einer Tendenz geben, weshalb wir auch den Fall der allgemeinen Profitrate als einen tendenziellen Fall bezeichnet haben«. (III, S. 242) Dieser Satz bedeutet nun, daß die Neigung (»Tendenz«) der Profitrate, zu fallen, zwar stets vorhanden ist, sich aber unter Umständen während einer unbestimmt langen Zeitdauer infolge des Wirkens von Gegenfaktoren nicht durchzusetzen braucht!

Es dreht sich bei der Entscheidung über die Bewegungsrichtung der Profitrate also nunmehr darum, festzustellen, warum Marx der Ansicht ist, daß die Tendenz zum Fallen im großen und ganzen überwiegt, oder ob nach Marx die entgegenwirkenden Ursachen die Neigung der Profitrate zum Fallen *für immer* durchkreuzen. Aus den ersten Sätzen, mit denen er das Kapital über die entgegenwirkenden Ursachen einleitet und aus dem weiteren Verlauf seiner Erörterungen und Bemerkungen geht klar hervor, daß er die Neigung der Profitrate zum Fallen für große Zeiträume als stärker ansieht, als die den Fall hemmenden oder durchkreuzenden Ursachen, daß also im großen und ganzen und auf lange Dauer bei der fortschreitenden Entwicklung des Kapitalismus nach Marx die Profitrate eher fällt als gleichbleibt oder steigt.

Dennoch beschäftigen ihn die Faktoren sehr, die das Fallen der Profitrate in mehr oder weniger hohem Grade für kürzere oder längere Zeit aufhalten oder gar durchkreuzen können. Diese den Fall der Profitrate hemmenden Ursachen – er zählt deren fünf auf – sollen jetzt kurz betrachtet werden.

2. Die fünf entgegenwirkenden Ursachen

a) Erhöhung des Ausbeutungsgrades der Arbeit

In dem früheren Beispiel über das Sinken der Profitrate in einem Lande nach Ablauf von 20 Jahren von 30 auf 20 Prozent stieg die Profit*masse* von 30 Mill. $ auf 40 Mill. $. Aber das Herabsinken der Profitrate ist sehr ungünstig, ja auf die Dauer gefährlich für die Kapitalisten, denn das Herabsinken der Profitrate bedeutet ja trotz des Steigens der Gesamtmasse des Profits in einem Lande, daß die pro Hundert des für die Produktion ausgegebenen Kapitals erzielte Profitmenge sinkt; für den einzelnen und für viele kapitalistischen Betriebsinhaber ist es kein Trost, daß in solch einem Fall die Gesamtmasse des Profits im Lande gestiegen ist. Daher sind die Kapitalisten bestrebt, den Fall der Profitrate auf jede erdenkliche Weise aufzuhalten. Das geschieht z. B. durch Erhöhung der Ausbeutung. In dem gewählten Beispiel stieg das Gesamtkapital von 100 Mill. auf 200 Mill., die organische Kapitalzusammensetzung von 70 Mill. : 30 Mill. auf 160 Mill. : 40 Mill., wodurch bei gleichbleibender Ausbeutung die Profitrate von 30 Prozent auf 20 Prozent gesunken war. Wäre aber im gleichen Beispiel mit der Zunahme der organischen Zusammensetzung auch der Ausbeutungsgrad z. B. von 100 Prozent auf 150 Prozent gestiegen, so wäre die Masse des Mehrwerts 1,5 × 40 Mill. = 60 Mill. gewesen, und die Durchschnittsprofitrate des größeren Kapitals (200 Mill.) hätte 60 : 200 = 30 Prozent anstatt 20 Prozent betragen: Die Profitrate wäre dann gar nicht gesunken. Um einen anderen Fall zu nehmen: Wäre mit der Vergrößerung des Kapitals auf 200 Mill. die Mehrwertrate von 100 Prozent z. B. auf 125 Prozent gestiegen, dann hätte die Mehrwertmasse dieses größeren Kapitals 1,25 × 40 Mill. = 50 Mill. ausgemacht, und die Profitrate dieses verdoppelten Kapitals wäre dann gleich 50 Mill. : 200 Mill. = 25 Prozent gewesen; sie wäre also von vormals 30 Prozent auf nur 25 Prozent, also auch nicht auf 20 Prozent gefallen. Hätte aber z. B. eine doppelte Steigerung der Ausbeutung von 100 Prozent auf 200 Prozent stattgefunden, so hätte das auf 200 Mill. angewachsene Kapital einen Mehrwert von 2 × 40 Mill. = 80 Mill. und daher eine Profitrate von 80 Mill. : 200 Mill., also sogar von 40 Prozent erzielt! Hieraus ersieht man, daß es auch vom *Ausmaß* des Ansteigens der Ausbeutung abhängt, ob das Fallen der allgemeinen Profitrate als Folge der zunehmenden organischen Zusammensetzung des Gesamtkapitals einer Volkswirtschaft ausgeglichen, abgemildert oder sogar überkompensiert werden kann.

b) Verbilligung der Produktionsmittel

Infolge der Steigerung der Produktivkraft der Arbeit wächst zwar die Masse der Produktionsmittel: Maschinen, Rohstoffe, Einrichtungen usw., doch sah man schon im Kapitel über den relativen Mehrwert, daß die Steigerung der Arbeitsproduktivität den Wert der Ware pro Stück senkt, d. h. diese verbilligt. (Bei solchen Überlegungen wird zur Vereinfachung gewöhnlich angenommen, daß Preis und Wert im Durchschnitt gleich sind.) Wenn also auch infolge einer Steigerung der Arbeitsproduktivität ein Arbeiter z. B. die 4fache Menge von Maschinen oder sonstigen Einrichtungen bedienen kann als vorher, so bedeutet das noch nicht, daß diese 4fache Menge von Produktionsmitteln auch 4mal so viel kostet wie vorher; vielleicht kostet sie nur das Dreifache oder das Doppelte des früher in den gleichen Betrieben gebrauchten konstanten Kapitals, ja, vielleicht steigen die Kosten überhaupt nicht. Mit anderen Worten: Ein bestimmter Zuwachs in der organischen Zusammensetzung des Kapitals kann sich infolge der Erhöhung der Arbeitsproduktivität bei der Fabrikation von Produktionsmitteln oft dadurch in mehr oder weniger hohem Grade kompensieren, daß die Ausgaben für das mengenmäßig vergrößerte konstante Kapital pro Materialeinheit des konstanten Kapitals sinken.

»In einzelnen Fällen kann sogar die Masse der Elemente des konstanten Kapitals zunehmen, während sein Wert gleichbleibt oder sogar fällt.« (III, S. 246) Infolge der Verbilligung der Produktionsmittel spart der Unternehmer an Ausgaben für sein konstantes Kapital und erhöht insofern seinen Mehrwert (Profit).

c) Herunterdrücken des Arbeitslohnes unter seinen Wert

Wenn auch normalerweise im »Kapital« vorausgesetzt wird, daß der Arbeitslohn im Durchschnitt dem Wert der Arbeitskraft gleich ist, so weiß und erwähnt sein Verfasser wiederholt die aus der Geschichte der Arbeiterschaft bekannte Tatsache, daß die Unternehmer den Arbeitslohn manchmal auch *unter* seinen Wert herabdrücken können. Da aber als Regelfall von der Voraussetzung ausgegangen wird, daß alle Preise auf dem Markt bestimmt werden, und daß auch der Arbeiter auf dem Arbeitsmarkt für seine Arbeitskraft den vollen Tageswert bzw. Tagespreis erhält, so betont Marx, daß die eingehende Untersuchung des Herabdrückens des Arbeitslohnes unter seinen Wert nicht in die Untersuchungen des »Kapitals« gehört, vielmehr in eine Darstellung der Konkurrenz. Demgegenüber wird man aber darauf hinweisen können, daß auch dieser Fall in den vorliegenden Zusammenhang gehört hätte, denn das Wachsen der Produktivkraft der Arbeit macht doch mindestens zeitweise manche Gruppen von Arbeitern arbeitslos und führt damit zu einem Überangebot von Arbeitskräften; und gerade das ist ja im Marxschen Sinne Grundlage und Anreiz für den Kapitalisten, diese Lage auf dem Arbeitsmarkt zur Herabdrückung des Lohns auszunutzen. Somit ist dies »eine der bedeutendsten Ursachen, die die Tendenz zum Fall der Profitrate aufhalten«. (III, S. 245)

d) Die relative Übervölkerung

Die Entwicklung der Produktivkraft der Arbeit und die damit Hand in Hand gehende Erhöhung der organischen Zusammensetzung des Kapitals erzeugt einerseits ein Fallen der Profitrate, zugleich aber oft auch eine Masse unbeschäftigter Arbeiter, deren Arbeitskraft billig geworden ist. Diesen in seiner Größe ständig fluktuierenden arbeitslosen Teil der Bevölkerung nennt Marx die »relative Übervölkerung«. Dadurch können andere Produktionszweige, die verhältnismäßig viel Handarbeit und wenig Maschinerie verwenden, wie z. B. solche für die Herstellung von Luxusartikeln, gegründet werden. Diese neuen Produktionszweige machen sich das Vorhandensein der durch die Erweiterung oder Modernisierung der Maschinenarbeit in anderen Produktionszweigen überflüssig gewordenen Arbeiter zunutze. Die Luxusindustrie und einige andere Zweige verwenden verhältnismäßig viel variables Kapital und bezahlen dabei oft unterdurchschnittlichen Arbeitslohn, erzielen daher oft einen hohen Mehrwert und eine hohe Mehrwertrate; daher kann auch ihre Profitrate oft erheblich höher sein als bei den technisierten Produktionszweigen mit hoher organischer Kapitalzusammensetzung. Da nun die allgemeine, durchschnittliche Profitrate eines Landes bzw. Wirtschaftsgebietes durch die Ausgleichung der niedrigen und der hohen Profitraten gebildet wird, so ist das Endergebnis der Ausgleichung, daß die Profitrate nicht so tief sinken wird, wie es der Fall wäre, wenn der Prozeß der Technisierung, d. h. der Erhöhung der Produktivkraft der Arbeit, überall im Lande eintreten würde.

e) Der auswärtige Handel

Durch den Handel mit zurückgebliebenen, etwa kolonialen oder halbkolonialen Ländern, kann die einheimische Industrie oft billigere Rohstoffe und Lebensmittel einführen, als sie im eigenen Lande erzeugt werden. Hierdurch sinkt sowohl der Wert des konstanten wie des variablen Kapitals. Dies erleichtert einerseits die Vergrößerung des konstanten Kapitals und damit die Kapitalakkumulation, andererseits die Erhöhung der Mehrwertrate. Somit hat der auswärtige Handel von der erwähnten Art eine doppelte Wirkung; genauer, zwei einander entgegengesetzte Wirkungen: a) durch die Vergrößerung des konstanten Kapitals und damit der organischen Zusammensetzung sinkt die Profitrate; b) durch die Verbilligung der Lebensmittel und die entsprechende Einsparung von Arbeitslöhnen erhöht sich die Mehrwertrate und damit unter sonst gleichbleibenden Umständen die Profitrate. Ob das durch den auswärtigen Handel bewirkte Sinken oder das Steigen der Profitrate überwiegt, kann nur von Fall zu Fall empirisch festgestellt werden.

Da so der auswärtige Handel zwei entgegengesetzte Wirkungen haben kann, so gehört er – oder genauer, gehören seine Wirkungen – eigentlich unter zwei verschiedene Rubriken; nämlich, soweit er die Ausbeutung der Arbeit und damit die Profitrate erhöht, unter die Rubrik »Erhöhung der Ausbeutung«, und soweit der auswärtige Handel die Profitrate senkt, gehört er unter den Abschnitt der »Ursachen, die den Fall der Profitrate hervorrufen«, gehört also insoweit überhaupt nicht unter die dem Fall der Profitrate entgegenwirkenden Ursachen.

Wie auch hier zu betonen ist, hat Marx den dritten Band des »Kapital«, worin auch seine Aufzeichnungen über den tendenziellen Fall der Profitrate enthalten sind, nicht mehr endgültig ausarbeiten können. Wie sein Freund und Herausgeber des zweiten und dritten Buches des Werkes, Friedrich Engels, im Vorwort zum dritten Buche schreibt, fanden sich nach Marx' Tod im Manuskript oft nur die Anfänge jedes einzelnen Abschnitts ziemlich sorgfältig ausgearbeitet vor, doch waren die Fortsetzungen oft nur skizzenhaft ausgeführt und lückenhaft bearbeitet. So ist auch der Abschnitt über den tendenziellen Fall der Profitrate nicht mehr beendet worden.

3. Ergänzungen

Wie Marx betont, ist er nicht der erste gewesen, der darauf hingewiesen hat, daß mit der Entwicklung der kapitalistischen Produktion die organische Kapitalzusammensetzung zunehmen muß. In seinem Vortragsmanuskript »Lohn, Preis und Profit« vom Juni 1865 schreibt er, daß mit der Akkumulation des Kapitals eine fortschreitende Veränderung der organischen Kapitalzusammensetzung stattfindet und fährt dann so fort: »... Dies Gesetz (des Fallens der Profitrate) ist mehr oder weniger präzis festgestellt worden von Barton, Ricardo, Sismondi, Professor Richard Jones, Professor Ramsey und anderen ...«[1] Die These vom Sinken der Profitrate war also schon lange vor Marx aufgestellt, aber anders als von ihm erklärt worden; so von Adam Smith (1723 bis 1790) in seinem berühmten Werk »Eine Untersuchung über Natur und Wesen des Volkswohlstandes« (englisch zuerst 1776) und von David Ricardo (1772–1823), auf dessen oft scharfsinnige Gedanken sich Marx teils zustimmend, teils kritisch ebenso häufig bezieht wie auf die von Smith (David Ricardo: »Grundsätze der Volkswirtschaft und Besteuerung«. Englisch zuerst 1817). Über Ricardo schreibt Marx im 15. Kapitel des dritten Bandes des »Kapital« in diesem Zusammenhang:
»Die Profitrate ist die treibende Macht in der kapitalistischen Produktion, und es wird nur produziert, was und soweit es mit Profit produziert werden kann. Daher die Angst der englischen Ökonomen über die Abnahme der Profitrate. Daß die bloße Möglichkeit Ricardo beunruhigt, zeigt gerade sein tiefes Verständnis der Bedingungen der kapitalistischen Produktion. Was ihm vorgeworfen wird, daß er, um die ›Menschen‹ unbekümmert, bei Betrachtung der kapitalistischen Produktion nur die Entwicklung der Produktivkräfte im Auge hat – mit welchen Opfern an Menschen und Kapital*werten* auch immer erkauft – ist gerade das Bedeutende an ihm.« (III, S. 269)
Bei Diskussionen über »das Gesetz des Fallens der Profitrate« sollte daher eigentlich überhaupt nicht von einem »Marxschen Gesetz« vom Fallen der Profitrate die Rede sein. Sie können nur die Richtigkeit oder Unrichtigkeit des Marxschen *Erklärungsversuches* dieses Fallens zum Gegenstand haben, sowie natürlich die Prüfung der – freilich auch von Marx akzeptierten – Ansicht, daß die Profitrate auf lange Sicht fallen muß.
Im dritten Band des »Kapital« fragt sich Marx, was mit der Profit-

[1] In: MEW, Bd. 16, S. 151.

rate geschehen wird, wenn sich die Kapitalbesitzer der verschiedenen Produktionszweige die technischen Fortschritte für ihre Produktionsmethoden zunutze machen, indem sie immer leistungsfähigere Maschinen, Arbeitsinstrumente, Anlagen und Neuerungen aller Art einführen. Die Anschaffung immer modernerer Produktionsinstrumente verfolgt ja den Zweck, die Arbeitsproduktivität immer mehr zu steigern. Diese Modernisierungen bedeuten nun nach Marx und nach fast allen späteren Autoren immer größer werdende Ausgaben für das konstante Kapital im Verhältnis zu den Ausgaben für das variable (Arbeitslöhne), also eine immer größer werdende organische Kapitalzusammensetzung (c/v). Es wurde zudem darauf hingewiesen, daß bei diesem Vorgang, der mit der Weiterentwicklung der kapitalistischen Wirtschaft untrennbar verbunden ist, nach Marx die Profitrate der Tendenz nach und auf lange Sicht herabsinken muß. Zur Verdeutlichung bringt Marx ein Zahlenbeispiel und wählt dafür fünf verschiedene Produktionszweige zum gleichen Zeitpunkt – man kann auch z. B. die Bekleidungsindustrie, die Stahlindustrie, die Nahrungsmittelindustrie u. a. wählen, wobei man, wie immer bei solchen Beispielen, als selbstverständlich vorauszusetzen hat, daß diese wenigen Branchen anstelle der in Wirklichkeit vorhandenen vielen Hunderten von Produktionszweigen stehen, welche die wichtigsten Güterarten erzeugen. Marx nimmt *vorübergehend* an, daß sich in allen fünf Produktionszweigen die Mehrwertrate, die ursprünglich verschieden groß gewesen sein mag, bereits zu einer durchschnittlichen, also für alle fünf Produktionszweige gleich großen Mehrwertrate ausgeglichen hat; sie möge hier 100 Prozent betragen. Das bedeutet, daß alle Arbeiter einen halben Tag für sich und die andere Hälfte für ihren Unternehmer arbeiten.

Das Marxsche Beispiel für das Sinken der Profitrate bei gleichbleibender Mehrwertrate

Industriezweig	konstantes Kapital	variables Kapital	Mehrwert	Mehrwertrate (m/v) in %	Profitrate in %
I	50	100	100	100	66²/₃
II	100	100	100	100	50
III	200	100	100	100	33¹/₃
IV	300	100	100	100	25
V	400	100	100	100	20

Dieser Tabelle entnimmt man folgendes: Die Unternehmer des 1. Produktionszweiges legen an konstantem Kapital den Betrag von 50 und für das variable Kapital (Arbeitslöhne) 100 an (auch hier kann man sich hinter allen Zahlen zwei, drei oder mehr Nullen denken). – Der von den Arbeitern dieses Produktionszweiges erzeugte Mehrwert (Profit) beträgt ebenfalls 100; daher ist die Mehrwertrate (Ausbeutungsgrad) dieses Produktionszweiges gleich Mehrwert: Arbeiterlöhne = 100 : 100, also gleich 100 Prozent, und die Profitrate ist Mehrwert : Gesamtes ausgelegtes Kapital = 100 : 150 = $66^2/_3$ Prozent. Die organische Zusammensetzung des Kapitals ist im I. Produktionszweig gleich konstantes Kapital : variables Kapital = v : c = 50 : 100 = 1 : 2. Für die übrigen Produktionszweige gelten die entsprechenden Zahlenwerte, die keiner Erläuterung bedürfen.

Ebensogut, wie man fünf verschiedene Produktionszweige zum gleichen Zeitpunkt betrachten kann, wie das hier geschehen ist, hätte man auch das gesellschaftliche Gesamtkapital einer industriellen Volkswirtschaft zu verschiedenen Zeitpunkten, z. B. in den Jahren 1880 und 1910, studieren können: Die durchschnittliche organische Zusammensetzung des gesellschaftlichen Gesamtkapitals eines Landes erhöht sich infolge der technisch-industriellen Entwicklung vom erstgenannten bis zum zweiten Zeitpunkt, während in der soeben wiedergegebenen Tabelle Kapitale mit verschiedener organischer Zusammensetzung zum gleichen Zeitpunkt vorgeführt werden; jeder der fünf Produktionszweige repräsentiert dabei gewissermaßen ein gesellschaftliches Gesamtkapital zu verschiedenen Zeitpunkten der technisch-industriellen Entwicklung. Jedenfalls »... muß dieses allmähliche Anwachsen des konstanten Kapitals, im Verhältnis zum variablen, notwendig zum Resultat haben *einen graduellen Fall der allgemeinen Profitrate* bei gleichbleibender Rate des Mehrwerts oder gleichbleibendem Exploitationsgrad der Arbeit durch das Kapital.« (III, S. 222) Dies ist eine der Marxschen Formulierungen des Gesetzes vom tendenziellen Fall der Profitrate, im Wortlaut zwar etwas abweichend von anderen, doch dem Sinn nach übereinstimmend mit ihnen.

Bei der Aufstellung seines Zahlenbeispiels hatte Marx angenommen, daß in den fünf Produktionszweigen nur die organische Kapitalzusammensetzung von Produktionszweig zu Produktionszweig ansteigt und daß dabei die Mehrwertrate (Mehrwert : variables Kapital = 1 : 1 = 100 Prozent) stets unverändert bleibt. Da so der bei zunehmender organischer Kapitalzusammensetzung gleichbleibende Mehrwert (m) durch ein immer größer werdendes Gesamtkapital zu teilen ist, so muß bei diesem Beispiel die Profitrate notwendigerweise fallen.

Wie erwähnt, haben viele Marxologen sein Profitratengesetz als unrichtig abgelehnt. In jüngster Zeit haben z. B. Joan V. Robinson und Paul M. Sweezy übereinstimmend geltend gemacht, Marx gründe seine Theorie vom Sinken der Profitrate auf die sehr anfechtbare Voraussetzung, daß bei der Zunahme der organischen Kapitalzusammensetzung die Mehrwertrate (Ausbeutung des Arbeiters durch das Kapital) gleich groß bleibe.

In ihrem »Essay on Marxian Economics« (London 1957) schreibt Robinson, wenn bei der von Marx postulierten steigenden organischen Kapitalzusammensetzung die Ausbeutung des Arbeiters, wie Marx voraussetzte, gleich groß bliebe, dann müßten sich die

Reallöhne doch erhöhen, und das stünde im »drastischen Widerspruch zu Marx' Ansicht, wonach die Reallöhne im großen und ganzen die Tendenz hätten, gleich zu bleiben. Robinson meint hiermit folgendes: Die von Marx vorausgesetzte andauernde Vergrößerung des konstanten Kapitals in einer Volkswirtschaft im Verhältnis zum variablen Kapital, also der technische Fortschritt der Produktionsmethoden, habe zur Folge, daß die gleiche Zahl von Arbeitern in der gleichen Zeit und mit dem gleichen Arbeitsaufwand wie früher immer größer werdende Warenmengen und damit immer größer werdende Produktionswerte erzeuge. Nimmt man nun, wie Marx dies tut, an, daß die Mehrwertrate bei dieser Produktionssteigerung gleich groß bleibt, z. B. 100 Prozent, daß, mit anderen Worten, in diesem Fall stets die Hälfte des erzeugten Produktionswertes in Form von Löhnen der Arbeiterschaft zugeteilt wird und daß die andere Hälfte als Mehrwert an die Kapitalistenklasse geht, so ist es klar, daß die Arbeiterklasse mit dem fortgesetzten Anwachsen des von ihr erzeugten Produktionswertes einen immer mehr ansteigenden Anteil davon erhalten muß, daß also, mit anderen Worten, die Reallöhne steigen müssen, was doch im Widerspruch zu den obengenannten Marxschen Voraussetzungen stünde. (Nur nebenbei sei hier bemerkt, daß Marx keineswegs eine säkulare wachsende Armut der Arbeiterklasse als notwendiges Ergebnis der kapitalistischen Entwicklung ansah und daß er auch eine mehr oder weniger lange andauernde Zunahme der Reallöhne keineswegs ausschloß. Vgl. unten S. 459ff und S. 562. Auf diesen Tatsachenkomplex ist in jüngster Zeit auch Joseph M. Gillman in einem Buche eingegangen, über das wir weiter unten referieren werden.) Im gleichen Sinne wie Robinson argumentiert Paul M. Sweezy in seinem Buch »Theorie der kapitalistischen Entwicklung«[2]: Die bei der Aufstellung des Gesetzes von der fallenden Profitrate getroffene Marxsche Annahme einer konstanten Mehrwertrate sei nicht gerechtfertigt, da eine steigende organische Kapitalzusammensetzung wachsende Produktivität der Arbeit, und diese wiederum ein Ansteigen der Reallöhne bedeute. Sweezy schreibt hierüber u. a.: »... Nehmen wir an, daß sich die Produktivität der Arbeit verdoppelt hat, d. h., daß die Arbeit in derselben Zeit das Doppelte von dem produziert, was vorher produziert wurde. Dann folgt, da eine unveränderte Mehrwertrate bedeutet, daß der Arbeiter für sich selbst dieselbe Arbeitszeit und für den Kapitalisten ebenfalls dieselbe Arbeitszeit arbeitet wie vorher, daß sowohl das physische Produktionsergebnis, das durch den Lohn repräsentiert wird, wie auch das physische Produktionsergebnis, das durch den Mehrwert dargestellt wird, sich verdoppelt haben. Mit anderen Worten, der Arbeiter würde gleichermaßen wie der

[2] Köln 1959, S. 76f.

Kapitalist an der erhöhten Produktivität der Arbeit teilhaben. Wenn auch gegen eine Annahme, die zu diesem Ergebnis führt, keine logischen Einwendungen gemacht werden können, so gibt es dennoch Gründe, ihre Angemessenheit in Zweifel zu ziehen ...«

Nach N. Moszkowska kann die Profitrate bei technisch fortschreitender Produktion in der Regel überhaupt nicht fallen; sie steigt sogar in bestimmten Fällen ganz erheblich, weil dann auch die Mehrwertrate ins Ungeheure ansteigt.[3]

Gegenüber solchen Einwendungen macht Rosdolsky in seinem Aufsatz »Zur neueren Kritik des Marxschen Gesetzes der fallenden Profitrate«[4] darauf aufmerksam, daß Marx sehr oft erklärt hat, die Profitrate sinke nicht nur bei gleichbleibender, sondern auch bei steigender Mehrwertrate. In der Tat schreibt Marx bei der Erörterung seines vorhin von uns wiedergegebenen Schemas für das Fallen der Profitrate u. a. »Die im Eingang hypothetisch aufgestellte Reihe (von fünf Produktionszweigen, E. L.) drückt also die wirkliche Tendenz der kapitalistischen Produktion aus. Diese erzeugt mit der fortschreitenden relativen Abnahme des variablen Kapitals gegen das konstante eine steigend höhere organische Zusammensetzung des Gesamtkapitals, deren unmittelbare Folge ist, daß die Rate des Mehrwerts bei gleichbleibendem und selbst bei steigendem Exploitationsgrad der Arbeit sich in einer beständig sinkenden allgemeinen Profitrate ausdrückt.« (III, S. 222f) Und einige Seiten weiter heißt es: »Das Gesetz von der fallenden Rate des Profits, worin dieselbe oder selbst eine steigende Rate des Mehrwerts sich ausdrückt, heißt in anderen Worten: ... Ein stets geringrer aliquoter Teil des ausgelegten Gesamtkapitals (aliquoter Teil heißt ohne Rest teilend, z. B. der dritte, der vierte, der fünfte Teil ... usw. des Gesamtkapitals, E. L.) setzt sich in lebendige Arbeit um, und dies Gesamtkapital saugt daher, im Verhältnis zu seiner Größe, immer weniger Mehrarbeit auf, obgleich das Verhältnis des unbezahlten Teils der angewandten Arbeit zum bezahlten Teil derselben gleichzeitig wachsen mag.« (III, S. 226)

Im selben Sinne spricht sich Marx noch an neun anderen Stellen in Band III aus, und schließlich hielt er es für nötig, am Ende des 14. Kapitels »zur Vermeidung von Mißverständnis« unter anderem zu wiederholen: »Das tendenzielle Sinken der Profitrate ist verbunden mit einem tendenziellen Steigen in der Rate des Mehrwerts, also im Exploitationsgrad der Arbeit. Nichts alberner

[3] N. Moszkowska, »Das Marxsche System«, Berlin 1929, S. 71ff bes. S. 93 und 118. – Die gleiche Verfasserin in ihrem Buch: »Zur Kritik moderner Krisentheorien«, Prag 1935, S. 46. Auch Rosa Luxemburg z. B. hatte den gleichen Gesichtspunkt gegenüber Marx in ihrem Buch: »Die Akkumulation des Kapitals«, Leipzig 1921, geltend gemacht.

[4] In: »Kyklos«, Bd. IX, Basel 1956.

daher, als das Sinken der Profitrate aus einem Steigen in der Rate des Arbeitslohns zu erklären, ...« (III, S. 249f)

Nach diesen wenigen Proben erübrigt es sich wohl, noch mehr Stellen aus dem 13. Kapitel des dritten Bandes des »Kapital«, sowie andere Stellen aus den »Theorien über den Mehrwert«, wo Marx sich überall ebenso eindeutig äußert, wiederzugeben. Demnach hat er sein Gesetz von der fallenden Profitrate infolge zunehmender organischer Kapitalzusammensetzung keineswegs nur auf die Voraussetzung einer gleichbleibenden, sondern auch für den Fall einer steigenden Ausbeutung aufgebaut. Daher sind die Einwände, wonach Marx bei der Aufstellung dieses Gesetzes nur eine gleich groß bleibende Mehrwertrate im Auge gehabt hätte, völlig unbegründet.

In Übereinstimmung mit Rosdolsky noch eine weitere Bemerkung über die bei der Untersuchung der Profitrate angewendete Marxsche Untersuchungsmethode. So wandte man ein, daß die Arbeitsproduktivität und die Mehrwertrate Größen sind, die in der Regel nur in enger Abhängigkeit voneinander bestehen, so daß die Abtrennung der einen Größe von der anderen bei der Untersuchung der Profitrate unzulässig sei. Zuerst hat wohl L. v. Bortkiewicz (1906 und 1907) diesen Einwand gegen Marx' Behandlung der Profitrate erhoben. In ähnlichem Sinne kritisierte in jüngster Zeit P. M. Sweezy die Marxsche Untersuchungsmethode der Profitrate. Marx habe so wichtige Momente wie die Erhöhung des Ausbeutungsgrades und die industrielle Reservearmee erst *nach* der Darstellung des Gesetzes von der fallenden Profitrate behandelt, während doch in Wirklichkeit gerade die industrielle Reservearmee (die Arbeitslosen) infolge der Konkurrenz zwischen den sich auf dem Arbeitsmarkt anbietenden Arbeitern ein stets vorhandener wesentlicher Faktor für ein Herabdrücken der Löhne, also für die Erhöhung der Ausbeutung sei. Das Ansteigen des Ausbeutungsgrades wäre zudem mit dem Vorgang der steigenden Arbeitsproduktivität *untrennbar* verknüpft; daher sei es »nicht gerade sehr klug« (»hardly wise«) von Marx gewesen, das Ansteigen der Ausbeutung von der Untersuchung der wachsenden Arbeitsproduktivität abzutrennen und es erst nachträglich als einen jener Faktoren zu betrachten, die das Fallen der Profitrate bremsen können.

In seiner Arbeit: »Die Umkehrung des Gesetzes der fallenden Profitrate von Karl Marx«[5] hat auch Karl H. Völk einen Einwand gegen das oben wiedergegebene Marxsche Zahlenschema gemacht und mathematisch ausgeführt, daß die Zunahme der organischen Kapitalzusammensetzung stets notwendigerweise eine Erhöhung der Arbeitsproduktivität und daher eine *Vergrößerung* der *Mehrwertrate* (Ausbeutung) zur Folge hat. Nach Völk war

[5] In: »Schweizerische Zeitschrift für Volkswirtschaft und Statistik«, 88. Jg., 1952.

Marx daher im Irrtum, wenn er in seinem Schema bei zunehmender organischer Kapitalzusammensetzung – also bei einer Abnahme des variablen Kapitalteils im Verhältnis zum konstanten Teil – eine *gleichbleibende* Mehrwertrate vorausgesetzt hat. Völk schreibt weiter, Marx hätte bei der Aufstellung seines Schemas nicht von der Tatsache abstrahieren dürfen, daß bei zunehmender organischer Kapitalzusammensetzung die Mehrwertrate notwendigerweise immer steigt; anders ausgedrückt: Marx hätte ein Schema der sinkenden Profitrate mit gleichzeitig zunehmender Mehrwertrate entwerfen sollen. Dann hätte sich laut Völk gezeigt, daß die Profitrate im Verlaufe der fortschreitenden Kapitalzunahme nicht nur nicht fällt, sondern steigen muß. – Zu Völks Aufsatz ist hier zu bemerken, daß man in der Tat ein Schema mit zunehmender organischer Kapitalzusammensetzung, d. h. steigender Arbeitsproduktivität entwerfen kann, wo die Profitrate gleichbleibt oder gar steigt; es kommt darauf an, welche Zahlen man bei der Aufstellung eines solchen Schemas wählt. Wie man gesehen hat, lassen sich aber auch Schemata mit zunehmender organischer Kapitalzusammensetzung und steigender Mehrwertrate entwerfen, wo die Profitrate fällt. A priori läßt sich m. E. nichts darüber aussagen, welche Zahlenbeispiele der kapitalistischen Wirklichkeit entsprechen, das ist nur empirisch auszumachen. Dies hat meines Wissens zum ersten Male Joseph Gillman in seiner Studie über die Entwicklung der Profitrate in den USA getan, worauf weiter unten einzugehen ist.

Im Anschluß an das bisher Gesagte möge man zunächst einem von Rosdolsky entworfenen Schema folgen, das zeigt, daß ein Sinken der Profitrate keineswegs an die Voraussetzung einer konstanten Mehrwertrate gebunden ist, sondern auch bei steigender Mehrwertrate eintreten kann. Man kann auch selbst sehr leicht eine beliebig große Zahl ähnlicher Beispiele entwerfen.

Beispiel für das Sinken der Profitrate bei steigender Mehrwertrate
(nach R. Rosdolsky, a. a. O.)

Industrie-zweig	konstantes Kapital	variables Kapital	Mehrwert	Mehrwertrate (m/v) in %	Profitrate in %
I	50	100	100	100	66 2/3
II	100	100	130	130	65
III	200	100	192	192	64
IV	300	100	252	252	63
V	400	100	310	310	62

In diesem Falle fällt also die Profitrate trotz *stark ansteigender Rate des Mehrwerts.*

Allerdings wird das Sinken der Profitrate unter *einer* Voraussetzung *nicht* stattfinden: Wenn nämlich die Mehrwertrate ständig in derselben Proportion steigt wie das variable Kapital im Verhältnis zum ausgelegten Gesamtkapital abnimmt. In diesem –

aber auch nur in solch einem – Falle würde die Profitrate gleich groß bleiben. Hierfür ein von uns entworfenes Beispiel:

Beispiel für das Gleichbleiben der Profitrate bei steigender Mehrwertrate

Industrie-zweig	konstantes Kapital	variables Kapital	Mehrwert	Mehrwertrate in %	Profitrate in %
I	50	100	100	100	
II	100	100	$133^1/_3$	$133^1/_3$	
III	200	100	200	200	$66^2/_3$
IV	300	100	$266^2/_3$	$266^2/_3$	
V	400	100	$333^1/_3$	$333^1/_3$	

Im Kräftespiel der Komponenten, die nach Marx den Untergang des kapitalistischen Wirtschaftssystems herbeiführen sollen, ist die Frage nach der Bewegungsrichtung der Profitrate von besonderer Wichtigkeit, auch wenn er das im 15. Kapitel des dritten Bandes »Kapital« nicht ausdrücklich formuliert hat. Wenn die Profitrate auf lange Sicht sinkt, so ist der Zusammenbruch der kapitalistischen Wirtschaftsweise unausbleiblich, da die Erzielung eines genügend großen, möglichst steigenden Profits pro je Hundert der für die Produktion ausgelegten Kosten Ziel und Voraussetzung dieser Wirtschaftsweise ist. Die »bisherige« (vor-marxistische) Ökonomie sah wohl das Gesetz der fallenden Profitrate, quälte sich aber »... in widersprechenden Versuchen ab, es zu deuten.« (III, S. 223) Es ist »... in jeder Beziehung das wichtigste Gesetz der modernen politischen Ökonomie ...«[6] ... Es besagt nämlich, »... daß die durch das Kapital selbst in seiner historischen Entwicklung herbeigeführte Entwicklung der Produktivkräfte, auf einem gewissen Punkt angelangt, die Selbstverwertung des Kapitals aufhebt, statt sie zu setzen. Über einen gewissen Punkt hinaus wird die Entwicklung der Produktivkräfte eine Schranke für das Kapital: also das Kapitalverhältnis eine Schranke für die Entwicklung der Produktivkräfte der Arbeit ... In schneidenden Widersprüchen, Krisen, Krämpfen drückt sich die wachsende Unangemessenheit der produktiven Entwicklung der Gesellschaft zu ihren bisherigen Produktionsverhältnissen aus. Gewaltsame Vernichtung von Kapital, nicht nur durch ihm äußre Verhältnisse, sondern als Bedingung seiner Selbsterhaltung, ist die schlagendste Form, worin ihm der Rat gegeben wird, abzutreten und einer höheren Stufe der sozialen Produktion Platz zu machen.«[7]

Hiermit ist der in der kapitalistischen Wirtschaft stattfindende Prozeß der fortschreitenden Abnahme des variablen Kapitals im Verhältnis zum konstanten gemeint, oder, anders ausgedrückt, die stets wachsende Masse der Arbeitsmittel, Maschinerie, Roh-

[6] »Grundrisse der Kritik der politischen Ökonomie«; zuerst deutsch Moskau 1939 und 1941, dann Frankfurt a. M., Europ. Verlagsanstalt, o. J., S. 634.
[7] »Grundrisse«, S. 635f.

und Hilfsstoffe, also die fortschreitende höhere organische Zusammensetzung des gesellschaftlichen Kapitals in seinem Durchschnitt, die bei konstanter und selbst bei steigender Ausbeutungsrate die Profitrate zum Sinken bringt.
Das im Verhältnis zum variablen Kapital nach Marx stets mehr und mehr anwachsende konstante Kapital, also die fortschreitend wachsende organische Kapitalzusammensetzung, ist nur ein anderer Ausdruck für die fortschreitend zunehmende gesellschaftliche Produktivkraft der Arbeit: Die gleiche Anzahl von Arbeitern erzeugt im gleichen Zeitraum die gleiche Zahl einer bestimmten Warensorte mit einem geringeren Zeitaufwand bzw. die gleiche Arbeiterzahl erzeugt in der gleichen Zeit mit der gleichen Arbeitsmenge eine größere Stückzahl der gleichen Warensorte. »Die progressive Tendenz der allgemeinen Profitrate zum Sinken ist (also) nur *ein der kapitalistischen Produktionsweise eigentümlicher Ausdruck* für die fortschreitende Entwicklung der gesellschaftlichen Produktivkraft der Arbeit.«[8]
Um dem mehr oder weniger periodisch oder langfristig drohenden Sinken der Profitrate zu entrinnen, greift das Kapital erstens zur Steigerung der Produktivkräfte durch Modernisierung des konstanten Kapitalteils: es werden neue, bessere, größere Maschinenanlagen oder andere technische Vorrichtungen aller Art mit größerer Leistungsfähigkeit angeschafft und dadurch die Ausgaben für die Vergrößerung des konstanten Kapitals im Verhältnis zu den Ausgaben für das variable, also die organische Kapitalzusammensetzung, erhöht; gleichzeitig wird nach Möglichkeit durch eben diese Modernisierung der Produktionsmethoden der Ausbeutungsgrad der Arbeitskräfte gesteigert. Diese Maßnahmen können das Sinken der Profitrate bremsen oder sogar zu ihrer Vergrößerung führen, wie es das folgende Beispiel verdeutlicht: Angenommen, man hätte *vor* der Produktionssteigerung in einem bestimmten Zeitabschnitt 10000 St. einer bestimmten Warensorte erzeugt und mit 5 Pf pro St. Profit, also mit einem Gesamtprofit von 500 DM verkauft. *Nach* vollzogener Steigerung der Produktivkräfte wurden in einem gleich großen Zeitabschnitt wie vorher 100000 St. der gleichen Warensorte mit einem Profit von 2 Pf pro St., also mit einem Gesamtprofit von 2000 DM verkauft. Infolge der Steigerung der Arbeitsproduktivität beträgt nun der gewachsene Gesamtprofit für diese pro St. verbilligte Ware das Vierfache des Profits vor der Modernisierung, d. h. vor der Vergrößerung der Produktionsanlagen (Voraussetzung hierbei ist gleichbleibender Arbeitslohn für die gleiche Zahl von Arbeitskräften und das Gleichbleiben der Preise). Das Ergebnis –

[8] MEW, Bd. 25, S. 223. Auf die Beziehungen zwischen dem Sinken der Profitrate und den Wirtschaftskrisen wird weiter unten im 20. Kapitel sowie bei der Diskussion der Zusammenbruchstheorie des Kapitalismus von Henryk Grossmann ausführlich eingegangen werden.

und zugleich der Zweck – der genannten Modernisierung der Produktionsmethoden, also der Zunahme des konstanten Kapitals gegenüber dem variablen, ist auf jeden Fall eine Vergrößerung der Profit*masse*. (Vgl. III, S. 221 ff u. S. 242 ff)
Die Vergrößerung der Profitmasse nach erfolgter Vergrößerung des konstanten Kapitals kann unter Umständen auch zu einer Vergrößerung der Profitrate führen, letzteres ist ja die eigentliche Absicht der Kapitalisten, die dem Trend zum Fallen der Profitrate durch die Produktionssteigerungen auf Leben und Tod die umgekehrte Richtung geben wollen und müssen. Auch hierfür ein Beispiel: Ein Kapital bestehe aus 65 c + 35 v (irgendwelche Werteinheiten) und produziere eine Mehrwert-(Profit-)masse von 30 m. Der Produktwert ist dann 65 c + 35 v + 30 m; die Profitrate ist $\frac{30}{65 + 35} = 30$ Prozent, und die organische Zusammensetzung $\frac{c}{v} = \frac{65}{35} = 1^6/_7 : 1$. Nun entnehmen die Kapitalbesitzer aus ihrer Mehrwertmasse (30) für die Vergrößerung des konstanten Kapitals die Wertmasse 20 (die Arbeitslöhne mögen unverändert bleiben). Dann ist zunächst der Produktwert 85 c + 35 v + 10 m; und die neue erhöhte organische Kapitalzusammensetzung beträgt $\frac{c}{v} = \frac{85}{35} = 2^3/_7 : 1$. Produziert nun das modernisierte Kapital z. B. eine Profitmasse von 40 m, so erhält man 85 c + 35 v + 40 m. Die mit der erhöhten organischen Kapitalzusammensetzung ($2^3/_7 : 1$) erzielte vergrößerte Profitrate ist gleich $\frac{40}{120} = 33^1/_3$ Prozent. Anstatt eines Fallens der Profitrate ergibt sich also hier ihre Vergrößerung, die selbstverständlich nicht auf einmal, sondern meist erst durch langjährige sukzessive Produktionsumstellungen zur Modernisierung des früheren Maschinen- und Anlagenparks usw. erreicht werden kann.
Die zweite Maßnahme zum Bremsen des Fallens der Profitrate und zu ihrer möglichsten Steigerung ist die schon früher erwähnte Zentralisation und Konzentration der vielen einzelnen, relativ kleinen Kapitalien der Konkurrenzwirtschaft des vorigen Jahrhunderts durch ihre Zusammenfassung zu großen Monopolen, Konzernen usw. (Vgl. III, S. 130, 235, 256, 276 f, 453 f) Die Zusammenlegung der früher einzelnen, relativ kleinen Kapitalien zu den riesengroßen Gebilden, die Preisabsprachen innerhalb der Kartelle, Trusts und Monopole, die Konzentrierung von Produktion und Aufteilung der Absatzmärkte unter sich, verschaffen diesen Riesenunternehmungen unvergleichlich bessere finanzielle Möglichkeiten zur Anschaffung größerer, profitmassen- und profitratensteigernder Produktionsausrüstungen. Es gibt für das heutige Monopolkapital noch ein besonderes Mittel, um der Tendenz zum Sinken der Profitrate Einhalt zu gebieten und ihre

Bewegungsrichtung umzukehren: Das ist die Eroberung und Beherrschung von ausländischen Territorien, in denen man billigere Rohstoffe und billigere Arbeitskräfte für die Produzenten der »Mutterländer« verfügbar machen kann, und so war schon seit etwa dem letzten Drittel des 19. Jahrhunderts bis heute die Unterwerfung oder zumindest die politische Abhängigkeit überseeischer Gebiete zum Zwecke ihrer wirtschaftlichen Ausnutzung das Ziel der industriekapitalistischen Staaten; speziell im Zeitalter des Monopolkapitals. Das ist das Stadium des Imperialismus. (Vgl. oben, 10. Kapitel)

Aber durch die Erhöhung der organischen Kapitalzusammensetzung und die Kapitalkonzentration tritt ein immanenter Widerspruch der kapitalistischen Produktionsweise zutage: Gerade die Zunahme der organischen Zusammensetzung des Kapitals führt ja nach Marx bei gleichbleibender oder sogar steigender Ausbeutung – falls die Ausbeutungsrate nicht proportional zur wachsenden organischen Zusammensetzung steigt – wieder zum *Fallen* der Profitrate. So überwiegt bald die Tendenz zu ihrem Steigen, bald die zum Sinken, doch wie man sah, ist Marx der Ansicht, daß die letztere Tendenz auf die Dauer den Sieg davonträgt. Dies bleibt die Kernfrage. Daher seien jetzt in aller Kürze einige Punkte aus einer der vielen Arbeiten über die Bewegungsrichtung der Profitrate unter Berücksichtigung des heutigen Monopolkapitalismus skizziert. Die Auswahl dieser Stellungnahme zum Profitratenproblem ist selbstverständlich, abgesehen von Raumgründen, von der subjektiven Einstellung des Verfassers dieser Schrift diktiert. Die in der Folge kurz skizzierten Aspekte über die Bewegung der Profitrate verdienen jedenfalls die Beachtung, die sie bei kritischen und zustimmenden bekannten Autoren gefunden haben und dürften daher auf jeden Fall zum fruchtbaren Überdenken und zur Vertiefung der Frage nach der Bewegungsrichtung der Profitrate beitragen.

Drei Generationen nach Marx' Tod haben sich die wirtschaftlichen und politischen Verhältnisse in den Industrieländern und in der übrigen Welt mehr oder weniger erheblich geändert und kompliziert. Daher ist es notwendig, einen Blick auf die nachmarxschen Theoretiker zu werfen, um diesen veränderten Verhältnissen in bezug auf die Marxschen Denkergebnisse Rechnung zu tragen. Ein pedantisches Festkleben und die bloße Wiedergabe Marxscher Lehren muß angesichts dieser Sachlage obsolet erscheinen und läge auch ganz und gar nicht im Marxschen Sinne, der übrigens selbst schon damals eine durchgreifende Neubearbeitung seines Werkes für erforderlich hielt, zu der er nicht mehr gekommen ist.

4. Exkurs: J. M. Gillman über das Fallen der Profitrate in den USA

Vor mehreren Jahren erschien eine Arbeit von J. M. Gillman[9], in welcher er die Größenänderungen der Profitraten in den USA für Zeiträume von wenigstens zwei und dann für mehr Jahrzehnte untersucht. Gillmans Arbeit ist deshalb wichtig, weil er im Gegensatz zu allen Ausführungen früherer Verfasser über das Profitratenproblem nicht mehr mit hypothetischen Zahlen, sondern mit amtlichen USA-Statistiken arbeitet und somit die bisherigen zahlreichen Diskussionen über das Steigen oder Fallen der Profitrate endlich auf eine realistischere Grundlage stellt.

Wie bekannt, lautet Marx' Formel für die Profitrate

$$p = \frac{m}{c + v}.$$

Hierbei bedeutet p die Profitrate, m den Mehrwert und c das konstante Kapital, d. h. den Gesamtwert der Maschinerie, Installationen, Fabrikgebäude und Rohstoffe, der im Laufe vieler Produktionsprozesse nach und nach an die Produkte abgegeben wird, während bei einem einzigen Produktionsvorgang natürlich nur der dabei verbrauchte Bruchteil des investierten konstanten Gesamtkapitals auf die dabei jeweils erzeugte Produktenmenge übergeht. Dieser Bruchteil von c, also der Verschleiß an Maschinerie etc., ist in der Buchhaltung als »Abschreibung« bekannt. Die entscheidende Rolle bei der Berechnung der Profitrate spielen, wie erinnerlich, das Verhältnis des konstanten Kapitals zum variablen, c : v, d. h. die organische Zusammensetzung des Kapitals, und das Verhältnis des Mehrwerts zum variablen Kapital, m : v, d. h. die Mehrwertrate, deren Größe bekanntlich das Maß der Ausbeutung des Arbeiters bzw. der Arbeiterklasse durch den oder die Kapitalbesitzer für den jeweils betrachteten Zeitraum angibt.

Hier können nur einige wichtige Punkte der Studie Gillmans angedeutet werden.

Man hat gesehen, daß Marx das Größenverhältnis der verschiedenen Kapitalteile zueinander: konstantes Kapital (c), variables Kapital (v), Mehrwert (m), Mehrwertrate (m : v), in ihrem Einfluß auf die Größe der Profitrate $(\frac{m}{c + v})$ zum Gegenstand eines nicht zu Ende geführten Spezialstudiums gemacht hatte. (III,

[9] Joseph M. Gillman, »The Falling Rate of Profit«, London 1957. Diese Arbeit erschien in 2. Auflage in Frankfurt a. M. 1969 unter dem Titel »Das Gesetz des tendenziellen Falls der Profitrate«, doch ist der Text der deutschen Ausgabe durch mehrere Dutzend z. T. völlig sinnentstellende Übersetzungsfehler ganz unbrauchbar. Mehrere Stellen des deutschen Textes sagen das genaue Gegenteil des englischen Originals. Nur die Tabellen und die beiden Ergänzungskapitel der deutschen Ausgabe, die aber ebenfalls Übersetzungsfehler enthalten, sind mit Vorsicht brauchbar. Deshalb beziehen wir uns durchweg auf die englische Ausgabe.

S. 221ff) Dabei war er zu dem Schluß gelangt, daß im Verlaufe undefiniert langer Zeiträume die Profitrate einer Volkswirtschaft, also die Größe des Bruches $\frac{m}{c+v}$, sinken muß. Zu diesem Schluß war er auf Grund folgender Voraussetzungen gelangt: 1. Im Verlaufe der kapitalistischen Entwicklung steigt das Verhältnis des konstanten Kapitals zum variablen, (c : v), immer mehr an. 2. Das Verhältnis des Mehrwerts zum variablen Kapital, $\frac{m}{v}$, bleibt konstant (wobei er in seinem Zahlenbeispiel aus Gründen der Vereinfachung annimmt, daß $\frac{m}{v}$ konstant = 100 Prozent sein soll). 3. Die Preise für alle diese Kapitalteile ändern sich im Laufe des betrachteten Zeitraumes nicht.

Wie zur Genüge ausgeführt wurde, geben nach Marx die Produzenten bei der Kapitalakkumulation unter dem Druck der Konkurrenz und wegen der steten Jagd und Notwendigkeit zur Steigerung des Profits nach kürzerer oder längerer Zeit, einer nach dem anderen, immer mehr Geld für maschinelle Neuanschaffungen bzw. Erweiterungen oder andere technische Modernisierungen ihrer Betriebe, kurz: immer mehr Geld für das konstante Kapital, c, aus, dagegen verhältnismäßig weniger für die Erhöhung des variablen Kapitals. Die genannte Modernisierung der Produktionsanlagen bedeutet nämlich die Steigerung der Arbeitsproduktivität und damit die Verbilligung der Ware pro St. und die Vergrößerung der Mehrwertmasse, also eine Vergrößerung der Konkurrenzfähigkeit der auf diese Weise modernisierten Unternehmungen. Selbst wenn dabei die Zahl der beschäftigten Arbeiter und – gleicher Lohn pro Kopf vorausgesetzt – die Ausgaben für das variable Kapital steigen, so wird bekanntlich nach Marx diese Steigerung nicht in der gleichen Proportion erfolgen wie die des konstanten Kapitals. M. a. W.: Die organische Kapitalzusammensetzung, der Bruch $\frac{c}{v}$, muß nach Marx stets zunehmen. Da ferner Marx bei dem von ihm aufgestellten Zahlenschema zur Verdeutlichung des Sinkens der Profitrate die Mehrwertrate, $\frac{m}{v}$, in den aufeinanderfolgenden Produktionszeitabschnitten als konstant voraussetzt, so ergibt sich, daß die Profitrate im Laufe dieser Zeit zwangsläufig aus rein algebraischen Gründen sinken muß. Dies sieht man besonders deutlich, wenn man die Marxsche Profitratenformel

$$\text{Profitrate } p = \frac{m}{c+v}$$

auf folgende Weise etwas abwandelt: Wir dividieren den Zähler und den Nenner dieses Bruches durch v (das variable Kapital) und erhalten dann

$$p = \frac{\frac{m}{v}}{\frac{c+v}{v}} = \frac{\frac{m}{v}}{\frac{c}{v}+1}.$$

Der Bruch im Zähler, $\frac{m}{v}$, ist nichts anderes als die Mehrwertrate; wir kürzen sie mit M ab; und der Bruch $\frac{c}{v}$ im Nenner ist bekanntlich die organische Zusammensetzung des Kapitals, die wir mit Q abkürzen. Dann ist die Profitrate

$$p = \frac{M}{Q+1} = \frac{\text{Mehrwertrate}}{\text{Organ. Kap.-Zus.} + 1}$$ [10]

Mit anderen Worten: Die Profitrate ist gleich der Mehrwertrate, geteilt durch die um die Zahl 1 vergrößerte organische Zusammensetzung des Kapitals. Ist z. B. die Mehrwertrate eines Kapitals $\frac{m}{v} = M = 100$ Prozent und die organische Zusammensetzung dieses Kapitals $= Q = \frac{1}{2}$, so ist die Profitrate

$$p = \frac{\frac{100}{100}}{\frac{50}{100}+1} = \frac{2}{3} = 66^2/_3 \text{ Prozent.}$$

Nimmt nun, wie Marx das in seinem Zahlenschema tut, die organische Kapitalzusammensetzung, z. B. von $\frac{50}{100}$ auf $\frac{100}{100}$ zu, während die Mehrwertrate konstant (in diesem Beispiel = 100 Prozent), bleibt, so muß die Profitrate natürlich sinken:

$$p = \frac{\frac{100}{100}}{\frac{100}{100}+1} = \frac{1}{2} = 50 \text{ Prozent,}$$

wie man das aus dem Marxschen Zahlenschema bereits ersehen hat. Die Größe der Profitrate hängt von der relativen Größe der Mehrwertrate und derjenigen der organischen Kapitalzusammensetzung ab.

Wie man oben gesehen hat, betont Marx, daß auch bei steigender Mehrwertrate die Profitrate sinken muß. Das gilt aber nur innerhalb bestimmter Grenzen. Aus der Formel

$$p = \frac{\text{Mehrwertrate}}{\text{Organ. Kap.-Zus.} + 1}$$

ist nämlich unmittelbar zu ersehen, daß die Profitrate nur dann sinken muß, wenn das Wachstum der Mehrwertrate weniger

[10] Die obige Umformung der Marxschen Profitratenformel findet sich bei J. M. Gillman, a. a. O., S. 18.

schnell erfolgt als das der organischen Kapitalzusammensetzung; andererseits aber ist empirisch aus den von Gillman errechneten Statistiken für die USA zu ersehen, daß während langer Zeitabschnitte das Wachstum der organischen Kapitalzusammensetzung nur in geringem Maße erfolgt, während die Mehrwertrate oft in den gleichen Zeiträumen erheblich zunimmt. Dann fällt die Profitrate wenig oder gar nicht; sie kann sogar während sehr langer Zeiträume steigen. Diese Ergebnisse hängen aber von bestimmten Voraussetzungen ab, die Gillman im einzelnen darlegt: Sowohl auf die Mehrwertrate wie auf die organische Kapitalzusammensetzung wirken nämlich eine Reihe von Faktoren ein. Diese Tatsache macht die Untersuchung, ob die Profitrate auf lange Sicht wirklich fällt oder vielleicht gar steigt, sehr kompliziert.

Marx schrieb im 19. Jahrhundert, in der Zeit des vorherrschenden Konkurrenzkapitalismus, und Gillman untersucht nun, ob und wie weit die Marxschen Voraussetzungen und die in der Marxschen Profitratenformel vorkommenden Größen auch heute, unter der Herrschaft des Monopolkapitals, für die Berechnung der Profitrate ohne weiteres noch in ihrer früheren Bedeutung verwendet werden dürfen. Gillman kommt auf Grund einleuchtender Überlegungen zu dem Ergebnis, daß für die Berechnung der Profitraten in der heutigen monopolisierten Wirtschaft – er hat dabei allerdings stets nur die Statistiken der USA verwertet – die Marxsche Profitratenformel $p = \frac{m}{c + v}$ in zweifacher Hinsicht zu modifizieren ist, ohne daß man damit den Grundgedanken der Marxschen Formel fallen lassen muß. Die eine Modifikation besteht darin, daß im Zeitalter der Monopole und Konzerne nicht nur die Arbeitslöhne, sondern auch die Gehälter der wachsenden Schar von Angestellten der Produktionsunternehmen zu bezahlen sind. Denn zu Marx' Lebzeiten übte der Fabrikant die leitenden Funktionen in seinem Betrieb noch selber aus, er organisierte und überwachte seine Produktion, er übernahm auch meistens den Einkauf des Rohmaterials, er war sein eigener Verwalter und Finanzberater, sein eigener Buchhalter, er verwendete allenfalls einige wenige Hilfskräfte. Anders heute, wo mit der großen Kompliziertheit und dem wachsenden Umfang der Unternehmungen der kapitalistische Besitzer jener Tage, den man noch aus manchen Romanen kennt, zugunsten der Monopole und Konzerne und ihrer oft vielen Mitbesitzer von der Bildfläche verschwunden ist. Die Organisation der Erzeugung und des Verkaufs der Produkte kann heutzutage nur noch mit Hilfe eines großen Personals bewältigt werden, angefangen von der Stenotypistin bis zum juristischen Berater und Absatzspezialisten. Ohne die Tätigkeiten dieser Hilfskräfte wäre weder die Produktion noch der Absatz, daher auch nicht der Verkauf der Produkte möglich. Dazu kommen die großen Kosten für die Verwaltung der Unternehmungen, die Bezahlung der Körperschafts-, der Einkommens- und der Übergewinnsteuern, die Kosten für die Reklame und für die privaten Zuwendungen an politische Persönlichkeiten, damit diese für die betreffenden Unternehmungen günstige Gesetze befürworten, usf. Alle diese Ausgaben sind einerseits »unproduktive«, insofern als sie nicht direkt zur Erzielung von Profit beitragen; sie sind aber andererseits notwendige Unkosten, weil ohne die Verwaltung, ohne die Bezahlung der Riesenschar von Angestellten und ohne die anderen notwendigen Ausgaben die Produkte heutzutage weder erzeugt noch auf dem Markt verkauft, ohne diese Ausgaben also keine Profite erzielt werden könnten.

Um den Betrag aller dieser Kosten vermehren sich die Ausgaben für »v« oder, was dasselbe ist, vermindert sich der Mehrwert m der Marxschen Formel. Zweitens führt Gillman einleuchtend aus, daß man unter dem konstanten Kapital, c, nicht nur den *Verschleiß*teil desselben, das sog. Strömungskapital, sondern das gesamte investierte, d. h. das Bestandskapital, also den Betrag für das letztere, in die Profitratenformel einzusetzen hat, um den Betrag der Profitrate im heutigen Zeitalter des Monopolkapitals korrekt zu ermitteln.

Mit der auf diese Weise mit guter Begründung modifizierten Marxschen Profitratenformel hat Gillman die USA-Profitraten z. B. für den Zeitraum von 1928–1963 berechnet.[11] Dabei zeigt sich, daß in diesem Zeitraum die organische Kapitalzusammensetzung $(\frac{c}{v})$ sich nur minimal ändert, während die Mehrwertrate $(\frac{m}{v})$ von 1928–1939 zuerst leicht fällt, aber dann, besonders nach 1954, kontinuierlich steigt. Die Profitrate zeigt nach anfänglichem Fallen, von etwa 1929–1938, ab etwa 1940–1963 eine nur äußerst geringe Abwärtsbewegung. Diese Ergebnisse stimmen also nur sehr wenig mit den von Marx auf lange Sicht erwarteten Größenänderungen der Profitrate überein.

Schon diese wenigen der hier vereinfacht angedeuteten Ergebnisse einer von mehreren Tabellen in Gillmans Arbeit zeigen, daß z. B. von einem glatten »Fallen« oder »Gleichbleiben« der Pofitrate im monopolkapitalistischen Zeitalter nicht die Rede sein kann. Diese und andere seiner Tabellen weisen zudem auf die Notwendigkeit wesentlich differenzierterer Erklärungen für die Größenänderungen der Profitrate (sowie derjenigen der organischen Kapitalzusammensetzung und der Mehrwertrate) hin. Für

[11] Die Gillmansche Tabelle der Profitraten für den obengenannten Zeitraum befindet sich nur in der deutschen (erweiterten) Ausgabe seines Buches: Tabelle L, S. 203f und Schaubild S. 202; doch für eine Diskussion der Gillmanschen Darlegungen bis einschließlich Kap. 10 sollte man nur die englische Ausgabe benutzen.

alle diese Größenänderungen gibt Gillman m. E. stets einleuchtende, hier nicht näher zu erörternde Erklärungen.
Würde man die von Marx für das Zeitalter des Konkurrenzkapitalismus aufgestellte Profitratenformel benutzen, um z. B. für den Zeitraum von 1849–1939 die Profitratenbewegung (und der anderen in der Profitratenformel vorkommenden Größen) zu berechnen, so ergibt sich nach den von Gillman errechneten Tabellen ein nur äußerst *langsames* Ansteigen der organischen Kapitalzusammensetzung und zugleich ein sehr prononciertes Ansteigen der Mehrwertrate (Ausbeutung), sowie außer in den Depressionsjahren von etwa 1935–1938, ein ziemlich markiertes *Steigen* der Profitrate, somit ebenfalls z. T. erheblich andere Ergebnisse als man sie nach dem Marxschen Gesetz erwarten müßte.
Das Steigen der Mehrwertrate verstößt gegen die von Marx allerdings nur *provisorisch* bei der Aufstellung seines Zahlenschemas gemachte Voraussetzung einer *konstanten* Mehrwertrate. Man muß hier nochmals ausdrücklich darauf hinweisen, daß nach Marx die Profitrate auf die Dauer auch dann sinken muß, wenn die Mehrwertrate steigt – und auf dieses Steigen verweist auch Marx. Insofern verstößt also das statistisch belegte Ansteigen der Mehrwertrate keineswegs gegen die Marxsche Auffassung. Aber ein *Steigen* der Profit*rate* in *längeren* Zeiträumen verstößt nun einmal durchaus gegen seine These, daß sie auf *längere* Sicht *fallen muß*.
Von den Faktoren, die auf das Sinken oder Steigen der Profitrate Einfluß nehmen, ist einer von besonderer Bedeutung und muß deshalb hervorgehoben werden. Es ist die Tatsache, daß mit der fortschreitenden Entwicklung der Technik die organische Zusammensetzung des Kapitals manchmal *für lange Zeiträume* aufhört zu steigen, fast unveränderlich bleibt und sogar zeitweilig eine leichte Tendenz zum Fallen zeigt!
Das schnelle Wachstum der organischen Kapitalzusammensetzung in den USA, etwa von 1880 bis um 1920, entspricht dem stürmischen Wachstum der kapitalistischen Produktion in jenem Lande vom handwerklichen Kleinbetrieb bis zur Maschinenfabrikation, also einer entsprechend starken Vergrößerung des konstanten Kapitals im Verhältnis zum variablen und damit der entsprechenden Vergrößerung des organischen Kapitalwachstums. Doch die Jahre nach dem Ersten Weltkrieg, etwa ab 1921, bringen einen neuen Umschwung in der Produktionstechnik: Im Gegensatz zu den vorhergegangenen Jahrzehnten der industriellen Entwicklung in den USA vom handwerklichen Kleinbetrieb zur Maschinenfabrik werden nunmehr Apparate und oft elektrisch angetriebene automatische Produktionsmechanismen der verschiedensten Art eingeführt. Es wird die früher vorwiegend benutzte Dampfkraft der Maschinerie alten Stils weitgehend durch Instrumente, Apparaturen und Elektrifizierung ersetzt, kurz: Es

wird mit einer ganz neuartigen Produktionstechnologie eine größere, billigere und oft außerdem qualitativ bessere Produktenmenge auf den Markt gebracht. Die neue, mit den Worten »Instrumentierung« und »Automation« am ehesten zu charakterisierende Produktionsausstattung ist kaum teurer, oft billiger und in bezug auf den industriellen Ausstoß und die Warenqualität erheblich leistungsfähiger als die bis etwa gegen Ende des Ersten Weltkrieges noch völlig dominierende Maschinerie. Für den Zeitraum von 1880–1952 spiegelt Tab. E der deutschen Ausgabe, Tab. L für den Zeitraum von 1928–1963 diese Entwicklung wider.[12] Einzelheiten werden von Gillman im Kapitel 6 unter dem Titel »Die neue Technologie« ausgeführt.

Wir fassen zusammen: Folge dieser neuen Technologie ist, daß die Ausgaben für dieses neue, ganz anders strukturierte, leistungsfähigere konstante Kapital nur wenig oder fast gar nicht zunehmen. D. h., die organische Kapitalzusammensetzung (c : v) – weil das c eben nur wenig oder gar nicht steigt (wobei oft zugleich auch die Arbeitskräfte und daher die Ausgaben für die Löhne eingespart werden) – nimmt über lange Zeitperioden nur wenig oder fast gar nicht zu, ja, sie nimmt sogar vorübergehend etwas ab.

Marx hat diesen Fall vorhergesehen. Man erinnert sich an den Abschnitt 2 b) über die fünf das Fallen der Profitrate hemmenden Ursachen, wo er die Verbilligung der Produktionsmittel als eine dieser hemmenden Ursachen anführt. Doch hat er die Verbilligung der Produktionsmittel offensichtlich nicht als einen Faktor betrachtet, der das Fallen der Profitrate auf so lange Zeiträume hemmt, ja zu ihrem gelegentlichen Steigen führt; andernfalls wäre er eben nicht der Ansicht gewesen, daß die Tendenz der Profitrate zum Fallen langfristig alle bremsenden Ursachen besiegt.

Die wichtige separate Frage, ob die im »Kommunistischen Manifest« geäußerte Ansicht zutrifft, daß die zyklischen Wirtschaftskrisen sich verschärfen, beantwortet Gillman in einem Sonderkapitel bejahend. Im vorliegenden Zusammenhang handelt es sich aber um das von Marx bejahte Sinken der Profitrate als Allgemeintrend auch in krisenfreien Zeiten.

In seiner Schlußbetrachtung führt Gillman aus, daß eine konstante Mehrwertrate $(\frac{m}{v})$ einen relativ konstanten Anteil der Arbeiterklasse am ständig wachsenden Volkseinkommen bedeutet. Damit ist folgendes gemeint: Angenommen, das variable Kapital, v, sei z. B. stets ebenso groß wie der Mehrwert m und das Volkseinkommen, (v + m), vergrößere sich im Laufe aufeinanderfolgender Zeiträume z. B. von 40 auf 50, 60 ... usf. (Milliarden oder andere Werteinheiten). Dann würde das variable Kapital von 20

12 Vgl. Gillman, a. a. O., S. 67f und S. 203f.

auf 25, 30 ... usf. anwachsen. Diese Steigerung des Gesamtlohnbetrages steht, wie Gillman richtig ausführt, keineswegs im Widerspruch zu Marx, der ja die These einer säkularen Verarmung des Proletariats nicht aufgestellt, sondern auch ein Steigen der Löhne durchaus in Rechnung gezogen hatte. Man erinnerte sich, daß Marx nur von einer relativen Verarmung des Proletariats gesprochen hatte. Im vorliegenden Falle bedeutet dies, daß die Löhne einer Volkswirtschaft bei der obengenannten Steigerung des Volkseinkommens z. B. auch von 20 auf 21, 23 ... usf. steigen könnten.

In der Tat hat sich laut Gillman der Lebensstandard der Massen in den USA in dem halben Jahrhundert von 1890–1939 in ihrer Gesamtheit, also auch die Unbeschäftigten mitgerechnet, wenn auch nicht erheblich, dennoch gehoben.[13] Wenn man zudem die Periode der Arbeitslosigkeit bei den Berechnungen des Lebensstandards *nicht* beachtet, so wären in den meisten der Jahre im Zeitraum von 1820–1919 die Reallöhne der *beschäftigten* Arbeiter gestiegen.[14]

Ein Anheben der Reallöhne, also der Konsumfähigkeit der breiten Massen, ist nach Gillman für einen Kapitalismus, der lebensfähig bleiben will, eine zwingende Notwendigkeit. Denn, umgekehrt ausgedrückt, der Kapitalismus kann nach Gillman eine dauernde Divergenz zwischen dem Einkommen der Arbeiterschaft, d. h. dem Massenkonsum, und einer fortdauernden Kapitalakkumulation, also Produktionskapazität, nicht ertragen. – Andrerseits kann das Kapital die Divergenz zwischen Akkumulation und mangelnder Konsumfähigkeit auch *nicht freiwillig* beseitigen, indem es sich einer geplanten Politik steigender Reallöhne überantwortet, die sein Einverständnis zu einer Verringerung des Profits bedeuten würden. Aber eben diese Politik steigender Reallöhne müßte jedoch wegen der Notwendigkeit der Aufrechterhaltung der Proportionalität zwischen Kapitalakkumulation und Massenkonsum eingeschlagen werden![15]

Das Ergebnis dieses Konfliktes zwischen der Notwendigkeit der fortschreitenden Kapitalakkumulation (Steigerung der Produktionskapazität) auf der einen Seite und der Unfähigkeit des Kapitals, eine Profitverminderung durch Gewährung steigender Reallöhne zuzulassen, ist dreifach: 1. unfreiwillige periodische Krisen, als periodische Erzwingung dieser Proportionalität zwischen Konsum und Produktionssteigerung, 2. die freiwillige periodische und damit verknüpfte langfristige Verringerung der Profitrate, und 3. die unfreiwillige Tendenz zu einer Konstanz der relativen Anteile am Volkseinkommen. In einer vollentwickelten kapita-

[13] Gillman, a. a. O., S. 148ff. – Ein größerer Sprung nach oben in den Reallöhnen fand in den USA mit dem Vorstoß der Rüstungsaufträge ab 1939 statt.
[14] Gillman, a. a. O. S. 149.
[15] Gillman, a. a. O. S. 155.

listischen Wirtschaft, wie sie durch die soeben erwähnten Charakteristika gekennzeichnet ist, wird die Notwendigkeit der Anpassung der Produktion an die äußersten Möglichkeiten des Konsumentenmarktes zur zwingenden Triebkraft. Wenn nun aber die kapitalistische Investition in zunehmendem Maße auf die Expansion des Konsums ausgerichtet werden muß, wenn also die Investition ihre Daseinsberechtigung nicht mehr länger in der Kapitalakkumulation um ihrer selbst willen finden kann, dann ist der Kapitalismus am Ende seiner »historischen Mission« angelangt; er muß dann aufhören, als ein System der gesellschaftlichen Produktion zu wachsen. Um seinen Abstieg zu mildern, hat der Kapitalismus in der jüngsten Zeit[16] Auswege für seine Investitionen sogar darin gefunden, den Konsum z. B. durch Ratenzahlungsverkäufe zu finanzieren. – Gillman[17] stützt sich auch auf eine Studie von Prof. Frederick Mills, die aufzeigt, daß seit Beginn unseres Jahrhundert das jahrzehnteweise Wachstum des USA-Volkseinkommens hauptsächlich dem Konsum zugute gekommen ist (mindestens 72 Prozent des Gesamtzuwachses; einschließlich der Regierungsausgaben, Wege- und Wohnbauten, für Hospitäler, für Schulen etc. Hinzurechnen muß man die wachsenden sog. unproduktiven Ausgaben wie die Angestelltengehälter, die der Dienstleistungsberufe, Militär-, Verteidigungs- und Kriegsausgaben für den kalten und den heißen Krieg). Es bestehe nämlich eine Tendenz zum relativen *Steigen* der Konsumausgaben. Nun negiert aber nach Gillman bereits ein konstanter und erst recht ein steigender Anteil der Konsumausgaben am Volkseinkommen das Wesen des Kapitalismus; denn wenn der Konsumanteil gleichbleibt und die organische Kapitalzusammensetzung dabei steigt, so muß die Profitrate fallen. Gillmans Ausführungen seien durch ein von uns konstruiertes Zahlenbeispiel verdeutlicht.

Das Sozialprodukt, (c + v + m), bestehe aus 100 c + 80 v + 40 m; dann ist die Profitrate

$$p_1 = \frac{40}{180} = 22^2/_9 \text{ Prozent,}$$

und die organische Kapitalzusammensetzung = c : v = 100 : 80 = 1,25 : 1.

Nun erfolge eine Kapitalakkumulation: 120 c + 90 v + 45 m; dann ist

$$p_2 = \frac{45}{210} = 21^3/_7 \text{ Prozent;}$$

und die organische Kapitalzusammensetzung c : v = 120 : 90 = 1,33 : 1.

Nach abermaliger Akkumulation ergibt sich z. B.: 140 c + 100 v + 50 m; daher ist

[16] Gillman bezieht sich hierbei etwa auf die Mitte der 50er Jahre in den USA.

[17] Gillman, a. a. O., S. 157.

$$p_3 = \frac{50}{240} = 20\,^5/_6 \text{ Prozent};$$

und die organische Kapitalzusammensetzung

$$c : v = \frac{140}{100} = 1{,}40 : 1.$$

In diesem Beispiel bleibt der Konsumanteil der Massen konstant, nämlich gleich $^2/_3$ des Volkseinkommens $\left(\frac{80}{120} = \frac{90}{135} = \frac{100}{150} = \frac{2}{3}\right)$, und die Mehrwertrate (m : v) ist konstant = 50 Prozent, während die organische Kapitalzusammensetzung wie angegeben langsam steigt.

Wenn die organische Kapitalzusammensetzung während eines Zeitabschnittes konstant bleibt und zugleich der Konsumanteil am Volkseinkommen steigt, dann neigt die Profitrate ebenfalls zum Fallen; dazu folgendes Beispiel:

1. 60 c + 40 v + 30 m; p_1 = 30 Prozent; c : v = 3 : 2; m : v = 75 Prozent. Nach zwei Akkumulationen ist dann z. B.
2. $67\,^1/_2$ c + 45 v + 30 m; p_2 = $26\,^2/_3$ Prozent; c : v = 3 : 2; m : v = $66\,^2/_3$ Prozent.
3. 75 c + 50 v + 30 m; p_3 = 24 Prozent; c : v = 3 : 2; m : v = 60 Prozent.

Die organische Kapitalzusammensetzung ist hier stets = 3 : 2; der Konsumanteil steigt von rd. 57 Prozent auf 60 Prozent und 62 Prozent, während in diesem Fall die Mehrwertrate absinkt, was ebenfalls in der Wirklichkeit vorkommt.

Betrachtet man nun die oben angeführten Kapitalakkumulationen hinsichtlich der Profitrate, so gilt nach Gillman für eine gleichbleibende Profitrate, daß das investierte Gesamtkapital c wie eine geometrische Reihe wachsen muß. Beispiel: Das Sozialprodukt sei 60 c + 40 v + 40 m; daher ist die Profitrate $p_1 = \frac{40}{60 + 40}$ = 40 Prozent. Verwendet man vom Mehrwert (m = 40) z. B. stets die Hälfte für Investitionszwecke (für die Vergrößerung des konstanten und des variablen Kapitals) bei gleichbleibender organischer Kapitalzusammensetzung (c : v = 3 : 2), so erhält man nach vollzogener Kapitalvergrößerung und bei konstanter Mehrwertrate 72 c + 48 v + 48 m; dann ist die Profitrate $p_2 = \frac{48}{72 + 48}$ = 40 Prozent, und nach weiterer Kapitalvergrößerung unter den gleichen Voraussetzungen ist $86\,^2/_5$ c + $57\,^3/_5$ v + $57\,^3/_5$ m; und $p_3 = \frac{57\,^3/_5}{86\,^2/_5 + 57\,^3/_5}$ = 40 Prozent.

Das auf diese Weise vergrößerte konstante Kapital bildet die geometrische Reihe 60 c, 72 c, $86\,^2/_5$ c ... usf.: Die Zunahme des konstanten Kapitals erfolgt wie beim Zinseszins. Ein derartiges Wachstum des konstanten Kapitals – und das bedeutet ja ein derartiges

Wachstum an Maschinerie, Installationen, Apparaten, Gebäuden, Rohstoffen etc. – muß früher oder später das vom Standpunkt der Kapitalverwertung begrenzte, allzu begrenzte Wachstum der Bevölkerung, speziell das der Arbeitskräfte, der Beschäftigten und das Volkseinkommen, übertreffen. Man müßte dann eben Fabriken um der Fabriken willen bauen, bis ins Endlose, ganz gleich, wie weit die Möglichkeiten eines Konsums überhaupt gehen können. Solche Bedingungen müssen Disproportionalität erzeugen, die in die Krise führt. Diese Disproportionalität zwischen der steigenden Ausstoßkapazität und den begrenzten Konsummöglichkeiten kann nur durch das *Fallen* der Profitrate und der Akkumulationsrate vermieden werden, wenn der Konsumanteil am Volkseinkommen konstant bleibt oder gar steigt, wie man oben sah. Andererseits ist aber eine fallende Profitrate, als Ergebnis des Konflikts zwischen dem Drang nach unbegrenzter Kapitalakkumulation und der Notwendigkeit, die Proportion zwischen der Akkumulation und den Konsummöglichkeiten aufrechtzuerhalten, ihrerseits eine Kraft, die in die Krise führt.[18] Diesen Konflikt formulierte schon Marx mit folgenden Worten:
»Die ungeheure Produktivkraft, im Verhältnis zur Bevölkerung, die innerhalb der kapitalistischen Produktionsweise sich entwickelt und, wenn auch nicht im selben Verhältnis, das Wachsen der Kapitalwerte ..., die viel rascher wachsen als die Bevölkerung, widerspricht der, relativ zum wachsenden Reichtum, immer schmaler werdenden Basis, für die diese ungeheure Produktivkraft wirkt, und den Verwertungsverhältnissen dieses schwellenden Kapitals. Daher die Krisen.« (III, S. 277)
So ist das Leben des Kapitalismus (nach Gillman) ein steter Kampf, um dem »Tod am Kreuz der Konsumwirtschaft« zu entrinnen. Mehr und mehr versucht das System, diese Zuspitzung der Dinge durch die Mittel der in sich widersprüchlichen Umlenkung von Produktion und Konsum in militärische und andere staatliche Ausgabenkanäle gegen Zahlungsversprechungen seitens der Regierung und die Umwandlung des Mehrwerts in Staatsschulden umzuleiten. Tatsächlich waren diese Auswege das Hauptmittel, mit dem sich der USA-Kapitalismus über dem Depressionsniveau halten konnte, als die Kriegs- und Verteidigungsausgaben 1939/40 einsetzten. Später kam der kalte Krieg, dann der Korea-Boom, dann der heiße Krieg in Vietnam! Nun stellt sich die Frage: Kann solch unproduktiver Konsum, kann unechte Kapitalakkumulation in einem Wirtschaftssystem ertragen werden, dessen ureigentliche Existenz auf der privaten Akkumulation eines echten, privatverdienten konstanten Kapitals beruht? Oder aber: Wie lange können solche unechten Kapitalausgaben als Substitut für echte kapitalistische Ausgaben ertragen werden?

[18] Gillman, a. a. O., S. 158.

Langfristig betrachtet, impliziert ein konstanter relativer Anteil der Arbeitskräfte die drohende Umwandlung des Kapitalismus in eine Konsumwirtschaft, denn die Aufrechterhaltung eines konstanten Anteils der Arbeitskräfte am Volkseinkommen bedeutet höhere reale Gesamtlöhne, ein Fallen der Profitrate und ein Absinken der Akkumulationsrate. Gerade das können die Kapitalisten, wie schon oben bemerkt wurde, freiwillig nicht zulassen, ohne aufzuhören, Kapitalisten zu sein. Nichtsdestoweniger erzwingt aber nach Gillman das Wirtschaftssystem diesen Ausweg periodisch, und es versucht gleichzeitig, dieses Ergebnis durch Massenzerstörungen von Kapitalwerten und durch Massenarbeitslosigkeit zu durchkreuzen.

Die Frage nach dem Endschicksal des Kapitalismus kann nach Gillman auch so formuliert werden: Wie lange kann das Wachstum aller unproduktiven, also unechten Ausgaben als Substitut für die Akkumulation von Realkapital ertragen werden? Man könne die Prognose wagen, daß der angedeutete Konflikt innerhalb des kapitalistischen Systems letzten Endes zu seinem Niedergang und zu seiner Ersetzung durch eine sozialistische Produktionsweise führen muß.

Gillmans Ausführungen haben zu einer teils zustimmenden, teils kritischen Diskussion mehrerer Theoretiker in den Jahrgängen 1958, 1959, 1960 und 1967 der Zeitschrift »Science & Society« geführt.[19] Seine Ausführungen haben gewisse Schwächen und sind sicherlich nicht das letzte Wort. Sie behandeln nur die Verhältnisse in den USA und lassen auch den landwirtschaftlichen Sektor außer Betracht.

Der Verfasser der vorliegenden Schrift muß bekennen, daß seiner Meinung nach der gegenwärtige Stand der Diskussion es nicht gestattet, die Frage, ob im Zeitalter des Monopolkapitalismus ein langfristiges Steigen oder ein Fallen der Profitrate behauptet werden darf, definitiv und überzeugend zu beantworten. Sicher ist nur, daß ein relativ *schnelles* und anhaltendes Fallen der Profitrate die Ursache, genauer die Begleiterscheinung, das Symptom des Zusammenbruches des kapitalistischen Systems sein würde. Das gehört in die weiter unten zu erörternde Marxsche Krisentheorie.

[19] Deutsch ist diese Diskussion unter dem Titel »Kapitalismus und Krise«, Frankfurt a. M. 1970 erschienen. Auf zwei seiner Kritiker hat Gillman in Kapitel 11 und 12 der deutschen Ausgabe seines Buches »Das Gesetz des tendenziellen Falls der Profitrate«, Frankfurt a. M. 1969, geantwortet.

Neunzehntes Kapitel

Die Verelendung des Proletariats

Nach der Auffassung wohl aller namhaften Marxforscher war es Marx' Leitgedanke, daß die kapitalistische Wirtschaftsweise nach Ablauf eines nicht genau bestimmten Zeitraums durch die Wirkung mehrerer, in ihrem Wesen begründeter Faktoren oder Tendenzen nicht mehr funktionsfähig sein und dann einer anderen, der kommunistischen Wirtschafts- und Gesellschaftsform Platz machen wird, deren Charakter Marx und Engels aber nur selten und nur in gröbsten Umrissen angedeutet haben.

Man kann hauptsächlich fünf solcher, in der Richtung auf den Zusammenbruch des Kapitalismus wirkender, in den Marxschen Texten aber niemals scharf gesondert dargestellter Faktoren oder Faktorengruppen unterscheiden: Erstens die Tendenz der Profitrate zum Fallen, die sich, wie man sah, nach Marx letzten Endes irgendwann gegen die den Fall bremsenden Tendenzen durchsetzen muß. Zweitens wirkt sich die Zunahme der industriellen Reservearmee (Arbeitslosenheer) nicht nur für die davon direkt Betroffenen aus, sondern bedeutet auch eine Verschlechterung der Lage der im Produktionsprozeß Beschäftigten, weil eine wachsende Zahl von Arbeitslosen den Kapitalbesitzern jederzeit als ein mächtiges Instrument zum Lohndruck zur Verfügung steht. Drittens verschlechtert sich im Laufe der kapitalistischen Entwicklung die soziale und politische Lage der Arbeiterklasse immer mehr. Viertens hat Marx in einigen seiner Frühschriften geäußert, daß im Verlaufe der kapitalistischen Entwicklung sich die *wirtschaftliche* Lage der Arbeiterklasse verschlechtern werde, womit gemeint war, daß die Reallöhne eine Tendenz zum Sinken haben.

Fünftens erzeugt das immer mehr anschwellende Kapital in der Hand einer immer geringer werdenden Zahl privater Eigentümer auf der einen Seite und die immer größer werdende Zahl der produktiv Tätigen, organisatorisch und durch Arbeitsteilung miteinander verbundenen, aber von dem Eigentum an den Produktionsmitteln ausgeschlossenen Menschen auf der anderen Seite ein immer stärker werdendes Spannungsfeld, d. h. immer günstiger werdende Bedingungen für die Enteignung und Verwaltung der Produktionsmittel im Interesse der Allgemeinheit, kurz: für ihre Vergesellschaftung.

Das Ende der kapitalistischen Wirtschaft wird nach Marx dadurch herbeigeführt, daß nicht nur die auf das Fallen der Profitrate, sondern auch andere auf den Zusammenbruch hin wirkende Faktoren sich letztlich als stärker erweisen als die Gegenkräfte. An einen automatischen Zusammenbruch der kapitalistischen

Wirtschaft hat Marx jedoch nie gedacht. Vielmehr ist es bei einer genügenden Reife der wirtschaftlichen Bedingungen stets auch die wirtschaftliche und politische Aktion der ihrer selbst bewußt gewordenen Arbeiterklasse, die an die Stelle der überlebten, an ihren eigenen Widersprüchen zunehmend funktionsunfähig gewordenen bisherigen, auf Ausbeutung des Menschen gegründeten Wirtschaftsweise eine bessere, ausbeutungsfreie Wirtschaft setzen wird.

Daß ein fortgesetztes Absinken der Profitrate schon für sich allein den Zusammenbruch der kapitalistischen Wirtschaftsweise herbeiführen müßte, wurde bereits früher klar. Andererseits aber beschleunigt das Fallen oder die bloße Drohung des Fallens alle Maßnahmen, um diesem Fallen zu entrinnen. Hierzu gehört vor allem der Zusammenschluß, die Konzentration und Zentralisation des Kapitals durch die Enteignung der kleineren Kapitalisten (III, S. 251 u. 256), denn die Riesenunternehmungen und Monopole verfügen über viel größere Mittel und organisatorische Möglichkeiten, Produktion und Absatz zu organisieren, den heimischen und ausländischen Markt zu erobern als die vielen zersplitterten kleinen Einzelunternehmungen; sie können auf größerer Basis Kapital akkumulieren als diese.

Freilich beschleunigt gerade die Akkumulation der Kapitale ihrerseits das Fallen der Profitrate, denn Akkumulation der Kapitale bedeutet, wie man früher gesehen hat, größere Investitionen; sie bedeutet ein Wachsen ihrer organischen Zusammensetzung, die bei gleichbleibender und selbst bei steigender Ausbeutung zum Fallen der Profitrate führt. Hier sieht man einen der vielen inneren Widersprüche in der Struktur des Kapitalismus, an denen er nach Marx schließlich zugrunde gehen wird. In dem Konkurrenzkampf der Produzenten unterliegen die kleinen Kapitale, ihre Preise werden durch die großen Kapitale unterboten, ihre Unternehmungen ruiniert bzw. aufgekauft: Die Tendenz der Profitrate zum Fallen beschleunigt also die Konzentration und Zentralisation der Kapitalien; andererseits schafft aber eben dieser Vorgang die Bedingungen für den Untergang des kapitalistischen Systems. Bei seiner teils zustimmenden, teils kritischen Erörterung von Ricardos Ansichten über den Fall der Profitrate schreibt Marx: »Es zeigt sich hier in rein ökonomischer Weise, d. h. vom Bourgeoisstandpunkt, innerhalb der Grenzen des kapitalistischen Verstandes, vom Standpunkt der kapitalistischen Produktion selbst, ihre Schranke, ihre Relativität, daß sie keine absolute, sondern nur eine historische, einer gewissen beschränkten Entwicklungsepoche der materiellen Produktionsbedingungen entsprechende Produktionsweise ist.« (III, S. 270)

Von diesen fünf, direkt oder indirekt zum Untergang des Kapitalismus führenden Faktoren sei zunächst die industrielle Reservearmee und danach die Frage erörtert, ob und in welchem Sinne nach Marx durch den Kapitalismus eine Verelendung der Arbeiterklasse stattfindet und speziell, ob und in welchem Sinne es berechtigt ist, Marx, wie es meist geschieht, eine »Theorie« zuzuschreiben, wonach sich die wirtschaftliche Lage des Proletariats dauernd verschlechtern muß. Es handelt sich um die so umstrittene »Marxsche Verelendungstheorie«.

1. Die industrielle Reservearmee

Zuerst betrachten wir Marx' Ansicht über die künftige Entwicklung der industriellen Reservearmee. Über ihre Größenänderungen, ihre zukünftige Größe und Rolle und über die Lage der Arbeiterschaft finden sich die wesentlichen Ausführungen im I. und III. Band des »Kapital«, aber leider sind manchmal gerade die wichtigen Thesen nur in sehr summarischer Form abgehandelt. Versucht man, sie sinngemäß zu ergänzen, dann läuft man Gefahr, Marx zu interpretieren und ihn dann vielleicht nicht mehr getreu wiederzugeben. Man muß auch stets im Auge behalten, daß Marx' Schaffen sich über mehrere Jahrzehnte erstreckte; daher ist es wissenschaftlich nicht zu rechtfertigen, wenn so viele Marx-Kritiker und -Verteidiger seine Gedanken aus frühen Schaffensperioden, die unter dem Eindruck gleichzeitiger politischer Ereignisse in England oder auf dem Kontinent entstanden waren, bedenkenlos auch dann als seine maßgebenden Gedanken oder Theorien darstellen, selbst wenn er in seinen Arbeiten der reiferen Jahre oder Jahrzehnte nicht mehr darauf zurückgekommen ist. Weit berechtigter ist in diesen Fällen die Annahme, daß er solche Gedanken fallen gelassen oder doch als noch nicht spruchreif angesehen hat. Band I des »Kapital« erschien in der ersten Auflage 1867. Engels, der die oft lückenhaften und manchmal wenig übersichtlich hinterlassenen Marxschen Manuskripte nur mühsam durchsehen konnte und möglichst in einen Zusammenhang bringen mußte, konnte sie als Band II und III erst viel später herausgeben. Marx' »Theorien über den Mehrwert« stammen aus den Jahren 1861–1863. Manche Verfasser von Schriften »über« Marx haben sich an die soeben angedeutete einfache Vorsichtsmaßregel nicht gehalten und machten es sich leicht, solche aus verschiedenen Zeitepochen des Marxschen Schaffens stammenden Ausführungen als »bestätigte« oder »widerlegte« »Marxsche Theorie« hinzustellen. Das von Marx und Engels verfaßte »Kommunistische Manifest« stammt aus den Jahren 1847/48, die Marxsche Schrift »Lohnarbeit und Kapital« erschien ursprünglich als eine Reihe von Artikeln in der »Neuen Rheinischen Zeitung« vom 5. April 1849 an, die aber niemals abgeschlossen wurde. Ihr liegen Vorträge zugrunde, die Marx 1847 im Deutschen Arbeiterverein in Brüssel gehalten hatte. Auf die

Schrift »Lohn, Preis und Profit« müssen wir später besonders eingehen.

Über die zukünftige Lage der Arbeiterklasse und das Endschicksal des kapitalistischen Wirtschaftssystems lernte man bereits an früherer Stelle einige wichtige Thesen im Zusammenhang mit dem absoluten, allgemeinen Gesetz der kapitalistischen Akkumulation kennen. Diese ergeben aber erst zusammen mit den darauf folgenden weiteren Ausführungen im ersten Band des »Kapital« die genauere Richtung des Marxschen Gedankenganges. Aus diesem Grunde und wegen der fundamentalen Bedeutung dieser so kontrovers gebliebenen Gedanken (und der besseren Übersicht wegen) seien jetzt zuerst einige schon früher zitierte Sätze wiederholt, und im Anschluß daran folgen die sich unmittelbar anschließenden Marxschen Sätze, die den Gesamtsinn dieser seit Marx' Tod oft so heiß diskutierten Textstellen besser erkennen lassen:

»Je *größer der gesellschaftliche Reichtum*, das funktionierende Kapital, Umfang und Energie seines Wachstums, *also auch die absolute Größe des Proletariats und die Produktivkraft seiner Arbeit*, desto größer (ist) die industrielle Reservearmee. Die *disponible Arbeitskraft* (d. h. die sich anbietende, zur Verfügung der Arbeitgeber stehende Zahl von Arbeitskräften, E. L.) wird *durch dieselben Ursachen* entwickelt wie die *Expansivkraft des Kapitals*. Die verhältnismäßige Größe der industriellen Reservearmee wächst also mit den Potenzen des Reichtums. Je größer aber diese Reservearmee im Verhältnis zur aktiven (= beschäftigten, E. L.) Arbeiterarmee, desto massenhafter (ist) *die konsolidierte* Übervölkerung, deren Elend im umgekehrten Verhältnis zu ihrer Arbeitsqual steht. Je größer endlich die Lazarusschicht der Arbeiterklasse und die industrielle Reservearmee, desto größer der offizielle Pauperismus. Dies ist das absolute, allgemeine Gesetz der kapitalistischen Akkumulation. Es wird gleich allen anderen Gesetzen in seiner Verwirklichung durch mannigfache Umstände modifiziert, deren Erörterung nicht hierher gehört ... Man begreift die Narrheit der ökonomischen Weisheit (diese Bemerkung richtet sich vor allem gegen den Ökonomen Malthus, E. L.), die den Arbeitern predigt, *ihre Zahl den Verwertungsbedürfnissen* des Kapitals *anzupassen*.« (I, S. 673)

Und etwas später schreibt er:

»... *je höher die Produktivkraft der Arbeit* (steigt, E. L.), *desto größer* (ist) *der Druck der Arbeiter auf ihre Beschäftigungsmittel*, desto prekärer also ihre Existenzbedingung ... *Rascheres Wachstum der Produktionsmittel und der Produktivität der Arbeit als der produktiven Bevölkerung* ...« bedeuten im kapitalistischen Wirtschaftssystem, »... daß die *Arbeiterbevölkerung stets rascher wächst als das Verwertungsbedürfnis des Kapitals*.« (I, S. 674)

Die ersten Sätze dieser Textstelle besagen, daß mit der wachsenden Größe des gesellschaftlichen Gesamtkapitals auch die »Größe des Proletariats« zunimmt. Hier wird man sich daran erinnern,

daß der Begriff »Proletariat« bei Marx stets die Summe der *beiden* Teile der Arbeiterklasse meint: die zu irgendeinem Zeitpunkt Beschäftigten plus die zum gleichen Zeitpunkt Arbeitslosen. Außerdem besagen diese Sätze, daß im Verlaufe der fortschreitenden kapitalistischen Entwicklung, also der fortschreitenden Kapitalakkumulation, auch die Zahl der *Arbeitslosen*, und zwar nicht nur *absolut*, sondern auch *im Verhältnis* zur wachsenden Zahl der Beschäftigten, zunehmen muß. Schematisch kann man z. B. folgendes annehmen: Falls in einem vollindustrialisierten kapitalistischen Wirtschaftsgebiet nach Ablauf eines unbestimmten, aber wohl recht lang zu denkenden Zeitraumes die Zahl der Beschäftigten, sagen wir, um 2 Prozent, gestiegen wäre, so müßte im gleichen Zeit- und Wirtschaftsraum der Zuwachs der Arbeitslosen *mehr* als 2 Prozent betragen. Auch dieser Vorgang ist natürlich nur als eine Gesamttendenz gedacht, aber sie muß sich offenbar schließlich auch dann durchsetzen, wenn starke Gegentendenzen, etwa die Gründung vieler neuer Industrien, die Erschließung neuer großer Exportmärkte u. a., am Werke sind.
Die Akkumulation des in der Gütererzeugung angelegten Kapitals, die dauernde Zunahme der Arbeitsproduktivität und des gesellschaftlichen Reichtums, die unaufhörliche Zunahme des konstanten Kapitals im Verhältnis zum variablen, die Jagd nach der Steigerung des Profits, die zu beständiger Einsparung aller Arten von Produktionskosten, also auch an Ausgaben für die Arbeitslöhne zwingt, sind die stets wirkenden Antriebe oder Komponenten dieser von Marx mehr thesenhaft formulierten als wirklich begründeten Entwicklung.
Einer der in den soeben zitierten Sätzen aus dem 23. Kapitel von Band I des »Kapital« enthaltenen Gedanken ist also: Die *relative*, d. h. im Verhältnis zur Steigerung des Gesamtkapitals erfolgende *Abnahme* des variablen Kapitals bedeute ein »... stets rascheres absolutes Wachstum der Arbeiterbevölkerung ... als das ihrer Beschäftigungsmittel« (I, S. 658), oder, im gleichen dritten Abschnitt in dieser Formulierung: »Mit der durch sie selbst produzierten Akkumulation des Kapitals produziert die Arbeiterbevölkerung (also) in wachsendem Umfang die Mittel ihrer eigenen relativen Überzähligmachung.« (I, S. 660) Das ist ein plausibler Gedanke: Ist z. B. ein Unternehmen, das früher 3000 Arbeiter beschäftigte, auf eines mit 10000 Arbeitsplätzen angewachsen, so werden statt 3000 jetzt 10000 Arbeiter ausgebeutet und vom Betrieb und seiner Beschäftigungsmöglichkeit abhängig, und im Falle einer Wirtschaftskrise wären jetzt 10000 statt 3000 Arbeiter von der Arbeitslosigkeit bedroht. Was für den einzelnen im Betrieb gilt, trifft ebenso für die Gesamtheit der Betriebe einer Volkswirtschaft zu: Je größer die Zahl der Beschäftigten in normalen Zeiten, desto größer ist die Zahl der von einer Wirtschaftskrise Bedrohten. Die Bemerkung über das raschere Wachstum der Arbeiterbevölke-

rung als das ihrer Beschäftigungsmöglichkeit geht jedoch ein gewaltiges Stück über das soeben Gesagte hinaus, weil sie besagt, daß auch ohne das Eintreten von Wirtschaftskrisen, lediglich als Begleit- oder Folgeerscheinung der Kapitalakkumulation, im Laufe einer Zeit von freilich undefinierter Länge, zwar das variable Kapital, d. h. die Gesamtausgabe für den Arbeitslohn zunimmt, daß aber die natürliche (biologische) Zahl der Arbeitsfähigen noch rascher wächst als die ebenfalls zunehmende Zahl der für sie verfügbaren Arbeitsplätze. Man kann diesen Gedanken auch so formulieren: Zwar wächst mit der fortschreitenden Kapitalakkumulation im Laufe der Zeit auch das variable Kapital und damit die Zahl der Arbeitsplätze, aber dieses Wachstum bleibt hinter dem der arbeitsuchenden Bevölkerung zurück. Am Sinn dieser Behauptung ist nicht zu zweifeln, sagt doch Marx im gleichen Abschnitt des 23. Kapitels abermals, daß »... die Produktionsmittel, wie sie an Umfang und Wirkungskraft zunehmen, in geringerem Grade Beschäftigungsmittel der Arbeiter werden ..., daß die Arbeiterbevölkerung stets rascher wächst als das Verwertungsbedürfnis des Kapitals.«

Daß die Einführung von Maschinen und sonstiger technischer Verbesserungen in einem Industriezweig Arbeitskraft erspart, daß also deren Einführung in einer bestimmten Produktionsbranche die dort bisher beschäftigten Arbeiter verdrängt, wie man das früher bemerkt hat, trifft gewiß zu. Aber eine ganz andere Frage ist es, ob im Verlaufe der Akkumulation des gesellschaftlichen *Gesamtkapitals* die Beschäftigungsmöglichkeit im Verhältnis zum Wachstum der *gesamten* Arbeiterbevölkerung ebenfalls abnimmt; ob, anders ausgedrückt, die Gesamtzahl der Arbeitslosen in der Tendenz relativ zur Gesamtzahl der Beschäftigten ansteigen muß, wie die zitierten Sätze das behaupten.

Die These vom tendenziellen Wachstum der Arbeitslosigkeit steht nicht im Widerspruch zu Marx' schon erörterter Feststellung, daß in relativ kurzen Zeitabschnitten, bei guter Wirtschaftskonjunktur, z. B. bei umfangreichen Neugründungen von Industrien, bei Erschließung neuer Märkte oder aus anderen Ursachen, eine mehr oder weniger lang anhaltende Vollbeschäftigung stattfinden kann, daß also in solchen Zeitabschnitten die Arbeitslosigkeit mehr oder weniger verschwindet.

Aber es fehlt im 23. Kapitel und in den übrigen Kapiteln des »Kapital«, sowie in den »Theorien über den Mehrwert« eine zwingende Begründung der These, daß in der Gesamttendenz die industrielle Reservearmee im Laufe längerer Zeiträume nicht nur a) absolut, sondern sogar auch b) »relativ« zunehmen muß, daß sie also sogar rascher ansteigt als die ebenfalls zunehmende Zahl der Beschäftigten. Aus der Abnahme der Beschäftigtenzahl im Verhältnis zum riesenhaften Wachstum des Gesamtkapitals eines hochindustrialisierten Wirtschaftsgebietes folgt nämlich weder aus dem

Zusammenhang des vorliegenden noch irgendeines anderen Marxschen Textes zwingend, daß auch eine Abnahme der Beschäftigtenzahl im Verhältnis zum Wachstum der Arbeiterbevölkerung stattfinden muß.

Zu Marx' These vom relativen Wachstum der Arbeitslosigkeit ist speziell folgendes zu bemerken: Die Einführung neuer Maschinen und sonstiger technischer Modernisierungen bedeutet erstens, daß pro Kapitaleinheit weniger Arbeiter beschäftigt werden; sie bedeutet zweitens zugleich die Steigerung der Produktion, d. h. die Vergrößerung des industriellen Ausstoßes an Waren. Dieser Vorgang bedeutet aber an sich keineswegs eine zunehmende *Gesamt*zahl von Arbeitslosen. Denn die Herstellung der neuen Maschinen, Apparate und sonstiger neuer Anlagen erfordert erstens die Beschäftigung einer Anzahl neuer Arbeitskräfte. Hierdurch wird die Zunahme der Arbeitslosenzahl infolge der Modernisierung der betreffenden Produktionszweige z. T. wieder kompensiert. Nur z. T. deswegen, weil die Herstellung einer arbeitsparenden Maschine eine geringere Zahl von Arbeitsstunden erfordert als ihre Anwendung an Arbeitsstunden spart (vgl. oben, Kapitel 14); sonst würde ja ihre Anschaffung teurer sein als das Ersparnis an Arbeitszeit und -kraft, das man von ihr wünscht, und niemand würde eine derartig teure Maschine oder sonstige technische Neuerung anschaffen. Zweitens bedeutet andererseits die Zunahme der Produktionsleistung infolge der arbeitsparenden Modernisierung in der Regel wegen der Verbilligung der produzierten Sachgüter pro St. eine gewisse Ausweitung des inländischen Absatzmarktes. Auch haben sich die kapitalistischen technisch fortschreitenden Industrieländer besonders im vorigen Jahrhundert und dann bis zum Ersten Weltkrieg immer größere ausländische Absatzmärkte geschaffen, wodurch sich ebenfalls der Produktionsumfang und damit die Zahl der Beschäftigten vergrößert hat. F. Sternberg führt zur Epoche der imperialistischen Expansion folgendes aus:

»Nehmen wir an, daß in der englischen Textilindustrie in einem bestimmten Zeitraum 300000 Arbeiter beschäftigt waren, und nehmen wir weiter an, daß bei stärkerer Maschinenanwendung und damit gleichzeitig erfolgender steigender Produktivität der Arbeit nunmehr zur Erzeugung des gleichen Produkts nur noch 250000 Arbeiter notwendig sind: Die Maschine hat so 50000 Arbeiter freigesetzt. Wenn aber gleichzeitig mit der Einführung dieser neuen Maschinerie im englischen Empire ein gewaltiger neuer Absatz für Textilprodukte möglich war – und zwar nicht nur für eine kurze Übergangsperiode, sondern für Generationen (da ja eine großindustrielle Textilproduktion im Koloniallande Indien verhindert wurde) –, wenn sich damit der Absatz für die englische Textilindustrie verdoppelte, dann waren nicht mehr 300000 Arbeiter beschäftigt und nicht 250000, wie beim gleichen

Absatz, sondern zunächst zweimal 250000, d. h. trotz der Anwendung von Maschinerie konnte die Zahl der Arbeiter um 200000 wachsen. Das war die Lage in England wie in den übrigen kapitalistischen Zentren in der Epoche ihrer imperialistischen Expansion.«[1]

Drittens ist bei der Frage, ob die Maschine den Arbeiter verdrängt, zu beachten, daß die akkumulierenden Kapitale wegen ihrer dauernd wachsenden Mehrwertmassen ihre alten Betriebe vergrößern oder sich immer mehr spezialisierende Produktionsstätten neu gründen, so daß nicht nur stets zunehmende Mengen der gleichen, sondern auch stets neuartige Warensorten fabriziert und auf den Markt geworfen werden. Tatsächlich hat seit dem Beginn der Industrialisierung in allen Ländern – von vorübergehenden Fluktuationen während der Wirtschaftskrisen abgesehen – die Zahl der Fabriken und der Dienstleistungsberufe unaufhörlich zugenommen, wobei die Zahl der durch die zunehmende Arbeitsproduktivität aus den Fabriken verdrängten Arbeiter abnimmt.[2] Diese Ausdehnung der alten und die Gründung neuer Produktionsunternehmungen – sowie die damit verknüpfte Spezialisierung ihrer Lieferantenbetriebe und der mit ihnen kooperierenden Industrien, die nur Teilstücke eines Produkts herstellen – saugen die im Zuge der Rationalisierung der Produktionsverfahren in den früheren Einzelbetrieben oder Branchen arbeitslos Gewordenen wieder in den Arbeitsprozeß auf. Tatsachen, die auch Marx gesehen, aber im 13. Kapitel des I. Bandes des »Kapital« kaum betont hat, während sie im 23. Kapitel des gleichen Bandes nur indirekt, aber dafür als gleichsam selbstverständliche Voraussetzung zum Vorschein kommt: »Je größer der gesellschaftliche Reichtum, das funktionierende Kapital, Umfang und Energie seines Wachstums, also auch die Größe des Proletariats ...« (I, S. 673) usw. Man denke hier z. B. an die Kraftfahrzeug- und die Flugzeugindustrien, an die Produzenten der Hunderte und aber Hunderte von elektrischen Apparaten und Artikeln, an die Kunststoffindustrien, an die Hersteller von Plastikmaterial, die chemischen Industrien, die Hersteller ärztlicher Instrumente und zahlreiche andere, völlig neue Erzeugerbranchen. Sie alle schließen die entsprechenden neuen speziellen Arbeitsverrichtungen und Berufe ein und damit die Beschäftigung einer unaufhörlich wachsenden Zahl neuer Arbeitskräfte. Auch erfordert die mannigfaltiger gewordene Produktion einen entsprechend spezialisierteren Bedarf an neuartigem Rohmaterial und Halbfertigfabrikaten und eine spezialisiertere Verteilung der Produkte, und damit auch

[1] F. Sternberg, »Kapitalismus und Sozialismus vor dem Weltgericht«, Hamburg 1951, S. 56f.

[2] Vgl. z. B. die Tabellen bei Sternberg, a. a. O., S. 24f über die wachsende Zahl der Lohnempfänger in den USA und in Deutschland seit 1849 bzw. seit 1875. Über Rußland vgl. weiter unten den gleichen Punkt im 21. Kapitel, Abschnitt f.

eine entsprechend umfangreichere und spezialisiertere Kontrolle und Verwaltung der Erzeugungs- und Absatztätigkeiten. So entstanden und entstehen neue Transport- und Zubringerdienste aller Art; angefangen vom Hotelier oder Gastwirt und den Tankstellen bis zum Eisenbahnbeamten und dem Flugdienstpersonal, vom Verwaltungsangestellten bis zum Finanzamt, der Polizei usf. Alle diese Tätigkeiten und Berufe sind Folge und Voraussetzung für das Funktionieren der technisch fortschreitenden Industriegesellschaft und bedeuten ebenso viele neue Beschäftigungsarten.[3]

Alle drei genannten Entwicklungen kompensieren nicht nur die Verdrängung des Arbeiters durch die Maschine, sondern überkompensieren sie: Es wächst – in voller Übereinstimmung mit Marx' Feststellungen – die Anzahl der für das Kapital Beschäftigten, wobei sich infolge der fortschreitenden Technisierung und Mechanisierung der Arbeitsverrichtungen die Tätigkeiten der Arbeiter und Angestellten immer mehr angleichen. Aber im Gegensatz zu Marx' Annahme nimmt die Anzahl der Arbeitslosen – abgesehen allerdings von der Frage, ob sich die Wirtschaftskrisen immer mehr verschärfen – *relativ* zur Zahl der Beschäftigten *nicht* zu. Mit der wachsenden Zahl der Beschäftigten wächst jedoch unaufhörlich die Gesamtzahl der vom Kapital Abhängigen und Ausgebeuteten, und in *diesem* Sinne wächst – in Übereinstimmung mit Marx – auch das bald zu erörternde Elend des für den Profit arbeitenden Menschen.

Zusammenfassend ist zu sagen: Marx hat seine These von der verhältnismäßigen Zunahme der industriellen Reservearmee gegenüber der zunehmenden Zahl der produktiv Beschäftigten nicht ausreichend begründet, und sie steht im Widerspruch zu den Tatsachen. Andererseits bleibt – in Übereinstimmung mit Marx –, im Verlaufe der kapitalistischen Entwicklung die Zahl der produktiv Beschäftigten hinter der riesenhaften Zunahme des gesellschaftlichen, von ihnen erzeugten Reichtums bzw. des gesellschaftlichen Kapitals zurück, nimmt aber absolut zu, und damit wächst auch unaufhörlich die Zahl der vom Kapital Ausgebeuteten, Abhängigen.

Allerdings fand – und das mag Marx' entsprechende These bis zu einem gewissen Grade erklären – zu seinen Lebzeiten eine relative Zunahme der industriellen Reservearmee (der Arbeitslosen) in England tatsächlich statt. Dort setzte nach den zwanziger Jahren des 19. Jahrhunderts eine starke Abwanderung der von den reichen Landbesitzern exmittierten kleinen Pächter und der

[3] Es gab z. B. 1960 in der Bundesrepublik Deutschland ca. 800 gesetzlich geregelte Lehr- und Anlernberufe. Eine hochgradige Arbeitsteilung ist gegenwärtig ein Grundelement der meisten Arbeitsprozesse, und die Zahl der verschiedenen in unserer Gesellschaft wirkenden Berufspositionen beträgt heute bereits über 2000. Karl Martin Bolte, »Deutsche Gesellschaft im Wandel«, Köln-Opladen 1966, S. 42.

brot- und wurzellos gewordenen kleinen Bauern vom Lande in die Städte ein. Zu gleicher Zeit wirkte sich die Verdrängung der handwerklichen Arbeit, die Zerstörung des alten Handwerks in den Städten, durch die z. T. schon Ende des 18. Jahrhunderts gemachten technischen Erfindungen aus, wobei z. B. besonders die maschinell betriebene Weberei die alte Handweberei energisch verdrängte. Die im Entstehen begriffene englische maschinelle Produktion konnte die großen, in die Städte einwandernden Menschenströme von Arbeitsuchenden nicht so schnell absorbieren, und das Elend der Betroffenen, aber auch das derjenigen, die als Lohnarbeiter bereits Beschäftigung gefunden hatten, war riesengroß. Tugan-Baranowski schreibt über diese Vorgänge: »Das Ende des vorigen (des 18.) Jahrhunderts zeichnete sich durch technische Erfindungen aus, die die tiefste Umwälzung in der Weltwirtschaft vollziehen sollten. Aber diese Erfindungen haben durchaus nicht sofort eine praktische Anwendung gefunden. Einer der wichtigsten Zweige der die Rohstoffe veredelnden Industrie ist nach den darin beschäftigten Personen die Weberei – und in dieses Gebiet begann, wie gesagt, die Maschine erst bedeutend später einzudringen. Bis zu den dreißiger Jahren hat die Zahl der Handweber fast gar nicht abgenommen. Zu dieser Zeit erreichte die Gesamtzahl der Handwerker in Großbritannien nach den Daten der Parlamentskommission, die ihre Lage in den Jahren 1834/35 untersucht hatte, eine Million. Darauf beginnt die Maschine, den Handwerker rasch zu verdrängen, und gegen Ende der fünfziger Jahre hört in der Baumwollweberei die Handarbeit fast auf.«[4]

»Diese beiden Faktorenreihen, die starke Abwanderung vom Lande und die gewaltige Zerstörung des Handwerks, waren mitverantwortlich für das Elend der englischen Arbeiterklasse in der damaligen Epoche. Aber – und das muß mit allem Nachdruck unterstrichen werden – diese beiden Faktorenreihen sind durchaus nicht in allen kapitalistischen Perioden so entscheidend wirksam. Sie waren vielmehr spezifisch für England in der Epoche, in der der Kapitalismus auch in England selbst noch nicht alleinherrschend war, vielmehr erst im Inland die vorkapitalistischen Produktionsformen endgültig zerstörte. Sie waren so nur spezifisch für die Endphase des Zusammenprallens der beiden Wirtschaftssysteme in England, des vorkapitalistischen, feudalen, handwerklichen, mit dem großindustriellen, kapitalistischen.

In dieser Epoche gab es in England die gewaltigen industriellen Reservearmeen mit ihren Wirkungen auf die Lage der Arbeiterschaft. Aber daß es sie damals gab, ist natürlich keineswegs ein Beweis dafür, daß es sie im kapitalistischen System immer geben muß. Denn neben dem Faktor, daß im Gefolge der industriellen

[4] Tugan-Baranowski, »Studien zur Theorie und Geschichte der Handelskrisen in England«, Jena 1901.

Konzentration selbst starke Tendenzen zur Entstehung von Arbeitslosigkeit wirken, waren damals diese beiden zusätzlichen Faktoren wirksam, Faktoren, die in späteren Phasen des Kapitalismus außerordentlich an Gewicht abnahmen.«[5]
So schwoll in England in der Frühperiode der Industrialisierung die Zahl der Arbeitsuchenden rascher an als die ebenfalls wachsende Zahl derer, die Arbeit fanden. Durch Beobachtungen dieser Art könnte Marx zu seiner These gelangt sein, daß im Verlaufe der kapitalistischen Entwicklung in Zukunft die Zahl der Arbeitsuchenden sogar in krisenfreien Zeiten tendenziell rascher zunehmen wird als die Zahl der verfügbaren Arbeitsplätze. Bei seiner Prognose der absoluten und relativen Zunahme der industriellen Reservearmee hat er wohl – wenn er das eben gerade in diesem Zusammenhang auch nicht ausdrücklich bemerkt hat – an die Wirtschaftskrisen gedacht, die er als unzertrennlichen Bestandteil der kapitalistischen Produktionsweise ansah. In ihrem »Manifest der kommunistischen Partei« schrieben Marx und Engels: »Wodurch überwindet die Bourgeoisie die Krisen? Einerseits durch die erzwungene Vernichtung einer Masse von Produktivkräften; andererseits durch die Eroberung neuer Märkte und die gründlichere Ausbeutung der alten Märkte. Wodurch also? Dadurch, daß sie allseitigere und gewaltigere Krisen vorbereitet und die Mittel, den Krisen vorzubeugen, vermindert.«
Der Gedanke ist also, daß sich die Wirtschaftskrisen im Laufe der Zeiten verschärfen müssen. Das wird zwar weder im »Kapital« noch in den anderen Spätschriften in Form einer direkten Behauptung formuliert. Daß sich die Krisen verschärfen müssen, ergibt sich indirekt aus den wirtschaftlichen Vorgängen, die mit dem Fall der Profitrate und der stets zunehmenden Arbeitsproduktivität verknüpft sind. Wenn nämlich immer größere Warenmassen auf den einheimischen und internationalen Markt geworfen werden und wenn die Konsumtionsfähigkeit der arbeitenden Bevölkerung nicht im gleichen Verhältnis wächst wie die Wertmenge der Produkte – weil das variable Kapital nicht im gleichen Verhältnis zunimmt wie die Produktionskapazität –, dann müssen offenbar die Absatzschwierigkeiten tendenziell zunehmen und die Profitrate muß fallen. (III, S. 267 u. S. 277)
Henryk Grossman[6] hat zu beweisen gesucht, daß Marx u. a. eine bestimmte Theorie der sich verschärfenden Krisen vorschwebte, ohne daß Marx zu ihrer zusammenhängenden Ausarbeitung gekommen sei. Im Band III des »Kapital«, der 1894, also 11 Jahre nach seinem Tode erschien, kommt Marx bei seinen Ausführungen

5 Die beiden letzten Absätze zitiert nach F. Sternberg, »Anmerkungen zu Marx – heute«, Frankfurt a. M. 1965, S. 35f. – Vgl. auch Marx: »Kapital«, I, Kap. 13, Abschn. 5 bis Schluß.
6 H. Grossmann, »Das Akkumulations- und Zusammenbruchsgesetz des kapitalistischen Systems. Zugleich eine Krisentheorie«, Leipzig 1929, 2. Aufl. Frankfurt a. M. 1970.

über Zinsfuß, Kredit und Leihkapital, wie so oft auch in anderen Zusammenhängen, auf die Wirtschaftskrisen zu sprechen, und sein Freund und Herausgeber Engels macht dazu eine lange Fußnote (III, S. 506), die den seit 1815 eingetretenen Änderungen des Verlaufes der Wirtschaftskrisen Rechnung trägt. In Engels' Fußnote heißt es:

»Seit der letzten allgemeinen Krise von 1867 sind große Veränderungen eingetreten. Die kolossale Ausdehnung der Verkehrsmittel – ozeanische Dampfschiffe, Eisenbahnen, elektrische Telegraphen, Suezkanal – hat den Weltmarkt erst wirklich hergestellt. Dem früher die Industrie monopolisierenden England sind eine Reihe konkurrierender Industrieländer zur Seite getreten; der Anlage des überschüssigen europäischen Kapitals sind in allen Weltteilen unendlich größere und mannigfaltigere Gebiete eröffnet, so daß es sich weit mehr verteilt und lokale Überspekulation leichter überwunden wird. Durch alles dies sind die meisten alten Krisenherde und Gelegenheiten zur Krisenbildung beseitigt oder stark abgeschwächt. Daneben weicht die Konkurrenz im inneren Markt zurück vor den Kartellen und Trusts, während sie auf dem äußeren Markt beschränkt wird durch die Schutzzölle, womit außer England alle großen Industrieländer sich umgeben. Aber diese Schutzzölle selbst sind nichts als die Rüstungen für den schließlichen allgemeinen Industriefeldzug, der über die Herrschaft auf dem Weltmarkt entscheiden soll. So birgt jedes der Elemente, das einer Wiederholung der alten Krisen entgegenstrebt, den Keim einer weit gewaltigeren künftigen Krise in sich.«

Diese Fußnote ist zwar von Engels, nicht von Marx. Man darf es aber als wahrscheinlich ansehen, daß Marx, der Neues stets begierig zur Kenntnis nahm und verarbeitete, die Engelssche Auffassung von der Verschärfung der Krisen, hätte er 1894 noch gelebt, eingehend untersucht und geteilt haben würde.

2. Das Ende des Kapitalismus

Die wichtigsten Ausführungen über das Ende der kapitalistischen Wirtschaftsordnung finden sich im 24. Kapitel des I. Bandes. Sie mögen jetzt kurz skizziert werden.

Wie ist der Kapitalismus entstanden? Den Produzenten früherer Zeiten, den Bauern und Handwerkern, gehörten das Land und die Geräte, die Arbeitsräume und die Werkzeuge. Sie waren die Eigentümer der Produktionsmittel und damit auch die Herren der Produktionsbedingungen, die ihnen noch nicht als fremde Macht gegenübertraten. Diese Eigentümer der vielen Tausenden von über das ganze Land verstreuten bäuerlichen und handwerklichen Kleinbetrieben bestimmten allein über Art und Umfang ihrer Ar-

beit; sie arbeiteten alle auf eigene Rechnung. Doch als die technische Entwicklung weit genug fortgeschritten und das Handelskapital einer Anzahl von Personen genügend groß geworden war, um die Arbeitskraft anderer Menschen, die außer ihrer Arbeitskraft nichts weiter zu verkaufen hatten, in ihren Dienst zu stellen, da waren die »Kräfte und Leidenschaften« stark genug geworden, um die alten Produktionsformen zu zerstören. Die technisch rückständige Produktionsform vor allem des alten Handwerks (und später auch der Landwirtschaft) war zur Fessel einer produktiveren Arbeitsweise und einer profitableren Form der Warenproduktion geworden. An die Stelle der vielen Kleineigentümer mit geringen und primitiven Produktionsmitteln treten jetzt die wenigen Kapitalisten, die Eigentümer der umfangreichen Produktionsmittel, tritt der Fabrikeigentümer, in dessen Arbeitsräumen nun die früher selbständigen Produzenten als Lohnarbeiter, unter seinem Kommando, unter den von ihm festgesetzten Arbeitsbedingungen in gemeinsamer, »vergesellschafteter« Arbeit, »kooperativ«, die von ihm festgesetzte Art und Menge von Produkten herstellen; sie werden auf seine Rechnung, mit seinen Produktionsmitteln, mit seinen Arbeitern erzeugt und auf den Markt gebracht, wo nun beim Verkauf das Produkt der Mehrarbeit nicht mehr dem einzelnen nichtkapitalistischen Produzenten, sondern dem Kapitaleigentümer zufällt. Die frühere, vom Kapitalismus verdrängte, untergegangene Produktionsweise beruhte auf der Zersplitterung von Grund und Boden und der anderen Produktionsmittel; sie schloß die Kooperation, die Teilung der Arbeit beim Produktionsprozeß zum Zwecke ihres besseren Zusammenwirkens und damit auch die gesellschaftliche Beherrschung der Naturkräfte aus; sie konnte die vereinte, kooperative menschliche Arbeitskraft, die Arbeitsproduktivität der Gesamtheit der Schaffenden, noch nicht richtig nutzbar machen. Aber auf der neuen, kapitalistischen Stufe der Wirtschaft sind die früher zersplitterten Produktionsmittel der vielen Einzelmenschen in das »massenhafte« (in großen Mengen zusammengeballte) Eigentum »weniger« verwandelt; durch die Expropriation der großen Volksmasse von Grund und Boden und Lebensmitteln und Arbeitsinstrumenten, »diese furchtbare und schwierige Expropriation der Volksmasse« (I, S. 789f), welche die Vorgeschichte, die Voraussetzung der neuen, der kapitalistischen Produktionsweise war.
Doch das gleiche Schicksal, das der primitiven, vorkapitalistischen Produktionsform beschieden war, einer höheren Produktionsweise Platz zu machen, ereilt auch diese höhere, kapitalistische Produktionsweise. Ist nämlich der Prozeß der Umwandlung der früheren vielen kleinen Privateigentümer in das kapitalistische Privateigentum an den Produktionsmitteln, die Ausbeutung der vielen Produzenten durch die wenigen Eigentümer der Produktionsmittel, genügend weit fortgeschritten, dann werden sich im

Schoße der kapitalistischen Wirtschaft die Kräfte regen, die auch diese Wirtschaftsweise vernichten werden. Denn schon heutzutage, da durch den Kapitalismus die technische Anwendung der Wissenschaft, die planmäßige Ausbeutung des Erdballs, die Verwandlung der Werkzeuge und Maschinerie in nur gemeinsam verwendete, in nur gemeinsam zu verwendende Arbeitsmittel längst eingetreten und weit genug fortgeschritten ist, heute, da man die Produktionsmittel, seien es die Ozeanschiffe, die Bergwerke, die durch Kanäle regulierten Flüsse, die Eisenbahnen, die Getreideerzeugung und -verteilung usw. nur noch in kombinierter, in gesellschaftlich, d. h. in großen Verbänden organisierter, in kooperativer Form verwenden kann, drängt diese schon weiter fortgeschrittene Vergesellschaftung des Arbeitsprozesses, die Verwandlung der Erde und anderer Produktionsmittel in längst schon gemeinschaftlich verwendete Produktionsmittel, zu ihrer entsprechenden gemeinschaftlichen Besitzergreifung und damit der Besitzergreifung auch der Produkte dieser vergesellschafteten Arbeit, drängt zur Enteignung der wenigen privaten Eigentümer der Produkte. Was also beim heutigen kapitalistischen Wirtschaftssystem noch zu enteignen bleibt, sind nicht mehr die vielen Kleineigentümer, wie sie zu Ende des 18. und zu Beginn des 19. Jahrhunderts existierten, sondern die heutigen wenigen, immer größere Reichtümer anhäufenden und die immer größer werdende Masse der produktiven Arbeiter ausbeutenden Groß-Kapitalisten. Mit der beständig abnehmenden Zahl dieser »Kapital*magnaten*«, die bisher alle Vorteile des Ausbeutungsprozesses für sich usurpieren und monopolisieren, »wächst die Masse des Elends, des Drucks, der Knechtschaft, der Entartung, der Ausbeutung; aber auch die Empörung der stets anschwellenden und durch den Mechanismus des kapitalistischen Produktionsprozesses selbst geschulten, vereinten und organisierten Arbeiterklasse ...« (I, S. 790f) ebenfalls immer mehr. Denn heutzutage besteht zwischen der kapitalistischen Akkumulation und der bestehenden Austauschform der erzeugten Produkte ein tiefer, unheilvoller Zwiespalt, der einer vollen Ausnutzung der heutigen weit fortgeschrittenen und sich immer weiter steigernden Produktivkräfte hindernd und schließlich verhängnisvoll im Wege steht: einerseits wächst das konstante Kapital immer mehr gegenüber dem variablen; die fortschreitende Produktionstechnik und die zunehmende Konzentration der Betriebe bei fortschreitender Abnahme der Kleinbetriebe bedeuten zugleich eine Zunahme der Gesamtzahl von Proletariern. Auf der anderen Seite geraten diese größer werdenden Produktivkräfte auch immer mehr in Konflikt mit den Möglichkeiten ihrer Verwertung: die infolge der ständig steigenden Produktivität der Arbeit immer mehr anwachsenden Warenmengen finden infolge der begrenzten Konsumtionsfähigkeit der Bevölkerung weniger und weniger Absatz, die Ausdehnungskraft des Kapitals stößt mehr und mehr gegen die Schranken der mangelnden Aufnahmefähigkeit ihrer Produkte auf dem einheimischen und dem internationalen Absatzmarkt. So geraten die entfesselten Produktivkräfte in immer schärferen Gegensatz zur Struktur der kapitalistischen Wirtschaftsweise. Denn zu ihrem Wesen gehört die Notwendigkeit der Vergrößerung des Profits der einzelnen, gegeneinander konkurrierenden und nicht zum Wohle der Allgemeinheit nach vorbedachtem Plan produzierenden Unternehmungen. Herrscht so auf der einen Seite bei der breiten Masse der einheimischen und überseeischen Konsumenten die Not, die es ihr unmöglich macht, einen großen Teil der kapitalistisch produzierten Waren zu kaufen, so bestehen auf der Gegenseite die Absatzprobleme, und diese müssen im Laufe der Zeiten immer schwieriger werden. War früher, technisch betrachtet, das Kapital ein Fortschritt gegenüber der rückständigen, kleinbäuerlich-handwerklichen Produktionsweise der Zwergbetriebe des ausgehenden Mittelalters gewesen, weil es die Produktivkraft der Arbeit unvergleichlich viel besser zu nutzen und zu organisieren verstand, als es jenen Kleinproduzenten selbst je möglich war, so wird heute, im Zeitalter des Industriekapitals, das Kapitalmonopol der Produktion seinerseits

»... zur Fessel der Produktionsweise, die mit und unter ihm aufgeblüht ist. Die Zentralisation der Produktionsmittel (vgl. Kapitel 13 u. 14, E. L.) und die Vergesellschaftung der Arbeit erreichen einen Punkt, wo sie unverträglich werden mit der kapitalistischen Hülle. Sie wird gesprengt. Die Stunde des kapitalistischen Privateigentums schlägt. Die Expropriateurs werden expropriiert ... Die Verwandlung des auf eigner Arbeit der Individuen beruhenden, zersplitterten Privateigentums in kapitalistisches ist natürlich ein Prozeß, ungleich mehr langwierig, hart und schwierig als die Verwandlung des tatsächlich bereits auf gesellschaftlichem Produktionsbetrieb beruhenden kapitalistischen Eigentums in gesellschaftliches. Dort handelte es sich um die Expropriation der Volksmasse durch wenige Usurpatoren, hier handelt es sich um die Expropriation weniger Usurpatoren durch die Volksmasse.«

Die letzte Betrachtung (I, S. 791) stützt sich, wie man sieht, nur auf historische Analogien, sie ist keine zwingende Ableitung der Notwendigkeit eines Zusammenbruches der kapitalistischen Wirtschaftsordnung; dieser folgt weit zwingender aus der Verringerung der Absatzmärkte, sowie aus später noch zu diskutierenden anderen Faktoren. Ferner ist das Ende des Kapitalismus bei Marx niemals ein vom Willen des Proletariats unabhängig eintretendes Ereignis; die gegen dessen Willen gerichtete Zwangsläufigkeit der Kapitalakkumulation mit ihren Wirkungen besteht vielmehr nur bis zu jenem Stadium, wo die organisierte Aktion des empörten und sich seiner Lage bewußt gewordenen Proletariats diesen Lauf der Dinge nicht mehr mitmachen *will*, sich dagegen auflehnt und sich aus einem bis dahin wehrlosen *Objekt* des Geschehens in ein bewußt handelndes *Subjekt* verwandelt, die Abschaffung des bisherigen Wirtschaftssystems durchsetzt und so zum Geburtshelfer einer neuen Gesellschaftsordnung wird. Es schafft durch die Enteignung der Produktionsmittelbesitzer die Gütererzeugung zu Profitzwecken der einzelnen ab und nimmt statt dessen die planmäßige und zum Wohle aller organisierte Erzeugung und Verteilung der Güter in die eigene Hand; und damit schreitet es von der heute im Kapitalismus bereits bestehenden Vergesellschaftung des *Arbeitsprozesses* zur Vergesellschaftung auch der durch ihn geschaffenen *Reichtümer* fort und beseitigt damit die jetzt noch bestehende Klassenherrschaft. Von einer automatischen Umwandlung der kapitalistischen Wirtschaft in die neue, künftige, im Sinne eines von der Intervention der Menschen unabhängigen Vorganges, wie etwa bei Naturereignissen, ist bei Marx gar keine Rede. Vielmehr ist die Rebellion der Opfer der noch bestehenden Produktions- und Verteilungsweise der Güter ein integraler Bestandteil der Umwandlung von der jetzigen kapitalistischen zur kommenden kommunistischen Wirtschaft. Der Kapitalismus vernichtet sich selbst mit Hilfe der von ihm erst erzeugten ausgebeuteten Menschen, die sein unzertrennlicher Bestandteil sind, also durch seine eigenen, immanenten Tendenzen. Er vernichtet sich durch den unerträglich werdenden Widerspruch zwischen der gesellschaftlichen Erzeugung auf der einen Seite und der privaten Aneignung der Erzeugnisse auf der anderen, durch den Widerspruch zwischen der Notwendigkeit des Absatzes der immer größer werdenden Warenmengen auf dem einheimischen und dem Weltmarkt zum Nutzen weniger und der ständig größer werdenden Schwierigkeit, die Produkte abzusetzen, durch den Widerspruch zwischen der Planlosigkeit der gegeneinander immer schärfer konkurrierenden Kapitalmagnaten und der Notwendigkeit, Art und Menge der Güter durch die produktiv arbeitenden Menschen selber planvoll bestimmen zu lassen, und durch den Konflikt zwischen den von diesem Wirtschaftssystem betroffenen Opfern und den ebenfalls seinen integralen Bestandteil bildenden Ausbeutern. »Das Proletariat vollzieht das Urteil, welches das Privateigentum durch die Erzeugung des Proletariats über sich selbst verhängt.« (II, S. 37) »Deterministisch«, wie man so oft sagt, ist die von Marx skizzierte Entwicklung vom Kapitalismus und Kommunismus oder Sozialismus in der Tat, jedoch nicht im Sinne eines von den Menschen unbeeinflußbaren, sozusagen automatisch abspulenden Naturprozesses, bei dem sie bloß passive Zuschauer sind, sondern nur in dem Sinn, daß die bewußte Aktion der nachteilig betroffenen Menschen, die Rebellion der ausgebeuteten Massen, ebenfalls mit Notwendigkeit eintreten wird. Die ausgebeuteten Volksmassen sind die intervenierenden Akteure, die dem Verlauf der Dinge eine andere

Richtung geben, zum eigenen Wohle, also zum Wohle der Allgemeinheit.
Schon an früherer Stelle wurde darauf hingewiesen, daß Marx sich niemals im einzelnen darüber verbreitet hat, *wie* die zukünftige Wirtschaftsordnung aussehen wird; nur skizzenhafte Andeutungen von ihm und Engels, die an den entsprechenden Stellen dieses Buches wiedergegeben wurden, liegen darüber vor. Schon aus diesem Grunde ist es sehr gewagt, daß so viele tagespolitische Schreiber oder andere Verfasser von einer »marxistischen« Zukunftsgesellschaft sprechen oder wenn die Vertreter des einen oder anderen heutigen Wirtschaftssystems sich hierbei auf Marx berufen, denn niemand kann mit Sicherheit sagen, ob und wieweit Marx eines der heutigen angeblich oder wirklich sozialistischen Wirtschaftssysteme gut geheißen hätte.

3. Der Verelendungsbegriff bei Marx

Von jeher haben es die meisten Autoren, die über die Marxschen Wirtschaftslehren schrieben, für eine ausgemachte Tatsache gehalten, daß Marx eine Theorie aufgestellt habe, wonach sich die *wirtschaftliche* Lage der Arbeiterschaft im kapitalistischen System auf die Dauer immer mehr verschlechtern muß; und in diesem Sinne schreibt und spricht man von einer »Marxschen Verelendungstheorie«. Sehr oft spricht man auch von einer »Marxschen Zusammenbruchstheorie« oder »Katastrophentheorie« der kapitalistischen Wirtschaftsordnung. Damit schreibt man Marx die Überzeugung zu, daß die kapitalistische Wirtschaft im Verlaufe der Entfaltung ihrer inneren Widersprüche in der Zukunft irgendwann und irgendwie zusammenbrechen muß, daß sie auf eine Katastrophe zueilt.
Die Wortprägung »Verelendungstheorie« stammt nicht von Marx, sondern von seinen Gegnern. Der erste Urheber dieses Wortes ist wohl kaum noch mit Sicherheit festzustellen; in weitere Kreise gedrungen ist es jedenfalls erst durch Eduard Bernsteins bekannte Streitschrift: »Die Voraussetzungen des Sozialismus und die Aufgaben der Sozialdemokratie«[7], worin er einige angeblich Marxsche und einige in der damaligen sozialdemokratischen Partei Deutschlands tatsächlich sehr verbreitete Auffassungen über die künftige Entwicklung der Lage des Proletariats und die Herbeiführung des Sozialismus bekämpfte. Auf Bernsteins Schrift erschien im gleichen Jahre eine Antwort von Karl Kautsky.[8]
Redewendungen wie »Elend stets wachsender Schichten der ak-

[7] Zuerst Berlin 1899, zuletzt Reinbek bei Hamburg 1969.
[8] K. Kautsky, »Bernstein und das Sozialdemokratische Programm. Eine Antikritik«, Stuttgart 1899. – Über die Herkunft des Begriffs »Verelendungstheorie« vgl. Kautsky ebd., S. 42f und 144f.

tiven Arbeiterarmee«, »Akkumulation von Elend«, »Masse des Elends«, des »Drucks, der Knechtschaft, der Entartung, der Ausbeutung« des Proletariats durch das Kapital und ähnliche hat Marx selbst mehrfach, besonders in den Kapiteln 23 und 24 des I. Bandes des »Kapital« gebraucht. Daher lag es für Marx-Gegner und -Anhänger bei ihren Diskussionen über die Lage des Proletariats und über die Marxsche Prognose vom Ende des Kapitalismus nahe, das bequeme Wort »Verelendungs*theorie*« zu verwenden, ohne gewissenhaft zu untersuchen, ob und in welchem Sinne Marx selbst eine wirkliche Verelendungstheorie überhaupt aufgestellt hat. Und im III. Band des »Kapital« in dem Abschnitt über das Gesetz des tendenziellen Fallens der Profitrate steht der Satz, daß bei der Akkumulation des Kapitals bestimmte Kräfte die Produktion zum »Zusammenbruch« bringen würden, wenn es nicht Gegentendenzen gäbe, die diesen Zusammenbruch aufhielten. Aber von einer »Zusammenbruchs*theorie*« spricht Marx selbst hier ebensowenig, wie er z. B. auch nicht behauptet, eine »Werttheorie«, eine »Akkumulationstheorie«, eine »Lohntheorie« oder gar eine »Krisentheorie« u. ä. verfaßt zu haben. Dagegen kann man sehr wohl sagen, daß Marx sich das Ende des Kapitalismus in der Art eines Zusammenbruchs vorgestellt hat. Meines Wissens hat zuerst in Rußland der Theoretiker P. Struve in seinem Buch »Kritische Bemerkungen zur ökonomischen Entwicklung Rußlands«, St. Petersburg 1894, geschrieben, »Marx habe sich den Übergang vom Kapitalismus zu der neuen Gesellschaftsordnung in Form eines jähen Sturzes, eines Zusammenbruchs des Kapitalismus vorgestellt«. Mit diesen Worten gibt Lenin Struves Ansicht über die betreffende Marxsche Auffassung wieder; und Lenin bemerkt zu dieser Stelle in Struves Buch: »Er (Struve) findet, daß ›*einige Stellen*‹ bei Marx Grund zu dieser Annahme geben, während diese (Marxsche) Ansicht vom Ende des Kapitalismus in Wirklichkeit *in allen Werken* von Marx enthalten ist.« (Hervorhebung von mir – E. L.)[9] Nach Kautsky[10] wurde das Wort »Zusammenbruchstheorie« in bezug auf Marx' Zukunftsprognose zuerst von Eduard Bernstein geprägt, und Heinrich Cunow[11] hat es in seinem Aufsatz: »Zur Zusammenbruchstheorie« ebenfalls verwendet.

Wichtiger als die Frage nach der Urheberschaft der Worte ist der Inhalt der Marxschen Gedankengänge über dieses Thema. Daher muß zunächst festgestellt werden, ob er wirklich der Ansicht war, daß die *wirtschaftliche* Lage der Arbeiter sich nach und nach verschlechtert, daß also die *Reallöhne* im Verlaufe der weiteren Entwicklung des Kapitalismus im Durchschnitt sinken müssen.

[9] W. I. Lenin, Werke 1, Berlin 1968, S. 455.
[10] A. a. O., S. 42.
[11] H. Cunow, »Zur Zusammenbruchstheorie«. In: Die neue Zeit, 17. Jahrg., 1. Bd. 1899.

Wenn man vielen Marx-Interpreten Glauben schenken will, so sieht es in der Tat so aus, als ob es seine definitive Ansicht gewesen wäre, daß im weiteren Fortgang der kapitalistischen Entwicklung (= Kapitalakkumulation) eine Herabsetzung des physiologischen *Lebensstandards* der Arbeiterklasse infolge einer fortdauernden Verringerung der Reallöhne eintreten muß. An dieser Auffassung ist Marx selbst nicht ganz unschuldig. Am 20. und 27. Juni 1865 hatte er in englischer Sprache in London auf den Sitzungen des Zentralrates der Internationale einen polemischen Vortrag gegen seinen Kollegen John Weston, ein anderes Mitglied des Zentralrats, gehalten. Weston hatte dort am 2. und 23. Mai des gleichen Jahres nachzuweisen versucht, daß eine allgemeine Erhöhung des Arbeitslohnes den Arbeitern nichts nütze und daraus abgeleitet, daß Gewerkschaften »schädlich« wirken. Marx' Ausführungen auf dem Zentralrat als Erwiderung auf Weston sind als Manuskript für den Vortrag erhalten geblieben. Darin äußert Marx,[12] »daß die ganze Entwicklung der modernen Industrie die Waagschale immer mehr zu Gunsten des Kapitalisten und gegen den Arbeiter neigen muß und daß es folglich die allgemeine Tendenz der kapitalistischen Produktion ist, den durchschnittlichen Lohnstandard nicht zu heben, sondern zu senken oder den Wert der Arbeit (gemeint ist natürlich: den Wert der Arbeitskraft) mehr oder weniger bis zu seiner Minimalgrenze zu drücken ...« Und am Schluß des Vortrags sagt Marx noch einmal, die Arbeiterklasse solle bei allen ihren Kämpfen um die Erhöhung des Lohnstandards nicht vergessen, daß sie nur gegen Wirkungen der Kapitalakkumulation kämpfe, aber nicht gegen die Ursachen, »... daß sie zwar die Abwärtsbewegung der Löhne verlangsamt, nicht aber ihre Richtung ändert«.
Und in der Artikelserie »Lohnarbeit und Kapital«, die 1849 in der Neuen Rheinischen Zeitung erschien, schreibt ihr Chefredakteur Karl Marx:
»Je mehr das produktive Kapital wächst, desto mehr dehnt sich die Teilung der Arbeit und die Anwendung der Maschinerie aus. Je mehr sich die Teilung der Arbeit und die Anwendung der Maschinerie ausdehnt, um so mehr dehnt sich die Konkurrenz unter den Arbeitern aus, je mehr zieht sich der Salair zusammen ... So wird der Wald der in die Höhe gestreckten und nach Arbeit verlangenden Arme immer dichter, und die Arme selbst werden immer magerer.«[13]
In dem 1847 geschriebenen »Manifest der Kommunistischen Partei« erklären Marx und Engels:
»Der moderne Arbeiter ..., statt sich mit dem Fortschritt der Industrie zu heben, sinkt immer tiefer unter die Bedingungen seiner eigenen Klasse herab. Der Arbeiter wird zum Pauper, und

[12] MEW, Bd. 16, S. 103 ff.
[13] MEW, Bd. 6, S. 422.

der Pauperismus entwickelt sich noch schneller als Bevölkerung und Reichtum ...«[14]

Aber für die Lehre von der Verelendung als ein Sinken des Arbeitslohnes finden sich nur in diesen frühen Marxschen ökonomischen Schriften solche Anhaltspunkte. Das »Kommunistische Manifest« war eine politische Kampfschrift aus Marx' und Engels' jüngeren Jahren, aus ihrer Sturm- und Drangzeit; es war Jahrzehnte lang vor dem reiferen Alterswerk »Das Kapital« geschrieben, es war keine volkswirtschaftliche Untersuchung und auch kaum als eine solche gedacht. In keiner seiner reiferen Arbeiten, im »Kapital« oder in den »Theorien über den Mehrwert« finden sich solche Formulierungen oder Gedankengänge über das Herabsinken des physischen Lebensstandards der Arbeiter wie die in den genannten polemischen Frühschriften und im »Kommunistischen Manifest«. Dieses Fehlen identischer Äußerungen im »Kapital« und in den »Theorien über den Mehrwert« ist kaum reiner Zufall. Bei der polemischen Grundhaltung und Schreibweise von Marx wäre es recht sonderbar und gar nicht zu erklären, wenn er von einer zunehmenden wirtschaftlichen Verschlechterung des Lebensstandards der Arbeiterschaft überzeugt gewesen wäre und trotzdem diesen so fundamentalen, wichtigen Gedanken gerade in seinen Hauptwerken überall verschwiegen hätte! Sollte Marx zu ängstlich gewesen sein, den Gedanken an eine fortgesetzte Senkung des Reallohns zu äußern, wenn er ihn wirklich gehabt hätte? Und was die vorhin zitierten Stellen aus »Lohn, Preis und Profit« anlangt, so braucht man sie nur aufmerksam zu lesen, um zu erkennen, daß sie nur eine äußerst schwache Stütze für die Deutung bieten, Marx habe unter der wachsenden Masse oder Akkumulation des Elends der Arbeiterschaft im Fortgang des kapitalistischen Wirtschaftssystems eine fortgesetzte Senkung der Reallöhne verstanden. Eine solche Deutung würde Marx eine Ansicht unterstellen, die man ihm kaum zutrauen darf, denn nach Marx haben die Arbeitslöhne *im Durchschnitt* bekanntlich nur die zur Aufrechterhaltung der Arbeitskraft erforderliche Höhe und bei kulturell höherstehenden Völkern die dem kulturellen Standard des Landes entsprechende Mindesthöhe. Eine fortgesetzte Verringerung der Reallöhne würde also eine fortgesetzte Verringerung der zum Fristen der leiblichen oder kulturellen Mindestexistenz des Arbeiters gerade ausreichende Mindesthöhe des Lohns bedeuten; d. h., sie würde schnell zu wachsender Hungersnot und zu Massensterben und damit zum biologischen Untergang immer größer werdender Teile der Arbeiterschaft führen, womit schließlich die Möglichkeit jeder Rebellion gegen das kapitalistische Wirtschaftssystem aus Mangel an Ausgebeuteten entfiele. Und diesen absurden Gedanken soll Marx gehabt haben?

[14] MEW, Bd. 4, S. 473.

Vielmehr heißt es in »Lohn, Preis und Profit«[15], daß die Bemühungen – »Tendenzen« – der Kapitalisten dahin gehen, den durchschnittlichen Lohnstandard »... mehr oder weniger bis zu seiner Minimalgrenze zu drücken«. – Also nur »bis« zur Minimalgrenze, aber nicht noch darunter! Wenn es aber die allgemeine Tendenz der kapitalistischen Produktion ist, den Normallohn »bis« auf seine Minimalgrenze zu drücken, so ist schon in diesen Worten enthalten, daß es offenbar ebenfalls Faktoren gibt, die dahin wirken, den Lohn zu *heben*; andernfalls wäre es sinnlos, von einem *Herabdrücken* des Lohns »bis« auf die Minimalgrenze zu sprechen. Der Lohn muß also vorher offenbar *über* dieser Minimalgrenze gelegen haben. Somit gibt es auch Löhne, die *über* dem Existenzminimum liegen, und es gibt daher auch Faktoren, welche bewirken, daß die Löhne auch *über* das zur Erhaltung der nackten Existenz Erforderliche steigen können. Man hat es daher offenbar mindestens mit *zwei* Faktoren oder Faktorengruppen zu tun: solchen, welche die Löhne auf das Existenzminimum herunterdrücken und solche, die sie höher heben.

Daß die Tendenz der Kapitalbesitzer von jeher darauf abzielt, die Löhne, wo immer möglich, bis auf die Minimalgrenze, ja darunter, zu drücken, kann schwerlich im Ernst bestreiten wer die Geschichte der Arbeiterbewegung vom Beginn der Industrialisierung bis auf den heutigen Tag verfolgt hat. Ist es doch zum großen Teil erst der Gegenkraft der in den Gewerkschaften organisierten Arbeiterschaft der fortgeschrittenen Industrieländer gelungen, den Bestrebungen des Kapitals zur Senkung der Löhne bis auf das Existenzminimum oft, und keineswegs immer mit Erfolg, entgegenzutreten und in mehreren Fällen zu erreichen, daß die Löhne einiger Arbeitergruppen für längere oder kürzere Zeitdauer auch über das Existenzminimum steigen können; ganz zu schweigen von der Arbeiterschaft in den früheren kolonialen und halbkolonialen Gebieten, wo die Löhne der in den dortigen Industrieunternehmungen beschäftigen eingeborenen Arbeiter oft kaum das niedrige Existenzminimum erreichen, während die Löhne der in den gleichen Unternehmungen beschäftigten weißen Arbeiter für die gleiche Arbeitsleistung oft ganz erheblich höher liegen; so z. B. in Südafrika und Rhodesien. In seiner Arbeit zur Marxschen Wirtschaftslehre schreibt Eduard März folgendes: »Die Arbeiterschaft beantwortet den Druck der Unternehmerklasse mit dem Gegendruck der gewerkschaftlichen Aktion. Ihr bester Verbündeter ist aber die steigende Nachfrage nach der Ware Arbeitskraft, die im Verlaufe der konjunkturellen Gezeitenbewegung und zur allmählichen Aufsaugung der Pauperschicht der Arbeitslosen führen kann ...«[16] Um keine Unklarheit über Tendenzen und Gegen-

[15] MEW, Bd. 16, S. 151.

[16] Eduard März, »Die Marxsche Wirtschaftslehre im Widerstreit der Meinungen«, Wien 1959, S. 13.

tendenzen zu lassen, die zu einem gegebenen Zeitpunkt die Lohnhöhe bestimmen, fährt Marx in »Lohn, Preis und Profit« unmittelbar nach der soeben zitierten Bemerkung, daß die Kapitalisten bestrebt sind, die Lohnhöhe bis zur Minimalgrenze zu drücken, folgendermaßen fort:

»... Da nun die Tendenz der Dinge in diesem System solcher Natur ist, besagt das etwa, daß die Arbeiterklasse auf ihren Widerstand gegen die Gewalttaten des Kapitals verzichten und ihre Versuche aufgeben soll, die gelegentlichen Chancen zur vorübergehenden Besserung ihrer Lage auf die bestmögliche Weise auszunutzen? Täte sie das, sie würde degradiert werden zu einer unterschiedslosen Masse ruinierter armer Teufel, denen keine Erlösung mehr hilft. Ich glaube nachgewiesen zu haben, daß ihre Kämpfe um den Lohnstandard von dem ganzen Lohnsystem unzertrennliche Begleiterscheinungen sind, daß in 99 Fällen von 100 ihre Anstrengungen, den Arbeitslohn zu heben, bloß Anstrengungen zur Behauptung des gegebenen Wertes der Arbeit sind und daß die Notwendigkeit, mit dem Kapitalisten um ihren Preis zu markten, der Bedingung inhärent ist, sich selbst als Ware feilbieten zu müssen. Würde sie in ihren tagtäglichen Zusammenstößen mit dem Kapital feige nachgeben, sie würde sich selbst unweigerlich der Fähigkeit berauben, irgendeine umfassendere Bewegung ins Werk zu setzen ...«[17]

Auch an anderen Stellen von »Lohn, Preis und Profit« sagt Marx mit aller Klarheit, daß die Höhe der faktisch ausbezahlten Löhne stets die Resultante *mehrerer* Komponenten ist; speziell das Ergebnis der Bemühungen oder Kämpfe, der einen Seite, den Lohn zu heben, *und* der Gegenseite, ihn zu senken. Da Kapitalist und Arbeiter sich stets nur in den Wert des vom Arbeiter geschaffenen Gesamtproduktes zu teilen haben, »so erhält der eine desto mehr, je weniger dem anderen zufällt, und umgekehrt. Sobald ein Quantum gegeben ist, wird der eine Teil davon zunehmen, wie, umgekehrt, der andere abnimmt. Wenn der Arbeitslohn sich ändert, wird der Profit sich in entgegengesetzter Richtung ändern ...«[18]

In diesem Sinne feiert Marx auch in der von ihm im Oktober 1864 verfaßten »Inauguraladresse der Internationalen Arbeiter-Assoziation« (später kurz »Die Erste Internationale« genannt) die gesetzliche Einführung des Zehnstundentages in England (im Jahre 1847) als einen Sieg des Gedankens der »Kontrolle sozialer Produktion durch soziale Ein- und Vorsicht, welche die politische Ökonomie der Arbeiterklasse bildet ...«[19] Die Erfolgsaussichten des Gewerkschaftskampfes sind nach Marx durch jenen elastischen Teil der »Reproduktionskosten« der Arbeitskraft bestimmt, innerhalb dessen nach Lage des Marktes und der Konjunktur die

[17] MEW, Bd. 16, S. 151f.
[18] Ebd., S. 140.
[19] Ebd., S. 11.

Arbeitenden durch gemeinsames Vorgehen ihre Verhältnisse bessern können. Während es jeweils ein unverzichtbares Minimum des Lohnes gibt, steht ein Maximum nicht fest. Die tatsächliche Bestimmung des Lohnes »... erfolgt nur durch das unaufhörliche Ringen zwischen Kapital und Arbeit, indem der Kapitalist ständig danach strebt, den Arbeitslohn auf sein physisches Minimum zu reduzieren und den Arbeitstag bis zu seinem physischen Maximum auszudehnen, während der Arbeiter ständig in der entgegengesetzten Richtung drückt. Die Frage löst sich auf in die Frage nach dem Kräfteverhältnis der Kämpfenden.«[20]

Es kann also kein Zweifel daran bestehen, daß Marx mit diesen Worten über die Tendenz des Kapitals, die Löhne bis zur Minimalgrenze zu drücken, nur die eine der am Zustandekommen der jeweiligen faktischen Lohnhöhe beteiligten Komponenten im Auge hatte und daß er als die andere Komponente den gegen die Tendenz des Kapitals zur Lohnsenkung gerichteten aktiven Widerstand der Arbeiterklasse ansah.

In seiner schon genannten Schrift »Anmerkungen zu Marx – heute« und in seinem Buche »Marx und die Gegenwart«[21] zieht der bekannte Volkswirtschaftler Fritz Sternberg über die Lohnänderung im kapitalistischen System aber nur folgende Stelle aus Marx' »Lohn, Preis und Profit« heran[22], wo Marx sagt: »Diese wenigen Andeutungen werden genügen, um zu zeigen, daß gerade die Entwicklung der modernen Industrie allmählich die Waage zugunsten des Kapitalisten gegen den Arbeiter senken muß, und daß folglich die allgemeine Tendenz der kapitalistischen Produktion nicht dahin geht, den durchschnittlichen Normallohn zu heben, sondern ihn zu senken, d. h. den Wert der Arbeit mehr oder weniger auf seine Minimumgrenze zu drücken.«

Und »als Fazit des ganzen Vortrages« von Marx, nach dessen Manuskript die Schrift »Lohn, Preis und Profit« verfaßt wurde, zitiert Sternberg daraus nur noch den folgenden, nichts Neues enthaltenden Marxschen Satz: »Es ist die allgemeine Tendenz der kapitalistischen Produktion, den durchschnittlichen Lohnstandard nicht zu heben, sondern zu senken.«

R. Rosdolsky[23] hat in seinem Aufsatz »Der esoterische und der exoterische Marx« darauf hingewiesen, daß Sternberg nur diejenige Marxsche Textstelle auswählt, worin Marx schreibt, es sei die allgemeine Tendenz der kapitalistischen Produktion, den Arbeitslohn nicht zu heben, sondern zu senken, daß Sternberg jedoch wohlweislich alle diejenigen Marxschen Sätze fortläßt, in denen Marx auf die *gegen* die Lohndrückerei des Kapitals gerich-

[20] Ebd., S. 149.
[21] F. Sternberg, »Marx und die Gegenwart«, Köln 1955, S. 14, Anm. 2 und 361.
[22] MEW, Bd. 16, S. 151.
[23] R. Rosdolsky, »Der esoterische und der exoterische Marx«. In: Arbeit und Wirtschaft, Wien 1957/58.

teten kämpfenden Kräfte der Arbeiterschaft zur *Hebung* der Löhne hinweist. In der Tat braucht man sich nur die von uns oben wiedergegebenen Marxschen Sätze aus »Lohn, Preis und Profit« näher anzusehen, um zu erkennen, daß am Zustandekommen der faktisch ausbezahlten Lohnhöhe auch die – nach Marx mehr oder weniger erfolgreichen – organisierten Gegenaktionen der Arbeiterschaft beteiligt sind. Wer aber nur Sternberg und andere Verfasser von Büchern »über« Marx liest, weiß natürlich nichts von den genauen Marxschen Textstellen. Schon Louis B. Boudin[24] hatte den Marxschen Gedanken richtig erfaßt, daß die wirtschaftliche Lage der arbeitenden Klasse nicht nur das Resultat der fortschreitenden Kapitalakkumulation ist, sondern das Ergebnis der Kapitalakkumulation, modifiziert durch die dagegen kämpfende Arbeiterschaft.

Im Anschluß an die von ihm ausgewählte Textstelle aus »Lohn, Preis und Profit« fragt Sternberg[25] dann weiter: »Ist dies richtig?« Ist es wirklich »... die allgemeine Tendenz der kapitalistischen Produktion, den durchschnittlichen Normallohn nicht zu heben, sondern zu senken?« »Hundert Jahre später«, so fährt Sternberg fort, »haben wir zunächst festzustellen: Es ist die allgemeine Tendenz der kapitalistischen Produktion, den durchschnittlichen Normallohn zu heben und nicht, ihn zu senken.«

Sternberg bezieht sich auch auf die bekannten Marxschen Sätze über das Wachstum der industriellen Reservearmee. Diese Marxsche These, zusammen mit dem von Sternberg seelenruhig aus dem Sinnzusammenhang gerissenen Satz aus »Lohn, Preis und Profit«, sind nun die Ausgangsbasis für Sternbergs Ausführungen, die in der summarischen Behauptung gipfeln, »die Marxsche Verelendungstheorie« sei unhaltbar. Sternberg schreibt dann: »Wir werden weiter zu zeigen haben, daß das Grundelement der Marxschen Verelendungstheorie – und das ist die Theorie der wachsenden industriellen Reservearmee – in den 100 Jahren durch die Tatsachen nicht bestätigt wurde.«[26]

Wie sehr Marx mit seinem Hinweis auf die Bestrebungen des Kapitals, die Löhne, wo immer möglich, auf das Existenzminimum und möglichst noch darunter zu drücken, im Recht war, wurde schon gesagt. Auf der anderen Seite war zu betonen, daß in Marx' reifen ökonomischen Werken von einer *anhaltenden* Senkung der Reallöhne in irgendeinem Zusammenhang mit der Verelendung des Proletariats nicht die Rede ist und daß diese Bestrebungen des Kapitals nur so lange erfolgreich sein können, so lange die Arbeiterschaft keinen konsequenten Kampf dagegen führt. Für seinen Begriff vom Elend und der Verelendung des Proletariats sind vielmehr andere Gesichtspunkte maßgebend als die Lohnhöhe.

[24] L. B. Boudin, »Das theoretische System von Karl Marx«, Stuttgart 1909, S. 246.
[25] Sternberg, a. a. O. »Anmerkungen ...«, S. 8.
[26] Ebd., S. 9.

Sternberg und andere vor und nach ihm schreibende Autoren haben dagegen mit ihrem Hinweis recht, daß die von Marx behauptete *relative* Zunahme der industriellen Reservearmee, also die raschere Zunahme der Arbeitslosen als die der Beschäftigten, bisher empirisch nicht bestätigt worden ist.

Sternberg behauptet ferner, »das Grundelement« der Marxschen Verelendungstheorie sei die Theorie der wachsenden industriellen Reservearmee.[27] Doch ist auch diese Behauptung Sternbergs anfechtbar. Zum einen gibt es überhaupt keine Marxsche »Verelendungs*theorie*«, sodann ist es sehr willkürlich, gerade die Marxsche Prognose der wachsenden industriellen Reservearmee als »das Grundelement« der Marxschen Ansicht von der künftigen Lage des Proletariats in der kapitalistischen Wirtschaftsordnung aufzufassen. Zweitens ist die Prognose von der absoluten und der relativen Zunahme der industriellen Reservearmee zwar eine der Stützen für Marx' Ansicht, daß die Lage der Arbeiterklasse sich im Verlaufe der Kapitalakkumulation verschlechtern muß, aber sie ist keineswegs die einzige Stütze. Marx denkt vielmehr vor allem an die zukünftige *soziale* und die *politische* Lage des Proletariats. Auf diesen Marxschen Begriff »Verelendung« ist jetzt einzugehen.

An einer bekannten Stelle des Abschnittes über das allgemeine Gesetz der kapitalistischen Akkumulation bezieht sich Marx auf die wachsende Verschlechterung der *Arbeitsverhältnisse* des Proletariats, die seit der industriellen Revolution eingetreten war. Er schreibt (I, S. 674f):

»... alle Mittel zur Entwicklung der Produktion schlagen um in Beherrschungs- und Exploitationsmittel des Produzenten, verstümmeln den Arbeiter in einen Teilmenschen, entwürdigen ihn zum Anhängsel der Maschine, vernichten mit der Qual seiner Arbeit ihren Inhalt, entfremden ihm die geistigen Potenzen des Arbeitsprozesses, im selben Maße, worin letzterem die Wissenschaft als selbständige Potenz einverleibt wird; sie verunstalten die Bedingungen, innerhalb deren er arbeitet, unterwerfen ihn während des Arbeitsprozesses der kleinlichst gehässigen Despotie, verwandeln seine Lebenszeit in Arbeitszeit, schleudern sein Weib und Kind unter das Juggernautrad des Kapitals (das Juggernautrad ist ein Rad am Wagen des indischen Gottes Wischnu, von dem sich die Gläubigen bei Prozessionen zermalen ließen). Aber alle Methoden zur Produktion des Mehrwerts sind zugleich Methoden der Akkumulation, und jede Ausdehnung der Akkumulation wird umgekehrt Mittel zur Entwicklung jener Methoden. Es folgt daher, daß im Maße wie Kapital akkumuliert, *die Lage* des Arbeiters, *welches immer seine Zahlung, hoch oder niedrig*, sich verschlechtern muß. Das Gesetz endlich, welches die relative Übervölkerung

[27] Sternberg, »Anmerkungen ...«, S. 9.

oder industrielle Reservearmee stets mit Umfang und Energie der Akkumulation in Gleichgewicht hält, schmiedet den Arbeiter fester an das Kapital als den Prometheus die Keile des Hephaestos an den Felsen. Es bedingt eine der Akkumulation von Kapital entsprechende Akkumulation von Elend. Die Akkumulation von Reichtum auf dem einen Pol ist also zugleich Akkumulation von Elend, Arbeitsqual, Sklaverei, Unwissenheit, Brutalisierung und moralischer Degradation auf dem Gegenpol, d. h. auf Seite der Klasse, die ihr eigenes Produkt als Kapital produziert ...«
Hier wird abermals klar, daß Marx mit dem Wort »Elend« keineswegs nur eine unterdurchschnittliche Lohnhöhe bezeichnen will. Das hatte z. B. schon Heinrich Cunow in seinem genannten Aufsatz von 1899 z. T. richtig erfaßt. Cunow schrieb, wenn man die Marxschen Ausführungen dahin interpretiere, daß unter »Verelendung« nur Lohnverschlechterung bzw. Rückgang der allgemeinen Lebenshaltung der Arbeiterschaft verstanden werden könne, dann allerdings wäre die »Verelendungstheorie« nicht haltbar. »Aber wo steht«, so fragt Cunow weiter, »daß Marx unter den Rückwirkungen der kapitalistischen Akkumulation auf die Arbeitsverhältnisse nur den Rückgang des materiellen Lebensunterhaltes versteht? Er spricht vielmehr an der oben erwähnten Stelle von einer ›Masse des Elends, des Druckes, der Knechtschaft, der Entartung, der Ausbeutung‹. Soll das Wort ›Verlendung‹ in seiner Anwendung auf diese Seite der von Marx charakterisierten geschichtlichen Tendenz der kapitalistischen Akkumulation einen Sinn haben, so kann darunter nicht ein bloßer absoluter Rückgang der wirtschaftlichen Existenzlage des Arbeiters, sondern nur ein Rückgang seiner gesellschaftlichen Gesamtlage im Verhältnis zur fortschreitenden kulturellen Entwicklung verstanden werden, also im Verhältnis zur Zunahme der Produktivität und der Steigerung der allgemeinen Kulturbedürfnisse. Selbst wenn sich in unserer Entwicklung eine auf Hebung der wirtschaftlichen Lage der Arbeiterklasse gerichtete allgemeine Tendenz nachweisen ließe, könnte doch von einer zunehmenden Verelendung gesprochen werden, sofern nur gleichzeitig in noch höherem Grade unser Kulturstand sich erhöhte und mit ihm die Anschauung über die zum Leben in der Gesellschaft erforderlichen Existenzmittel. Der Begriff ›Elend‹ steht ebensowenig eindeutig fest wie der mit ihm zusammenhängende Begriff des gewohnheitsmäßig notwendigen Lebensunterhaltes. Er ist nicht an eine bestimmte Lohnhöhe oder Art der Lebensfristung gebunden; er richtet sich nach den sozialen Lebensanschauungen, nicht zum wenigsten gerade der unteren Schichten selbst, und wechselt demnach innerhalb der verschiedenen Gesellschaftsformen.«[28] Auch Eduard Bernstein hatte in seiner vorrevisionistischen Periode den

[28] H. Cunow, a. a. O., S. 402.

wahren Sinn des Marxschen Begriffes »Elend« sehr wohl erfaßt. In seiner Polemik gegen J. Wolf vertritt Bernstein die Ansicht, daß mit der Marxschen Darstellung im »Kapital« eine Verbesserung der wirtschaftlichen Lage der Arbeiter wohl vereinbar ist, daß die in dieser Hinsicht gegen Marx erhobenen Einwände grundlos sind, da »dessen Lehre keineswegs das beständige Sinken des Arbeitslohns zur Grundlage hat«.[29] Auch Louis B. Boudin[30] hatte darauf hingewiesen, daß Marx eine wachsende wirtschaftliche Verarmung der breiten Massen nicht als notwendige Folge der kapitalistischen Weiterentwicklung ansah.

Die Feststellungen über die Arbeits- und Existenzbedingungen großer Schichten der Arbeiterschaft, vor allem in England, in und bis zu der Periode, in der Marx schrieb, haben seitdem bekanntlich in den fortgeschritteneren Industrieländern in mancher Hinsicht, und nicht zuletzt durch die vielen Jahrzehnte dauernden Rebellionen und Arbeitskämpfe der sich organisierenden und erstarkenden Arbeiterschaft, in mehrfacher Hinsicht starke Einschränkungen erfahren. »Weib und Kind« des Arbeiters geraten heute, da sie meist keine Fabrikarbeit mehr tun müssen, kaum noch direkt unter das »Juggernautrad« des Kapitals. Dennoch sind einige sehr wesentliche, von Marx hervorgehobene Faktoren schlechter Arbeitsbedingungen nach wie vor oder gar in höherem Maße vorhanden als damals. Ist denn z. B. der individuelle Arbeiter im heutigen Produktionsprozeß, in den modernen Riesenunternehmungen, gegenüber der stets wachsenden Maschinerie, der Rationalisierung und Automatisierung, nicht mindestens ebenso hilflos wie zu Marx' Zeiten gegenüber den damaligen Arbeitsbedingungen? Schrumpft denn nicht der einzelne, sein Wille, sein Planen für seine Zukunft und seine Familie, in den immer größer werdenden Riesenbetrieben – als Ausdruck der immer mehr anwachsenden Konzentration des heutigen Produktionsprozesses – immer mehr zu völliger Ohnmacht und Abhängigkeit gegenüber dem Wie und dem Was des ihn völlig beherrschenden, fremden Eigentümern gehörenden Produktionsapparates zusammen, selbst wenn der einzelne heutzutage innerhalb gewisser Grenzen etwas Rückhalt durch den Schutz hat, den ihm vor allem die Gewerkschaften bieten? Immer spezialisierter, immer intensiver werden viele Arbeitsverrichtungen; immer weniger bedeutet der einzelne noch etwas im stets wachsenden Großbetrieb, der ihm zwar meist pünktlich, ja auch schon automatisch, den Lohn zahlt, der ihn aber ebenso prompt aufs Straßenpflaster wirft, wenn die Profitnotwendigkeiten, die Absatzschwierigkeiten, die schlechte Wirtschaftskonjunktur, seine Entlassung aus dem Arbeitsprozeß erfordern. Das ewige Risiko des Verlustes der nackten Existenz, die Arbeitslosigkeit, schwebt auch heute unheilvoll über jeder kapi-

[29] E. Bernstein. In: »Die Neue Zeit«, Jahrg. XI, 1. Bd., S. 539.
[30] L. B. Boudin, a. a. O., S. 237.

talistischen Produktion. Die Wirtschaftskrise bedroht nicht nur den Proletarier im engeren Sinn, sondern auch die riesig angewachsene Schar der Industrieangestellten, von der Sekretärin bis zum Absatzspezialisten, überhaupt die vom Kapital abhängigen Mittelschichten, die Marx nicht mehr genauer behandeln konnte; er kam nur bis zum Anfang des entsprechenden Kapitels über die Klassen. (III, S. 892f)

Trotz erheblicher Verbesserungen der Arbeitsbedingungen für bestimmte Schichten der Arbeiterschaft wird man die Prognose einer zunehmenden Verschlechterung der *Lage* der Arbeiterschaft nicht leichtfertig als widerlegt abtun können. Von einer Akkumulation des Elends kann man im Marxschen Sinne insofern sprechen, als mit der wachsenden Bevölkerungszahl sowohl die Zahl der Arbeitsfähigen wie die der Beschäftigten zugenommen hat. Da nämlich alle Beschäftigten – auch die Arbeiterschichten mit gehobenen Arbeitslöhnen – *ausgebeutet* werden und jeder einzelne von der Beschäftigungsmöglichkeit abhängig bleibt, so bedeutet die Zunahme auch der Zahl der Beschäftigten in den kapitalistischen Industrieländern ein Wachstum der »Masse« der Ausgebeuteten, also in diesem Sinne eine Zunahme des Elends, da nach der Voraussetzung die Lage des *Durchschnitts* aller Arbeitergruppen, sowohl der besser wie der schlechter bezahlten, ein »Elend« ist. Auch die Schicht der jeweils Arbeitslosen, die industrielle Reservearmee, muß in die Betrachtung der Lage der Arbeiterschaft einbezogen werden; denn wer heute Arbeit hat, kann morgen entlassen sein. Überhaupt besteht ja zwischen den Beschäftigten und den Arbeitslosen keine grundsätzliche Trennungslinie. Noch einmal muß betont werden: Das Proletariat besteht zu jedem gegebenen Zeitpunkt aus diesen beiden Personengruppen. Und wenn 5 Mill. beschäftigte Arbeiter ausgebeutet werden, so ist die Masse des Elends, nämlich der Umkreis der Betroffenen, größer, als bei 4 Mill. Dies ist der klare Sinn der Worte »Akkumulation des Elends«, die der Akkumulation des in der Produktion fungierenden Kapitals entspricht, und der Sinn des Ausdrucks »Elend stets wachsender Schichten der aktiven (beschäftigten) Arbeiterarmee«.

In fast allen Diskussionen für oder gegen die sogenannte »Marxsche Verelendungs-Theorie wurde außer acht gelassen, daß sein Begriff »Elend« einen viel weiter gefaßten und tieferen Sinn hat als den einer bloßen Lohnverelendung, die er, wie betont wurde, in seinen Spätwerken auch nicht vertrat. Bei Marx bedeutet »Verelendung« bzw. »Elend« vielmehr, in Übereinstimmung mit dem allgemein gebräuchlichen Wortsinn, die allgemein gedrückte menschliche Existenz, die schlechte und unwürdige soziale Lage; beim Proletariat speziell die Hilflosigkeit in den Existenzbedingungen der vom Kapital Ausgebeuteten und Abhängigen. Das geht schon aus den wiedergegebenen Marxschen Texten, vor allem im I. Bande des »Kapital«, klar hervor, wo von der »Lage«, von den »Arbeitsverhältnissen« der Arbeiter, von ihren »Existenzbedingungen«, von dem an Maschinen Arbeitenden als einem verstümmelten »Teilmenschen«, von der »Arbeitsqual«, von der »Unwissenheit«, von der »Brutalisierung« und von »moralischer Degradation« des Menschen die Rede ist, der vom Produktionsprozeß beherrscht wird, anstatt ihn zu beherrschen. Elend bedeutet die Grundtatsache, daß im industriekapitalistischen Wirtschaftssystem der produktive, Werte erzeugende Mensch vom Besitz an den Produktionsmitteln ausgeschlossen ist, so daß sie dem arbeitenden Menschen als fremde, sein Schicksal beherrschende Macht gegenübertreten. *Das* ist das Elend! Das Elend besteht nicht darin, heute höheren, morgen geringeren Lohn zu empfangen, sondern darin, überhaupt Proletarier, abhängiger, ausgenutzter Lohnempfänger zu sein, der über den Produktionsertrag nicht verfügen darf.

»Verelendung« bedeutet nicht die Verelendung *innerhalb* des kapitalistischen Systems, sondern die *Herstellung* des Systems selbst, in welchem das proletarische Schicksal sich vollzieht.[31]

Die Bewegung der Löhne ist bei Marx nur *ein* Index unter anderen für die Lebenslage, für die Arbeitsbedingungen des schaffenden, vom Kapital abhängigen und ausgenutzten Menschen.[32] Das entscheidende Kriterium für das Elend der Arbeiterschaft ist also ihre gedrückte, niedrige, erniedrigte Stellung im gesellschaftlichen Ganzen, ihre mangelnde Möglichkeit, am Kulturleben ihres Landes und Zeitalters teilzunehmen. Sie sind nicht in der Lage als Menschen zu arbeiten, denen die Arbeit keine Last, kein Zwang, keine Bedrückung unter fremdem Diktat ist, und zu erfahren, daß Arbeit eine Lust, die Erfüllung eines Lebensinhalts, die Verwirklichung ihres Menschseins sein kann.

Gegen die von so vielen Marx-Deutern willkürlich vorgenommene Einengung und Verlagerung des Marxschen Elendsbegriffes auf eine bloße Lohnfrage spricht mit aller Eindeutigkeit schon die oben wiedergegebene Bemerkung aus dem »Kapital«, daß in dem Maße, wie das Kapital akkumuliert, die Lage des Arbeiters sich verschlechtern muß, ». . . *welches immer seine Zahlung* (sei), *hoch oder niedrig*«. Und in seiner Kritik des Gothaer Programms (1875) heißt es abermals, das System der Lohnarbeit sei ». . . ein System der Sklaverei, und zwar einer Sklaverei . . ., die im selben Maße härter wird, wie sich die gesellschaftlichen Produktivkräfte entwickeln, ob nun der Arbeiter bessere oder schlechtere Zahlung empfange.«[33]

Zu diesem Begriff des Elends steht natürlich nicht im Widerspruch,

[31] Werner Hofmann, in: »Folgen einer Theorie. Essays über ›Das Kapital‹ von Karl Marx«, (mehrere Verfasser), Frankfurt a. M. 1967.
[32] Ebd.
[33] MEW, Bd. 19, S. 26.

daß auch ein Sinken der Löhne eine Zunahme der Verelendung des Proletariats mit sich bringt. Entscheidend ist jedoch nicht der Reallohn pro Kopf der jeweils Beschäftigten für die Verelendung im Marxschen Sinne, sondern der Umkreis, die Zahl der lohnabhängigen, in dauernder Existenzangst lebenden, in einem mehr und mehr mechanisierten, geisttötenden und die Nerven ruinierenden Arbeitsprozeß eingespannten, wirtschaftlich ausgebeuteten Menschen. Und da ihre Zahl unbestreitbar in allen kapitalistischen Industrieländern stetig zunimmt, so ist die Marxsche Behauptung einer wachsenden Verelendung des arbeitenden Menschen im kapitalistischen Wirtschaftssystem schwer zu widerlegen.

An dieser Stelle ist jedoch eine wichtige Erweiterung des Proletariatsbegriffes notwendig. Bei seinen Überlegungen im vorigen Jahrhundert dachte Marx vor allem an den körperlich fronenden produktiv Tätigen. Aber infolge der besonders in den letzten Jahrzehnten laufend steigenden Erhöhung der Arbeitsproduktivität, fortschreitender Technisierung und Mechanisierung der Arbeitsverrichtungen, nimmt der Anteil der nur oder vorwiegend körperlich Arbeitenden an der Gesamtzahl der produktiv Schaffenden ständig ab, so daß zunehmend ein Teil der in früheren Zeiten rein physischen Arbeitsverrichtungen anderen, mehr mechanisierten Arbeitsverrichtungen gewichen ist. Z. B.: Registrieren und Kontrollieren der Maschinen, Apparate und Anlagen, Reparaturen u. dgl. Zwischen einem Magazinverwalter von heute und einem die Maschinerie kontrollierenden Arbeiter besteht kaum noch solch ein gravierender Unterschied wie zwischen dem körperlich schwer fronenden Arbeiter des vergangenen Jahrhunderts und dem damaligen Magazinverwalter. Zugleich und infolge desselben Prozesses der fortschreitenden Mechanisierung der Arbeitsverrichtungen nimmt aber der Anteil der nervlich belasteten und erschöpften Arbeiter an der Gesamtzahl der produktiv Tätigen zu, ebenso wie die nervliche Belastung der Angestellten aller Produktionszweige offensichtlich zugenommen hat, ohne daß man diese quantitativ genau messen kann. Die zunehmende Spezialisierung der Produktionszweige, die Produktion immer neuer Warensorten, die Entstehung immer neuer Produktionsbranchen, das immer mehr zunehmende und verzweigte Transportwesen zu Lande, zu Wasser und in der Luft, sowie der entsprechend zunehmende Umfang der Verwaltung und Organisierung aller dieser Tätigkeiten, haben zur Entstehung immer neuer Berufe und neuer Dienstleistungen geführt, deren Ausführende ebenfalls und anscheinend in zunehmendem Umfange nervlichen Belastungen ausgesetzt sind. Die Zahl der Industrie- und Verwaltungsangestellten sowie der Beamten ist dabei im Verhältnis zu den nur körperlich tätigen Arbeitern prozentual noch mehr gestiegen, als die Zahl der körperlich Arbeitenden abgenommen hat.

Die offenbar zunehmende Zahl der nervösen und Kreislauferkrankungen und der bereits in frühen Lebensjahren erschöpften, abgekämpften, »verbrauchten« Menschen, die entweder direkt oder indirekt im Industrieprozeß oder für die Aufrechterhaltung des kapitalistischen Wirtschaftssystems tätig sind, spricht eine deutliche Sprache für eine echte zunehmende Verelendung des Schaffenden.[34]

Für eine vertiefte Diskussion der Frage, ob eine zunehmende Verelendung des produktiv schaffenden Menschen im kapitalistischen Wirtschaftssystem stattfindet, ist auch die Frage der Lohn- (oder Gehalts-)höhe in ihrer Beziehung zum Energie- und Nervenverbrauch von größter Wichtigkeit.

Bei den Diskussionen über die Beziehungen zwischen der Lohnhöhe und der Lage des Proletariats wird nämlich nur selten untersucht, ob unter den modernen industriekapitalistischen Arbeitsbedingungen ein Gleichbleiben oder sogar Steigen der Reallöhne zur vollständigen Herstellung der beim Arbeitsprozeß verbrauchten Arbeitskraft wirklich ausreicht; denn auch ein Steigen des Reallohns nutzt dem produktiv schaffenden Menschen nichts, wenn er damit seine in dem betreffenden Arbeitszeitabschnitt (Tag, Woche usw.) verbrauchte Arbeitskraft nicht *völlig* wiederherstellen kann. Bekanntlich ist die Wertgröße des Arbeitslohns im Durchschnitt gleich derjenigen der Existenzmittel – Nahrung, Kleidung, Wohnung u. a. –, die der arbeitende Mensch braucht, um seine Arbeitskraft nicht etwa irgendwie und notdürftig, sondern *vollständig* wiederherzustellen. In »Lohn, Preis und Profit« liest man hierüber: »Bei der Verlängerung des Arbeitstages mag der Kapitalist höhern Arbeitslohn zahlen und dennoch den *Wert der Arbeit* senken, falls die Lohnsteigerung nicht der herausgepreßten größeren Arbeitsmenge und so herbeigeführten rascheren Zerrüttung der Arbeitskraft entspricht ... Selbst bei gegebnen Grenzen des Arbeitstags, wie sie jetzt in allen den Fabrikgesetzen unterworfnen Industriezweigen existieren, kann eine Lohnsteigerung notwendig werden, schon um den alten Normalwert der Arbeit aufrechtzuerhalten. Durch Erhöhung der *Intensität* der Arbeit mag ein Mann dazu gebracht werden, in einer Stunde soviel Lebenskraft zu verausgaben wie früher in zwei.«[35]

Man sah schon früher, daß Mehrarbeit nicht nur durch die Verlängerung des Arbeitstages, sondern auch durch Intensivierung des Arbeitsprozesses bei gleichbleibender Länge, ja sogar bei gleichzeitiger Verkürzung des Arbeitstages erzwungen werden und dadurch eine vorzeitige Erschöpfung der Arbeitskraft ver-

[34] Einzelheiten finden sich in Büchern über die Automatisierung des Produktionsprozesses; z. B. in dem Buch: »Automation und technischer Fortschritt in Deutschland und den USA. Ausgewählte Beiträge«, Redaktion: Günter Friedrichs, Frankfurt a. M. 1963; speziell in dem Beitrag von Siegfried Braun, a. a. O., S. 293 ff.

[35] MEW, Bd. 16, S. 145.

ursacht werden kann. Diese Methode der Erhöhung der Ausbeutung führt daher zur Verkürzung der Lebensdauer oder, infolge des vorzeitigen Verbrauchs der Arbeits- und der Nervenkräfte des arbeitenden Menschen, zu seiner vorzeitigen menschlichen Verkümmerung, denn auch ein vorzeitig verbrauchter Mensch ist ein verelendeter Mensch. Die Folge besonders der Einführung der Maschinenarbeit sowie der immer weitergetriebenen Mechanisierung der Arbeitsprozesse war schon zu Marx' Lebzeiten in weitem Umfange eine geistige »Verkrüppelung des individuellen Arbeiters« und seine »intellektuelle Verödung«. Die Manufaktur ». . . verkrüppelt den Arbeiter in eine Abnormität, indem sie sein Detailgeschick treibhausmäßig fördert, durch Unterdrückung einer Welt von produktiven Trieben und Anlagen . . . Die besonderen Teilarbeiten werden nicht nur unter verschiedne Individuen verteilt, sondern das Individuum selbst wird geteilt, in das automatische Triebwerk einer Teilarbeit verwandelt.« (I, S. 381)

Wie schon betont, wurde und wird die Intensivierung der Arbeit seit Marx' Zeiten bekanntlich besonders durch die Automatisierung der Arbeit gesteigert, deren wesentliche Eigenschaften man an früherer Stelle als »Rationalisierung« der Arbeit kennenlernte. So bedeutet die moderne Produktionsweise ein »ununterbrochenes Opferfest der Arbeiterklasse« (I, S. 511).

Selbst eine während langer Zeiträume erfolgende Reallohnsteigerung bedeutet also dann keine Verbesserung der Lage des Proletariats, wenn diese Reallohnsteigerung nur oder nicht einmal dazu ausreicht, um den durch die größere Intensität der Arbeit verursachten entsprechend größeren Raubbau an der Arbeitskraft durch längere Erholungsdauer oder durch ärztliche Betreuung wiederherzustellen.

Bei der Feststellung der Reallöhne ist auch zu beachten, daß die Lohnstatistiken meistens nur die Arbeiter der hochindustrialisierten kapitalistischen Länder erfassen, während für die Entscheidung der Frage, ob und inwieweit eine absolute Verelendung des Proletariats stattfindet, auch die Lohnhöhe nicht nur dieser Arbeiter, sondern auch der einheimischen, für europäische oder USA-Unternehmungen arbeitenden Menschen in anderen Ländern herangezogen werden muß. Hierüber gibt es nur äußerst spärliche Angaben.

Für die kapitalistischen Industrieländer selbst genügt es nicht, die Lohnentwicklung nur für die qualifizierten Industriearbeiter festzustellen, sondern es muß auch die der ungelernten Arbeiter erfaßt und die Unterstützung für die Arbeitslosen herangezogen werden, also für denjenigen Teil des Proletariats, der für längere oder kürzere Zeit überhaupt kein Lohnempfänger ist. Mit anderen Worten, es müssen für die Feststellung der Lohnhöhe das *gesamte* Proletariat eines Landes nicht nur Angaben über die

qualifizierten, privilegierten Arbeiterschichten herangezogen werden.
Ein anderer Komplex von Faktoren, der zu einer Akkumulation des Elends der Arbeiter führen kann, muß ebenfalls in Betracht gezogen werden. Es ist nämlich kaum ein Zufall, daß auch in diesem 23. Kapitel des I. Bandes des »Kapital«, und gleich mehrfach, wieder von den periodischen Wirtschaftskrisen die Rede ist, einer Erscheinung, die Marx durch das ganze »Kapital« hindurch geradezu verfolgt. Wie schon bemerkt wurde, stützt sich die These von der relativen Zunahme der industriellen Reservearmee wohl nicht nur auf die Unfähigkeit der aufstrebenden Maschinenindustrie Englands nach den zwanziger Jahren des vorigen Jahrhunderts, große Teile der damals vom Lande in die Städte strömenden Scharen von Arbeitsuchenden zu absorbieren, sondern vielleicht auch auf den Gedanken an eine Verschärfung der Wirtschaftskrisen. Die von vielen Verfassern neuerdings geäußerte Ansicht, daß sich die Wirtschaftskrisen seit Marx' Tod immer mehr abgeschwächt hätten, wurde in den letzten Jahren u. a. von Joseph M. Gillman[36] angefochten, der sich im 9. Kapitel seines von uns besprochenen Buches mit mehreren Volkswirtschaftlern, wie Gustav Cassel, Prof. Wesley C. Mitchell u. a. über die Frage nach dem Verlauf der Wirtschaftskrisen in den letzten Jahrzehnten auseinandersetzt. Gillman gelangt zu dem Schluß, daß sich die Krisen – entgegen den Ansichten Cassels, Mitchells u. a. – in dem Zeitraum von 1865 bis 1940 eher verschärft haben. Sollten Gillmans Ergebnisse der Kritik standhalten, so würde dies eine starke Stütze für Marx' Ansicht über das relative Wachstum der industriellen Reservearmee sein; ein Wachstum, das dann allerdings nicht in den Zeiten guter Konjunktur, sondern nur von Krise zu Krise stattfinden würde. Weitere Einzelheiten finden sich in den modernen Büchern über Wirtschaftskrisen.
Jedenfalls ist es weit gefehlt, die Frage nach der zunehmenden Verelendung des schaffenden Menschen in die Rumpelkammer »erledigter« Marxscher Ansichten zu werfen.

4. »Absolute« und »relative« Verelendung

Die keineswegs von Marx stammende, sondern ihm zugeschobene Ansicht, daß sich der physiologische Lebensstandard der Arbeiterschaft im Laufe der kapitalistischen Entwicklung infolge eines anhaltenden Sinkens der Reallöhne verschlechtern muß, hat man die »Theorie der *absoluten* Verelendung« genannt. Davon unterscheidet man die »Theorie der *relativen* Verelendung« des Proletariats, die besagt, daß sich die soziale und wirtschaftliche Kluft zwischen der Arbeiterschaft und den Kapitalbesitzern auch dann

[36] Gillman, a. a. O., Kap. 9.

verbreitert, wenn die Reallöhne gleichbleiben oder gar steigen, weil nämlich die Profite noch rascher steigen als die Reallöhne. Während nach der Theorie der absoluten Verelendung sich die Wirtschaftslage des Proletariats fortlaufend oder zumindest während eines langen Zeitabschnitts in entscheidender Weise im Vergleich zu seiner früheren Wirtschaftslage (»absolut«) verschlechtert, soll der Ausdruck »relative Verelendung« der Arbeiterschaft bedeuten, daß der *Abstand* zwischen dem von ihr hervorgebrachten Reichtum der Gesellschaft und dem *Anteil*, den sie davon erhält, im Laufe der Zeit zunimmt.[37]

Im 15. Kapitel des I. Bandes des »Kapital« heißt es bei der Erörterung der Beziehungen zwischen der Größe des Mehrwerts und der Bezahlung der Arbeitskraft, daß sich auch bei wachsender Kaufkraft des Arbeitslohns (also bei steigendem Reallohn) die Kluft zwischen den Lebenslagen von Arbeiter und Kapitalbesitzer *erweitert*, »wenn der Mehrwert rascher zunimmt als der Reallohn«. Auch die vorhin wiedergegebene Textstelle aus dem 24. Kapitel des I. Bandes des »Kapital« über die zunehmende industrielle Reservearmee, die zunehmende Abhängigkeit des Arbeiters von den Arbeitsmöglichkeiten, den Arbeitsbedingungen und über das mit dem Fortgang des Kapitalwachstums zunehmende Existenzrisiko enthält den Gedanken an eine Verschlechterung der Lage des Proletariats, an seine zunehmende soziale Verelendung und damit an seine relative Verelendung.

Hinweise auf eine relative Verelendung des Proletariats im wirtschaftlichen Sinn finden sich schon in Marx' Artikelserie »Lohnarbeit und Kapital« aus dem Jahre 1849:

»Ein Haus mag groß oder klein sein, solange die es umgebenden Häuser ebenfalls klein sind, befriedigt es alle gesellschaftlichen Ansprüche an eine Wohnung. Erhebt sich aber neben dem kleinen Haus ein Palast, und das kleine Haus schrumpft zur Hütte zusammen. Das kleine Haus beweist nun, daß sein Inhaber keine oder nur die geringsten Ansprüche zu machen hat, und es mag im Laufe der Zivilisation in die Höhe schießen noch so sehr, wenn der benachbarte Palast in gleichem oder gar in höherem Maße in die Höhe schießt, wird der Bewohner des verhältnismäßig kleinen Hauses sich immer unbehaglicher, unbefriedigter, gedrückter in seinen vier Pfählen finden ...

Ein merkliches Zunehmen des Arbeitslohns setzt ein rasches Wachstum des produktiven Kapitals voraus. Das rasche Wachstum des produktiven Kapitals ruft ebenso rasches Wachstum des Reichtums, des Luxus', der gesellschaftlichen Bedürfnisse und der gesellschaftlichen Genüsse hervor. Obgleich also die Genüsse des

[37] Über die Begriffe »relative« und »absolute« Verelendung vgl. z. B. Eduard März, »Die Marxsche Wirtschaftslehre«, Seiten 18 und 113ff und: »Politische Ökonomie. Lehrbuch«, Berlin-Ost 1960, S. 144ff sowie Louis Zimmermann: »Geschichte der theoretischen Volkswirtschaftslehre«, 2. Aufl., Köln-Deutz 1961, S. 102f.

Arbeiters gestiegen sind, ist die gesellschaftliche Befriedigung, die sie gewähren, gefallen im Vergleich mit den vermehrten Genüssen des Kapitalisten, die dem Arbeiter zugänglich sind, im Vergleich mit dem Entwicklungsstand der Gesellschaft überhaupt. Unsere Genüsse und Bedürfnisse entspringen aus der Gesellschaft; wir messen sie daher an der Gesellschaft; wir messen sie nicht an den Gegenständen ihrer Befriedigung. Weil sie gesellschaftlicher Natur sind, sind sie relativer Natur ...«[38]

»Steigt z. B. in guten Geschäftszeiten der Arbeitslohn um 5 Prozent, der Profit dagegen um 30 Prozent, so hat der verhältnismäßige, der relative Arbeitslohn *nicht zugenommen*, sondern *abgenommen*. Vermehrt sich also die Einnahme des Arbeiters mit dem raschen Wachstum des Kapitals, so vermehrt sich gleichzeitig die gesellschaftliche Kluft, die den Arbeiter vom Kapitalisten scheidet, so vermehrt sich gleichzeitig die Macht des Kapitals über die Arbeit, die Abhängigkeit der Arbeit vom Kapital ...«

»Günstigste Bedingung für die Lohnarbeit ist möglichst rasches Wachstum des produktiven Kapitals, heißt nur: Je rascher die Arbeiterklasse die ihr feindliche Macht, den fremden, über sie gebietenden Reichtum vermehrt und vergrößert, unter desto günstigeren Bedingungen wird ihr erlaubt, von neuem an der Vermehrung des bürgerlichen Reichtums, an der Vergrößerung der Macht des Kapitals zu arbeiten, zufrieden, sich selbst die goldenen Ketten zu schmieden, woran die Bourgeoisie sie hinter sich herschleift ...«[39]

In seiner »Inauguraladresse der Internationalen Arbeiter-Assoziation« schreibt Marx über den Zeitraum von 1848–1864, daß überall die Massen der Arbeiterklasse tiefer sinken ...

»... in demselben Verhältnis wenigstens, als die Klassen über ihnen in der gesellschaftlichen Waagschale aufschnellten. Und so ist es jetzt in allen Ländern Europas eine Wahrheit, erwiesen für jeden vorurteilsfreien Geist und nur geleugnet durch die interessiert klugen Prediger eines Narrenparadieses, daß keine Entwicklung der Maschinerie, keine chemische Entdeckung, keine Anwendung der Wissenschaft auf die Produktion, keine Verbesserung der Kommunikationsmittel, keine neuen Kolonien, keine Auswanderung, keine Eröffnung von Märkten, kein Freihandel, noch all diese Dinge zusammengenommen, das Elend der arbeitenden Massen beseitigen können, sondern daß vielmehr umgekehrt, auf der gegenwärtigen falschen (gemeint ist: kapitalistischen) Grundlage, jede frische Entwicklung der Produktivkräfte der Arbeit dahin streben muß, die *sozialen Kontraste* zu vertiefen und den *sozialen Gegensatz* zuzuspitzen ...« [40] (Hervorhebungen von mir; E. L.)

[38] MEW, Bd. 6, S. 411f.
[39] MEW, Bd. 6, S. 415f.
[40] MEW, Bd. 16, S. 9.

Diese Sätze kann man jedoch kaum als eine »Theorie« der relativen Verelendung bezeichnen. Marx weist vielmehr – mit vollem Recht – nur darauf hin, daß auch bei einem Gleichbleiben oder gar bei einem Steigen der Reallöhne, also selbst bei einem sich bessernden Lebensstandard der Arbeiterschaft, die *soziale Kluft* zwischen ihr und dem Großkapital sich erweitert, *wenn* dieses noch rascher wächst als die Löhne.

Das Eintreten einer *sehr langanhaltenden* und *starken* Reallohnsteigerung für den größeren Teil der Arbeiterschaft haben Marx und Engels allerdings nicht speziell behandelt. In seiner Inauguraladresse spricht Marx für den Zeitraum von 1848–1864 nur von einem Steigen des Reallohns ». . . für eine Minderheit der Arbeiterklasse, während in den meisten Fällen das Steigen des Geldlohns (gemeint ist: des Nominallohns, E. L.) keinen wirklichen Zuwachs von Komfort anzeigte . . .«[41] Hierbei stützte er sich auf mehrere amtliche Berichte.

Tritt eine erhebliche Reallohnsteigerung während einer langen Zeitdauer für einzelne, gewöhnlich gut qualifizierte Arbeitergruppen ein, so verbürgerlichen sie in ihrer Lebenshaltung und Denkweise; sie denken und fühlen sich zwar nicht als Großkapitalisten, aber auch nicht mehr als Arbeiter. Hierzu schreibt Engels in einem Brief vom 7. Oktober 1858 an Marx,

». . . daß das englische Proletariat faktisch mehr und mehr verbürgerlicht, so daß diese bürgerlichste aller Nationen es schließlich dahin bringen zu wollen scheint, eine bürgerliche Aristokratie und ein bürgerliches Proletariat neben der Bourgeoisie zu besitzen.«[42]

Während bei Marx von einer Theorie der absoluten Verelendung im Sinne eines langfristigen Sinkens der Reallöhne keine Rede sein kann (von der Auffassung Henryk Grossmanns über die Marxsche Verelendungs- und Zusammenbruchslehre sehen wir hier ab), finden sich aber, wie man soeben sah, bei Marx gelegentliche Anklänge an eine Theorie der *relativen* Verelendung des Proletariats. In »Lohnarbeit und Kapital« heißt es: »Der reelle Arbeitslohn mag derselbe bleiben, er mag selbst steigen, und der relative Arbeitslohn kann nichtsdestoweniger fallen.«[43] In den »Theorien über den Mehrwert«, II. Band, schreibt er von der Vermehrung des »fund« (= Fonds), d. h. des Gesamteinkommens der kapitalistischen Gesellschaft, wovon *ein* Teil von den Arbeitern, ein *anderer* Teil von den Kapitalisten und Bodenbesitzern konsumiert wird. Der Zweck der kapitalistischen Produktion gehe dahin, mit einer gegebenen Masse von Reichtum (Kapital) möglichst viel Mehrwert hervorzubringen, d. h. den »fund« der Gesellschaft möglichst zu vergrößern; es findet eine »Vermehrung

[41] MEW, Bd. 16, S. 9.
[42] MEW, Bd. 29, S. 358.
[43] MEW, Bd. 6, S. 413.

des fund [statt], woraus die Kapitalisten und Landlords (Grundbesitzer) ihre Revenuen ziehen durch Verminderung des fund, woraus die Arbeiter die ihre ziehen. Es folgt daraus nicht, daß der fund, woraus die Arbeiter ihre Revenue (Arbeitslohn) ziehen, *absolut* vermindert wird, sondern nur *relativ*, im Verhältnis zum Gesamtergebnis ihrer Produktion.«[44]

Aber in irgendeiner zusammenhängenden systematischen Form hat Marx sich mit der Verringerung des Lohn*anteils* am vermehrten gesellschaftlichen Reichtum nicht befaßt; er gibt auch keine Begründung für diese These. Schon deshalb kann man auch von einer Theorie der relativen Verelendung des Proletariats bei Marx kaum sprechen, zumal dieser Gedanke, von den zitierten Stellen abgesehen, in seinen Hauptwerken nicht näher ausgeführt wird. Daher weist zwar Ernst Böse in seinem Aufsatz »Das Elend der Verelendungstheorie«[45] mit Recht darauf hin, daß Marx keine Theorie der Verelendung des Proletariats aufgestellt hat. Ebenso hebt Böse richtig hervor, daß Marx sich mit der Frage der Verringerung des Lohnanteils am vermehrten Volkseinkommen, ins Verhältnis gesetzt zur Quote der Profiteinkommen, überhaupt nicht näher beschäftigt hat. Aber Böse geht doch zu weit, wenn er über Kautsky – der die These von der relativen Verelendung des Proletariats 1899 gegen Eduard Bernstein verteidigt hatte – schreibt: »Kautskys Theorie der relativen Verelendung ist eine Interpretation, die sich in keiner Weise auf Marx selbst berufen kann.« Böses Ansicht kann man nur dann zustimmen, wenn man den Ton auf das Wort »Theorie« legt, denn eine Theorie der relativen Verelendung des Proletariats hat Marx in der Tat nicht entwickelt. Daß aber Marx von einem zunehmenden wirtschaftlichen Zurückbleiben des Proletariats *im Verhältnis* zum wachsenden wirtschaftlichen Reichtum überzeugt war (ohne dieses allerdings näher zu begründen!), ist wohl angesichts der oben von uns wiedergegebenen, aus ganz verschiedenen Schaffensperioden stammenden Marxschen Bemerkungen kaum zu bezweifeln.

Im Jahre 1891, dem Jahre der Abfassung des Erfurter Programms der damaligen Sozialdemokratischen Partei Deutschlands, schrieb Engels in seiner Einleitung zu dem neuen, von ihm redigierten Sonderdruck von Marx' »Lohnarbeit und Kapital«: »Die arbeitende Klasse allein ist es, die alle Werte produziert ... Von der ganzen von ihr erzeugten Produktionsmasse erhält (also) die Arbeiterklasse nur einen Teil für sich zurück. Und, wie wir eben gesehn, wird der andre Teil, den die Kapitalistenklasse für sich behält und höchstens noch mit der Grundeigentümerklasse zu teilen hat, mit jeder neuen Erfindung und Entdeckung größer, während der der Arbeiterklasse zufallende Teil (auf die Kopfzahl berech-

[44] MEW, Bd. 26, S. 567f.

[45] In: »Gewerkschaftliche Monatshefte«, Jahrg. 9, 1958.

net) entweder nur sehr langsam und unbedeutend oder gar nicht steigt und unter Umständen sogar fallen kann.«[46] Aber auch Engels hat den Gedanken an die relative Verelendung des Proletariats nicht näher begründet.

5. Zusammenfassung und Schlußbemerkungen

Zusammenfassend ist zu sagen: Die prinzipiell schlechte und benachteiligte Lage des Proletariats ist nach Marx von der Auf- und Abwärtsbewegung ziemlich unabhängig; seine Lage ist schlecht und wird schlechter, solange das Grundübel bestehen bleibt: die Unterordnung des schaffenden Menschen unter die vom Kapital diktierten Arbeitsbedingungen und die Tatsache der Ausbeutung. Dieses Grundübel des Kapitalismus und damit den Kapitalismus selbst gilt es zu beseitigen. Der Gedanke an eine permanente Verschlechterung der Wirtschaftslage des Proletariats im kapitalistischen System findet sich nur in Marx' Frühschriften. In »Lohn, Preis und Profit« sieht er die Bemühungen des Kapitals zur permanenten Lohnsenkung nur dann als erfolgreich an, wenn die Arbeiterklasse keinen entschiedenen und gegen das System der Ausbeutung selbst gerichteten Kampf dagegen führt. Marx und Engels waren dagegen von der relativen Verelendung des Proletariats im kapitalistischen Wirtschaftssystem überzeugt, ohne diesen Gedanken im einzelnen zu begründen. Der Marxsche Begriff der Verelendung ist viel umfassender als der einer bloßen Lohnverelendung, wenn auch diese selbstverständlich ein Faktor unter mehreren anderen sein kann, welche die Verelendung charakterisieren.

Zur politischen Befreiung des arbeitenden Menschen vom Lohnsystem sieht Marx die Rebellion der geschulten Massen keineswegs immer als den einzigen Ausweg. Es fällt ihm auf, daß die kapitalistische Wirtschaft auch von sich aus gewisse Tendenzen zur fortschrittlichen Umbildung zeigen kann. Im Vorwort zu 1. Auflage des »Kapital« von 1867 steht, »daß die jetzige Gesellschaft kein fester Kristall, sondern ein umwandlungsfähiger und beständig im Prozeß der Umwandlung begriffener Organismus« (I, S. 16) sei; auch in der Behandlung der wirtschaftlichen Fragen seitens einiger offizieller Vertreter dieser Gesellschaft sei ein fortschrittliches Denken unverkennbar: »In England ist der Umwälzungsprozeß mit Händen greifbar. Auf einem gewissen Höhepunkt muß er auf den Kontinent zurückschlagen. Dort wird er sich in brutaleren oder humaneren Formen bewegen, je nach dem Entwicklungsgrad der Arbeiterklasse selbst. Von höheren Motiven abgesehen, gebietet also den jetzt herrschenden Klassen ihr eigenstes Interesse die Wegräumung aller gesetzlich kontrollier-

[46] MEW, Bd. 6, S. 598f.

baren Hindernisse, welche die Entwicklung der Arbeiterklasse hemmen. Ich habe deswegen u. a. der Geschichte, dem Inhalt und den Resultaten der englischen Fabrikgesetzgebung einen so ausführlichen Platz in diesem Bande eingeräumt. Eine Nation soll und kann von der anderen lernen ...« (I, S. 15)

Im 8. Kapitel des I. Bandes des »Kapital« wird z. B. mit Befriedigung vermerkt, wie die fortschrittliche englische Fabrikgesetzgebung, vor allem ab 1850, in manchen Industriezweigen »zu einer physischen und moralischen Wiedergeburt der Fabrikarbeiter« geführt hat, die so offenkundig war, daß sie selbst »das blödeste Auge schlug«. Es besteht aber durchaus kein Widerspruch zwischen Marx' Auffassung, daß unter bestimmten politischen und wirtschaftlichen Bedingungen die sozialistische Gesellschaft auf friedlichem Wege, unter anderen Bedingungen aber nur durch die gewaltsame Machtergreifung des Proletariats herbeigeführt werden kann. Auf einer Zusammenkunft in Amsterdam, die (1872) nach Beendigung des Haager Kongresses der I. Internationale stattfand, erklärte Marx: »Der Arbeiter muß eines Tages die politische Gewalt ergreifen, um die neue Organisation der Arbeit aufzubauen ... Aber wir (die Teilnehmer des Kongresses in Den Haag, E. L.) haben nicht behauptet, daß die Wege, um zu diesem Ziel zu gelangen, überall dieselben seien. Wir wissen, daß man die Institutionen, die Sitten und die Traditionen der verschiedenen Länder berücksichtigen muß, und wir leugnen nicht, daß es Länder gibt, wie Amerika, England und, wenn mir eure Institutionen besser bekannt wären, würde ich vielleicht noch Holland hinzufügen, wo die Arbeiter auf friedlichem Wege zu ihrem Ziel gelangen können. Wenn das wahr ist, müssen wir auch anerkennen, daß in den meisten Ländern des Kontinents der Hebel unserer Revolution die Gewalt sein muß ...«[47] Der gleichen Auffassung wie Marx über die Wahl der Mittel, um eine sozialistische Gesellschaft herbeizuführen, war auch Friedrich Engels, wie das z. B. Willi Gerns im Juli 1970 in seinem Referat in Prag im einzelnen nachweist.[48] Der Tenor der Marx-Engelsschen Schriften ist, daß die entscheidend wichtigen Änderungen der bestehenden Wirtschafts- und Sozialordnung in der Richtung auf den Sozialismus vor allem durch die politische Aktion erzielt werden müssen. So heißt es z. B. im 7. Absatz des 8. Kapitels in Band I des »Kapital«: »Die Schöpfung eines Normalarbeitstages ist daher das Produkt eines langwierigen, mehr oder weniger versteckten Bürgerkrieges zwischen der Kapitalistenklasse und der Arbeiterklasse ...« (I, S. 316)

[47] MEW, Bd. 18, S. 160.

[48] »Der Ideenkampf um Friedrich Engels und sein Werk«, Referat von Willi Gerns auf der am 1. und 2. Juli 1970 von der Zeitschrift »Probleme des Friedens und des Sozialismus« in Prag veranstalteten wissenschaftlichen Konferenz aus Anlaß des 150. Geburtstages von Friedrich Engels. – Sonderdruck aus: »Marxistische Blätter«, 8. Jahrg., Sept./Okt., 5/1970.

Auf die Frage, ob sie sich von der wachsenden Einsicht der Kapitalbesitzer allein die Selbstabschaffung der kapitalistischen Wirtschaftsweise versprechen, gibt schließlich Marx' und Engels' führende Tätigkeit in der I. Internationale ebenfalls eine ganz eindeutige Antwort.

Zwanzigstes Kapitel

Die Wirtschaftskrisen

1. Einige Kennzeichen der Krisen

Das Wort Krise kommt aus dem Griechischen und ist der Medizin entnommen, wo es soviel wie »Wendepunkt« oder »starke Erschütterung« bedeutet. Im Wirtschaftsleben und in der vorliegenden Schrift bedeutet das Wort »Krise« natürlich stets eine starke Erschütterung oder einen Wendepunkt wirtschaftlicher Vorgänge; sie bestehen in einer Unterbrechung des normalen Reproduktionsprozesses. Die genauere Beschreibung und Untersuchung der Krisen ist Sache der diesem Gegenstand gewidmeten volkswirtschaftlichen Spezialwerke, in denen man die heutigen Ansichten über die Ursachen und den Charakter der Wirtschaftskrisen findet.
Marx hat den Krisen stets seine Aufmerksamkeit geschenkt, doch eine zusammenhängende und eingehende Darstellung dieser Erscheinungen hat er weder in seinem Hauptwerk noch in seinen anderen Arbeiten hinterlassen. Was er über diesen Gegenstand geschrieben hat, findet sich meist nur in Form von ziemlich kurzen, allzu allgemein formulierten Bemerkungen, anläßlich der Diskussion anderer, wenn auch mit den Krisen zusammenhängender Erscheinungen über verschiedene Kapitel des dreibändigen »Kapital« weit verstreut. Auch in seinen dreiteiligen »Theorien über den Mehrwert« findet man einige Ausführungen über die Krisen. »Von allen Teilen des Marxschen Systems ist derjenige, welcher von den Krisen handelt, am wenigsten durchgearbeitet; mehr als andere macht er den Eindruck des Unfertigen«, schreibt Natalie Moszkowska in ihrem Buche: »Das Marxsche System«, Berlin 1929. Und Otto Bauer klagt mit Recht: »Gerade die Krisentheorie leidet darunter, daß es Marx nicht vergönnt war, sein Lebenswerk selbst zu vollenden.«[1] Das Fehlen einer von Marx selbst ausgearbeiteten systematischen Behandlung der

[1] Otto Bauer, »Marx' Theorie der Wirtschaftskrisen«. In: Die Neue Zeit, 23. Jahrg., Erster Band, 1904–1905, S. 133.

Wirtschaftskrisen hat freilich, wie Paul M. Sweezy schreibt, »... sehr gute Gründe. Krisen sind außerordentlich komplizierte Phänomene. Sie sind in größerem oder geringerem Ausmaß von einer Vielzahl ökonomischer Kräfte geformt. Marx hat das so ausgedrückt: ›Die reale Krise kann nur aus der realen Bewegung der kapitalistischen Produktion, Konkurrenz und Kredit, dargestellt werden.‹ (Marx: »Theorien ...«, Teil II, Kapitel 17). – Mit Konkurrenz und Kredit meinte er die gesamte organisatorische Struktur der Märkte und die finanzielle Maschinerie, welche die tatsächliche Wirtschaft soviel komplizierter als die Modellsysteme macht, die im ›Kapital‹ analysiert wurden ...«[2]
Wie auch N. Moszkowska feststellt, ist eine systematische Wiedergabe der Marxschen Auffassung von den Wirtschaftskrisen ein schwieriges Unterfangen, denn niemand kann mit Sicherheit sagen, auf welche Punkte er bei einer von ihm selbst ausgearbeiteten zusammenhängenden Untersuchung dieses Gegenstandes das Hauptgewicht gelegt und ob er nicht vielleicht dabei überhaupt noch andere Gesichtspunkte geltend gemacht haben würde, als sie aus seinen hinterlassenen unvollendeten Manuskripten ersichtlich sind. Mit diesem Vorbehalt soll hier dennoch versucht werden, die wichtigsten Marxschen Gedanken über Ursprung und Charakter der Wirtschaftskrisen in zusammenhängende Form zu bringen, wobei zur Ergänzung auch die hierher gehörenden Ausführungen von Friedrich Engels und die einiger nachmarxscher Theoretiker herangezogen werden sollen.
Zur vorläufigen Charakterisierung der Krisen seien einige ihrer auffallendsten Merkmale beschrieben. Am häufigsten tritt wohl bei den Krisen das plötzliche Zusammenbrechen der Güterpreise und Aktienkurse in Erscheinung: die Preise fallen, die Produzenten können ihren Zahlungsverpflichtungen nicht oder nur sehr ungenügend nachkommen, da die Waren keinen Absatz mehr finden, d. h. sich nicht in Geld verwandeln lassen oder doch nur zu solchen Preisen, die nicht den erhofften Profit einbringen. So ergibt sich eine Krediterschütterung und damit eine Kreditkrise. Die Börse – der Ort, an dem Wertpapiere (Aktien und andere) gehandelt werden – wird unruhig; jedermann sucht seine Wertpapiere zu verkaufen und in Geld zu verwandeln. Die Folge ist ein plötzliches starkes Fallen der Aktienkurse, schließlich gibt es Börsenkrachs und Massenbankrotte. Viele Unternehmungen schließen, ihre Arbeiter werden in großem Umfange entlassen und damit brotlos. Das Elend der Betroffenen nimmt oft riesige Ausmaße an. Der Krise geht gewöhnlich eine Periode des Aufschwungs voran, in der die Produktion steil ansteigt. Sämtliche Waren werden ohne große Schwierigkeiten und zu Preisen abgesetzt, die einen großen Profit abwerfen; die Aktienkurse klettern

[2] P. M. Sweezy, »Theorie der kapitalistischen Entwicklung«, Köln 1959, S. 103.

nach oben. So scheint alles zum besten zu stehen. Dann aber tritt plötzlich die erste Stockung im Warenabsatz ein, und der soeben beschriebene Absturz der Preise und die anderen Krisenerscheinungen folgen.
Die kapitalistische Produktion durchläuft eine Art ständigen Kreislaufs, es herrscht ein ständiges Auf und Ab im Wirtschaftsleben: »Das allgemeinste und auffälligste Phänomen der Handelskrisen ist plötzlicher und allgemeiner Fall der Warenpreise.« (Marx: »Zur Kritik der Politischen Ökonomie.«)[3] Mit »Handelskrisen« meint Marx hier aber die gesamte Krise, also auch die Industriekrise; er spricht hier von »Handelskrise«, weil die allgemeine Krise auf dem Gebiet des Handels zuerst zutage tritt.
In seinem Buche »Anti-Dühring« schreibt Engels über die Krisen:
»Wir sahen, wie die aufs höchste gesteigerte Verbesserungsfähigkeit der modernen Maschinerie, vermittelst der Anarchie der Produktion in der Gesellschaft, sich verwandelt in ein Zwangsgebot für den einzelnen industriellen Kapitalisten, seine Maschinerie stets zu verbessern, ihre Produktionskraft stets zu erhöhen. In ein ebensolches Zwangsgebot verwandelt sich für ihn die bloße faktische Möglichkeit, seinen Produktionsbereich zu erweitern. Die enorme Ausdehnungskraft der großen Industrie, gegen die diejenige der Gase ein wahres Kinderspiel ist, tritt uns jetzt vor die Augen als ein qualitatives und quantitatives Ausdehnungs*bedürfnis*, das jedes Gegendruckes spottet. Der Gegendruck wird gebildet durch die Konsumtion, den Absatz, die Märkte für die Produkte der großen Industrie. Aber die Ausdehnungsfähigkeit der Märkte, extensive wie intensive, wird beherrscht zunächst durch ganz andere, weit weniger energisch wirkende Gesetze. Die Ausdehnung der Märkte kann nicht Schritt halten mit der Ausdehnung der Produktion. Die Kollision wird unvermeidlich, und da sie keine Lösung erzeugen kann, solange sie nicht die kapitalistische Produktionsweise selber sprengt, wird sie periodisch. Die kapitalistische Produktion erzeugt einen neuen ›fehlerhaften Kreislauf‹.
In der Tat, seit 1825, wo die erste allgemeine Krise ausbrach, geht die ganze industrielle und kommerzielle Welt, die Produktion und der Austausch sämtlicher zivilisierter Völker und ihrer mehr oder weniger barbarischen Anhängsel so ziemlich alle zehn Jahre einmal aus den Fugen. Der Verkehr stockt, die Märkte sind überfüllt, die Produkte liegen da, ebenso massenhaft wie unabsetzbar, das bare Geld wird unsichtbar, der Kredit verschwindet, die Fabriken stehen still, die arbeitenden Massen ermangeln der Lebensmittel, weil sie zuviel Lebensmittel produziert haben, Bankrott folgt auf Bankrott, Zwangsverkauf auf Zwangsverkauf, jahre-

[3] MEW, Bd. 13, S. 156.

lang dauert die Stockung, Produktivkräfte wie Produkte werden massenhaft vergeudet und zerstört, bis die aufgehäuften Warenmassen unter größrer oder geringerer Entwertung endlich abfließen, bis Produktion und Austausch allmählich wieder in Gang kommen. Nach und nach beschleunigt sich die Gangart, fällt in Trab, der industrielle Trab geht über in Galopp, und dieser steigert sich wieder bis zur zügellosen Karriere einer vollständigen industriellen, kommerziellen, kreditlichen und spekulativen Steeple-chase (Hindernisrennen), um endlich nach den halsbrechendsten Sprüngen wieder anzulangen – im Graben des Krachs. Und so immer von neuem. Das haben wir nun seit 1825 volle fünfmal erlebt und erleben es in diesem Augenblick (1877) zum sechstenmal ...«[4] In der Krise sieht man »... auf der einen Seite Übermasse aller Reproduktionsbedingungen (Anlagen, Maschinerie, Rohstoffe und unbeschäftigte Arbeiter – E. L.) und Übermasse aller Sorten unverkaufter Waren auf dem Markte. Auf der anderen Seite bankrotte Kapitalisten und von allem entblößte darbende Arbeitermassen.«[5]

Doch der Überschuß an erzeugten Waren besteht nur im Verhältnis zur zahlungsfähigen Nachfrage der Bevölkerung, denn in der kapitalistischen Wirtschaftsweise ist der gesellschaftliche Verbrauch – der Verbrauch der breiten Bevölkerungsmasse – weder bestimmt »... durch die absolute Produktionskraft noch durch die absolute Konsumtionskraft, sondern durch die Konsumtionskraft auf Basis antagonistischer Distributionsverhältnisse (= zueinander in Gegensatz stehender Einkommensverhältnisse – E. L.), welche die Konsumtion der großen Masse der Gesellschaft auf ein, nur innerhalb mehr oder weniger enger Grenzen veränderliches Minimum reduziert.« (III, S. 254)

Das heißt: Nicht die Menge dessen, was bei einem gegebenen Stand der Produktionstechnik überhaupt erzeugt und nicht das, was überhaupt konsumiert werden kann, bestimmt die Größe des tatsächlich stattfindenden Verbrauchs der breiten Bevölkerung, sondern ihr Einkommen, also wesentlich der Arbeitslohn, der sich nur innerhalb mehr oder weniger enger Grenzen bewegt und im umgekehrten Verhältnis zu der Größe der Profite, zum Reichtum der Produzenten steht; oder, etwas trivialer ausgedrückt: Die kapitalistisch produzierten Waren müssen in einer Wirtschaftsordnung abgesetzt werden, in der die eine Seite so arm ist, weil die andere so riesenhafte Gütermengen mit riesenhaften Profiten erzeugt.

[4] MEW, Bd. 20, S. 256f.
[5] MEW, Bd. 26, 2. Teil, S. 524.

2. Die Möglichkeit von Krisen

»Beim unmittelbaren Tauschhandel ist das Gros der Produktion von seiten der Produzenten auf Befriedigung seines Selbstbedürfnisses oder, bei etwas weiterer Entwicklung der Teilung der Arbeit, auf Befriedigung ihm bekannter Bedürfnisse seiner Mitproduzenten gerichtet. Was als Ware auszutauschen ist, ist Überfluß, und es bleibt unwesentlich, ob dieser Überfluß ausgetauscht wird oder nicht.«[6]

Anders ist es auf der späteren Wirtschaftsstufe: »Bei der Warenproduktion ist das Verwandeln des Produktes in Geld, der Verkauf, conditio sine qua non (unerläßliche Bedingung). Die unmittelbare Produktion für das eigene Bedürfnis fällt fort. Mit dem Nichtverkauf ist hier die Krise da.«[7]

Die einfachste Form des Tausches ist der Naturaltausch, wo der Hersteller einer Ware, der zugleich ihr Besitzer ist, sie gegen eine andere Ware eines anderen Herstellers und Besitzers auf direktem Wege austauscht: Ware gegen Ware. Weizen gegen Sandalen etwa. Das, was man selbst nicht braucht, aber ein anderer brauchen kann, wird eingetauscht gegen einen Gegenstand, den man selber mehr oder weniger dringend braucht. Auf dieser Stufe fallen Kauf und Verkauf im gleichen Vorgang noch zusammen. Was für den einen Menschen Kauf, ist für den Partner Verkauf, und umgekehrt. Von diesem unmittelbaren und mehr gelegentlichen Tausch geht die Entwicklung der Warenproduktion weiter zum Umsatz der Waren in Geld, für das dann eine andere Ware erworben wird: Man verkauft die Waren, um dafür andere zu kaufen: »Ware – Geld – Ware.« Der Produzent braucht jetzt nicht mehr den Menschen zu suchen, der gerade den Gegenstand hat, den er wünscht und gleichzeitig den Gegenstand wünscht, den er hat, denn der Tausch »Ware gegen Geld« ist jetzt durch die früher beschriebene Kette von Personen miteinander verknüpft. In der Warengesellschaft kann »... keiner verkaufen, ohne daß ein anderer kauft ... Aber keiner braucht unmittelbar zu kaufen, weil er selbst verkauft hat.« (I, S. 127)

Schon auf dieser Wirtschaftsstufe besteht die Möglichkeit zu Krisen. Der Bauer kann nämlich nur Leinwand kaufen, wenn er zuvor seinen Weizen zu Geld gemacht hat. Kann oder will er das nicht, so kann der Leinwandweber, weil er seine Leinwand nicht absetzen kann, seinerseits nicht als Käufer anderer Dinge auftreten usf. So kann ein Bruch im Zirkulationsprozeß entstehen; es gibt dann Käufe ohne Verkäufe oder umgekehrt. Würde sich ein solcher Vorgang auf einen größeren Personenkreis ausbreiten, so hätte man ein Nebeneinanderbestehen von Vorräten an unverkäuflichen Waren und an unbefriedigten Bedürfnissen nach ihnen.

[6] MEW, Bd. 26, S. 509f.
[7] Ebd.

Doch werden auf der Wirtschaftsstufe der einfachen Warenproduktion solche Fälle nur äußerst selten auftreten und sich dann nur auf einen sehr kleinen Kreis von Personen beschränken. Wer dort Waren herstellt, tut es, weil er aus Erfahrung oder Beobachtung ziemlich genau weiß, daß und wieviel der andere davon braucht; die Wirtschaft ist auf dieser Stufe meist noch sehr übersichtlich. In der einfachen Warenproduktion und der einfachen Warenzirkulation besitzt jeder Produzent seine eigenen Produktionsmittel und arbeitet mit ihnen; er verkauft seine Produkte, um andere Produkte kaufen zu können, die seine besonderen Bedürfnisse befriedigen. Er beginnt mit Waren, verwandelt sie in Geld und dann wieder in Waren, die im allgemeinen nur der Art, nicht dem Werte nach verschieden sind: Es ist der bereits bekannte Kreislauf W – G – W (Ware – Geld – Ware). Nicht die innere Struktur der Wirtschaft, sondern äußere Eingriffe, Naturkatastrophen, Mißernten, Seuchen oder Kriege können hier größere Unterbrechungen der Kauf- oder Verkaufsvorgänge und damit Krisen verursachen. Auch kann der Geiz oder Wucher eines Besitzers größerer Mengen lebenswichtiger Waren, etwa von Getreide, zu ihrer Hortung, zu Preistreiberei, zur Hungersnot, also zu einer lokalen Krise führen. Aber von solchen Ereignissen abgesehen bleibt es auf der Stufe der einfachen Warenproduktion eher bei der bloßen Möglichkeit von Krisen, als daß diese aus wirtschaftlichen Ursachen zur Tatsache werden. »Diese Formen (d. h. der Verwandlung von Waren in Geld und des Geldes in Waren – E. L.) schließen daher die Möglichkeit, aber auch nur die Möglichkeit der Krisen ein. Die Entwicklung dieser Möglichkeit zur Wirklichkeit erfordert einen ganzen Umkreis von Verhältnissen, die vom Standpunkt der einfachen Warenzirkulation noch gar nicht existieren.« (I, S. 128)
Erheblich größere Möglichkeiten zur Entstehung von Krisen bestehen dort, wo Waren verkauft, das Geld dafür aber erst nach Ablauf eines bestimmten Zeitabschnittes bezahlt wird; d. h. dort, wo das Geld *Kreditfunktionen* ausübt. Man erinnert sich, daß Marx solches Geld, das zur Bezahlung eines schon zu früherem Datum stattgefundenen Kaufes dient, als »Zahlungsmittel«, Obligationen, bezeichnet hat. Angenommen, ein Bauer habe noch nicht bezahlt, weil er seinen Weizen, den er mit 40 Mark bewertet, noch nicht verkauft hat. Der Weber, der sicher ist, die 40 Mark vom Bauern zu einem bestimmten Zeitpunkt zu bekommen, hat seinerseits vielleicht schon einen Webstuhl oder Rohmaterial gekauft, das er nach Erhalt des Geldes vom Bauer zu bezahlen verspricht. Wenn aber der Bauer später seinen Weizen nicht verkaufen kann oder wenn der Wert des Weizens erheblich gesunken ist, so daß er seine 40 Mark nicht hereinbekommt, so kann er den Weber nicht bezahlen; dieser kann seinerseits den Webstuhl oder das Rohmaterial nicht bezahlen, und die Kette der betroffenen

Personen weitet sich aus. In solchen Fällen entsteht ein Bruch in der Zirkulationskette »Ware – Geld – Ware«; es kann zur Unverkäuflichkeit von Waren bei gleichzeitigem Bedürfnis nach Waren kommen, d. h. eine Krise entstehen. Aber auch hier müssen Krisen nicht eintreten:

»Die einfache Geldzirkulation und selbst die Zirkulation des Geldes als Zahlungsmittel – und beide kommen lange *vor* der kapitalistischen Produktion vor, ohne daß Krisen vorkämen – sind möglich und wirklich ohne Krisen.«[8]

3. Die Unvermeidbarkeit der Krisen im Kapitalismus

Ganz andere Verhältnisse herrschen in der kapitalistischen Warenproduktion. Hier ist das Kennzeichnende nicht einfach nur der Kreislauf »Geld – Ware – Geld«, sondern er heißt: »Geld – Ware – *mehr* Geld.« Nur dann, wenn der in die Zirkulation geworfene Wert sich *verwertet*, wenn er *Mehr*wert einbringt, hat die Produktion für den Kapitalisten Sinn; der Gewinn an Geld bildet den »direkten Zweck und bestimmendes Motiv der Produktion«. (III, S. 254) Denn im Kapitalismus handelt es sich

»bei der Reproduktion, ganz wie bei der Kapitalakkumulation ... nicht nur darum, dieselbe Masse Gebrauchswerte, aus denen das Kapital besteht, auf ihrer alten Stufenleiter oder auf einer erweiterten (bei der Akkumulation) zu ersetzen, sondern darum, den Wert des vorgeschossenen Kapitals mit der gewöhnlichen Profitrate zu ersetzen.«[9]

Und:

»... Es ist nie zu vergessen, daß es sich bei der kapitalistischen Produktion nicht direkt um Gebrauchswert, sondern um Tauschwert handelt, und speziell um Vermehrung des Mehrwerts. Dies ist das treibende Motiv der kapitalistischen Produktion, und es ist eine schöne Auffassung, die, um die Widersprüche der kapitalistischen Produktion wegzuräsonnieren, von der Basis derselben abstrahiert und sie zu einer Produktion macht, die auf unmittelbare Konsumtion der Produzenten gerichtet ist.«[10]

Es wurde schon öfters betont, daß die Vergrößerung des Profits und die Erweiterung der Produktion in der kapitalistischen Wirtschaft ein Zwangsgesetz für jeden einzelnen Unternehmer ist, denn unter den Bedingungen der unbarmherzigen Konkurrenz bedeutet für ihn jedes Zurückbleiben Niederlage und Ruin; die Notwendigkeit zur Profitvergrößerung besteht nicht nur um der Vergrößerung des persönlichen Verbrauches, um der Erhöhung des Lebensstandards und des Prestiges der Kapitalbesitzer willen,

[8] MEW, Bd. 26, 2. Teil, S. 513.
[9] Ebd., S. 494.
[10] Ebd., S. 495.

sondern auch, um inmitten der Konkurrenzbetriebe die Produktion überhaupt weiterführen zu können:
»Die kapitalistische Produktionsweise ... schließt eine Tendenz ein nach absoluter Entwicklung der Produktionskräfte ... abgesehen von den gesellschaftlichen Verhältnissen, innerhalb deren die kapitalistische Produktion stattfindet.« (III, S. 259)
»... Das Maß dieser Mehrproduktion ist das Kapital selbst, die vorhandene Stufenleiter der Produktionsbedingungen und der maßlose Bereicherungs- und Kapitalisationstrieb der Kapitalisten, keineswegs die Konsumtion.«[11]
»... Es ist ein tolles Treiben, das auch die ruhigsten und Erfahrensten ergreift; es wird gehämmert, gesponnen, gewoben, als gelte es, die ganze Menschheit neu zu equipieren, als wären ein paar tausend Millionen neuer Konsumenten auf dem Monde entdeckt worden.«[12]
Nicht die Größe der unmittelbaren Nachfrage, sondern die Notwendigkeiten des Kapitals bestimmen Größe und Grenze der Produktionserweiterung: »Mit der Entwicklung der kapitalistischen Produktion wird die Stufenleiter (der erreichte Umfang und die technische Entwicklungshöhe – E. L.) der Produktion in stets geringerem Grade durch die *unmittelbare Nachfrage* nach dem Produkt bestimmt und in stets größerem durch den Umfang des Kapitals, worüber der individuelle Kapitalist verfügt, durch den *Verwertungstrieb* seines Kapitals und die Notwendigkeit der Kontinuität und der Ausdehnung seines Produktionsprozesses.« (II, S. 145)
So folgt die Zwangsläufigkeit des Ausbruches von Krisen aus der Natur der kapitalistischen Wirtschaftsweise, nämlich aus der Notwendigkeit der Kapitalverwertung, dem Streben nach Produktionserweiterung, nach Vergrößerung des Profits; ganz ohne Rücksicht darauf, daß der Verwertungsmöglichkeit des Kapitals infolge der beschränkten Kaufmöglichkeiten der breiten Bevölkerung bestimmte Schranken gesetzt sind.
Ein wesentliches und wohl allgemein bekanntes Merkmal der Krisen ist die Tatsache, daß die verarmten, ja hungernden Bevölkerungsmassen dabei einer »Überproduktion« von Waren gegenüberstehen. Schon in ihrem 1847/48 verfaßten »Kommunistischen Manifest« verwenden Marx und Engels das Wort »Überproduktion« in diesem Zusammenhang: »In den Krisen bricht eine gesellschaftliche Epidemie aus, welche allen früheren Epochen als ein Widersinn erschienen wäre – die Epidemie der Überproduktion. Die Gesellschaft findet sich plötzlich in einen Zustand momentaner Barbarei zurückversetzt; eine Hungersnot, ein allgemeiner Vernichtungskrieg scheinen ihr alle Lebensmittel abgeschnitten zu haben; die Industrie, der Handel scheinen vernichtet.

[11] Ebd., S. 492.
[12] MEW, Bd. 2, S. 314.

Und warum? Weil sie zuviel Zivilisation, zuviel Lebensmittel, zuviel Industrie, zuviel Handel besitzt ... die bürgerlichen Verhältnisse sind zu eng geworden, um den von ihnen erzeugten Reichtum zu fassen.«[13]

In seiner Schrift: »Die Entwicklung des Sozialismus von der Utopie zur Wissenschaft« schreibt Engels: »Der gesamte Mechanismus der kapitalistischen Produktionsweise versagt unter dem Druck der von ihr selbst erzeugten Produktionskräfte, sie kann diese Masse von Produktionsmitteln nicht mehr alle in Kapital verwandeln; sie liegen brach, und eben deshalb muß auch die industrielle Reservearmee brachliegen. Produktionsmittel, Lebensmittel, disponible Arbeiter, alle Elemente der Produktion und des allgemeinen Reichtums sind im Überfluß vorhanden. Aber der Überfluß wird ›Quelle der Not und des Mangels‹ (Fourier), weil er es gerade ist, der die Verwandlung der Produktions- und Lebensmittel in Kapital verhindert. Denn in der kapitalistischen Gesellschaft können die Produktionsmittel nicht in Tätigkeit treten, es sei denn, sie hätten sich zuvor in Kapital, in Mittel zur Ausbeutung menschlicher Arbeitskraft verwandelt. Wie ein Gespenst steht die Notwendigkeit der Kapitaleigenschaft der Produktions- und Lebensmittel zwischen ihnen und den Arbeitern. Sie allein verhindert das Zusammentreten der sachlichen und persönlichen Hebel der Produktion; sie allein verbietet den Produktionsmitteln, zu fungieren, den Arbeitern zu arbeiten und zu leben ...«[14]

Und in den »Theorien über den Mehrwert« heißt es: »Damit eine Krise (also auch die Überproduktion – E. L.) allgemein sei, genügt es, daß sie die leitenden Handelsartikel ergreife.«[15]

Im »Kommunistischen Manifest« findet sich noch ein anderer Gesichtspunkt: Daß sich in der kapitalistischen Wirtschaft die Krisen immer wiederholen müssen und immer mehr verschärfen werden: »Wodurch überwindet die Bourgeoisie die Krisen? Einerseits durch die erzwungene Vernichtung einer Masse von Produktionskräften, andererseits durch die Eroberung neuer Märkte und die gründlichere Ausbeutung alter Märkte ... dadurch, daß sie allseitigere und gewaltigere Krisen vorbereitet und die Mittel, den Krisen vorzubeugen, vermindert ...«[16]

Die Krise bricht also dann aus, wenn die Notwendigkeit der Produktionsvergrößerung und Profitmehrung in Konflikt mit den vom Kapitalismus selbst erzeugten Schranken geraten: mit der mangelnden Zahlungsfähigkeit, also der mangelnden Konsumtionsfähigkeit der Bevölkerung und damit der Möglichkeit, die von ihr selbst produzierten Sachgüter bei ihr abzusetzen: »Der letzte Grund aller wirklichen Krisen bleibt immer die Armut und

[13] MEW, Bd. 4, S. 468.
[14] MEW, Bd. 19, S. 219f.
[15] MEW, Bd. 26, 2. Teil, S. 506.
[16] MEW, Bd. 4, S. 468.

Konsumtionsbeschränkung der Massen gegenüber dem Trieb der kapitalistischen Produktion, die Produktivkräfte so zu entwickeln, als ob nur die absolute Konsumtionsfähigkeit der Gesellschaft ihre Grenze bilde.« (III, S. 501)

Mit dieser Bemerkung wird aber nichts darüber ausgesagt, warum die kapitalistisch produzierten Waren, deren Verkauf also den in ihnen enthaltenen Mehrwert realisieren müssen, trotz der Armut breiter Bevölkerungsschichten in manchen Zeiten auf geringe oder keine Absatzschwierigkeiten stoßen, so daß es in solchen Zeiten zu keinen Krisen kommt –, während sie zu anderen, mehr oder weniger bestimmten Zeitpunkten ausbrechen. Auf diese schwierige Frage wird daher an späterer Stelle einzugehen sein.

Die bisherigen Ausführungen besagen, daß die allgemeinste, letzte Ursache der Krisen in der Struktur des kapitalistischen Wirtschaftssystems selbst zu suchen ist. Die geschichtliche Wurzel und Grundlage für die Entstehung der Krisen ist mit der geschichtlichen Entstehung des kapitalistischen Wirtschaftssystems gegeben: in dieser Wirtschaftsform erfolgt die Erzeugung der Waren durch die gemeinsame, organisatorisch verbundene Arbeit vieler Tausender und Millionen von Menschen, die Aneignung ihrer Arbeitsprodukte aber im Gegensatz dazu durch eine privilegierte Schicht einiger weniger, oder, in der Engelsschen Ausdrucksweise: die letzte Ursache der Krisen ist die »gesellschaftliche« (von der Allgemeinheit bewerkstelligte) Erzeugung der Produkte und ihre, im Gegensatz dazu stehende »kapitalistische« Aneignung durch Private. Wie man früher sah, verdrängte die kapitalistische Produktionsweise am Ende des Mittelalters die frühere, worin der kleine Handwerker und Bauer nicht nur selbst produzierte, sondern auch selbst Besitzer der Produktionsmittel und der Arbeitsprodukte war, während im Kapitalismus die Arbeitsprodukte von den vielen, in den gleichen Fabrikräumen oder sonstwie betrieblich zusammengefaßten, durch Arbeitsteilung miteinander verbundenen Tausenden und Millionen von Produzenten erzeugt, ihre Produkte aber von den Besitzern der Produktionsmittel, den Kapitalisten, angeeignet und mitsamt dem in ihnen enthaltenen Mehrwert nur nach den eigenen Profitinteressen und nicht nach den Notwendigkeiten der großen Masse der Erzeuger auf dem Markt verkauft werden. Fände keine Aneignung der von anderen Menschen erzeugten Arbeitsprodukte statt, d. h., wären die Erzeuger, wie in alten Zeiten, auch ihre Besitzer, so würden Warenerzeugung und Produktionserweiterung nicht vom Profitstreben der wenigen Privaten, sondern von den Notwendigkeiten der breiten Erzeugerschichten bestimmt werden. Die Produkte blieben in ihrem eigenen Besitz und damit in ihrer Verfügungsgewalt, sie könnten sie zu ihrem eigenen Wohl verwenden und nach der Einführung arbeitsparender technischer Neuerungen z. B. die Arbeitszeit verkürzen und die Freizeit für andere, erwünschte

Tätigkeiten, speziell zur Erhöhung des kulturellen Lebensstandards der Bevölkerung einsetzen. Dann würde man nur soviel produzieren, wie man zu konsumieren wünscht; auf keinen Fall aber wäre die Produktion für das Kapital, sondern für die Wünsche der Allgemeinheit da, nämlich »... für eine stets sich erweiternde Gestaltung des Lebensprozesses für die Gesellschaft der Produzenten«. (III, S. 260) »Nur, wo die Produktion unter wirklich vorherbestimmender Kontrolle der Gesellschaft steht, schafft die Gesellschaft den Zusammenhang zwischen dem Umfang der gesellschaftlichen Arbeitszeit, verwandt auf die Produktion bestimmter Artikel, und dem Umfang des durch diese Artikel zu befriedigenden gesellschaftlichen Bedürfnisses.« (III, S. 197)
Wäre nicht nur die Erzeugung, sondern auch die Aneignung der Arbeitsprodukte »gesellschaftlich«, dann würden die geschilderten, für die kapitalistische Wirtschaftsweise kennzeichnenden Konflikte, wie der zwischen der Verwertung des Kapitals auf der einen Seite und der Notwendigkeit der Befriedigung der gesellschaftlichen Bedürfnisse auf der anderen, fortfallen.
Aber Marx hat für die kapitalistische Wirtschaftsform nicht nur Verdammungsurteile übrig. An mehreren Stellen seiner Schriften und in seinem Hauptwerk rühmt er den gewaltigen technischen Fortschritt, den der Kapitalismus der Menschheit gebracht hat: »Die Bourgeoisie hat in ihrer kaum hundertjährigen Klassenherrschaft massenhaftere und kolossalere Produktionskräfte geschaffen als alle vergangenen Generationen zusammen. Unterjochung der Naturkräfte, Maschinerie, Anwendung der Chemie auf Industrie und Ackerbau, Dampfschiffahrt, Eisenbahnen, elektrische Telegraphen, Urbarmachung ganzer Weltteile, Schiffbarmachung der Flüsse, ganze, aus dem Boden hervorgestampfte Bevölkerungen – welch früheres Jahrhundert ahnte, daß solche Produktionskräfte im Schoß der gesellschaftlichen Arbeit schlummerten!«[17]
Marx weist auch darauf hin, daß es die Kapitalbesitzer gewesen sind, welche die vielen, über das ganze Land verstreuten kleinen handwerklichen Produzenten des ausgehenden Mittelalters, die von ihrer Scholle vertriebenen Bauern sowie die Handwerker als Lohnarbeiter in den neuen kapitalistischen Unternehmungen zusammengefaßt haben, wo sie mit Hilfe der Maschinen, der Rohstoffe und von Anlagen, die sie als einzelne Kleinproduzenten selber nie hätten anschaffen können, unter der Leitung der Besitzer aller dieser Produktionsmittel, eben der Kapitalisten, in deren Fabrikräumen kooperativ und arbeitsteilig Waren für sie herstellten. Erst durch die gemeinsame Arbeit der vielen, von den Produktionsmittelbesitzern dabei ausgebeuteten Produzenten wurde die Spezialisierung, wurden die Erfindungen, wurde die technische Entwicklung der Neuzeit überhaupt möglich: »Die Entwicklung der Produktivkräfte der gesellschaftlichen Arbeit ist

[17] MEW, Bd. 4, S. 467.

die historische Aufgabe und Berechtigung des Kapitals. Eben darum schafft es unbewußt die materiellen Bedingungen einer höheren Produktionsform.« (III, S. 269)
Mit der höheren Produktionsform ist die kommende Epoche der wirtschaftlichen Entwicklung gemeint, in der nicht nur der Produktionsprozeß, sondern auch die Verwendung der von allen arbeitenden Menschen benutzten Produktionsmittel und der gemeinsam erzeugten Güter »gesellschaftlich« erfolgt. Dann werden nicht mehr die wenigen Kapitalbesitzer, die sich das Produkt fremder Arbeit aneignen, über die Arbeitsbedingungen und die Arbeitserzeugnisse verfügen, sondern die Gesamtheit der Produzenten, die arbeitende Gesellschaft.

4. Wichtige Krisenmerkmale

Folgende Krisenmerkmale finden bei Marx besondere Aufmerksamkeit:
a) ein relativ rasches Fallen der Profitrate,
b) die in Krisenzeiten bestehende große Schwierigkeit oder Unmöglichkeit, größeren Mengen wichtiger Warensorten Absatz zu verschaffen.
Nach diesen beiden Merkmalen hat man versucht, die Krisen in entsprechende Arten oder Typen einzuteilen. So hat man wegen des hier unter b) genannten Krisenmerkmals auch von »Realisierungskrisen« gesprochen.[18] Man hat oft auch von den beiden genannten Arten von Krisen noch eine dritte Gruppe speziell unterscheiden wollen; diese Gruppe soll sich dadurch charakterisieren, daß zwischen den Gütermengen und damit zwischen den Wertprodukten verschiedener wichtiger Produktionszweige – speziell zwischen der Abteilung I und II – ein Mißverhältnis, eine »Disproportion«, entstanden ist. Hierbei soll das Wort Mißverhältnis eine erhebliche Abweichung von den in normalen Produktionszeiten erzeugten und dann restlos abgesetzten Warenmengen bedeuten. Disproportionen bestehen also darin, daß zu große oder zu geringe Mengen wichtiger Güter erzeugt worden sind; z. B. zu große oder zu geringe Mengen von Kohle oder Getreide. Eine besonders wichtige Disproportion wäre also demgemäß das Überangebot lebenswichtiger Konsumartikel bei gleichzeitiger relativer Armut, d. h. mangelnder Kaufkraft breiter Bevölkerungsmassen, die dann diese Konsumartikel nicht erwerben können. Nun sind aber Disproportionen der zuletzt genannten Art ein wesentliches Merkmal *aller* Wirtschaftskrisen; und daher ist es kaum gerechtfertigt, Disproportionen als Einteilungsprinzip für eine besondere Gattung von Wirtschaftskrisen

[18] Vgl. z. B. P. M. Sweezy, »Theorie der kapitalistischen Entwicklung«, a. a. O. S. 114 und 121 ff.

zu verwenden. Auch die Schwierigkeit oder die Unmöglichkeit, zu manchen Zeiten größere Mengen wichtiger Güter auf dem Markt abzusetzen – zu »realisieren« –, ist kein Merkmal besonderer Art, das eine Krise von anderen Krisenarten unterscheidet; vielmehr sind alle Krisen auch und wesentlich durch Absatzschwierigkeiten gekennzeichnet. Kurz: Alle Krisen sind sowohl durch Disproportionen zwischen den erzeugten Gütermengen wichtiger Produktionszweige als auch durch die Erschwerung oder Unmöglichkeit ihres restlosen Absatzes, also durch Überproduktion, gekennzeichnet, und alle soeben erwähnten Vorgänge wirken unmittelbar auf die Größe der Profitrate ein, weil dann der in den »überflüssigen« Waren enthaltene Mehrwert bzw. Profit nicht realisiert werden kann. Verminderung des Profits bei unveränderten Produktionskosten bedeutet aber ein Fallen der Profitrate.

Aus diesen Gründen erscheint eine begrifflich strenge Einteilung der Wirtschaftskrisen etwa nach Realisierungskrisen, Disproportionskrisen und Überproduktionskrisen praktisch undurchführbar. Welche Schwierigkeiten für eine befriedigende Einteilung der Krisen nach Typen oder Arten bestehen, erkennt man recht deutlich, wenn man sich in die Lektüre von Arbeiten wie N. Moszkowskas: »Zur Kritik moderner Krisentheorien« oder von Paul M. Sweezys häufig genanntem Buch vertieft.

Man möge sich daher nicht darüber wundern, daß bei der nun folgenden Wiedergabe des Krisenbegriffs einiger namhafter nachmarxscher Theoretiker unter verschiedenen Überschriften mitunter die gleichen Krisenerscheinungen abgehandelt werden; nur der Gesichtspunkt bzw. der Akzent der Betrachtung unterscheidet sich manchmal mehr oder weniger. Unsere folgenden Überschriften über die »verschiedenen« Typen von Wirtschaftskrisen sind daher nur ein Behelf für eine erste Übersicht; über die letzten Ursachen der Krisen ist mit diesen Überschriften noch nichts ausgesagt.

a) *Die Krisen und das Sinken der Profitrate*

Da Sinn und Ziel der kapitalistischen Produktionsweise das Aneignen und die Steigerung von Profit, speziell: der Profitrate ist, so wird jedes Sinken der Profitrate unter das von den Kapitalbesitzern für erforderlich gehaltene Niveau diese veranlassen, weitere Investitionen in dem betreffenden Industriezweig zu bremsen oder gar ihr Geld aus diesem Produktionszweig zurückzuziehen. Man wird das Geld vielleicht in einer anderen Industriebranche oder im Handel oder in der Landwirtschaft anlegen. Der Zirkulationsprozeß »Geld – Produktion von Waren – Verkauf von Waren – mehr Geld als vorher« – wird dann auf kürzere oder längere Zeit, in kleinerem oder größerem Umfang, unterbrochen:

»Soweit ... die Profitrate der Stachel der kapitalistischen Produktion ist (wie die Verwertung des Kapitals ihr einziger Zweck), verlangsamt ihr Fall die Bildung neuer selbständiger Kapitale und erscheint so als bedrohlich für die Entwicklung des kapitalistischen Produktionsprozesses; er befördert Überproduktion, Spekulation, Krisen, überflüssiges Kapital neben überflüssiger Bevölkerung ...« (hiermit ist natürlich die industrielle Reservearmee gemeint – E. L.) (III, S. 251f)

Und:

»Die Schranke der kapitalistischen Produktionsweise tritt darin hervor ..., daß die Entwicklung der Produktivkraft der Arbeit im Fall der Profitrate ein Gesetz erzeugt, das ihrer eigenen Entwicklung auf einem gewissen Punkt feindlichst gegenübertritt und daher beständig durch Krisen überwunden werden muß.« (III, S. 268f)

Man muß hier aber folgendes beachten: Bei den Wirtschaftskrisen handelt es sich stets um die relativ *kurzfristige* Bedrohung bzw. um ein Fallen der Profite innerhalb relativ kurzer Zeiträume, während die von Marx speziell behandelte allgemeine Bewegungsrichtung der Profitrate im Sinne des tendenziellen Fallens sich, falls überhaupt, nur im Laufe *längerer*, nirgends genauer definierter Zeiträume und nicht etwa plötzlich und ruckweise durchsetzt, wie das in dem Kapitel über das Fallen der Profitrate ausführlich erörtert wurde. Die Krisen sind demgegenüber plötzlich auftretende Erschütterungen oder Wendepunkte des Wirtschaftslebens:

»... es werden periodisch zu viele Arbeitsmittel und Lebensmittel produziert, um sie als Exploitationsmittel der Arbeiter zu einer gewissen Rate des Profits fungieren zu lassen ...« (III, S. 268)

Oder:

»Die Krisen sind immer nur momentane gewaltsame Lösungen der vorhandenen Widersprüche (der kapitalistischen Produktion – E. L.), gewaltsame Eruptionen, die das gestörte Gleichgewicht für den Augenblick wiederherstellen.« (III, S. 259)

Einer dieser Widersprüche ist es, daß bei dieser Produktionsweise die Notwendigkeit besteht, ohne Rücksicht auf alle sonstigen gegebenen Verhältnisse, die Produktivkräfte der Arbeit absolut zu entwickeln, also z. B. Arbeiter zu entlassen, um einen möglichst großen Profit auf die in Aktion befindlichen Kapitale zu erzielen. Hierher gehört nicht nur die Verbilligung der Lebensmittel für die Arbeiter, sondern auch die periodische Verbilligung (»Entwertung«) des vorhandenen konstanten Kapitals. Auf der anderen Seite führen aber gerade diese Mittel, die zur besseren Verwertung der Kapitale, zur Erhöhung der Profitrate führen oder mindestens deren Fall aufhalten sollen, der Tendenz nach zu ihrem weiteren Fall und zu Störungen der gegebenen Zirkulations- und Reproduktionsverhältnisse. Die Mengen- und Wertverhältnisse, die bei der (einfachen und erweiterten) Reproduktion in bestimmten Verhältnissen zueinander stehen müssen, wenn die Reproduktion sich ungestört vollziehen soll, geraten durcheinander. Es kommt zu

»... plötzlichen Stockungen und Krisen des Reproduktionsprozesses«. (III, S. 260)

In den gleichen Zusammenhang gehören die Krisen in Verbindung mit der Überakkumulation der Kapitale. Je geringer nämlich die Profitrate wird oder zu werden droht, desto größer muß das erforderliche Mindestkapital in der Hand des einzelnen Kapitalisten oder einer kapitalistischen Personengruppe sein, wenn die Produktion noch rentabel bleiben soll. Hatte früher z. B. ein Kapital von 5 Mill. Mark bei einer Profitrate von 10 Prozent einen Profit von 500000 Mark eingebracht, so ist bei einem Sinken der Profitrate auf z. B. 2 Prozent ein riesenhaft vergrößertes Kapital von 25 Mill. erforderlich, allein damit der Profit gleich groß bleibt! Eine Überakkumulation von Kapitalien kann im Extremfall auch dazu führen, daß der Arbeitstag bei einer gegebenen Größe der Arbeiterbevölkerung nicht verlängert wird, daß schließlich alle erforderlichen Arbeitskräfte beschäftigt sind und eine gesteigerte Nachfrage nach ihnen entsteht. Das führt zwangsläufig zu einer mehr oder weniger lange andauernden Erhöhung der Arbeitslöhne.

Bei den Erörterungen über die industrielle Reservearmee im 23. Kap. des I. Bandes war bemerkt worden, daß während der Kapitalakkumulation die Löhne steigen, wobei aber die Zunahme der beschäftigten Arbeiterzahl hinter dem Wachstum des Gesamtkapitals zurückbleibt. Man sah dort auch, daß mit dem Fortschreiten der Produktionstechnik ein dauernder Wechsel der organischen Zusammensetzung der einzelnen Kapitale stattfindet, so daß bei einer geringeren oder größeren Anzahl von Betrieben oder in ganzen Produktionsbranchen nicht nur Neueinstellungen, sondern in anderen Betrieben oder Produktionsbranchen auch Entlassungen von Arbeitskräften erfolgen. Und im gleichen Kapitel heißt es:

»Mit der Akkumulation und der sie begleitenden Entwicklung der Produktivkraft der Arbeit wächst die plötzliche Expansionskraft des Kapitals ... Die mit dem Fortschritt der Akkumulation überschwellende und in Zusatzkapital verwandelbare Masse des gesellschaftlichen Reichtums drängt sich mit Frenesie (mit rasendem Ungestüm) in alte Produktionszweige, deren Markt sich plötzlich erweitert, oder in neu eröffnete, wie Eisenbahnen usw., deren Bedürfnis aus der Entwicklung der alten entspringt. In allen solchen Fällen müssen große Menschenmassen plötzlich und ohne Abbruch der Produktionsleiter in anderen Sphären auf die entscheidenden Punkte werfbar sein. Die Übervölkerung (industrielle Reservearmee) liefert sie. Der charakteristische Lebenslauf der modernen Industrie, die Form eines durch kleinere Schwankungen unterbrochenen zehnjährigen Zyklus von Perioden mittlerer Lebendigkeit, Produktion unter Hochdruck, Krise und Stagnation, beruht auf der beständigen Bildung, größeren oder geringeren Absorption und Wiederbildung der industriellen Reservearmee oder Übervölkerung. Ihrerseits rekrutieren die Wechselfälle des industriellen Zyklus die Übervölkerung ... Dieser eigentümliche Lebenslauf der modernen Industrie, der uns in keinem früheren Zeitalter der Menschheit begegnet, war auch in der Kindheitsperiode der kapitalistischen Produktion unmöglich ...« (I, S. 661)

Hiernach bestehen enge Beziehungen zwischen den Krisen und der Kapitalvergrößerung. Solange diese erfolgt, steigt oft der Arbeitslohn, weil eine stets größer werdende Zahl von Arbeitskräften gebraucht wird. Die Erhöhung des Arbeitslohns dauert an, so lange sie die Kapitalvergrößerung nicht stört, d. h. so lange der Mehrwert noch stärker zunimmt als die Löhne. Das Steigen des Arbeitslohns pro Kopf bedeutet zwar, wenn alle anderen Umstände gleichbleiben, daß »die Mehrarbeit im Verhältnis zur notwendigen Arbeit« (Ausbeutung, Mehrwertsrate), abnimmt. Aber so lange das Kapital eine größere Zahl von Arbeiter beschäftigen kann und die steigenden Produktenmassen den entsprechenden Absatzmarkt finden, werden auch die steigenden Löhne das noch raschere Anwachsen der Mehrwertmassen und damit die Fortsetzung der Kapitalakkumulation nicht hindern.

Beträgt z. B. zu irgendeinem Zeitpunkt der Akkumulation der Arbeitslohn pro Kopf und Tag 3 und der pro Arbeiter erzeugte Mehrwert 5 Schilling, dann werden die Arbeitslöhne für 60 Arbeiter pro Tag $60 \times 3 = 180$ Schilling und die von ihnen erzielte Mehrwertmasse $60 \times 5 = 300$ Schilling pro Tag betragen. Nun möge das betreffende Kapital vergrößert werden (»akkumulieren«). Das bedeutet in der Regel ja nicht nur eine Erhöhung des konstanten, sondern auch des variablen Kapitalteils, d. h. eine Zunahme der beschäftigten Arbeitskräfte. Angenommen, der gleiche Betrieb erhöhe die Zahl der Beschäftigten auf 100 und den Arbeitslohn von 3 auf 4 Schilling pro Tag und Kopf. Der Mehrwert steige von 5 auf 6 Schilling. Dann würde das vergrößerte Kapital für $100 \times 4 = 400$ Schilling Arbeitslohn ausgeben, aber dafür $100 \times 6 = 600$ Schilling Mehrwert pro Tag erzielen. Wie schon bemerkt, hat das dauernde Anwachsen der Mehrwertmasse die weitere Folge, daß unter den gegebenen günstigen Bedingungen auch die Anzahl der ausgebeuteten Arbeiter weiter ansteigen kann. Wenn aber infolge der dauernd anhaltenden Nachfrage nach Arbeitskräften deren Zufuhr schließlich aufhört, so kann die Mehrwertmasse auch aus diesem Grunde nicht weiter anwachsen. Wird ein Punkt erreicht, »... wo die das Kapital ernährende Mehrarbeit nicht mehr in normaler Menge angeboten

wird, so tritt eine Reaktion ein: ein geringerer Teil der Revenue (des Mehrwerts – E. L.) wird kapitalisiert, die Akkumulation erlahmt und die steigende Lohnbewegung empfängt einen Gegenschlag.« (I, S. 649)
Ähnliche Gedanken nimmt Marx im III. Band des »Kapital« im Zusammenhang mit der »Überproduktion« des Kapitals wieder auf. Die verhältnismäßig plötzliche, sozusagen ruckweise Ausdehnung des Produktionsumfanges und ihre darauffolgende plötzliche Kontraktion, die später wieder von der Produktionsausdehnung abgelöst wird, ist kennzeichnend für die moderne Industrie (wobei Marx natürlich sein Zeitalter, das 19. Jahrhundert, im Auge hat). Hiermit hängt auch die bei den Krisen auftretende verhältnismäßig plötzliche Profitverminderung und die entsprechend plötzlichen Einschränkungen der Investitionsaktivitäten zusammen. Noch einmal sei bemerkt, daß man diesen relativ plötzlichen Fall der Profitrate von dem früher ausführlich erörterten tendenziellen Fall der Profitrate, der sich nur im Verlaufe nicht genau definierter, jedenfalls langer Zeiträume bemerkbar macht, streng unterscheiden muß.
Als eine mögliche Ursache des verhältnismäßig raschen Sinkens der Profitrate wird auch ein *anhaltendes starkes* Steigen der Arbeitslöhne während der Zeit des wirtschaftlichen Aufschwunges angesehen. Das ist so gemeint: In der Zeit der Prosperität (Blütezeit, geschäftlicher Aufschwung) wird rasch Kapital angehäuft, das zur progressiven Ausweitung der Produktion verwendet wird. Die damit erfolgte Zunahme des konstanten und variablen Kapitals saugt die Armee der Arbeitslosen auf. Der vor der plötzlichen Kapitalausdehnung sonst stets vorhandene große Vorrat an verfügbaren Arbeitskräften (die industrielle Reservearmee) schrumpft daher zusammen. Schließlich wird ein Stadium erreicht, wo für die Bedürfnisse einer weiteren Kapitalvergrößerung zusätzliche Arbeiter nicht mehr zur Verfügung stehen, wo daher das Wachstum der Mehrwertmasse mit der Zunahme des Kapitals nicht mehr Schritt halten kann:
»Sobald ... das Kapital gewachsen wäre in einem Verhältnis zur Arbeiterbevölkerung, daß weder die absolute Arbeitszeit, die diese Bevölkerung liefert, ausgedehnt, noch die relative Mehrarbeitszeit erweitert werden könnte ..., wo also das gewachsene Kapital nur ebensoviel oder selbst weniger Mehrwertmasse produziert als vor seinem Wachstum, so fände eine absolute Überproduktion von Kapital statt; d. h., das gewachsene Kapital $C + \Delta C$ (mit ΔC meint Marx ein kleines zuschüssiges Kapital zu dem schon vorhandenen großen Kapital C – E. L.) produzierte nicht mehr Profit oder gar weniger Profit als das Kapital C vor seiner Vermehrung durch ΔC ...« (III, S. 261 f)
Die Überproduktion des Kapitals ist dann als »absolut« zu bezeichnen, wenn sie sich nicht nur auf diese oder jene Unterneh-

mung oder Erzeugerbranche, sondern auf *sämtliche* wichtigen Produktionszweige erstreckt; absolute Überproduktion heißt also hier soviel wie allgemeine Überproduktion. – Es ist klar, daß unter solchen Umständen die Profitrate sinken muß, wenn das vergrößerte akkumulierte Kapital nur die gleiche oder gar eine geringere Mehrwertmasse erzielen kann als zu Beginn der Akkumulation.

So lange der industrielle Aufschwung andauert, die Konjunktur gut ist, die Kapitalvergrößerung ungestört erfolgen kann, steigt die Profitrate. Die zunehmende Arbeitsproduktivität geht auch bei steigenden Reallöhnen in der Regel mit zunehmender Ausbeutung Hand in Hand. Doch infolge eines lange Zeit hindurch anhaltenden starken Steigens der Löhne, also wachsender Ausgaben für das variable Kapital

»... fände auch ein starker und plötzlicher Fall in der allgemeinen Profitrate statt, diesmal aber wegen eines Wechsels in der (organischen) Zusammensetzung des Kapitals, der *nicht* der Entwicklung der Produktivkraft geschuldet wäre (Hervorhebung von mir – E. L.), sondern ... wegen der gestiegenen Löhne« und der ihr entsprechenden Abnahme der Ausbeutung. (III, S. 262)

Während also in Zeiten des industriellen Aufschwungs die Ausbeutung und die Profitrate auch bei steigenden Löhnen wächst, wird hier der Sonderfall einer so starken Lohnsteigerung betrachtet, daß dadurch die Ausbeutung (das Verhältnis von Mehrwert zu Arbeitslohn) – erheblich abnimmt und als Folge davon die Profitrate fällt. Doch diese Folge der Lohnsteigerungen tritt erst von dem Augenblick an ein, wo der Höhepunkt der Kapitalakkumulation erreicht bzw. überschritten ist, d. h. als Wendepunkt des industriellen Aufschwungs.

Die Möglichkeit eines starken und plötzlichen Sinkens der Profitrate als Folge stark gestiegener Arbeitslöhne wird bei Marx mehr als theoretischer Extremfall und nur ganz kurz, anläßlich anderer Erörterungen, als eine der Ursachen für ein schnelles Sinken der Profitrate in Betracht gezogen und dann nicht weiter verfolgt. Eine andere Ursache für ein Sinken dieser Art kann ein Steigen der Rohstoffpreise oder anderer Elemente des konstanten Kapitals sein. Doch der entscheidende Grund für ein relativ schnelles Sinken der Profitrate ist die bei und nach Erreichen des Höhepunktes der Kapitalausdehnung einsetzende Absatzschwierigkeit für die erzeugten Gütermengen. Durch ungünstige Marktverhältnisse kann dann der frühere Profit beim Verkauf nicht mehr erzielt werden. Erst dann und wesentlich dadurch könnte auch die bis zu diesem Zeitpunkt andauernde starke Lohnsteigerung sich im Sinne eines relativ schnellen Fallens der Profitrate auswirken.

Den von Marx kurz erwähnten Fall eines relativ schnellen Sinkens der Profitrate könnte man sich rein schematisch etwa an folgendem Beispiel klarmachen:

I. *Kapitalzusammensetzung und Profitrate zu irgendeinem Zeitpunkt während des industriellen Aufschwungs.* Die Kapitalgröße beträgt 50 c + 100 v = 150.

c	v	m	Ausbeutung (m : v) in %	Profitrate m : (c + v) in %
50	100	100	100	$66^2/_3$

II. *Kapitalzusammensetzung während eines späteren Zeitpunktes des industriellen Aufschwungs:* Das Kapital ist nun z. B. auf 70 c + 110 v = 180 angewachsen.

c	v	m	Ausbeutung (m : v) in %	Profitrate m : (c + v) in %
70	110	130	$118^2/_{11}$	$72^2/_9$

Kann nach dem Erreichen der obengenannten Kapitalgröße die von ihr zuletzt erzielte Mehrwertmasse (130) nicht mehr gesteigert werden, was in anderen Fällen vor allem infolge von Absatzschwierigkeiten für die von dem Kapital produzierten Gütermengen eintreten kann, dann würde bei einer weiteren Kapitalvergrößerung, z. B. auf 80 c + 120 v = 200, die Ausbeutung (Mehrwertrate) von $118\,^2/_{11}$ auf nunmehr $108\,^1/_3$ und die Profitrate von $72\,^2/_9$ auf 65 Prozent herabsinken:

III.

c	v	m	Ausbeutung (m : v) in %	Profitrate m : (c + v) in %
80	120	130	$108^1/_3$	65

Das ist jedoch nur eine äußerliche Betrachtungsweise. Denn die Beziehungen zwischen Kapitalgröße, Ausbeutungsgrad und Profitrate sind erheblich komplizierter, als es in diesem oder überhaupt irgendeinem Schema zum Ausdruck kommen kann. Weitere Einzelheiten über diesen komplizierten Problemkreis finden sich bei N. Moszkowska, in »Das Marxsche System«, Berlin 1929, sowie, lesbarer, in dem Buche der gleichen Verfasserin: »Kritik moderner Krisentheorien«, 1935.
In dem hier betrachteten Fall fände also das Sinken der Profitrate statt wegen der »... Abnahme im Verhältnis der Mehrarbeit zur notwendigen Arbeit ...« (III, S. 262)
Die relative Besserung der Lebenslage der Arbeiterschaft tritt aber nur in den Zeiten eines starken industriellen Aufschwungs, der Kapital- und Marktausdehnung ein, sie ist nur vorübergehender Natur und in ihren Auswirkungen begrenzt, weil sie auch während der Blütezeit an den Vorteilen des technischen

Fortschritts nur wenig teilnimmt. Und wenn auch während der industriellen Prosperität infolge der für die Arbeitnehmer relativ günstigen Lage des Arbeitsmarktes relativ gute Zeiten für sie herrschen, so gehen ihnen diese Vorteile in der darauffolgenden Periode der Wirtschaftskrise wieder verloren. In einer bekannten Bemerkung im II. Band des »Kapital« wird hierzu gesagt: »... daß die Krisen jedesmal gerade vorbereitet werden durch eine Periode, worin der Arbeitslohn allgemein *steigt* und die Arbeiterklasse realiter (wirklich) *größeren* Anteil an dem für die Konsumtion bestimmten Teil des jährlichen Produkts erhält ... Es scheint ... daß die kapitalistische Produktion vom guten oder bösen Willen unabhängige Bedingungen einschließt, die jene relative Prosperität der Arbeiterklasse (gemeint sind hier die vorübergehenden Lohnerhöhungen – E.L.) nur momentan zulassen, und zwar immer nur als Sturmvogel einer Krise.« (II, S. 409f)
Aber zu keinem Zeitpunkt bedroht (nach Marx) die konjunkturelle Besserung der Lebenslage der Arbeiterschaft das kapitalistische System der Ausbeutung: »Der Arbeitslohn ... bedingt seiner Natur nach (d. h. auch in den Zeiten günstiger Konjunktur für die Arbeitskräfte) stets Lieferung eines bestimmten Quantums unbezahlter Arbeit auf seiten des Arbeiters ...« Die »... Abnahme (der Ausbeutung) kann nie bis zu dem Punkte fortgehen, wo sie das (kapitalistische) System bedrohen würde ...« Die Erhöhung des Arbeitspreises (Stundenlohn) bleibt »... eingespannt in Grenzen, die die Grundlage des kapitalistischen Systems nicht nur unangetastet lassen, sondern auch seine Reproduktion auf wachsender Stufenleiter sichern ...« (I, S. 647ff)
Die Absatzschwierigkeiten für die produzierten Gütermengen treten ein, weil die großen Unternehmungen oder Erzeugergruppen nicht nach vorbedachtem, gemeinsam erarbeitetem Plan, sondern in stetem Kampf gegeneinander produzieren und Produktionserweiterungen vornehmen. Dann decken sich irgendwann und irgendwo die auf den Markt geworfenen Produktmassen nicht mehr mit seiner Aufnahmefähigkeit, der Warenabsatz stößt von Zeit zu Zeit auf Schranken. Die Wirtschaftskrise bricht aus als Folge der Überakkumulation des Kapitals, sie hat den Charakter der Überproduktion. Diese ist daher im Verein mit der Planlosigkeit der kapitalistischen Produktionserweiterung Hauptgrund und primäre Ursache für das Ausbrechen von Wirtschaftskrisen; ihre sekundäre Ursache – man könnte auch sagen: ihr Symptom – ist das Sinken der Profitrate durch den Preisrückgang der Waren, das zur Brachlegung von Teilen des Kapitals, zu teilweiser oder vorübergehend gänzlicher Stillegung der Produktion, zur Entlassung einer großen Zahl von Arbeitskräften und allen anderen Krisenerscheinungen führt.

b) *Die Realisierungskrisen*

Im 15. Kap. des III. Bandes des »Kapital« findet man unter der Überschrift »Entfaltung der inneren Widersprüche des Gesetzes« (des Fallens der Profitrate) hier und da etwas Genaueres über die Ursachen der Krisenerscheinungen, die dort ausdrücklich mehrere Male als »Überproduktionskrisen« bezeichnet werden.

Im Kapitalismus besteht ein dauernder Konflikt zwischen der Notwendigkeit zur Akkumulation und Produktivitätssteigerung, zur Ausdehnung der Produktion im einheimischen und ausländischen Markt und ihren Möglichkeiten und d. h. zugleich: den Schranken, die dieser Ausdehnung und der Verwertung durch die begrenzte Aufnahmefähigkeit der Konsumenten entgegenstehen. Diese gegenläufigen Tendenzen, diese einander widersprechenden Faktoren und die Maßnahmen der Kapitalbesitzer, dem Schwinden der Verwertung entgegenzuwirken, sind die Allgemeinursache der Störungen des Wirtschaftslebens.

Daß zwischen dem Ausdehnungsbestreben des Kapitals, also dem Drang nach seiner *Verwertung* und seiner Verwertungs*möglichkeit*, also der Absatzmöglichkeit für die erzeugten Gütermengen, stets ein latenter Konfliktzustand besteht, sah man schon früher wiederholt. Auf der einen Seite besteht die relative Armut der Massen als Dauererscheinung, auf der anderen häuft sich unaufhörlich der Reichtum der wenigen, der Produktionsmittelbesitzer und der Eigentümer der drei anderen Hauptquellen arbeitsloser Einkommen: der Kaufleute, der Geldkapitalisten (Banken etc.) und der Grundeigentümer. Dieser bisher nur kurz angedeutete Charakter der Überproduktionskrisen soll im folgenden etwas genauer betrachtet werden, allerdings nur in groben Umrissen, da die Marxschen Bemerkungen auch hierzu nur von allgemeiner und grundsätzlicher Art sind.

Der gesellschaftlichen *Produktion* steht immer das gesellschaftliche *Einkommen* gegenüber (»gesellschaftlich« heißt auch hier: die Gesamtheit der produzierenden und konsumierenden Landesbewohner). Das gesellschaftliche Einkommen besteht aus dem Einkommen der Arbeiter (Arbeitslohn, variables Kapital) und dem der Kapitalisten (Mehrwert, Profit). Die gesellschaftliche Produktion zerfällt immer in die Erzeugung der Produktionsmittel (Abteilung I) und die der persönlichen Verbrauchsgüter (Abteilung II). Diese bestehen aus den lebensnotwendigen Waren und den Luxusartikeln. Produktion bedeutet Angebot, Einkommen ist Nachfrage, denn man produziert ja, um zu verkaufen, und man bezieht den Arbeitslohn oder den Profit, um zu kaufen. In der krisenlosen Zeit der kapitalistischen Produktion decken sich Einkommen und Nachfrage. Das Einkommen eines Landes besteht aus einem gesparten und einem zum Verbrauch bestimmten Teil: Gespart wird der Mehrwert (Profit), verbraucht wird

der Arbeitslohn. Der ersparte Teil des Einkommens wird zum Kauf von Produktions- und Luxusmitteln, der Arbeitslohn zum Kauf der Existenzmittel ausgegeben. Für den ungestörten Verlauf der (kapitalistischen) Wirtschaft ist es also erforderlich, daß sich erstens der ersparte Teil des Einkommens mit dem Wert der Produktionsmittel (und der Luxusgüter) und der für den persönlichen Verbrauch bestimmte Teil (das variable Kapital) mit dem Wert der lebenswichtigen Konsumgüter deckt; und daß zweitens der zum Sparen und der für den persönlichen Verbrauch bestimmte Teil des Einkommens, mithin die beiden Hauptzweige der Produktion – Produktions- und Konsumgüter – in einem richtigen Verhältnis zueinander stehen, daß sie »proportionell« verteilt sind. D. h., daß der wechselseitige Kauf und Verkauf zwischen den beiden Abteilungen der gesellschaftlichen Produktion restlos erfolgen kann. Ist diese Bedingung für den restlosen Absatz der erzeugten Güter erfüllt, wofür die oben erörterten Schemata der einfachen und der erweiterten Reproduktion zwei Beispiele sind, dann besteht zwischen Produktion und Verbrauch ein »Gleichgewicht«. Dieses Gleichgewicht ist das für den störungsfreien, d. h. krisenfreien Verlauf der kapitalistischen Produktion erforderliche Verhältnis zwischen Absatz und Verbrauch, also zwischen dem Wert der erzeugten Produktionsgüter (d. h. dem ersparten Teil) und dem für den persönlichen Verbrauch bestimmten Teil des Einkommens der Gesellschaft, d. h. den Wert der Konsumtionsgüter. Beide Teile des Einkommens – Arbeitslohn und Profit – stehen dann in einem richtigen Verhältnis zueinander, wenn entweder a) die Akkumulation (= die Verwendung des Ersparten zur Kapitalvergrößerung) so vor sich geht, daß bei gleichbleibender Technik eine wachsende Bevölkerung mit den überlieferten Produktionsmitteln, oder wenn b) bei gleich groß bleibender Bevölkerung die bisherige Anzahl von Arbeitern mit einer größeren Menge bzw. mit vollkommeneren, leistungsfähigeren Produktionsmitteln ausgerüstet wird. (Einige der vorangehenden Formulierungen wurden dem Buche N. Moszkowskas »Zur Kritik moderner Krisentheorien« entnommen. Diese Verfasserin faßt die in Band III für das krisenlose = störungsfreie Funktionieren der kapitalistischen Produktion angeführten Marxschen Kriterien gut zusammen und gibt sie unanfechtbar korrekt wieder.)
Das durch *objektive* Momente bestimmte Mengen- bzw. Wertverhältnis zwischen Sparen und Verbrauch, respektive zwischen Produktiv- und Konsumgütererzeugung, kann nicht willkürlich geändert, d. h. der persönliche Verbrauch kann *nicht beliebig* durch den für die Vermehrung der Produktionsmittel bestimmten Teil des Einkommens ersetzt werden. Wie eben ausgeführt, braucht eine Bevölkerung von gegebener Größe bei gegebenem Lebensstandard, gegebenem Stand der Technik und anderen Bedingungen ein bestimmtes und nicht etwa ein beliebig zu änderndes

Minimum von lebenswichtigen Verbrauchsgütern. Ein solch *ausgeglichenes* Verhältnis zwischen der Menge bzw. dem Wert der Produktiv- und der Konsumgüter eines kapitalistischen Industrielandes in einem bestimmten Zeitabschnitt, wie Marx das durch sein erwähntes Schema im Band II des »Kapital« verdeutlicht hat, ist die »... gesunde, normale« Entwicklung des kapitalistischen Produktionsprozesses (III, S. 266). Bei der störungsfreien, d. h. krisenlosen kapitalistischen Produktion werden alle wichtigen Waren im Durchschnitt zu ihren Werten verkauft; es wird der normale, landesübliche Profit erzielt. Zur Wirtschaftskrise kommt es dann, wenn die Kapitalvergrößerung und damit die Mengen der erzeugten Produkte die durch die Kaufkraft der Bevölkerung jeweils gesetzte Grenze überschreiten, wenn also die zwischen den Produktenmengen auf der einen Seite und der Konsumtionsmöglichkeit (Kaufkraft) der breiten Massen auf der anderen die bis zu jenem Zeitpunkt bestehende richtige Proportion – und d. h.: das bis dahin bestehende »normale« Ausbeutungsverhältnis der breiten Massen – nicht mehr eingehalten wird. Dann macht die frühere Gleichgewichtslage, das frühere »normale« Ausbeutungsverhältnis zwischen Kapital und Arbeitskräften, einem anderen Ausbeutungsverhältnis Platz. Eine solche Störung des normalen Ausbeutungsverhältnisses ist die Begleiterscheinung oder Folge der »Überakkumulation«, d. h. der Überproduktion von Kapital, die sich als Überproduktion von Gütern äußert. Die Überproduktion besteht nicht in Permanenz, denn dann hätte man ja auch die Wirtschaftskrise in Permanenz; sie tritt eben nur von Zeit zu Zeit auf.

Der Zwang und Drang zur größtmöglichen Vergrößerung des Profits besteht für jedes Unternehmen und jederzeit; man muß die Konkurrenten schlagen, den einheimischen und ausländischen Markt erobern; die Erzeugung der Güter kann nicht oder nicht völlig geplant, ihre Verkaufsmöglichkeiten können nicht oder nur teilweise überblickt werden, sondern erfolgen im Kapitalismus im Kampfe der einzelnen Unternehmungen und der Konzerne oder Trusts gegeneinander. So lange die Konjunktur günstig ist, d. h. die Märkte aufnahmefähig sind, kann das Kapital seinen Profit fortlaufend vergrößern und zur Vergrößerung sowohl des konstanten Teils wie der Zahl beschäftigter Arbeitskräfte wie auch zur Steigerung des Lebensstandards der Kapitalbesitzer verwenden. Kann die Arbeitszeit nicht mehr verlängert werden und sind schließlich alle verfügbaren Arbeitskräfte vollbeschäftigt, so tritt der schon bekannte Fall ein, daß von einem bestimmten Zeitpunkt an selbst bei maximaler Steigerung der Ausbeutung die Profitmasse und die Profitrate nicht mehr gesteigert werden können. Die Wertmenge der auf den Markt geworfenen Konsumgüter ist dann der Kaufkraft der arbeitenden Massen vorausgeeilt, sie können ihre Existenzmittel nicht mehr in dem erforderlichen

Umfange kaufen. Für das akkumulierte Kapital bedeutet das mangelnden Absatz, also verringerte Verwertungsmöglichkeit, nachdem es erst die durch die jeweiligen Markt-, Konkurrenz- und Kreditbedingungen gegebene Maximalgröße erreicht hat. Dann muß ein Teil des Kapitals brachgelegt werden; wir haben ». . . unbeschäftigtes Kapital auf der einen und unbeschäftigte Arbeiterbevölkerung auf der anderen Seite.« (III, S. 261) Denn: »Die Schranken, in denen sich die Erhaltung und Verwertung des Kapitalwerts, die auf der Enteignung und Verarmung der großen Masse der Produzenten beruht, allein bewegen kann, diese Schranken treten beständig in Widerspruch mit den Produktionsmethoden, die das Kapital zu seinem Zweck anwenden muß, und die auf unbeschränkte Vermehrung der Produktion, auf die Produktion als Selbstzweck, auf unbedingte Entwicklung der gesellschaftlichen Produktivkräfte der Arbeit lossteuern. Das Mittel – unbedingte Entwicklung der gesellschaftlichen Produktivkräfte – gerät in fortwährenden Konflikt mit dem beschränkten Zweck, der Verwertung des vorhandenen Kapitals . . .« (III, S. 260)

Die als Krise zutage tretende Überproduktion von Waren ist aber nicht absolut, d. h. nicht schlechthin, für alle Zeiten und für alle Bedingungen, als Überproduktion zu verstehen, sie ist nur eine relative:

»Es werden nicht zu viele Lebensmittel produziert im Verhältnis zur vorhandenen Bevölkerung. Umgekehrt. Es werden zu wenig produziert, um der Masse der Bevölkerung anständig und menschlich zu genügen. Es werden nicht zu viele Produktionsmittel produziert, um den arbeitsfähigen Teil der Bevölkerung zu beschäftigen. Umgekehrt. Es wird erstens ein zu großer Teil der Bevölkerung (industrielle Reservearmee – E. L.) produziert, der tatsächlich nicht arbeitsfähig, der durch seine Umstände auf Ausbeutung der Arbeit anderer angewiesen ist, oder auf Arbeiten, die nur innerhalb einer miserablen Produktionsweise (gemeint ist: die kapitalistische Wirtschaftsform – E. L.) als solche gelten können. Es werden zweitens nicht genug Produktionsmittel produziert, damit die ganze arbeitsfähige Bevölkerung unter den produktivsten Umständen arbeite, also ihre absolute Arbeitszeit verkürzt würde . . . Aber es werden periodisch zu viel Arbeitsmittel und Lebensmittel produziert, um sie als Exploitationsmittel der Arbeiter zu einer gewissen Rate des Profits fungieren zu lassen. Es werden zu viel Waren produziert, um den in ihnen enthaltenen Wert und darin eingeschlossenen Mehrwert unter den durch die kapitalistische Produktion gegebenen Verteilungsbedingungen und Konsumtionsverhältnissen realisieren und in neues Kapital rückverwandeln zu können, d. h., um diesen Prozeß *ohne* beständig wiederkehrende Explosionen (gemeint sind eben die Krisen – E. L.) auszuführen . . .« (III, S. 268)

Für die kapitalistische Produktion treten Schranken für den Absatz der Waren schon auf einem solchen Ausdehnungsgrad der Produktion ein, der vom Standpunkt der Notwendigkeit einer Befriedigung wirklicher gesellschaftlicher Bedürfnisse »... weitaus ungenügend erschiene. Sie kommt zum Stillstand, nicht wo die Befriedigung der Bedürfnisse, sondern wo die Produktion und Realisierung von Profit diesen Stillstand gebietet.« (III, S. 269)
Und:
»Die Epochen, worin die kapitalistische Produktion alle ihre Potenzen (Möglichkeiten, Kräfte) anstrengt, erweisen sich regelmäßig als Epochen der Überproduktion; weil die Produktionspotenzen nie so weit angewandt werden können, daß dadurch mehr Wert nicht nur produziert, sondern realisiert werden kann; der Verkauf der Waren, die Realisation des Warenkapitals, also auch des Mehrwerts, ist aber begrenzt, nicht durch die konsumtiven Bedürfnisse der Gesellschaft überhaupt, sondern durch die konsumtiven Bedürfnisse einer Gesellschaft, wovon die große Mehrzahl stets arm ist und stets arm bleiben muß.« (II, S. 318)
Nicht der technische Fortschritt als solcher führt zu Krisen, sondern die Hintanhaltung des Konsums der Bevölkerungsmassen *im Vergleich* zur steigenden Arbeitsproduktivität und dabei zunehmender Ausbeutung, welche die Kapitalakkumulation so oft begleiten.
Ist die Überproduktion (Überakkumulation) des Kapitals eine vorübergehende Störung des Gleichgewichtszustandes der kapitalistischen Produktion, eine Störung des »richtigen« Mengen- bzw. Wertverhältnisses zwischen den erzeugten Sachgütern und dem Wert des Einkommens der großen Masse der Bevölkerung, so tritt diese Sachlage als Wirtschaftskrise zutage; zugleich ist sie aber auch das explosionsartige Mittel, das für den Fortgang der kapitalistischen Produktion erforderliche Gleichgewicht zwischen Einkommen und Nachfrage, zwischen Produktiv- und Konsumgütern unter großen Opfern, vor allem für die Arbeiterklasse, wiederherzustellen.
In diesem Zusammenhang gab Marx auch seine detaillierteste Beschreibung der Krisen, die hier mit Ausnahme unwesentlicher Stellen wörtlich wiedergegeben sei. Ist einmal die Krise ausgebrochen, dann wird sich ...
»... unter allen Umständen das Gleichgewicht herstellen durch Brachlegung und selbst Vernichtung von Kapital in größrem oder geringrem Umfang. Dies würde sich erstrecken z. T. auf die materielle Kapitalsubstanz; d. h. ein Teil der Produktionsmittel, fixes und zirkulierendes Kapital, würde nicht fungieren, nicht als Kapital wirken; ein Teil begonnener Produktionsbetriebe würde stillgesetzt werden. Obgleich, nach dieser Seite, die Zeit alle Produktionsmittel (den Boden ausgenommen) angreift und ver-

schlechtert, fände hier infolge der Funktionsstockung weit stärkere wirkliche Zerstörung von Produktionsmitteln statt ...
Die Hauptzerstörung, und mit dem akutesten Charakter, fände statt mit Bezug auf das Kapital, soweit es Werteigenschaft besitzt, mit Bezug auf die Kapital*werte*. Der Teil des Kapitalwerts, der bloß in der Form von Anweisungen auf künftige Anteile am Mehrwert, am Profit steht, in der Tat lauter Schuldscheine auf die Produktion unter verschiedenen Formen, wird sofort entwertet mit dem Fall der Einnahmen, auf die er berechnet ist ...
Ein Teil des baren Goldes und Silbers liegt brach, fungiert nicht als Kapital. Ein Teil der auf dem Markt befindlichen Waren kann seinen Zirkulations- und Reproduktionsprozeß nur vollziehn durch ungeheure Kontraktion seiner Preise, also durch Entwertung des Kapitals, das er darstellt. Ebenso werden die Elemente des fixen Kapitals mehr oder minder entwertet. Es kommt hinzu, daß bestimmte, vorausgesetzte Preisverhältnisse den Reproduktionsprozeß bedingen, dieser daher durch den allgemeinen Preisfall in Stockung und Verwirrung gerät. Diese Störung und Stockung paralysiert die mit der Entwicklung des Kapitals gleichzeitig gegebene, auf jenen vorausgesetzten Preisverhältnissen beruhende Funktion des Geldes als Zahlungsmittel, unterbricht an hundert Stellen die Kette der Zahlungsobligationen an bestimmten Terminen, wird noch verschärft durch das damit gegebene Zusammenbrechen des gleichzeitig mit dem Kapital entwickelten Kreditsystems und führt so zu heftigen akuten Krisen.
Gleichzeitig aber wären andere Agentien (treibende Kräfte) im Spiel gewesen. Die Stockung der Produktion hätte einen Teil der Arbeiterklasse brach gelegt und dadurch den beschäftigten Teil in Verhältnisse gesetzt, worin er sich eine Senkung des Arbeitslohns, selbst unter den Durchschnitt, gefallen lassen müßte; eine Operation, die für das Kapital ganz dieselbe Wirkung hat, als wenn beim Durchschnittslohn der relative oder absolute Mehrwert erhöht worden wäre ... Der Preisfall und der Konkurrenzkampf hätten andererseits jedem Kapitalisten einen Stachel gegeben, den individuellen Wert seines Gesamtprodukts durch Anwendung neuer Maschinen, neuer verbesserter Arbeitsmethoden, neuer Kombinationen unter dessen allgemeinen Wert zu senken, d. h. die Produktivkraft eines gegebenen Quantums Arbeit zu steigern ... Die Entwertung der Elemente des konstanten Kapitals (würde) selbst ein Element sein, das Erhöhung der Profitrate einschlösse. Die Masse des angewandten konstanten Kapitals, gegen das variable, wäre gewachsen, aber der Wert dieser Masse könnte gefallen sein. Die eingetretene Stockung der Produktion hätte eine spätere Erweiterung der Produktion – innerhalb der kapitalistischen Grenzen – vorbereitet.
Und so würde der Zirkel von neuem durchlaufen. Ein Teil des

Kapitals, das durch Funktionsstockung entwertet war, würde seinen alten Wert wiedergewinnen. Im übrigen würde mit erweiterten Produktionsbedingungen, mit einem erweiterten Markt, und mit erhöhter Produktivkraft, derselbe fehlerhafte Kreislauf wieder durchgemacht werden ...« (III, S. 264f)

Zu diesen Ausführungen macht P. M. Sweezy in seiner »Theorie der kapitalistischen Entwicklung« zusammenfassend folgende Bemerkung:

»Eine beschleunigte Akkumulationsrate bringt eine Reaktion in Form einer Krise, die Krise wird zur Depression (Stockung, Stillstand, Stagnation – E. L.), und die Depression stellt durch Auffüllung der Reservearmee und Herabsetzung der Kapitalwerte die Rentabilität der Produktion wieder her und bereitet dadurch eine Wiederaufnahme der Akkumulation vor. Eine Wiederholung des ganzen Vorganges ist nun nur noch eine Frage der Zeit. Daher ist dies tatsächlich mehr als eine Krisentheorie, es ist im wesentlichen eine Theorie dessen, was moderne Theoretiker als den ganzen Konjunkturzyklus bezeichnen ...«[19]

Wie Sweezy feststellt, ist sich Marx schon zu jener Zeit des vergangenen Jahrhunderts, in der er seine ersten Entwürfe zum dritten Buche seines Werkes niederschrieb (vor 1867), über die Entwicklungsabschnitte der Krisen völlig klar gewesen, obwohl damals noch fast keine systematischen Untersuchungen und kaum verarbeitetes Material über dieses Thema vorlagen.

Könnte man alle Waren zu ihren Werten verkaufen, so wäre das ein Anzeichen dafür, daß Nachfrage und Angebot sich decken. Übersteigt die auf den Markt gebrachte Menge einer Ware die Nachfrage, so sinkt der Preis; es wurde von der Ware zu viel produziert; und das Umgekehrte tritt bei einem zu geringen Angebot ein. Das richtige Verhältnis zwischen Angebot und Nachfrage nach einer Ware besteht dann, wenn sie zu ihrem Wert verkauft wird. Dieser Zustand wird als Gleichgewicht bezeichnet.

Aber die vielen Unternehmungen oder Unternehmergruppen produzierten zu Marx' Lebzeiten und heute als Konkurrenten gegeneinander und nicht nach einem gemeinsam vorbedachten Plan, so daß die Mengenverhältnisse der verschiedenen Arten von Produkten nicht reguliert sind. Bei manchen Warengattungen hat das praktisch kaum Folgen. Werden z. B. zu viele Herrenkrawatten oder wird zu viel schottischer Whisky erzeugt, so wird deswegen kaum eine Wirtschaftskrise ausbrechen. Bringt aber z. B. die Stahlindustrie zu viel von ihren Produkten auf den Markt, so daß sie diese nicht zu Preisen verkaufen kann, die mindestens den Durchschnittsprofit abwerfen, so werden die Stahlproduzenten ihre Produktion entsprechend einschränken, und als Folge davon wird in der Regel nicht nur die Nachfrage nach

[19] Sweezy, a. a. O., S. 119.

Arbeitskräften in der Stahlindustrie, sondern oft auch die nach den Transportmitteln sowie nach der Kohle und den Eisenerzen verringert; es kommt nicht nur zu einem Mißverhältnis zwischen Angebot und Nachfrage nach einer bestimmten Warengattung, sondern auch zu Störungen in den Mengenverhältnissen verschiedener, aber voneinander mehr oder weniger abhängiger Arten von Produkten, z. B. von Kohle – Eisen. Noch ernstere Störungen können etwa z. B. durch den Ausfall der Getreideernte Kanadas entstehen oder wenn diese »zu gut« ausgefallen ist, usf.

Verringert sich der Absatzmarkt für eine bestimmte Warengattung für längere Zeit, so werden die Produktionsmittelbesitzer dieser Industrien ihr Geld aus diesen Produktionszweigen herausziehen und es in anderen, »rentabler« erscheinenden Produktionsbranchen anlegen. Dadurch verringern sich dann die Produktionsmengen der vorher zu viel erzeugten Warengattungen, und die Nachfrage nach ihnen wird normalerweise nach einiger Zeit eben dadurch wieder steigen, so daß es wieder lohnend wird, Kapital für die Erzeugung der nun zu gering gewordenen Warengattungen anzulegen.

So entstehen infolge der Planlosigkeit der kapitalistischen Erzeugung in den verschiedenen Produktionszweigen von Zeit zu Zeit Mißverhältnisse zwischen den auf den Markt geworfenen Warenmengen verschiedener voneinander abhängiger Produktionszweige, die sich nach einiger Zeit durch mehr oder weniger erfolgreiche Anpassung der Erzeugung an die Bedürfnisse oder Absorptionsmöglichkeiten der Wirtschaft wieder ausgleichen, aber durch den Drang und die Notwendigkeit der Kapitalbesitzer zur Produktionsvergrößerung immer aufs neue entstehen. Insofern als diese Mißverhältnisse zu Störungen des Wirtschaftslebens führen, erscheinen sie als Ursachen von Krisen, doch sind sie, genauer betrachtet, nicht Ursachen, sondern Symptome oder Folgen von Mißverhältnissen in der Produktion, hervorgerufen durch den Mangel an einer an der Kaufkraft oder den Bedürfnissen orientierten planvollen Erzeugung und durch die Jagd nach Vergrößerung des Profits. Ein bestimmtes Größenverhältnis von Zahlen oder ein bestimmtes Mengenverhältnis von Gegenständen heißt bekanntlich eine Proportion; während, wie schon erwähnt wurde, ein Mißverhältnis zwischen solchen Mengen eine Disproportion heißt. Dementsprechend hat man die volkswirtschaftlichen Theorien, welche die Krisen lediglich durch ein Mißverhältnis zwischen den auf den Markt geworfenen Mengen verschiedener Warengattungen oder durch ein Mißverhältnis zwischen den erzeugten und den verkauften Mengen der Produktionsmittel und der Verbrauchsgüter zu erklären suchen, mit dem unschön klingenden Wort »Disproportionalitätstheorien« bezeichnet.

Auch Marx sieht das Mißverhältnis zwischen den verschiedenen Produktionszweigen als eine dieser Ursachen oder besser, als Krisensymptom an und erwähnt die Überproduktion der Sachgütererzeugung verschiedener Produktionszweige des öfteren. Im Kapitel 15 des III. Bandes des »Kapital« schreibt er, daß die Produktion ständig über die Schranke der Aufnahmefähigkeit des Marktes hinausstrebt und fährt dann so fort: »Wird gesagt, daß nicht allgemeine Überproduktion, sondern Disproportion innerhalb der verschiedenen Produktionszweige stattfinde, so heißt dies weiter nichts, als daß innerhalb der kapitalistischen Produktion die Proportionalität der einzelnen Produktionszweige sich als beständiger Prozeß aus der Disproportionalität darstellt ...« (III, S. 267), weil der Zusammenhang der gesamten Produktion – d. h. die Abhängigkeit aller Produktionszweige voneinander – sich gegenüber den Produzenten, ohne ihr eigenes Planen und Wissen davon, zur Geltung bringt und nach einiger Zeit wieder zum richtigen Mengenverhältnis zwischen den Produkten zurückführt. In den »Theorien über den Mehrwert« schreibt er bei der Erwähnung der Möglichkeit solcher Mißverhältnisse u. a.: »Indes sprechen wir hier nicht von der Krise, soweit sie auf unproportionierter Produktion, d. h. einem Mißverständnis zwischen der Verteilung der gesellschaftlichen Arbeit unter die einzelnen Produktionssphären beruht. Davon kann nur die Rede sein, soweit von der Konkurrenz der Kapitalisten die Rede ist. Da ist schon gesagt worden, daß Steigen oder Sinken des Marktwertes infolge dieses Mißverhältnisses Übertragung und Zurückziehung von Kapital von einer Produktionssphäre und Übertragung in eine andere, Wanderung von Kapital von einem Produktionszweig in den anderen zur Folge hat ...«[20]

In einer Wirtschaft aber, deren Produktionsmittel Privateigentum einiger weniger sind, die das Profitprinzip über die Notwendigkeit einer Versorgung und Erhöhung des Lebensstandards der Gesamtbevölkerung stellt, in der die Produktion im dauernden Konkurrenzkampf der einzelnen Kapitalgruppen gegeneinander zum Zwecke schnellster Erzielung eines Maximalprofits erfolgt, kann es keine Produktion geben, die auf der Grundlage des gesellschaftlichen Verfügungsrechts über die Produktionsmittel von den Organen dieser Gesellschaft planmäßig und im gemeinsamen Interesse der Gesamtheit erfolgt; es wird vielmehr bald hier, bald dort, bald von dieser, bald von jener Güterart zu viel oder zu wenig erzeugt, bald übersteigt hier, bald dort das Angebot von Produktionsmitteln oder Konsumgütern die zahlungsfähige Nachfrage, und so setzt sich der ganze Reproduktionsprozeß ständig nur unter dauernden Schwankungen, unter Abweichungen vom normalen Verlaufe durch, wobei unter dem normalen

[20] MEW, Bd. 26, 2. Teil, S. 521f.

Verlauf, d. h. dem Gleichgewicht, eine Produktion zu verstehen ist, bei der sich Angebot und Nachfrage decken.

Der ganze kapitalistische Reproduktionsprozeß, sei es auf einfacher, sei es auf erweiterter Stufenleiter, vollzieht sich in Bewegungsformen, die »in ebenso viele Bedingungen des anormalen Verlaufs, Möglichkeiten von Krisen umschlagen, da das Gleichgewicht ... selbst ein Zufall ist«. (II, S. 491)

Und an anderer Stelle: »Es fände keine Überproduktion statt ... wenn das Kapital so verhältnismäßig in allen Produktionssphären verteilt wäre, daß die Produktion des einen Artikels die Konsumtion des anderen, also seine eigene Konsumtion einschlösse ... Da sich aber die kapitalistische Produktion nur in gewissen Sphären, unter gegebenen Bedingungen, die Zügel schießen lassen kann, so wäre überhaupt keine kapitalistische Produktion möglich, wenn sie in allen Sphären *gleichzeitig* und *gleichmäßig* sich entwickeln müßte.«[21]

Der russische Volkswirtschaftler Michael v. Tugan-Baranowski (1865–1919) hatte sich in zwei viel diskutierten Büchern u. a. mit Marx' Lehre von der erweiterten Reproduktion beschäftigt.[22] Um das Grundprinzip der Produktionserweiterung frei von anderen störenden Einflüssen, sozusagen in theoretischer Reinheit, zu betrachten, war Marx bekanntlich davon ausgegangen, daß die Anzahl der beschäftigten Arbeiter, und damit das variable Kapital, von Produktionsperiode zu Produktionsperiode, sagen wir von Jahr zu Jahr, normalerweise zunimmt und daß die Kapitalisten dabei stets einen Teil ihres dauernd zunehmenden Einkommens (Mehrwerts) für Investitionszwecke (Akkumulation), also auch zur Vergrößerung ihres konstanten Kapitals verwenden. Wenn nun die Produktionserweiterung stets in dieser Weise fortschreitet, daß die nur aus Arbeitern und Kapitalisten bestehend gedachte Gesellschaft, also alle Verbraucher, alle erzeugten Waren auch kaufen, so muß man sich nach Tugan-Baranowski doch fragen, ob unter solchen Bedingungen jemals eine Wirtschaftskrise ausbrechen kann. Und Tugans Antwort lautet: Nein! Eine Wirtschaftskrise kann, theoretisch betrachtet, nicht ausbrechen, so lange alle im Fortgang der kapitalistischen Erzeugung, also der erweiterten Reproduktion, hergestellten Erzeugnisse restlos abgesetzt werden können, und zwar ganz gleich, ob dabei das Einkommen dieser oder jener Bevölkerungsgruppen hoch oder niedrig ist. Man erinnert sich hier an das früher ausgiebig erläuterte Marxsche Schema der Kaufs- und Verkaufsvorgänge zwischen den beiden Abteilungen der gesellschaftlichen Produktion, wo man sah, daß dort alle erzeugten Produktionsmittel und Konsum-

[21] MEW, Bd. 26., 2. Teil, S. 532.

[22] M. v. Tugan-Baranowski, »Studien zur Theorie und Geschichte der Handelskrisen in England«, Jena 1901. – Ders.: »Theoretische Grundlagen des Marxismus«, Leipzig 1905.

güter, bei gleichzeitiger Erzielung des Durchschnittsprofits für alle Produzenten, restlos verkauft wurden, ohne daß irgendwelche Störungen des kapitalistischen Wirtschaftssystems eintreten.

Tugan-Baranowski entwickelt nun einen besonderen Gedanken und behauptet: Um den ungestörten Fortgang des kapitalistischen Wirtschaftsmechanismus zu gewährleisten, ist es keineswegs erforderlich, daß die Masse der lebenswichtigen Konsumgüter, deren Wertgröße ja jeweils derjenigen der Arbeitslöhne gleicht, von Jahr zu Jahr zunimmt. Um dies zu zeigen, konstruierte er ein Zahlenschema, worin die Masse bzw. Wertmenge der Produktionsmittel stetig zunimmt, während die Masse bzw. Wertgröße der lebensnotwendigen Verbrauchsgüter in den gleichen Zeiträumen abnimmt. Die Kapitalisten machen demnach von Jahr zu Jahr größere Auslagen für das konstante Kapital, während ihre Auslage für die Arbeitslöhne immer geringer werden. Die Ausgaben der Kapitalisten für ihre eigenen Existenzmittel und Luxusgüter bleiben im Tuganschen Schema während des ganzen betrachteten Zeitraums gleich groß. Anders ausgedrückt, soll sein Schema ein Beispiel sein für stetige Kapitalvergrößerung bei gleichzeitigem Rückgang der lebensnotwendigen Verbrauchsgüter der großen Bevölkerungsmasse und bei unverändertem Lebensstandard der Kapitalisten[23]. Wer unsere Erklärung der Marxschen Schemata der einfachen und erweiterten Reproduktion (Kapitel 12 u. 13) verstanden hat, wird sowohl bei der Betrachtung des Tuganschen Schemas wie bei den noch weiter unten zu erwähnenden Reproduktionsschemata von Rosa Luxemburg und Werner Alexander kaum irgendwelche Schwierigkeiten finden, wenn er sie in den Originalarbeiten dieser Verfasser nachliest.

Tugan-Baranowski wählt in seinem Beispiel die Zahlenverhältnisse so, daß trotz unaufhörlich fortschreitender Abnahme der lebensnotwendigen Verbrauchsgüter die unaufhörlich zunehmende Menge der erzeugten Produktionsmittel Jahr für Jahr auf dem Markt tatsächlich restlos verkauft wird. Dabei geht er von der Annahme aus, daß »... die Ersetzung der Handarbeit durch die maschinelle zur gewaltigen absoluten Abnahme der Arbeiterzahl führt ...«, so daß schließlich, als rein theoretischer Extremfall, »... alle Arbeiter bis auf einen einzigen verschwunden und durch Maschinen ersetzt ...« sind. Aber er betont dabei selber ausdrücklich, daß es sich bei dieser Betrachtung nur um eine »ganz willkürliche und der Wirklichkeit nicht im mindesten entsprechende Annahme ...« handele, die er nur deswegen gemacht habe, um zu zeigen, daß selbst in solchem Extremfall der restlose Absatz der ins Riesenhafte gewachsenen Produktions-

[23] Die von Tugan-Baranowski entworfene Zahlentabelle und seine leicht verständlichen Erläuterungen dazu findet man in seinem Buch »Theoretische Grundlagen des Marxismus«, S. 224f. Ihr Abdruck und ausführliche Diskussion würde hier zu viel Raum beanspruchen.

mittel – denen dann im Grenzfall eine winzige Menge lebensnotwendiger Güter für den einzigen, übriggebliebenen Handarbeiter entspricht – möglich sei. Daher gelte, kurz gesagt der Satz, »... daß bei der proportionellen Einteilung der gesellschaftlichen Produktion kein Rückgang der gesellschaftlichen Konsumtion an sich imstande ist, ein überschüssiges Produkt zu erzeugen ...«[24]

Tugan ist selbstverständlich nicht so naiv zu glauben, daß die bei solchem Verfahren dauernd zunehmende Millionenzahl von Arbeitslosen einem von diesem Gedankenexperiment angeregten Gang der Dinge teilnahmslos zusehen würden; es handelt sich hier nur um die theoretische Überlegung, daß durch die Einführung immer leistungsfähigerer Maschinen oder andere technische Verbesserungen immer mehr Arbeiter überflüssig werden, daß also schließlich – als Grenzfall – nur ein einziger Arbeiter die gesamten Produktionsmittel eines Wirtschaftsgebietes in die Hand bekommt und daher als einziger Empfänger der von den Produktionsmittelbesitzern ausgezahlten Arbeitslöhne dieses Gebietes auch der einzige Verzehrer der auf diese Weise zusammengeschrumpften Verbrauchsgüter sein würde (abgesehen von den Kapitalisten, die natürlich ebenfalls Verbrauchsgüter verzehren)! Natürlich ist eine solche Annahme absurd.

Es wurde schon früher ausgeführt, daß die bei vielen Verfassern zu lesende und gern auch Marx zugeschobene Behauptung, wonach die Maschine die Arbeiter verdränge, in dieser Formulierung unzutreffend ist, denn es verdrängen die in bestimmten Produktionsbranchen eingeführten Maschinen nur die Arbeiter in eben diesen Branchen. Wohl verringert sich die Zahl der nur körperlich Arbeitenden, aber die Zahl der Werktätigen, der unmittelbar für die Produktion Schaffenden – und das sind nicht nur die körperlich, sondern auch die mit dem Kopf für den Produktionsprozeß Tätigen – nimmt zu. Daß der Begriff des »Arbeiters« weiter als gewöhnlich angenommen zu fassen ist, wird im »Kapital«[25] und in den »Theorien über den Mehrwert« kurz, aber deutlich ausgesprochen. Die früher erwähnte Berufstätigkeit infolge der Spezialisierung des Industrie-, Transport- und Verwaltungswesens führt weiterhin zur Vergrößerung der Zahl der Beschäftigten. Kurz: Die Zahl der im Produktionsprozeß tätigen Arbeiter, der vom Kapital Ausgebeuteten, nimmt, wie ein jeder weiß, dauernd zu; die arbeitende Bevölkerung nimmt nach Marx nur relativ zum Kapitalwachstum ab.

Unabhängig davon könnte man dennoch versucht sein, die Frage zu stellen, ob die Zunahme der kapitalistischen Erzeugung von Produktionsmitteln bei gleichzeitiger Abnahme der lebenswichtigen Konsumgüter zum Stillstand und Zusammenbruch des

[24] Tugan-Baranowski, »Theoretische Grundlagen ...«, S. 230f.
[25] Bd. I, Kap. 4, Nr. 3; Kap. 5 am Schluß und Kap. 14.

kapitalistischen Produktionsmechanismus aus innerstrukturellen Gründen führen muß. Hierüber schreibt Tugan-Baranowski:
»Wenn die gesellschaftliche Produktion planmäßig organisiert wäre, wenn die Leiter der Produktion eine vollkommene Kenntnis der Nachfrage und die Macht hätten, die Arbeit und das Kapital frei aus einem Produktionszweig in einen anderen überzuführen, so könnte, wie niedrig die gesellschaftliche Konsumtion auch sein möchte, das Angebot an Waren die Nachfrage nicht überschreiten ...«[26]
Hiernach wären die Wirtschaftskrisen nur das Ergebnis von Disproportionen zwischen den erzeugten Mengen der Produktions- und der Konsumgüter. Die von ihm dabei vorausgesetzte stets zunehmende Drosselung lebenswichtiger Konsumgüter bringt zwar eine stets größer werdende Zahl von arbeitenden Menschen in eine immer schlimmere Lage, aber das wäre dann keine eigentliche Wirtschaftskrise. Der Kapitalismus ist ja schließlich nicht für die arbeitende Menschheit, nicht für die Erzeuger allen Reichtums auf Erden, sondern für die Kapitalisten da! Tugan-Baranowski, selbst Sozialist, ist der letzte, der einen solchen Wirtschaftsgang empfiehlt; er kämpfte gegen das kapitalistische System und wurde 1899 aus seiner Dozentenstelle an der Universität Petersburg entlassen und erst 1905 wieder eingesetzt. Er will nur untersuchen, ob auch bei einem Rückgang der Konsumgüter bei Aufrechterhaltung bestimmter Zahlenverhältnisse zur Menge der Produktionsmittel der Fortgang der kapitalistischen Wirtschaft »theoretisch« *an sich* möglich wäre oder ob dabei aus *inneren* Ursachen eine Störung eintreten könnte:
»Sind die Produktivkräfte proportionell auf die Produktionszweige verteilt, dann ist keine Abnahme der Nachfrage nach Konsumgütern imstande, eine allgemeine Überproduktion hervorzurufen ...« »... allein es fehlt in der kapitalistischen Gesellschaft jegliche Organisation, die sich mit einer solchen Verteilung befassen würde ... Im Kapitalismus ist der Markt nicht aufnahmefähig genug, nicht weil es an Verbrauchern für die kapitalistischen Erzeugnisse mangele, sondern weil eine proportionelle Verteilung der Produktivkräfte auf die Produktionszweige gänzlich unerreichbar ist ...«[27]
Die von Tugan-Baranowski ins Auge gefaßte Konsumeinschränkung der Bevölkerungsmassen ist schon wegen der jährlichen Bevölkerungszunahme in fast allen Ländern ein Unding. So z. B. beträgt die jährliche Bevölkerungszunahme in den USA in runden Ziffern derzeit 1,8 Prozent, in der Sowjetunion 1,7 Prozent, und in Europa kommt man für den Zeitraum von 1925 bis 1950 auf

[26] Tugan-Baranowski, »Studien zur Theorie ...«, a. a. O., S. 33.
[27] Tugan-Baranowski, »Grundriß der Sozialökonomie« (russisch), Petrograd 1918, S. 507, 509–511. Hier zitiert nach N. Moszkowska: »Das Marxsche System«, S. 123f.

ungefähr 1,5 Prozent jährlich. Daher kann die Menge der jährlich erzeugten Konsumgüter natürlich nicht einmal für eine relativ kurze Zeitdauer abnehmen; sie muß vielmehr dauernd wachsen, denn eine fortgesetzte Verminderung der Konsumgütererzeugung würde selbst beim Ausbleiben einer Rebellion der davon betroffenen Bevölkerung zu Hunger, Seuchen und Massensterben führen. Das Tugansche Gedankenexperiment ist daher auch biologisch unsinnig. Seine Reproduktionsschemata sind allerdings trotz aller dagegen geltend gemachten Einwendungen logisch richtig; auch Werner Alexanders und Dwojlazkis formale Kritik am Tugan-Baranowskischen Reproduktionsschema ist m. E. nicht stichhaltig, dies zeigt uns bereits ein genaueres Studium der Tuganschen Erläuterung dazu.[28] In der Welt, in der wir leben, ist jedoch die Tugansche Argumentation gegenstandslos.

Tugan-Baranowskis Gedankengänge hatten seiner Zeit große Beunruhigung in die Diskussionen über das Schicksal des Kapitalismus getragen, weil sie zu zeigen schienen, daß die kapitalistische Wirtschaft nicht an ihrer eigenen inneren Struktur zusammenbrechen muß. Sein Irrtum lag eben in den falschen Voraussetzungen seiner Schemata.

Aber wenn auch Tugan-Baranowskis Voraussetzung einer *absoluten* Verringerung der Konsumgüter bei gleichzeitiger Zunahme der Produktionsmittel verfehlt war, so zeigt jedes beliebige korrekt durchgeführte Schema der erweiterten Reproduktion, daß bei ständig fortschreitender Technik eine *relative* Zunahme der erzeugten Produktionsmittelmenge gegenüber der Konsumgütermenge stattfindet. Anders gesagt: bei fortschreitender Technik überflügelt die Zunahme der Produktionsmittel diejenige der Konsumgüter immer mehr, und die genauere Betrachtung (hierzu ein Zahlenbeispiel) jedes beliebigen Schemas der erweiterten Reproduktion führt zu zwei wichtigen Schlußfolgerungen:

1. Bei der erweiterten Reproduktion muß die Summe des variablen Kapitals und des Mehrwerts der Abteilung I rascher wachsen (d. h. größer sein) als das konstante Kapital der II. Abteilung. Man beobachte z. B. den Übergang vom 2. zum 3. Produktionsjahr in einem beliebigen Schema der Produktionsvergrößerung, etwa in dem von Otto Bauer: Im 2. Jahre ist dort in der I. Abteilung das variable Kapital + Mehrwert 53667 + 53667 = 107334. Im 3. Jahr ist die Summe dieser beiden Größen in der gleichen Abteilung 57576 + 57576 = 115152. Die Summe der beiden genannten Werte ist also um 7818 gewachsen. Das konstante Kapital der II. Abteilung wächst vom 2. bis zum 3. Jahre von 85334 auf 90952, im gleichen Zeitraum nur um 5618, also um einen geringeren Betrag.

2. Das Wachstum des konstanten Kapitals der I. Abteilung muß

[28] Werner Alexander, »Kampf um Marx«, Potsdam 1932, S. 74f. – Dwojlazki, in: »Die Internationale«, Berlin, Jahrg. 6, S. 392.

das Wachstum des konstanten Kapitals der Abteilung II noch stärker beflügeln. In der Tat wächst das konstante Kapital der I. Abteilung vom 2. auf das 3. Jahr um 16382; diese Zunahme ist also noch größer als die vorhergenannte Zunahme des konstanten Kapitals der Abteilung II (5618). Das Ergebnis überrascht kaum, denn die Abteilung I verwendet ja einen größeren Teil des Mehrwerts zur Vergrößerung ihres konstanten als zur Vergrößerung ihres variablen Kapitals. Denn nach Voraussetzung wächst die organische Kapitalzusammensetzung, und das bedeutet ja nichts anderes, als daß die Zunahme ihres konstanten Kapitals größer sein muß als die des variablen. Die daraus folgende Erkenntnis ist, daß in jeder Wirtschaftsordnung – solange die organische Kapitalzusammensetzung zunimmt – der Wert und der Umfang der Produktionsmittel denjenigen der Konsumgüter immer mehr überflügelt. Diese Tatsache gilt nicht nur für die kapitalistische Produktion, deren Zweck die Erzielung von Profit ist, sondern auch für die nichtkapitalistische Wirtschaftsform mit fortschreitender Produktionstechnik, weil die fortschreitende Produktionstechnik ja nur ein anderer Ausdruck für die Tatsache ist, daß immer vollkommenere Produktionsmittel immer mehr menschliche Arbeitskraft ersparen. (Eine zutreffende Feststellung, die aber nicht mit der unzutreffenden Behauptung verwechselt werden darf, daß die absolute Gesamtzahl der produktiv Beschäftigten infolge der Einführung leistungsfähigerer Maschinerie immer mehr abnehme! Siehe die früheren Bemerkungen zu dieser Frage.[29])

Die Kritiker Tugans betonten hauptsächlich, daß jede Produktion von Waren letzten Endes nur das Mittel zur Erzeugung von Konsumgütern sei, und da er dies nicht berücksichtige, sei seine Konstruktion nicht annehmbar. In diesem Sinne schreibt R. Hilferding in seinem Buch »Das Finanzkapital« u. a.: Tugan ». . . sieht nur die spezifischen ökonomischen Formbestimmtheiten kapitalistischer Produktion und übersieht dabei die aller Produktion, welch immer ihre historische Form, gemeinsamen natürlichen Bedingungen und kommt daher zur sonderbaren Vorstellung einer Produktion, die nur für die Produktion vorhanden ist, während die Konsumtion nur als lästiges Akzidenz erscheint. Ist dies schon ›Wahnsinn‹, so hat es doch Methode, und zwar marxistische . . . Es ist verrückt gewordener Marxismus, aber

[29] Die wichtigsten früheren Stellungnahmen zu Tugan-Baranowskis Auffassung vom Wesen der kapitalistischen Produktion findet man in folgenden Arbeiten: Conrad Schmidt in: »Sozialistische Monatshefte«, Bd. II, 1901. – Karl Kautsky: »Krisentheorien«, in: Die Neue Zeit, 20. Jahrg., Bd. II, Stuttgart 1902. – Louis Boudin: »Das theoretische System des Marxismus«, deutsch, Stuttgart 1910. – Kautsky: »Vermehrung und Entwicklung«, Stuttgart 1910. – Rudolf Hilferding: »Das Finanzkapital«; zuerst 1910, zuletzt Frankfurt a. M. 1968. – N. I. Bucharin: »Der Imperialismus und die Akkumulation des Kapitals«, Wien-Berlin 1926, sodann in den schon genannten Werken von Henryk Grossmann, N. Moszkowska und P. M. Sweezy.

doch Marxismus, was die Tugansche Theorie so sonderbar und so anregend macht.«[30]
Auch andere Kritiker Tugans äußerten sich in dem Sinne, daß man die Erzeugung und Vermehrung der Produktionsmittel nicht unabhängig von der Konsumtion der Existenzmittel betrachten dürfe.[31] – Doch früher schon als diese Verfasser hatte Conrad Schmidt den Gesichtspunkt der Abhängigkeit jeder Kapitalvergrößerung und Produktionsmittelvermehrung vom Verbrauch der menschlichen Existenzmittel mit folgenden Worten geltend gemacht:
»Die Nachfrage nach Konsumgütern und die nach Produktionsmitteln sind für die Bewegung des kapitalistischen Mechanismus nicht von derselben Bedeutung. Jede Nachfrage nach Produktionsmitteln ist eine *relative*, d. h. eine Nachfrage, bei der der nachfragende Kapitalist damit rechnet, daß er die mit Hilfe dieser Produktionsmittel erzeugten Waren weiterveräußern kann, während die Nachfrage nach Konsumgütern sich als *definitive* und absolute Nachfrage darstellt (Hervorhebungen von mir – E. L.), bei der es, wie der Name sagt, auf den Verzehr, nicht aber auf irgendwelche weitere Veräußerung von gekauften Waren abgesehen ist.«
»... Nur auf der Basis und im engen Zusammenhang mit dieser definitiven Nachfrage kann sich die *relative* Nachfrage nach Produktionsmitteln entfalten. Die Nachfrage nach Produktionsmitteln ist fürs erste doch einmal die Nachfrage nach Rohstoffen, Hilfsstoffen und Maschinen in *den* Branchen (Hervorhebung von C. Schmidt), die die genußfertigen Produkte für den Konsum herstellen. Die Kapitalisten sind da offenbar nur in der Lage, ihre Stufenprodukte einander abzukaufen, wofern schließlich für die genußfertigen Produkte eine genügend umfangreiche und kaufkräftige Nachfrage sich findet. Der Umsatz an die Konsumenten entscheidet über den Umfang, den die Erzeugung von Produktionsmitteln in den betreffenden Branchen annehmen kann. Die Konsumnachfrage alimentiert hier ganz unmittelbar die Produktionsnachfrage. Andererseits bedürfen diejenigen Betriebe, die derart unmittelbare Vorarbeit für den Konsum leisten, selbst einer genügenden Ausstattung mit Produktionsmitteln: Materialien, Maschinerie usw., die sie von anderen Betrieben beziehen müssen und so ad infinitum weiter. Es ist eine Nachfrage, die dann zugleich eine Nachfrage nach den erforderlichen Verkehrs- und Transportmitteln für die Bewegung der Güter und Menschen in sich schließt, die aber immer auf der Konsumtionsnachfrage als Basis ruht. Die

30 R. Hilferding, »Das Finanzkapital«, Frankfurt a. M. 1968, S. 385.

31 So Karl Kautsky im 20. Jahrg. (Bd. II) der Zeitschrift »Die Neue Zeit«, 1902, so N. I. Bucharin in seinem Buch »Der Imperialismus und die Akkumulation des Kapitals«, Wien-Berlin 1926, so N. Moszkowska in ihren beiden schon genannten Schriften.

›Produktionszwecke‹, für die produziert wird, sind Zwecke, die letzthin in irgendeiner Weise aus der Nachfrage nach Konsumgütern sich ergeben. Zwecke, für die produziert wird, sind Zwecke, die nur im Anschluß und in steter Rückbeziehung auf die Konsumtionsnachfrage verständlich sind.«[32]

Nach Schmidt ist die Verteilung des nationalen Einkommens unter die verschiedenen Klassen für die Ausdehnungsmöglichkeit der Produktion in der kapitalistischen Wirtschaft absolut nicht gleichgültig, wie Tugan-Baranowski dies bei seiner Behandlung der Produktionserweiterung voraussetzt. Bei C. Schmidt ist die Einkommensverteilung vielmehr der entscheidende Punkt für die Erklärung der Wirtschaftskrisen. Denn die Steigerung der Konsumnachfrage kann nach dem genannten Verfasser nicht beträchtlich und dauernd hinter dem Tempo der Produktionssteigerung zurückbleiben: »Ist der Konsum nicht kaufkräftig genug, bleibt er hinter der Produktionssteigerung zurück, so hilft keine proportionelle Verteilung der neu investierten Kapitalmengen unter die verschiedenen Branchen; es entsteht dann vielmehr jenes Mißverhältnis zwischen Angebot und Nachfrage *auf dem Gebiete des Konsums, das wir als Überproduktion* bezeichnen.« (Hervorhebung von mir – E. L.)[33]

Schmidt führt in seinem Aufsatz weiter aus, daß die Produktionsausdehnung schließlich immer eine – wenn auch elastische – Schranke in der Konsumnachfrage findet. Die Kapitalisten stören durch ihren Widerstand gegen alle Lohnerhöhungen den normalen Ablauf der Wirtschaft, da sie die Einkommen, also auch die Konsumkraft der Massen, so niedrig wie möglich halten, während die Kapitalisten auf der anderen Seite ihr eigenes Einkommen – und damit das Maß der produktiven Anlage suchenden Kapitalakkumulation – in rasch wachsender Progression fortwährend steigern. Fast genauso äußert sich K. Kautsky in seiner Arbeit über »Krisentheorien«![34] Auch P. M. Sweezy schreibt:

»... Selbst im Kapitalismus, wo die verschiedenen Zweige der Produktion einen beträchtlichen Grad von Unabhängigkeit voneinander annehmen, werden niemals Produktionsmittel produziert außer mit der Blickrichtung auf ihre letzte Nutzung, direkt oder indirekt Konsumgüter hervorzubringen ...«[35]

Sweezy betont aber ebenfalls, daß die kapitalistische Produktion nicht nur der Bedarfsdeckung mit lebensnotwendigen Konsumgütern, sondern auch der Profitgewinnung dient und daß durch dieses Doppelziel in dieser Produktionsweise ein Zwiespalt, ja ein Widerspruch besteht. Die meisten Kritiker Tugan-Baranowskis weisen jedoch nur auf den einen schwachen Punkt seines Schemas

[32] In: »Sozialistische Monatshefte«, V. Jahrg., 1901, Bd. II.
[33] Ebd.
[34] In: »Die Neue Zeit«, 20. Jahrg., 1902, Bd. II.
[35] P. M. Sweezy, a. a. O., S. 136.

hin, wonach sich die Produktionserweiterung und die Störungen des Wirtschaftslebens nur auf die Frage der *Verteilung* der produzierten Gütermengen reduzieren. Sie hätten ebensogut auf den Zusammenhang zwischen den erzeugten Produktions- und Konsumgütern einerseits und ihrer Absatzmöglichkeit eingehen sollen und auf die Frage der Einkommensverteilung, d. h. auf die Beziehung zwischen den Arbeitslöhnen und dem Profit bei dauernd wachsender Arbeitsbevölkerung. Wenn ferner einige Kritiker Tugan-Baranowskis darauf hinwiesen, daß die heutige Warenproduktion letzten Endes *nur* zum Zwecke der Versorgung der breiten Bevölkerung mit Verbrauchsgütern da sei und daß er diesen Punkt völlig vernachlässigt habe, so ist diese Kritik zwar berechtigt, doch hätte man im gleichen Zusammenhang auch darauf hinweisen müssen, daß die kapitalistische Produktion, gleich welcher Güterart, vor allem der Erzielung von Profit dient. Die wachsende Nachfrage nach Konsum- und Produktionsgütern muß befriedigt werden, aber Tugan-Baranowski interessiert das hier nicht, weil er in völlig unrealistischer Weise eine stets abnehmende Nachfrage nach Konsumgütern konstruiert.

Betrachten wir noch einmal kurz diese Doppelgesichtigkeit der kapitalistischen Gütererzeugung. Sie dient einerseits der Versorgung der Menschheit und Wirtschaft, andererseits und zugleich dem Profit. Die Versorgung der Menschheit mit Produktions- und Konsumgütern ist die unerläßliche Voraussetzung der menschlichen Existenz, ganz unabhängig davon, ob eine Wirtschaft nach kapitalistischen oder nichtkapitalistischen Prinzipien betrieben wird. Auch für den Profit ist die selbstverständliche Voraussetzung das Vorhandensein von Menschen, die ihn erzeugen, ebenso wie von solchen, die ihn einheimsen, und beide Arten von Menschen: Ausbeuter und Ausgebeutete müssen dabei Nahrung zu sich nehmen, sich kleiden und wohnen. An einer Stelle des »Kapital« sieht es allerdings so aus, als sei Marx selbst der einseitigen Auffassung einiger Kritiker der Tuganschen Ansicht gewesen, wonach der Zweck der kapitalistischen Produktion vor allem die Erzeugung von Konsumgütern sei, denn man liest dort folgende Bemerkung: ». . . eine beständige Zirkulation (findet) statt zwischen konstantem Kapital und konstantem Kapital (auch abgesehen von der beschleunigten Akkumulation), die insofern zunächst unabhängig ist von der individuellen Konsumtion, als sie nie in dieselbe eingeht, die aber doch durch sie definitiv begrenzt ist, indem die Produktion von konstantem Kapital nie seiner selbst wegen stattfindet, sondern *nur* (!) (Hervorhebung von mir – E. L.), weil mehr davon gebraucht wird in den Produktionssphären, deren Produkte in die individuelle Konsumtion eingehen . . .« (III, S. 316f)

Nimmt man diese Stelle für sich, so hätte Marx allerdings hier plötzlich den Sinn seines eigenen Werkes vergessen. Aber er hat

hier natürlich nur einen bestimmten Gesichtspunkt, ein Merkmal der Produktion, hervorheben wollen, während er, wie schon bemerkt wurde, an vielen anderen Stellen seines Buches herausstellt, daß der Zweck der heutigen Produktionsweise die Ergatterung von Profit ist – dies ist geradezu Bestandteil der Definition des Kapitalismus. Bei der soeben zitierten Stelle wies er nur nicht abermals darauf hin, daß die Sicherstellung der leiblichen Existenz der Ausbeuter und der Ausgebeuteten die unerläßliche Voraussetzung der heutigen Produktionsweise ist. Wollte man boshaft sein, so könnte man sagen, daß es bei allem Antagonismus zwischen arbeitender Menschheit und Kapital diesen einen Punkt gibt, in dem ihre Interessen übereinstimmen: nämlich, daß sie leiblich existieren müssen. Von den vielen Ausführungen im »Kapital« über dieses Thema genügen hier wohl folgende: »... wird endlich gesagt, daß die Kapitalisten ja selbst nur unter sich ihre Waren auszutauschen und aufzuessen haben, so wird der ganze Charakter der kapitalistischen Produktion vergessen, und vergessen, daß es sich um die Verwertung des Kapitals handelt, nicht um seinen Verzehr ...« (III, S. 267f)
Und: »... die Profitrate ist die treibende Macht in der kapitalistischen Produktion, und es wird nur produziert, was und soweit es mit Profit produziert werden kann ...« (III, S. 269f)
In diesem Zusammenhang ist es besonders notwendig, bei der Betrachtung der Produktion und Produktionserweiterung zwei Gesichtspunkte gut zu unterscheiden: die rein technische und die volkswirtschaftliche Seite; letztere besonders im Hinblick auf die Einkommensverteilung. Wenn es sich im folgenden auch um meist bekannte Tatsachen handelt, so ist ein kurzer Hinweis auf diese beiden Seiten der Produktion zur weiteren Verdeutlichung der vorhergehenden und der folgenden Betrachtung wohl nicht überflüssig.
In jeder Wirtschaftsordnung, gleich ob kapitalistisch oder nicht, ist die Erzeugung einer bestimmten Mindestmenge von Verbrauchsgütern – Nahrung, Kleidung, Behausung usw. –, wie schon angedeutet wurde, eine selbstverständliche Voraussetzung für die leibliche Existenz der Menschen und insofern zugleich vordringlichster Zweck der Produktion. Die Größe der zu erzeugenden Gütermengen hängt von der Bevölkerungszahl, dem Stand der Technik, der geographischen Lage, dem Klima und noch anderen Gegebenheiten ab und kann nicht willkürlich geändert werden. Ein Herabsinken der Produktion unter dieses zur Existenz Erforderliche bedeutet Hunger, Siechtum oder Untergang. Schon bei einer nur wenig entwickelten Technik führt eine Steigerung der Konsumbedürfnisse nicht nur zu einer Steigerung der Produktion von Verbrauchsgütern, sondern bedingt auch eine entsprechende Zunahme der Herstellung der sie liefernden Produktionsmittel; und umgekehrt ist die Produktionsmittelerzeu-

gung und ihre Erweiterung durch eine Anzahl von Zwischengliedern mit der Erzeugung der lebenswichtigen Verbrauchsgüter verbunden, weil die Erzeugung und Vermehrung der Produktionsmittel die Zunahme entsprechend qualifizierter Arbeitskräfte erfordert.

Im vorkapitalistischen Zeitalter findet man infolge gesteigerter Konsumbedürfnisse und weil die Menschen in allen Zeitaltern den Wunsch haben, ihren Lebensstandard zu erhöhen und sich die Arbeit zu erleichtern, eine nur technische Erweiterung der Produktion und Steigerung der Arbeitsproduktivität; so, wenn der Mensch schon vor Jahrzehntausenden von der Verwendung des einfachen Steinwerkzeuges für die Jagd zur Anfertigung von Speer und Bogen oder wenn er von der Benutzung eines gabelförmigen Astes beim Pflügen zur Verwendung des Metallpfluges technisch fortschritt, oder vom Baumstamm zum Segelboot, oder vom einfachen Hebel zum Flaschenzug, usf. Auf diesen Wirtschaftsstufen gibt es noch kein Profitprinzip. Anders im Zeitalter der kapitalistischen Wirtschaftsordnung, wo die Erzeugung einer jeweils durch Bevölkerungsgröße, Klima und technisches Können gegebenen Mindestmenge von Verbrauchs- und Produktivgütern zwar nach wie vor Voraussetzung und Zweck der Produktion ist, weil eben die Menschen ohne diese Mindestmenge von Gütern nicht existieren könnten, so dient jedoch jetzt die Erzeugung von Konsum- und Produktivgütern keineswegs nur der Sicherstellung der leiblichen Existenz, sondern auch und in stets zunehmendem Maße der Erlangung von Profit. Der australische Schafherdenbesitzer verkauft seine Wolle nicht deswegen, weil irgendwo in der Welt ein frierender Mensch sich damit warm kleiden will, sondern weil die Wolle an die Spinnereien, das Wollgespinst an die Webereien usf. verkauft wird, bis das fertige Kleidungsstück in die Hand des Kunden gelangt; und vom Schafbesitzer bis zum letzten Verkäufer macht jeder Verarbeiter oder Kaufmann seinen Profit oder Zwischenprofit. Das Erzbergwerk fördert das Eisenerz nicht deswegen, weil man Küchenherde oder Scheren im Haushalt oder weil ein Handwerker Werkzeuge oder eine Eisenbahn, Wagenteile, Schienen und dergleichen braucht, sondern weil vom ersten Erzeuger angefangen jeder Weiterverarbeiter und Verkäufer einen bestimmten Profit machen will. Alle Konsumgüter landen zwar zuletzt beim direkten Verbraucher, der sie verzehrt, sich damit kleidet usf., doch sind diese nur die letzten Glieder einer Kette von verschiedenen Produkten, deren Zwischenglieder an Zahl und Umfang um so mehr zunehmen, je mehr sich die Technik entwickelt. Ein Kleidungsstück wird meist nur noch maschinell angefertigt, und diese Maschinen sind ihrerseits wieder von anderen Maschinen hergestellt usw., und alle diese Zwischenprodukte werden mit Profit an den nächsten Abnehmer verkauft und gelangen erst über eine stets wachsende Reihe von

Zwischenstufen an den Endverbraucher. Eine Eisenbahnschiene z. B. landet bei der Eisenbahn-Baugesellschaft oder in einer Werkstatt und durchaus nicht in einem Privathaushalt; sie dient ihrerseits dem Transport von Lebensmitteln oder von Menschen an ihre Arbeitsstätte. Die Schiene mag aber auch dem Transport von Produktionsmitteln dienen, die durch eine riesig lange Kette von Zwischenprodukten von der Herstellung irgendwelcher Konsumartikel für den Endverbraucher getrennt sind. Selbst die Konservendose gelangt erst in die Hand des Verbrauchers, nachdem sie mit präparierten, fabrikmäßig hergestellten Nahrungsmitteln gefüllt und dann ins Schaufenster oder in die Ladenräume des Lebensmittelhändlers gebracht worden ist. Die Beispiele lassen sich beliebig vermehren. Aber ob nun Produktionsmittel oder Konsumgüter erzeugt werden, die kapitalistische Wirtschaftsweise ist niemals nur Bedarfswirtschaft, sie dient niemals nur der Lebenserhaltung des Menschen, sondern sie ist, wie man heute meist höflich umschreibend sagt, immer zugleich und in zunehmendem Maße »Erwerbswirtschaft«, sie dient der Profitgewinnung einzelner Privater, wenn auch eine Mindestmenge von Konsumgütern nach wie vor die Voraussetzung der leiblichen Existenz des Menschen und damit der Produktion überhaupt bleibt, so erfolgt diese doch nur notgedrungen zum Zwecke der Existenzerhaltung, denn wenn keine Menschen mehr da sind, so gibt es auch keine Ausbeuter und keine Ausgebeuteten mehr. Daß aber das Vorwalten des Profitprinzips Sinn der kapitalistischen Produktion ist, kann man sehr deutlich bei allen Wirtschaftskrisen beobachten, in denen nur »um die Preise zu halten« – auf deutsch: um den gewünschten Mindestprofit zu machen – Weizen, Kaffee und andere Nahrungsmittel zu Millionen und aber Millionen von Zentnern verbrannt oder ins Meer geworfen werden, wenn ihr Verkauf nicht den gewünschten Profit erbringt, während gleichzeitig Millionen Menschen im gleichen Lande oder in anderen Weltgegenden hungern und verhungern.
Die dauernde und seit der industriellen Revolution ins Riesenhafte gesteigerte Zunahme der Produktivgüter im Verhältnis zu den Verbrauchsgütern ist einerseits eine rein technische, zugleich aber auch eine volkswirtschaftliche, und zwar mit dem Einkommen der Erzeuger und der Verbraucher eng verknüpfte Angelegenheit.
»... der körperliche Wirkungsgrad des Menschen ist naturgegeben und ist so gut wie unveränderlich ... während der der Maschinen ständig steigt. Mit jeder neuen Erfindung, jeder Wirkungsverbesserung werden die Muskelkräfte ... wertloser. Im Jahre 1780 waren zur Erzeugung einer Kilowattstunde (das entspricht 1,36 Pferdestärken, die eine Stunde lang arbeiten) etwa 4000 Kilo Kohle nötig, im Jahre 1925 nur noch 500; der Wirkungsgrad verachtfachte sich also. Mit der gleichen Energiemenge war nun

die achtfache Leistung zu erzielen. Die körperlich-manuelle Leistungsfähigkeit aber blieb und bleibt gleich, – und so sank der Energiewert der menschlichen Arbeitskraft auf ein Achtel. Da die Ernten an einen naturgegebenen biologischen Zyklus gebunden sind und nicht im gleichen Tempo wie die mehr und mehr mechanisierte Kohlen- oder Ölgewinnung gesteigert werden können, hielt die agrarische Produktionszunahme und damit wieder die Agrarrationalisierung nicht im entferntesten mit der industriellen Schritt; für einen Sack Getreide bekommt man heute z. B. rund fünfzigmal soviel Stahl wie Mitte des vierzehnten Jahrhunderts ... Der Drang nach Leistungssteigerung ist der wesentlichste Unterschied zwischen dem primitivsten Menschen und dem höchstentwickelten Tier, und so ist das Ringen nach dem Optimum die Grundlage aller unserer Wirtschaftssysteme, dem Drange, unser Leben zu verbessern und unsere Arbeit zu erleichtern der rote Faden, der sich durch die Jahrtausende unserer Entwicklung zieht ...«

Einmal ist es die »Rationalisierungssucht«, sodann die biologische Bevölkerungszunahme in fast allen Ländern der Welt, die zur dauernden Produktionszunahme und Leistungssteigerung durch technische Verbesserungen führt, sodann der Drang und die Notwendigkeit zur Vergrößerung des Profits durch Steigerung der Mehrwertrate (Ausbeutungsgrad), der den weiteren mächtigen Antrieb zur technischen Modernisierung und zur Vergrößerung des konstanten Kapitals bildet.

»... Was mit der ›Industriellen Revolution‹ begann, war eine Symbiose, das Zusammenleben verschiedenartiger Partner. Mensch und Maschine ergänzen einander, aber sie unterliegen völlig voneinander verschiedenen ›Betriebsbedingungen‹. Und seit mengenmäßig die wesentlichste Komponente auf der Angebotsseite das ist, was unsere ›Eisernen Sklaven‹ (Maschinen) erzeugen, klafft deshalb mehr und mehr auseinander, was vom Uranfang aller Zivilisation bis 1782 untrennbar miteinander verbunden war: Erzeugung und Verbrauch.«

(Zusatz: Im Jahre 1782 wurde in England die Firma Boulton & Watt, die erste Dampfmaschinenfabrik der Welt, gegründet.)

»Wuchs früher die Produktion, so wuchs automatisch der Verbrauch, denn alles hing ja von der Menschenzahl ab; jeder neue Arbeiter war auch ein neuer Esser, ein neuer Kunde für Schuster und Schneider. Im vormechanischen Zeitalter standen Angebot und Nachfrage in ursächlichem Zusammenhange, denn Erzeuger und Verbraucher waren beides Menschen. Heute dagegen erzeugt die Maschine, was sie nicht verbraucht, und sie verbraucht, was der Mensch nicht zu bieten hat ... Die Kaufkraft des Menschen hält also nun keineswegs mehr ›automatisch‹ mit dem Angebot Schritt, und so hungerten Millionen und aber Millionen, während Weizen und Mais und Kaffee vernichtet wurden, gingen sie in

Lumpen, während Regierungen Prämien für das Unterpflügen von reifer Baumwolle zahlten. Längst muß die menschliche Verbrauchsfähigkeit künstlich dem Maschinen-›Angebot‹ angepaßt werden, und mehr und mehr müßte an Stelle des uralten Gütertausches eine Güterzuteilung treten, denn die Masse der Verbraucher hat ja heute nichts Nennenswertes mehr zu tauschen. Hier liegt der Keim unserer Krisen ... Solange wir unsere Sozial- und Wirtschaftssysteme nicht den völlig neuen Produktionsgegebenheiten anpassen, macht die Maschine ja alle Menschen, durchaus nicht nur die Handwerker, zu ihren Sklaven, zu willenlosen Rädchen im Getriebe der anonymen Wirtschaft. Solange der von Angebot und Nachfrage bestimmte Preis Erzeugung und Verbrauch reguliert, vermögen nicht Fabrikanten und Bankiers, Erfinder und Gesetzgeber Arbeitstempo und Produktionsvolumen vorzuschreiben, sondern unsere eisernen Helfer diktieren, ob Reichtum oder Not herrschen soll, Frieden oder Krieg. Sie sind die Herren über den Arbeitsplatz der Millionen und aber Millionen, die nun wieder um ihr Brot zu bangen beginnen ... Mit Hilfe der Naturkräfte (aber) muß beim jetzigen System der Güterverteilung die Produktivität progressiv größer als die Kaufkraft werden, muß es rascher und rascher aufeinander folgende Krisen oder immer furchtbarere, die Rolle der ›Verbraucher‹ übernehmende Kriege geben ...«

Diese Ausführungen stehen in dem Buche von Anton Zischka –, »Vom Tretrad zur Atomenergie«[36], der aber fast nur die technische Seite der Produktion behandelt und, wie man sieht, die Beziehungen zwischen dem Profit und der Kaufkraft der großen Masse der Verbraucher nur kurz und zaghaft streift.

Unter der Überschrift »Produktionsumwege« bringt Zischka noch eine von uns schon kurz gestreifte Seite der modernen Industrieproduktion zur Sprache: das Wachstum der Produktionsmittel in Verbindung mit der Zunahme der Weglänge zwischen Erzeugung und persönlichem Verbrauch der Existenzmittel.

»Nicht nur die Produktion stieg, auch die Produktionsumwege nahmen zu und damit der Bedarf an gespeicherter Arbeitskraft (gemeint sind die Arbeitsprodukte – E. L.). Was der Bauer erzeugt und der Handwerker liefert, geht unmittelbar in den Konsum. Kohle und Öl dagegen treiben Maschinen, die nur Produktionsmittel sind. Die Vielen, die heute Energieträger gewinnen (Energieträger nennt Zischka alle Vorrichtungen, Maschinen und Stoffe, die Arbeitsleistungen vollbringen, wie Petroleum, Kohle u. a. – E. L.) oder Maschinen bauen, müssen mit ihren Familien leben, ohne daß sie unmittelbar zur Verbrauchsgüterversorgung beitragen. Arbeit und Arbeitserlös liegen heute weit auseinander, und je komplizierter unsere Maschinen werden, desto größere

[36] 4. Aufl., Gütersloh 1958.

Überbrückungskredite sind nötig. Im Durchschnitt der USA-Automobilfabriken beispielsweise kosteten 1955 Maschinen und Werkzeuge je Arbeiter 19000 $. In deutschen Webereien kostet jeder Arbeitsplatz durchschnittlich 7300 DM. Und englische Erdölraffinerien mußten 1952 durchschnittlich 3320 £ investieren, bevor ein Mann Beschäftigung finden konnte. Diesem Kapitalbedarf unterliegen alle Industrien, die der Sowjetunion nicht anders als die amerikanischen. Überall muß auch mit massiven ›Abschreibungen‹ gerechnet werden, denn der Drang nach Leistungssteigerung führte ja nicht nur zur Mechanisierung, sondern unterwirft unsere gesamte Maschinenwelt einem pausenlosen Entwertungsprozeß, dem unerbittlichen Rhythmus immer neuer Investitionen und Abschreibungen. Das Werkzeug des Handarbeiters diente ihm ein Leben lang, und es gibt Jahrhunderte alte Mühlen. Unsere Maschinen dagegen werden durch den ruhelosen technischen Fortschritt und den Konkurrenzzwang zur Wirkungsgradsteigerung innerhalb weniger Jahre unrentabel und müssen erneuert werden, ganz gleich, wer ihr Besitzer ist ... Ohne ständige Abschreibungen ist unsere Maschinenwelt also nicht denkbar. Abschreibungsquoten wie Kapitalzins aber sind fixe Kosten, unabhängig von der Produktion. Schrumpft die Erzeugung, so schrumpfen diese Kosten nicht. Das völlig Neue, das 1782 in die Welt kam, ist also nicht nur die Vervielfachung der Erzeugungsmöglichkeiten, sondern der Zwang, zu erzeugen. Das Grundproblem unserer Zeit und die Tragik des ›Kapitalismus‹ (diese ängstlichen Anführungsstriche sind von Zischka – E. L.) liegen darin, daß die Maschine arbeiten muß. Daß sie auch dann produzieren muß, wenn es keine Käufer gibt, weil Stillstand aus Milliardenwerten Schrott macht und durch die ›fixen Kosten‹ rasch auch das finanzkräftigste Großunternehmen in den Konkurs treibt ...«[37]

In diesem, vorwiegend düster gemalten Bilde der kapitalistischen Unternehmungen sieht es freilich so aus, als ob sie sich fast immer in Konkurs befänden, als ob es fast nur unrentabel arbeitende Produzenten gäbe. Aber die Kapitalisten leben wohl doch nicht nur von ihren Unkosten! Nach Angaben des Hamburger Wochenblattes »DIE ZEIT« vom 16. April 1965 kostet ein einziger Arbeitsplatz in der Industrie in der Bundesrepublik Deutschland im Durchschnitt fast 32000 DM. Wenn man daran denkt, daß sehr viele Industrien eine Belegschaft von je vielen Tausenden von Menschen haben, so kann man schon daraus ersehen, über welche nur aus dem Mehrwert stammenden Kapitalien die Industriellen verfügen müssen, um diese stets wachsenden Kosten für die unaufhörliche Vergrößerung ihrer Anlagen zur Einsparung von Arbeitskräften, d. h., für die Erhöhung der Arbeitsproduktivität, also für die Erhöhung der Profitmasse

[37] Ebd., S. 332.

zu bestreiten. Die Marxsche Antwort auf die Frage nach der Herkunft dieser in Privathänden befindlichen Mehrwertsummen (abgesehen von den ebenfalls in ihren Händen befindlichen Produktionsmitteln) wurde in mehreren Kapiteln unserer Schrift zur Genüge erläutert. Doch es bleibt nun noch die Frage zu beantworten, ob zwischen dem Einkommen der arbeitenden Bevölkerung – die ja zum größten Teile aus Lohn- und Gehaltsempfängern besteht – und dem der Produktionsmittelbesitzer auf der einen Seite und den Wirtschaftskrisen auf der anderen ein Zusammenhang besteht.

Tugan-Baranowski sah die Ursachen der Wirtschaftskrisen nur in der falschen Aufteilung der verschiedenen Güterarten. Mit der »richtigen« Verteilung der erzeugten Gütermengen an die Produzenten und die Verbraucher war für ihn das Problem im wesentlichen gelöst.

Die Kernfrage ist aber nicht nur, *wie* der Fortgang der Produktion bei richtiger Verteilung der Produktionsmittel und der Konsumgüter vor sich geht, sondern auch, *ob* die Kaufkraft der Bevölkerung jederzeit ausreicht, um die Konsumgüter zu erwerben. Tugan-Baranowski setzt in seinem Schema die Kaufkraft der arbeitenden Bevölkerung als jederzeit vorhanden einfach voraus. Kennzeichnend für die Krisen ist aber die plötzlich anschwellende riesige Arbeitslosigkeit und die Tatsache, daß *nach* dem Ausbruch der Krise auch der beschäftigte Teil der Bevölkerung wichtige Gebrauchsgüter nur unter großen Opfern oder gar nicht erwerben kann.

Wörtlich heißt »Unterkonsumtion« Unter-Verbrauch, womit ein »zu geringer« Verbrauch von Konsumgütern seitens der arbeitenden Massen gemeint ist. Die »Unterkonsumtionstheorie« besagt, daß der Grund der Wirtschaftskrisen in der mangelnden Kaufkraft der arbeitenden Volksmassen zu suchen ist.

Der englische arbeiterfreundliche Fabrikant Robert Owen (1771 bis 1858) war wohl der erste nachdenkliche Zeuge der ersten industriellen Krisen in der modernen Welt (1815, 1825, usw.) und hat als einer der ersten in ihnen das Ergebnis des Widerspruchs zwischen wachsender Produktion und ungenügenden Absatz-Märkten gesehen. Statt Unterkonsumtionstheorie solle man besser das Wort »Unternachfragetheorie« verwenden, weil von seiten der arbeitenden Massen die Nachfrage nach Konsumgütern zu gering ist.[38] Aber was meint der Ausdruck »zu gering«?

Nach Marx gibt es während des »normalen« Verlaufs der kapitalistischen (einfachen und erweiterten) Reproduktion – abgesehen von den Krisenzeiten – keine Unterkonsumtion der arbeitenden Massen in dem Sinne, daß diese nicht alle zur Fristung ihrer physischen Existenzminimums notwendigen Bedarfsgüter kaufen

[38] Nach W. Hofmann, »Ideengeschichte der sozialen Bewegung«, Berlin 1968, S. 36.

können, denn die Marxschen Schemata der einfachen und erweiterten Reproduktion (also der Kapitalakkumulation) setzen ja ausdrücklich voraus, daß 1. die durchschnittliche Größe des variablen Kapitals zum Kauf der lebenswichtigen Artikel für die Arbeiterklasse, und daß 2. der Mehrwert für die Kapitalistenklasse zum Erwerb der Luxusartikel (zur Führung eines genußreicheren Lebens) und zu Kapitalinvestitionen (Erweiterungen und Neuanlagen in den Betrieben) ausreicht; daher bedeuten die Begriffe Unterkonsumtion bzw. Unterkonsumtionstheorie nur ein *relatives* Zurückbleiben der Nachfrage nach den lebensnotwendigen Bedarfsartikeln seitens der arbeitenden Massen, d. h. ein Zurückbleiben ihrer Kaufkraft gegenüber dem *Angebot* dieser Artikel: »Die Überproduktion geht gerade daraus hervor, daß die Masse des Volkes nie mehr als die durchschnittliche Menge der lebenswichtigen Güter konsumieren kann, ihre Konsumtion also nicht entsprechend wächst mit der Produktivität der Arbeit.«[39]
Selbst dieses relative Zurückbleiben der Kaufkraft kann in der kapitalistischen Wirtschaft kein Dauerzustand von größeren Ausmaßen werden: »Permanente Krisen gibt es nicht«,[40] denn andernfalls würde die kapitalistische Wirtschaft nicht funktionsfähig sein bzw. an der Absatzkrise der II. Produktionsabteilung – Konsumgüterabsatz – schnell scheitern, wobei sie wegen der gegenseitigen Abhängigkeit beider Produktionsabteilungen auch die I. Abteilung der Produktion ins Verderben mitreißen würde – ein vom Standpunkt der Marxschen Reproduktionsschemata aus geradezu unvollziehbarer Gedanke! Andererseits sollen, wie schon hier zu betonen ist, diese Schemata keineswegs zum Ausdruck bringen, daß die kapitalistische Produktionswirklichkeit stets diesen Schemata gemäß verlaufen muß. Solange sie dies aber tut, kann es kein oder kein irgend erhebliches Zurückbleiben der Nachfrage nach lebenswichtigen Gütern seitens des Proletariats geben; dieses erhält ja in den »normalen«, d. h. krisenfreien Zeiten stets den im Durchschnitt zum Leben ausreichenden Lohn. Es muß also Faktoren geben, die den Reproduktionsprozeß von Zeit zu Zeit vom normalen, schematischen Verlauf abdrängen. Hierüber wird später mehr zu sagen sein.
In ähnlicher Richtung wie Robert Owen dachte sein Zeitgenosse, der Genfer Volkswirtschaftler Simonde de Sismondi (1773–1842), der ebenfalls den Grund der Krisen in dem Zurückbleiben des Massenverbrauchs hinter der Produktion ansah, doch Marx und Engels haben gegen die Betrachtungsweise Sismondis nachdrücklichst Einspruch erhoben.[41] Es ist nämlich nach Marx und

[39] MEW, Bd. 26, 2. Teil, S. 469.
[40] Ebd., S. 497.
[41] »Kapital«, vgl. Bd. II, Kap. 20, Vorwort von Engels, S. 24f. Und Engels in: »Anti-Dühring«, III. Abschnitt: »Sozialismus«, und: »Theorien über den Mehrwert«, III. Teil, Kapitel 19, in: MEW, Bd. 26, Berlin 1968, S. 50f.

Engels unstatthaft, die Krisen sozusagen geradlinig und direkt als Folge der Unterkonsumtion anzusehen, denn, wie man bei früherer Gelegenheit sah (vgl. oben, Seite 523, das Marx-Zitat in dem Abschnitt: »Die Krisen und das Sinken der Profitrate«), steigt der Arbeitslohn und daher der Verbrauch von Konsumgütern seitens der arbeitenden Massen gerade während der dem Ausbruch der Krisen vorangehenden Zeitabschnitte allgemein, in welchen ». . . die Arbeiterklasse realiter größern Anteil an dem für Konsumtion bestimmten Teil des jährlichen Produkts erhält . . .« (II, S. 409) Eine gewisse Konsumbeschränkung auf seiten des arbeitenden Menschen besteht ja in der kapitalistischen Wirtschaft zu jeder Zeit, weil er sich auch bei temporär gestiegenem Lohn nicht alles kaufen kann, was bei dem jeweils erreichten Stand der Technik sein Bedürfnis nach entsprechender Hebung seines Lebensstandards befriedigen würde. Das Bedürfnis der Massen nach den technisch lieferbaren Konsumgütern ist an sich ebenso unbegrenzt wie der Zwang und Trieb nach Vergrößerung und Verwertung des Kapitals; daher besteht zu jeder Zeit ein gewisses Mißverhältnis zwischen Angebot und Nachfrage nach dieser Warenart. Nur führt dieses Mißverhältnis, solange es innerhalb bestimmter Grenzen bleibt, nicht zu einer akuten Störung, d. h. nicht zur Krise. Diese bricht erst dann aus, wenn das genannte Mißverhältnis so groß geworden ist, daß es auf »normale« Weise nicht mehr zu beseitigen ist.

Später als Sismondi hat Marx' Zeitgenosse, Johann Karl Rodbertus-Jagetzow (1805–1875), die Unterkonsumtionstheorie vertreten, Eugen Dühring übernahm sie von ihm. Nach Rodbertus sinkt der Lohnanteil der Arbeiter am Volkseinkommen beständig, wobei der Lohn sich an den Kosten des Existenzminimums festpendele. Daraus ergebe sich unvermeidlich eine Absatzkrise (vgl. weiter unten).

Obwohl Marx keine der primitiven Unterkonsumtionstheorien übernahm, hatte Karl Kautsky in seinen frühen Arbeiten[42] behauptet: »Die Krise rührt . . . aus der Unterkonsumtion her.« Und: »Den letzten Grund der Krisen sahen auch Marx und Engels . . . in der Unterkonsumtion.«

Die primitiven Unterkonsumtionstheorien ziehen jedoch für die Erklärung der Krisen nicht die spezifische Natur der kapitalistischen Wirtschaftsweise in Betracht. Es gab nämlich jahrhunderte- und jahrtausendelang vor dem Kapitalismus Unterkonsumtion in dem Sinne, daß oft große Bevölkerungsschichten Mangel an dringend benötigten Sachgütern litten:

»Wenn nun also die Unterkonsumtion eine stehende geschichtliche Erscheinung seit Jahrtausenden, die in den Krisen ausbrechende allgemeine Absatzstockung infolge von Produktions-

[42] So in einem Artikel über die Krisentheorien in: »Die Neue Zeit«, Jahrg. 20, 1902, Bd. II, S. 78f.

überschuß aber erst seit fünfzig Jahren sichtbar geworden ist, so gehört die ganze vulgärökonomische Flachheit des Herrn Dühring dazu, die neue Kollision zu erklären, nicht aus der *neuen* Erscheinung der Überproduktion, sondern aus der Jahrtausende alten der Unterkonsumtion ... Die Unterkonsumtion der Massen ist eine notwendige Bedingung aller auf Ausbeutung beruhenden Gesellschaftsformen, also auch der kapitalistischen, aber erst die kapitalistische Form der Produktion bringt es zu Krisen ...«[43]
Offenbar bedeutet also »Unterkonsumtion« im vorkapitalistischen Zeitalter etwas anderes als im kapitalistischen; einen Unterschied, den Ernest Mandel gut so formuliert: »Die vorkapitalistische Krise ist eine Krise der *Unterproduktion* von Gebrauchswerten (d. h. man kann nicht die für das Existenzminimum erforderlichen Mengen von Gebrauchswerten bekommen – E. L.). Sie erklärt sich durch einen ungenügenden Grad der Entwicklung der Produktion, durch ein unzureichendes Handels- und Transportsystem. Solche Krisen können in einer Provinz oder in einem Land auftreten, während in einer Nachbarprovinz oder einem Nachbarland ganz normale Reproduktionsbedingungen herrschen. Die kapitalistische Krise hingegen ist eine Krise der Überproduktion *von Tauschwerten*. Sie erklärt sich nicht durch eine zu schwach entwickelte Produktion oder ein zu geringes physisches Konsumtionsvermögen, sondern durch eine unzureichende *zahlungsfähige Nachfrage*. Ein relativer Überfluß an Waren findet auf dem Markt kein Äquivalent, kann seinen Tauschwert nicht realisieren, bleibt unverkäuflich und zieht den Ruin der Warenbesitzer nach sich. Im Gegensatz zur vorkapitalistischen Krise setzt die Krise in der kapitalistischen Epoche somit voraus, daß sich die Warenproduktion allgemein durchgesetzt hat.«[44]
Jeder individuelle Kapitalist strebt unaufhörlich nach Vergrößerung des Profits, nach Akkumulation, nach Verwandlung des Mehrwerts in Kapital, indem er seine Produktion erweitert, seine Produktionskapazität vergrößert. Die maßlose Entwicklung der Produktion ist ein Zwangsgesetz für jeden einzelnen Unternehmer – und, wie man hinzufügen darf: auch für jedes Monopol –, denn unter den Bedingungen der Konkurrenz einzelner oder anderer Monopole bedeutet jedes Zurückbleiben Niederlage und Ruin. Nicht die Nachfrage, sondern die Notwendigkeit der Verwertung des jeweils im Produktionsprozeß angelegten Kapitals bestimmt die Grenze der Produktionsvergrößerung:
»Mit der Entwicklung der kapitalistischen Produktion wird die Stufenleiter der Produktion in stets geringerem Grade durch die unmittelbare Nachfrage nach dem Produkt bestimmt, und in stets größerem durch den Umfang des Kapitals, worüber der individuelle Kapitalist verfügt, durch den Verwertungstrieb seines

43 MEW, Bd. 20, S. 266.
44 Mandel, »Marxistische Wirtschaftstheorie«, a. a. O., S. 360.

Kapitals und die Notwendigkeit der Kontinuität und der Ausdehnung seines Produktionsprozesses.« (II, S. 145) »Die kapitalistische Produktionsweise schließt eine Tendenz ein nach absoluter Entwicklung der Produktivkräfte ... abgesehen von den gesellschaftlichen Verhältnissen, innerhalb deren die kapitalistische Produktion stattfindet.« (III, S. 259) »Das Maß dieser Mehrwertproduktion ist das Kapital selbst, die vorhandene Stufenleiter der Produktionsbedingungen und der maßlose Bereicherungs- (und) Kapitalisationstrieb der Kapitalisten, keineswegs die Konsumtion, die von vornherein gebrochen (= begrenzt – E. L.) ist, da der größte Teil der Bevölkerung, die Arbeiterbevölkerung, nur innerhalb sehr enger Grenzen ihre Konsumtion erweitern kann ...«[45] In dem Wesen der kapitalistischen Produktion liegt es, ... mit gegebener Masse Kapital größtmöglichste Masse Arbeit auszubeuten »ohne Rücksicht auf die vorhandenen Schranken des Markts« oder der zahlungsfähigen Bedürfnisse ...[46]

Die kapitalistische Produktion ist zwar Produktion, ausgeführt *von* der Gesellschaft, nicht aber *für* die Gesellschaft, sondern für den Profit der wenigen privaten Eigentümer. Der Konflikt zwischen dem gesellschaftlichen Charakter der Produktion und der kapitalistischen Form der Aneignung der gesellschaftlich erzeugten Produkte tritt einerseits zutage in der grenzenlosen Ausbeutung und Entwicklung der Produktivkräfte und auf der anderen in der begrenzten Möglichkeit, die Produkte zu realisieren, so daß von Zeit zu Zeit die Konsumtionsmöglichkeit von der Produktion überholt wird: Im Kapitalismus wird ja nicht nach einem bestimmten allumfassenden Plan produziert, sondern nach dem voraussichtlichen Marktabsatz der einzelnen, gegeneinander konkurrierenden Unternehmungen. Aber erst, wenn die Konsumtion von der Produktion in größerem Umfange überholt wird, bricht die Krise aus, es findet die schon erörterte massenhafte Stillegung von Betrieben, damit die Zerstörung von Produktivkraft statt, die Entwertung von Kapital, die Vernichtung von Warenbeständen, um diese Anlagen oder Werte für eine Zeitspanne wieder in Einklang mit der engen Basis des Massenverbrauchs zu bringen. Wie man weiß, ist die Krise nichts anderes als diese plötzliche und gewaltsame Lösung des Widerspruchs zwischen der Produktionsvergrößerung und der begrenzten Aufnahmefähigkeit des Marktes. Damit werden aber die zur Krise führenden Ursachen nicht beseitigt; nach ihrem Abklingen sind sie weiterhin vorhanden und führen nach einiger Zeit zu einer neuen Krise: »Ganz wie Himmelskörper, einmal in eine bestimmte Bewegung geschleudert, dieselbe stets wiederholen, so die gesellschaftliche Produktion, sobald sie einmal in jene Bewegung wechselnder Expansion und Kontraktion geworfen ist. Wirkun-

[45] MEW, Bd. 26, 2. Teil, S. 492 f.
[46] Ebd., S. 522.

gen werden ihrerseits zu Ursachen, und die Wechselfälle des ganzen Prozesses, der seine eignen Bedingungen stets reproduziert, nehmen die Formen der Periodizität an.« (I, S. 662)

Führt also der Widerspruch zwischen dem Drang und der Notwendigkeit zur unbegrenzten Kapitalverwertung und ihren begrenzten Möglichkeiten von Zeit zu Zeit zur Störung der kapitalistischen Produktion, so ist damit zwar der stets vorhandene latente und dann akut werdende Konflikt zwischen Überproduktion und Unterkonsumtion (im oben definierten Sinne) erklärt, allenfalls auch die Tatsache, daß die Krisen sich von Zeit zu Zeit wiederholen, aber es ist nicht ausreichend erklärt, aus welchem Grunde die Krisen *periodisch*, d. h. nach Ablauf von Zeiträumen von gleicher oder ungefähr gleicher Dauer wiederkehren. Bevor wir auf diese Frage noch weiter unten eingehen, soll noch eine terminologische Frage geklärt und kurz über einige neuere Unterkonsumtionstheorien berichtet werden.

Von Marx-Engels und den meisten Marxologen werden die Wirtschaftskrisen als Überproduktionskrisen bezeichnet; sie werden als Krisen der Überproduktion von Tauschwerten aufgefaßt, weil die zahlungsfähige Nachfrage nach Konsumwaren nicht ausreicht, um ihre gesamte auf den Markt geworfene Menge abzusetzen. In diesem Sinne ist es aber ebenso berechtigt, die Überproduktionskrisen als Unterkonsumtionskrisen aufzufassen, denn *bis* zur Krise ermöglicht der Lohn den arbeitenden Massen im Durchschnitt nur, das für das leibliche – allenfalls das kulturelle – Existenzminimum Nötige zu kaufen, jedoch nicht, ihr Verlangen nach einem dem Stand der Technik entsprechenden gehobeneren Lebensniveau zu erfüllen. *Nach* dem Ausbruch und während der Krise gibt es plötzlich eine riesige Masse hungernder Arbeitsloser, und selbst den noch Beschäftigten werden die Löhne oft stark gekürzt. So sinkt mindestens die Kaufkraft der auf einen Schlag vergrößerten industriellen Reservearmee während der Krise sogar unter das Existenzminimum.[47]

Überproduktion und Unterkonsumtion sind nur zwei verschiedene Aspekte des gleichen Krisenvorganges; vor und während der Krise herrscht Überproduktion auf seiten der produzierenden Kapitalbesitzer, Unterkonsumtion infolge mangelnder Kaufkraft auf seiten der arbeitenden Bevölkerung. Das führt zu begrifflichen Mißverständnissen, und manche Theoretiker werden entweder als Überproduktions- oder als Unterkonsumtionstheoretiker eingestuft. So schreibt z. B. Werner Alexander[48], das Ergebnis des

[47] Angaben über die Arbeitslosenzahl während der großen Weltwirtschaftskrise von 1929–1932 findet man z. B. bei Adolf Sturmthal, »Die große Krise«, Zürich 1937, S. 105ff. – Eugen Varga, »20 Jahre Kapitalismus und Sozialismus«, Straßbourg, Editions Prometheus, 1938, S. 73ff. – F. Sternberg, »Kapitalismus und Sozialismus vor dem Weltgericht«, Hamburg 1951, S. 230ff und in den entsprechenden Jahrgängen der »International Labour Review«.

[48] W. Alexander, a. a. O., S. 90.

von Rosa Luxemburg entworfenen Schemas der erweiterten Reproduktion (auf das wir noch zurückkommen werden) sei eine »Überproduktion« von Konsumgütern, weil in ihrem Schema ein unverkäuflicher Rest von Konsumgütern übrigbleibt, der, wie man schon weiß, nur an das nichtkapitalistische Ausland verkauft werden kann, während die meisten anderen Verfasser Luxemburg als Theoretikerin der Unterkonsumtion einstufen. Alexander bezeichnet jedoch an anderer Stelle seiner Arbeit[49] die Unterkonsumtionstheorie als eine der starken Quellen, aus denen Luxemburgs Imperialismusdeutung gespeist sei; wieder an anderer Stelle[50] gibt er zu, daß Luxemburgs Auffassung von der erweiterten Reproduktion auch als Überproduktionslehre aufzufassen sei. Als Theoretikerin der Unterkonsumtion wird Luxemburg von der offiziellen sowjetrussischen Ökonomie aufgefaßt, und ebenso z. B. von W. Hofmann in der »Ideengeschichte der sozialen Bewegung«[51], sowie von Ernest Mandel und anderen. Bei Tugan-Baranowski kann man in den »Studien zur Theorie und Geschichte der Handelskrisen in England«[52] sogar lesen, Marx hätte sich als Anhänger der Sismondischen Unterkonsumtionstheorie bekannt, was Marx, wie schon betont wurde, durchaus nicht getan hat. Trotzdem wird man im Sinne der vorangegangenen Ausführungen kaum bestreiten können, daß P. M. Sweezy recht hat, wenn er sagt: »Richtig verstanden sind (daher) Unterkonsumtion und Überproduktion die entgegengesetzten Seiten derselben Medaille.«[53] Man braucht sich hier nur an die früher (oben, S. 528) wiedergegebenen Sätze von Marx zu erinnern, wonach der letzte Grund aller wirklichen Krisen immer die Armut und Konsumtionsbeschränkung der Masse bleibt, gegenüber dem Trieb der kapitalistischen Produktion nach unbegrenzter Entwicklung der Produktivkräfte.

N. Moszkowska schreibt: »Die Krisen können nicht von einem Mißverhältnis zwischen den einzelnen Produktionszweigen herrühren. Denn der Wirtschaftskörper zeigt eine hinreichende Elastizität, um Mißverhältnisse auch größeren Umfangs durch Änderung der Produktionsdispositionen schnell zu beseitigen. Kann man doch aus denselben Roh- und Hilfsstoffen mit denselben Arbeitskräften ohne besondere Dislokation von Kapital die verschiedensten Produkte herstellen ....« – »Die kapitalistische Wirtschaft ist eine antagonistische. Im Kapitalismus wird nicht zwecks Bedarfsdeckung, sondern zwecks Profiterzielung produziert. Und der Profit ist ceteris paribus umso höher, je höher die Mehrwertrate und das angehäufte Kapital sind. Darum ist der

[49] Ebd., S. 107.
[50] Ebd., S. 113.
[51] W. Hofmann, a. a. O., S. 216 und E. Mandel, a. a. O., S. 382ff.
[52] A. a. O., S. 203.
[53] Sweezy, a. a. O., S. 143.

Kapitalist bestrebt, den Lohn zu drücken und einen möglichst großen Teil des Profits zu akkumulieren. Dies zieht eine Disproportionalität zwischen Sparen und Verbrauch nach sich. Und da sich das Angebot nach der Nachfrage, die Produktion nach der Verwendung der Einkommen richtet, so hat die Disproportionalität zwischen Sparen und Verbrauch eine Disproportionalität zwischen den beiden Hauptsphären der Produktion, der Produktiv- und der Konsumgütererzeugung zur Folge ... Das Fehlen der Proportionalität ... zwischen Profit und Lohn, mithin zwischen Sparen und Verbrauch, zwischen Produktiv- und Konsumgüterproduktion – kann ... nur von einem Konstruktionsfehler der Wirtschaft herrühren.«[54] (Hervorhebung von Moszkowska). Wir kennen bereits die letzte Ursache oder tiefste Wurzel dieses Konstruktionsfehlers der Wirtschaft und damit die ihr zugrundeliegende Konfliktsituation, ihren inneren Widerspruch: Er besteht darin, daß zwar die Produktion aller Waren durch die »Gesellschaft«, d. h. die Gesamtheit der Produzenten, die Aneignung (Besitzergreifung) der Produkte dagegen von der geringen Zahl privater Kapitaleigentümer erfolgt, die wegen ihrer wirtschaftlichen und politischen Herrschaft über die Mehrheit der Produzenten nicht nur über die Produktionsbedingungen und das Ausmaß der Produktion, sondern auch über die Zuteilung des Produktionsertrages bestimmen. »Die private Aneignung macht den Profit zum alleinigen Motor der Erzeugung und Verteilung; das verleiht der Entwicklung der Produktivkraft einen unsteten und ruckartigen Charakter. Die Produktion entwickelt sich oft in Sprüngen, aber nicht in den Sektoren, in denen die dringensten Bedürfnisse bestehen, sondern in jenen, in denen die höchsten Gewinne erzielt werden können ...« (E. Mandel, a. a. O., S. 183). »Die ›Vergesellschaftung‹ der Produktionsarbeit besteht durchaus nicht darin, daß die Leute in einem Raum arbeiten (denn das ist nur ein kleiner Teil des Prozesses), sondern darin, daß die Konzentration der Kapitale von einer Spezialisierung der gesellschaftlichen Arbeit, von einer Verringerung der Anzahl der Kapitalisten in jedem gegebenen Industriezweig und einer Vergrößerung der Anzahl der speziellen Industriezweige begleitet ist. Sie besteht darin, daß viele zersplitterte Produktionsprozesse zu einem einzigen gesellschaftlichen Produktionsprozeß verschmelzen.«[55]

Paul M. Sweezy hat, wie er schreibt, »weder die Absicht, eine ›originale‹ Theorie der Unterkonsumtion zu konstruieren, noch die Theorie von Marx zu revidieren, sondern eher sein Werk in einem Punkt zu vervollständigen, wo es unvollständig ist.«[56]

[54] Moszkowska, a. a. O., Prag 1935, S. 66f und S. 68f.

[55] Lenin, »Was sind die ›Volksfreunde‹?«, 1884. In: Lenin, »Werke«, Bd. 1, Berlin 1968, S. 169.

[56] Sweezy, a. a. O., S. 141.

Gehen wir nun kurz auf Sweezys Entwurf seiner vergleichsweise besser formulierten Unterkonsumtionstheorie ein, die auch von Eduard März akzeptiert wird und verwenden dabei z. T. dessen Text. – »In dem Maße, wie ein Unternehmen wächst, akkumuliert es einen ständig wachsenden Teil seines Mehrwertes. Der akkumulierte Teil des Profits dient bekanntlich zur Beschaffung von konstantem, sowie von variablem Kapital. Im Zuge der Akkumulation nimmt jedoch der konstante Kapitalteil ständig auf Kosten des variablen zu. Aus dieser Erwägung lassen sich zwei wichtige Schlüsse ableiten: erstens, daß ein immer größerer Teil des gesellschaftlichen Mehrwertes akkumuliert wird; und zweitens, daß ein immer größerer Teil des akkumulierten Profits in fixes Kapital verwandelt wird.« Wohl nehmen die Luxusausgaben der Kapitalisten und, infolge des ebenfalls wachsenden variablen Kapitals, die Verbrauchsausgaben der Arbeiter im Laufe des Akkumulationsprozesses zu, »aber der Zuwachs des Gesamtkonsums erfolgt in einem langsameren Tempo als der Zuwachs der Ausgaben für Investitionen.«[57] Dies folgt aus der Grundtatsache des Kalitalismus: 1. aus den Bemühungen der Kapitalisten, einen möglichst großen Profit zu erzielen, und 2. einen möglichst großen Teil des jeweils erzielten Profits zu akkumulieren.

Man kann nun, wie Sweezy vorschlägt, den Produktionsvorgang auch vom rein *technischen* Standpunkt aus betrachten und feststellen, welche Beziehung einerseits zwischen dem prozentualen Zuwachs des in Produktionsmitteln angelegten Kapitals und andererseits dem entsprechenden prozentualen Zuwachs des Ausstoßes von Konsumgütern besteht; diese jetzt als Masse von begehrten bzw. benötigten Gebrauchswerten betrachtet. Gestützt auf eine Untersuchung von Carl Snyder[58], dem früheren Chefstatistiker der Federal Reserve Bank in New York, gibt es nun für lange Zeiträume eine feste zahlenmäßige Beziehung zwischen dem prozentualen Zuwachs an Produktionsmitteln und dem entsprechenden prozentualen Zuwachs an Konsumgütern, und zwar bleibt dabei das Verhältnis zwischen den Wachstumsraten dieser beiden Größen weitgehend konstant. Demnach kann man – nach P. M. Sweezy und Eduard März – das Wesen einer modern formulierten Unterkonsumtionstheorie so zusammenfassen: Die *Lenkung* der Produktionskräfte durch die Kapitalisten erfolgt so, daß daraus ein ständiges *Sinken* im Verhältnis zwischen der Wachstumsrate der Konsumtion zur Wachstumsrate der Produktionsmittel entsteht; andererseits aber erzwingt der Produktionsprozeß infolge seiner *technischen* Natur eine mindestens annähernde *Stabilität* in dem Verhältnis der Wachstumsraten des Ausstoßes von

[57] März, a. a. O., S. 132ff.

[58] Carl Snyder, »The Capital Supply and National Well-Being«, in: »The American Economic Review«, Bd. XXVI, Nr. 2, Juni 1936.

Konsumgütern zur Wachstumsrate der Produktionsmittel. Der im Verhältnis zum Wachstum der Produktionsmittel *abnehmende* Zuwachs des *Konsums* auf der einen Seite, der vermehrte *Ausstoß* der *Konsumgütermasse*, als technische Folge der Vermehrung der Produktionsmittel auf der anderen sind einander widerstreitende, gegenläufige Tendenzen, die von Zeit zu Zeit zur Krise führen.

Marx' Erklärungsversuch des zyklischen Verlaufs der Krisen ist folgender: Für den zyklischen Charakter der Krisen ist die Art und Weise der Erneuerung des fixen Kapitals von besonderer Bedeutung. Wie früher (in dem Kapitel über das konstante und das variable Kapital, und im Kapitel XI, II. Teil, Nr. 2: Fixes Kapital und zirkulierendes Kapital) ausgeführt wurde, geht das fixe Kapital (Maschinen, Anlagen, Gebäude etc.) im Unterschied zum zirkulierenden Kapital (Roh- und Hilfsstoffe, sowie das variable Kapital) *nicht* mit seinem vollen Wert in das betreffende Produkt ein. Während das zirkulierende Kapital mit jedem Umlauf zum Kapitalisten zurückfließt, verschleißt das fixe Kapital nur allmählich; seine Nutzungsdauer erstreckt sich über eine Reihe von Produktionsjahren oder Betriebsperioden. Dieser nur allmähliche Verschleiß des fixen Kapitals wird in der Buchführung der Betriebe in der Weise in Rechnung gestellt, daß nur ein Teil der ihnen zufließenden Verkaufserlöse als Gewinn gebucht wird, ein anderer Teil der Erlöse wird reserviert zur Erhaltung des fixen Kapitals für die Fortführung der Produktion, zur Deckung der Kosten für die Reparaturen, für Verbesserungen, für die Überholung des Maschinenparks usw. und für die nach völliger Abnutzung des fixen Kapitals erforderlich werdende Neuanschaffung von fixem Kapital. Hierbei sind selbstverständlich auch die Schwankungen der Marktpreise für die Überholung und die Neuanschaffungen nach Möglichkeit mit einzukalkulieren. – Während nun die notwendigen Reparaturen des fixen Kapitals mehr oder weniger kontinuierlich vorgenommen werden, führt seine Erneuerung, also die Neuanschaffungen zu einer plötzlichen Steigerung der Nachfrage nach den entsprechenden Produktionsmitteln, wie Baumaterial, Maschinen, Eisen u. a. m. Der Markt für diejenigen Industriezweige, die Produktionsmittel herstellen, weitet sich daher aus, und damit wächst auch die Produktion in diesen Industriezweigen. Mit dem Fortschritt der Technik und dem stets verbesserten Material, aus welchem das fixe Kapital besteht, wächst nicht nur der Wertumfang, sondern auch die Lebensdauer des fixen Kapitals, d. h. der Zeitraum bis zu seiner völligen Abnutzung, die seinen Ersatz erforderlich macht. Andererseits erfolgt aber der Ersatz des fixen Kapitals nicht nur infolge seines technischen Verschleißes, sondern auch deswegen, weil seit seiner Anschaffung andauernd neue und vollkommenere Produktionsmittel erfunden und patentiert werden und daher die noch weiter fortgesetzte Anwendung der veralteten Produktionsmittel die Konkurrenzfähigkeit der betreffenden Betriebe vermindern würde. (Freilich kann ein mit relativ veralteten Produktionsmitteln bzw. Produktionsmethoden arbeitender Betrieb nicht sofort die andernorts auftauchenden Verbesserungen bei sich einführen, da er sonst vor lauter Einführungen von Verbesserungen nicht mehr zur Produktion kommt, die sich immerhin mit dem früher angeschafften fixen Kapital so weit rentieren muß, daß die Einführung der Neuerungen keine Belastung darstellt.) Die Neuanschaffungen von fixem Kapital erfolgt also oft nicht nur wegen seines technischen, sondern auch wegen seines sogenannten »moralischen« Verschleißes (vgl. oben, Kapitel 14). Daher spricht Marx bezüglich der Produktionsmittel (was hier speziell für das fixe Kapital gilt) von der »Notwendigkeit ihres beständigen Ersatzes infolge des moralischen Verschleißes, lange bevor sie physisch ausgelebt sind.« (II, S. 185)

»Man kann annehmen, daß für die entscheidenden Zweige der großen Industrie dieser Lebenszyklus jetzt im Durchschnitt ein zehnjähriger ist. Doch kommt es hier nicht auf die bestimmte Zahl an. Soviel ergibt sich: Durch diesen eine Reihe von Jahren umfassenden Zyklus von zusammenhängenden Umschlägen, in welchen das Kapital durch seinen fixen Bestandteil gebannt ist, ergibt sich eine materielle Grundlage der periodischen Krisen, worin das Geschäft aufeinanderfolgende Perioden der Abspannung, mittleren Lebendigkeit, Überstürzung, Krise durchmacht. Es sind zwar die Perioden, worin Kapital angelegt wird, sehr verschiedene und auseinanderfallende. Indessen bildet die Krise immer den Ausgangspunkt einer großen Neuanlage. Also auch – die ganze Gesellschaft betrachtet – mehr oder minder eine neue materielle Grundlage für den nächsten Umschlagszyklus.« (II, S. 185f)

Es ist einzusehen, daß eine große Zahl von Erfindungen und Vervollkommnungen gerade in die Zeit der Krisen und Depressionen fällt, da gerade in dieser Periode die Konkurrenz zwischen den Kapitalisten am schärfsten ist. Um beim Preisrückgang Verluste zu vermeiden oder um das Fallen der Profite aufzuhalten, senken die Kapitalisten ihre Herstellungskosten, und zwar auf zwei Wegen: erstens durch den Abbau des Arbeitslohnes und zweitens durch die Vervollkommnung der alten und die Einführung von neuen, besseren Maschinen, d. h. eben durch die Erneuerung des fixen Kapitals. Daher schreibt Marx:

»Die Arbeitsmittel werden großenteils beständig umgewälzt durch den Fortschritt der Industrie. Sie werden daher nicht in ihrer ursprünglichen Form ersetzt, sondern in der umgewälzten Form. Einerseits bildet die Masse des fixen Kapitals, die in einer bestimmten Naturalform (Gebrauchswert – E. L.) angelegt ist und innerhalb derselben eine bestimmte Durchschnittslebenszeit auszudauern hat, einen Grund der nur allmählichen Einführung neuer

Maschinen etc., und daher ein Hindernis gegen die rasche allgemeine Einführung der verbesserten Arbeitsmittel. Andrerseits zwingt der Konkurrenzkampf, namentlich bei entscheidenden Umwälzungen, die alten Arbeitsmittel vor ihrem natürlichen Lebensende durch die neuen zu ersetzen. Es sind hauptsächlich Katastrophen, Krisen, die solche vorzeitige Erneuerung des Betriebsgeräts auf größrer gesellschaftlicher Stufenleiter erzwingen.« (II, S. 171)

Wenn auch die genauere Beschreibung und Analyse der Wirtschaftskrisen Sache der Spezialwerke ist, so war es an dieser Stelle dennoch angebracht, auf den Verlauf der Krisen etwas genauer einzugehen, um konkretere Vorstellungen von diesen Vorgängen zu vermitteln.

Einundzwanzigstes Kapitel

Die Diskussion seit Marx

Eine kritische Darstellung der wichtigsten nachmarxschen Diskussionen über das »Kapital« scheint nicht direkt zum Thema dieses Buches zu gehören. Dennoch helfen einige solcher Kritiken, Zustimmungen oder ergänzende Betrachtungen der Marxschen Lehren sehr dazu, seine Gedanken durch die Konfrontation mit ihnen schärfer zu profilieren, als dies eine bloß referierende Darstellung tun könnte. Es folgen nun einige kritische Darstellungen bekannter nachmarxscher Autoren, die selbstverständlich nur nach den subjektiven Gesichtspunkten des Verfassers dieses Buches ausgewählt wurden.

Fritz Sternberg

In seinen »Anmerkungen zu Marx – heute«[1] und in anderen Büchern[2] hat der Volkswirtschaftler F. Sternberg wiederholt und stets mit großem Nachdruck geltend gemacht, daß sich in England schon etwa seit dem Jahrzehnt vor dem Erscheinen des »Kapital« (1867) die Reallöhne des größeren Teils der Arbeiterschaft erheblich erhöht hätten. Bis zu Marx' Tode (1883), und danach, bis etwa 1914, seien die Reallöhne nicht nur in England, sondern auch in Frankreich, in Deutschland, in den USA, ja, seit den neunziger Jahren auch in Rußland, wo die Industrialisierung

[1] F. Sternberg, »Anmerkungen zu Marx – heute«, Frankfurt a. M. 1965.
[2] F. Sternberg, »Kapitalismus und Sozialismus vor dem Weltgericht«, Hamburg 1951, S. 22ff, 58ff und 72ff; sowie »Marx und die Gegenwart«, Köln 1955.

noch in den Anfängen steckte, dauernd gestiegen. Es habe allerdings sehr starke Differenzen in den Reallöhnen der einzelnen englischen Arbeiterschichten, besonders zwischen gelernten und ungelernten Arbeitern, gegeben. Auf jeden Fall hätte durch das Steigen der Reallöhne in dem genannten Zeitraum das Gros der englischen Arbeiterschaft seine wirtschaftliche Lage merklich verbessert. Diese Tatsache, zusammen mit dem Nicht-Eintreffen der von Marx vorausgesagten Zunahme (genauer müßte es heißen: der relativen Zunahme) der industriellen Reservearmee ist für Sternberg ein Beweis dafür, daß »die Marxsche Verelendungstheorie« unhaltbar sei: »Man hat sich von sozialistischer Seite immer wieder gegen diese Erkenntnis gesträubt und immer wieder neue Argumente zu entdecken gesucht, um die Aufwärtsentwicklung der Löhne als nur vorübergehend, als nur zeitweilig, bezeichnen zu können. Heute, nach einem Jahrhundert, wird es immer deutlicher, daß diese Rettungsversuche der Marxschen Verelendungstheorie der Konfrontation mit den konkreten, statistisch feststellbaren Tatbeständen nicht standhalten.«[3]
Man sah schon früher, daß Marx' Voraussage der *relativen* Zunahme der industriellen Reservearmee in der Tat nicht eingetroffen ist; andererseits aber, daß seine Prognose einer Verschlechterung der *sozialen* und *politischen* Lage der Arbeiterschaft nicht leicht zu widerlegen ist und ein komplexes Sachgebiet betrifft. Es wurde gezeigt, daß Sternbergs Versuch, durch den Hinweis auf das Steigen der Reallöhne Englands und anderer Länder seit etwa der Mitte des 19. Jahrhunderts die von ihm falsch dargestellte »Marxsche Verelendungstheorie« widerlegen zu wollen, an der Sache vorbeiargumentierte. Marx hatte vielmehr seine Prognose einer Verschlechterung der sozialen und politischen Lage des Proletariats im Gegensatz zu Sternbergs Behauptung keineswegs auf eine voraussichtlich eintretende Reallohnsenkung gestützt, sondern auf Erwägungen anderer Art. Wie bereits festgestellt wurde, hat Marx an keine absolute, sondern an eine relative wirtschaftliche Verschlechterung der Lage der Arbeiterschaft gedacht; die ihr zufallende Wertquote des von ihr geschaffenen Gesamtertrages steigt weniger rasch als die des Kapitals, aber auch sie steigt!
In diesem Zusammenhang muß noch einmal auf den Marxschen Begriff der Reproduktionskosten der Arbeitskraft verwiesen werden. Eingangs wurde ausgeführt, daß der Marxsche Begriff des Arbeitslohns nicht einfach diejenige Reallohnsumme bedeutet, die dem Arbeiter nur das physische Existenzminimum sichert, sondern daß er sich auf den jeweiligen kulturellen Mindestlebensstandard des betr. Volkes bezieht. Die hohe Lebenshaltung des engl. Arbeiters stellt nur die für den englischen Arbeiter notwendigen Reproduktionskosten dar; ebenso wie der

[3] F. Sternberg, »Anmerkungen ...«, S. 8.

niedrige Lohn diejenigen eines chinesischen Kulis. Solange die *Intensität* der Arbeit konstant ist, bedarf es auch einer konstanten Menge von Lebens- und anderen wichtigen Existenzmitteln, also eines konstant bleibenden realen Arbeitslohns, um die Arbeitskraft des Lohnabhängigen zu erhalten. Marx betont aber, daß er die Annahme eines konstant bleibenden Arbeitslohnes nur provisorisch und zur Vereinfachung bestimmter Untersuchungen gemacht hätte. (III, S. 866) – Wechselt nun die Intensität der Arbeit (während die Länge des Arbeitstages und die Produktivkraft der Arbeit gleichbleiben), so daß z. B. ein 12-stündiger Arbeitstag, der früher 6 Schillinge Wert hervorgebracht hat, nach Steigerung der Arbeitsintensität ein Wertprodukt von z. B. 8 Schillingen erzeugt, so kann der Preis der Arbeitskraft (der Arbeitslohn) und zugleich der Mehrwert zunehmen; z. B. beide von 3 auf 4 Schillinge pro Tag, oder die Arbeitskraft auf $3\,^1/_4$ und der Mehrwert auf $4\,^3/_4$ usw. (I, S. 547)
Die Entwicklung der kapitalistischen Industriestaaten, allen voran Englands, bedeutet aber nun eine beständige Steigerung der Arbeitsintensität: »Es ist selbstverständlich, daß mit dem Fortschritt des Maschinenwesens und der gehäuften Erfahrung einer eignen Klasse von Maschinenarbeitern die Geschwindigkeit und damit die Intensität der Arbeit naturwüchsig zunehmen. So geht in England während eines halben Jahrhunderts die Verlängerung des Arbeitstages Hand in Hand mit der wachsenden Intensität der Fabrikarbeit.« (I, S. 431 f. Aber auch und gerade die Verkürzung des Arbeitstages wird oft durch größere Intensität der Arbeit kompensiert.)
»Der Arbeiter kann intensivere Arbeit nur dann leisten, wenn er sich besser ernährt, kleidet und geistig erholt, in geordneten häuslichen Verhältnissen lebt. Folglich ist die erheischte Masse von Lebensmitteln keine gegebene Größe, sondern sie wächst mit der Intensität der Arbeit. Die Tendenz zur Steigerung des Reallohns ist somit eine selbstverständliche, aus dem Mechanismus der kapitalistischen Produktion sich ergebende Erscheinung, wie zugleich eine Konsequenz des Marxschen Lohngesetzes ...«[4] wendet Henryk Grossmann in dieser Frage wie in vielen anderen Punkten sehr zutreffend gegen Sternberg ein, und man erinnert sich der früher (S. 495) wiedergegebenen Marxschen Bemerkung in »Lohn, Preis und Profit«, daß ein Mann durch die Erhöhung der Arbeitsintensität dazu gebracht werden kann, in einer Stunde soviel Lebenskraft zu verausgaben wie früher in zwei. Diese Intensivierung begleitet die fortschreitende Entwicklung des Industriekapitalismus in allen Ländern, ebenso wie die Steigerung der Arbeitsproduktivität, sie erzwingt eine Steigerung des

[4] H. Grossmann: »Eine neue Theorie über den Imperialismus und die soziale Revolution«, in: Archiv f. d. Geschichte des Sozialismus u. d. Arbeiterbewegung, hrsg. v. Carl Grünberg, XIII, 1928, S. 33.

Reallohnes, da andernfalls der ausgebeutete Lohnabhängige die intensiveren Arbeitsleistungen nicht vollbringen kann. Das Steigen des Reallohnes erbringt jedoch keine Verbesserung der Lage des Lohnabhängigen, wenn es nicht ausreicht, den Verschleiß an Gesundheit und Arbeitskraft zu kompensieren. Falls der Verschleiß doch kompensiert wird, so bedeutet die Reallohnsteigerung allenfalls ein Gleichbleiben der Lage des Proletariats, aber noch keine Verbesserung. Für einzelne, sehr gut bezahlte Angestelltengruppen, etwa für den Generaldirektor oder sonst einen Manager, gelten diese Betrachtungen natürlich nicht, sie gehören auch nicht zum Proletariat.

Das von Sternberg hervorgehobene Steigen der Reallöhne ist daher nichts anderes als der Ausdruck der gestiegenen Arbeitsintensität, die meist mit enorm steigender Arbeitsproduktivität einhergeht und Ausdruck der Notwendigkeit ist, den größeren Verschleiß an Gesundheit beim modernen Lohnarbeiter zu kompensieren. Diese Steigerung des Reallohnes, die also insoweit überhaupt keine Verbesserung der wirtschaftlichen Lage des Lohnabhängigen bedeutet, verträgt sich sehr gut mit den im gleichen Zeitraum noch viel mehr gestiegenen Profiten. »Je produktiver ein Land gegen das andere auf dem Weltmarkt, um so höher sind die Arbeitslöhne in ihm, verglichen mit den anderen Ländern. Nicht nur der nominelle, sondern der reelle Arbeitslohn in England ist höher als auf dem Kontinent«, schreibt Marx: »Theorien über den Mehrwert«.[5]

Damit konnte Marx freilich die Frage, wie die etwa seit Beginn der 2. Hälfte des 19. Jahrhunderts bis etwa zum Ausbruch des Ersten Weltkrieges eingetretene Reallohnsteigerung in den kapitalistischen Ländern im einzelnen zu erklären ist, nicht mehr befriedigend beantworten. Die Vereinigten Staaten von Nordamerika haben eine Sonderentwicklung durchgemacht, die später speziell zu erörtern ist. Sternberg schreibt, Marx hätte die schon vor dem Erscheinen des »Kapital« einsetzende und dann während der folgenden Jahrzehnte andauernde steigende Lohnbewegung in England nicht in ihrer vollen Tragweite erkannt und daher auch nicht ausreichend berücksichtigt. Das gleiche gelte für Engels, der zwar erkannt hätte, daß eine privilegierte Minderheit der englischen Arbeiter durch Lohnerhöhung an den steigenden Profiten der englischen Industrie in der 2. Hälfte des 19. Jahrhunderts teilgenommen hatte, diese Erscheinung aber nicht ausreichend hätte erklären können.[6] – Nach dem Erscheinen des I. Bands des »Kapital« arbeitete Marx unaufhörlich an den folgenden Bänden weiter, aber der Tod nahm ihm die Beendigung der Arbeit aus der Hand. Er hatte nicht nur gegen seinen schlechten Gesundheitszustand und die ständigen finanziellen Sorgen zu kämpfen, auch seine

[5] MEW, Bd. 26, 2. Teil, S. 8.
[6] Sternberg, »Anmerkungen ...«, S. 12–15.

Tätigkeit bei der Leitung der 1864 gegründeten Internationalen Arbeiterassoziation nahm ihm viel Zeit und Energie. In seinem 1873 geschriebenen Nachwort zur zweiten Auflage des ersten Bandes äußert er u. a., daß manche Teile eine mehr durchgreifende Umarbeitung erheischt hätten. Aber: »Es fehlte dazu die Zeit.« »Marx hatte anfangs vor, den Text des ersten Bandes großenteils umzuarbeiten, manche theoretischen Punkte schärfer zu fassen, neue einzufügen, das geschichtliche und statistische Material bis auf die neueste Zeit zu ergänzen. Sein Krankheitszustand und der Drang, zur Schlußredaktion des zweiten Bandes zu kommen, ließen ihn darauf verzichten ...«, schreibt Engels im November 1883 zu der von ihm herausgegebenen dritten Auflage des ersten Bandes (Marx war am 14. März d. gl. J. gestorben). So muß man sich auf das beschränken, was Marx hinterlassen hat.

Die schon erwähnte Abwanderung der brotlos gewordenen englischen Landbevölkerung in die Städte, wo sie meist zu arbeitsuchenden Proletariern wurden, und die Niederkonkurrierung von Hunderttausenden von Handwerkern durch die Einführung von Maschinen in die schnell wachsende Industrie hatten bis etwa zum 2. Viertel des 19. Jahrhunderts, also der Zeit, die der Abfassung des Kommunistischen Manifestes vorausging, ihren Höhepunkt erreicht.[7] Doch von der Mitte des 19. Jahrhunderts an nahm die Wirkung dieser beiden für das damalige wirtschaftliche Elend der englischen Arbeiter mitverantwortlichen Faktoren ab und die wirtschaftliche Lage der englischen Arbeiterschaft besserte sich dadurch nach und nach erheblich. Schon in der Zeit, als Marx den I. Band des »Kapital« veröffentlichte, d. h. nachdem in England das Industriekapital dominierend geworden war, hatte eine starke Auswanderung von Europa in die überseeischen Gebiete, vor allem in die USA, eingesetzt, die in dem einem Jahrzehnt von 1851–1860 größer war als in den vorangegangenen 30 Jahren zusammengenommen und die sich von 1870 bis zum Ersten Weltkrieg noch verstärkte. Dies führte zu einer großen Entlastung des Angebots von Arbeitskräften, d. h. zu günstigeren Bedingungen für die europäischen Arbeitsmärkte; sie verringerte in England und im übrigen Europa die industriellen Reservearmeen oder ließ sie damals gar nicht erst entstehen. Dazu kam ein riesiges Wachstum des Weltaußenhandels, eine kapitalistische Expansion sowohl in politisch souveräne, aber damals industriell noch zurückgebliebene Länder, wie Österreich-Ungarn, Rußland und Japan, wie in solche Gebiete, die Kolonien und Halbkolonien waren und die man heute als Entwicklungsländer bezeichnet. Diese zurückgebliebenen Länder mußten billige Rohstoffe an das englische Mutterland liefern und englische Fertigprodukte bei sich einführen, wodurch sich für England neue riesige Absatzmärkte,

[7] Vgl. ebd., S. 34f.

z. B. für Textilwaren, aber auch für den Schiffsbau, die Metall-, Glas- und Papierindustrie erschlossen. Das galt besonders für das Verhältnis zwischen England und seiner damaligen Kolonie Indien, wo die von England eingeführten maschinell hergestellten billigeren Massenprodukte die indischen Handweber und andere Handwerker brotlos machten und zum Hungertode verurteilten. Gleichzeitig suchten die Engländer in Indien das Entstehen einer eigenen indischen großindustriellen Textilproduktion mit allen Mitteln zu unterbinden. Diese Politik der Verhinderung bzw. der Verlangsamung des Aufbaues einer größeren einheimischen Industrie in den rückständigen abhängigen Ländern wurde nicht etwa nur in Britisch-Indien, sondern auch von den Franzosen und Holländern in ihren damaligen kolonialen und halbkolonialen Gebieten praktiziert, z. B. in Französisch Indo-China[8]. Und wie vorher im englischen Mutterland die selbständigen Handwerke, vor allem die Weberei, durch die Einführung der Maschinen in die kapitalistischen Unternehmungen zerstört und z. B. die englischen Handweber dadurch brotlos gemacht worden waren, so wiederholte sich nun ein ganz analoger Prozeß in der Kolonie Indien. Dort brachen die alten handwerklich betriebenen Produktionsformen durch die technische Konkurrenz des englischen Mutterlandes zusammen. Dazu bemerkt Marx: »Akut (dagegen) wirkte die englische Baumwollmaschinerie besonders auf Ostindien, dessen Generalgouverneur 1834/35 konstatierte: ›Das Elend findet kaum eine Parallele in der Geschichte des Handels. Die Knochen der Baumwollweber bleichen die Ebenen von Indien.‹« (I, S. 455)

Nun hat man bereits gesehen, daß Marx von der Tendenz des Kapitals gesprochen hatte, die Löhne bis auf das Existenzminimum herabzudrücken, daß er aber auch die Möglichkeit hervorhob, die Löhne durch den Gegendruck der Arbeiterschaft heraufzutreiben. Aber bei diesem Gesichtspunkt handelt es sich mehr um ein ständiges, relativ kurz dauerndes Auf und Ab der Lohnbewegung, nicht um ein Steigen oder Fallen von sehr langer Dauer. Und so bleibt es wahr, daß er die Tatsache und die Ursachen einer *sehr lange* anhaltenden Reallohnsteigerung für große Schichten oder gar für die überwiegende Mehrzahl der Arbeiterschaft Englands und anderer industriekapitalistischer Länder *nicht* in ihrer ganzen Tragweite erkannt, oder daß er sie vielleicht gesehen, aber ihre Bedeutung für die Entwicklung der Lage des Proletariats nicht speziell untersucht, nicht gewürdigt und daß er auch theoretisch ihre Beziehungen mit der Kapitalakkumulation nicht behandelt hat. Damals und auch noch sehr viel später nahm in Indien und anderen Kolonien sowie Halbkolonien die Zahl der Industriearbeiter nur äußerst langsam zu, während sich

[8] Vgl. Sternberg, »Anmerkungen ...«, S. 39f und »Kapitalismus ...«, S. 35f und die in beiden Büchern angegebene Literatur.

in den industrialisierten europäischen Mutterländern auch infolge des riesigen Aufschwungs des Exports in eben diese überseeischen Gebiete und der Erschließung großer neuer Absatzmärkte und billigster Rohstoffquellen die Lage auf dem Arbeitsmarkt erheblich besserte. Diese Besserung, die starke Verringerung der industriellen Reservearmee, dauerte nicht etwa nur für Jahre oder wenige Jahrzehnte, sondern während der ganzen Epoche der starken kapitalistisch-imperialistischen Expansion in die Überseegebiete. Das gesamte Volkseinkommen stieg von der Zeit, als Marx und Engels das Kommunistische Manifest schrieben, bis zum Ersten Weltkrieg, nicht etwa auf Kosten einer gleichzeitigen Lohnverelendung der Arbeiterklasse, sondern das Volkseinkommen vergrößerte sich in allen Industrieländern bei insgesamt beträchtlich gestiegenen Löhnen. Dies geschah zu einer Zeit, als in den europäischen Industriestaaten und in den USA die Gewerkschaften zwar schon eine gewisse Rolle zu spielen begannen, aber im Vergleich zu unserer Zeit noch in keiner Weise entscheidend waren. In diesem ganzen Zeitraum antworteten die Kapitalisten auf diese höheren Löhne nicht mit einer Rationalisierung der technischen Arbeitsmethoden, nicht mit einer solchen Erhöhung der organischen Kapitalzusammensetzung, daß sich die industrielle Reservearmee dadurch wieder verstärkt hätte. Und zwar deshalb nicht, weil sie infolge der soeben genannten glänzend entwickelten Marktbedingungen trotz der gestiegenen Löhne noch weit höhere Profite machten.
Die primär als Folge der äußeren Kapitalexpansion ermöglichten Lohnerhöhungen hatten äußerst wichtige sekundäre Auswirkungen auf die englischen Arbeiter, die in immer größerer Zahl Beschäftigung fanden und so nun ihrerseits ein immer kaufkräftiger werdendes Konsumentenpublikum für die englische Industrie bildeten. Dadurch konnten nun wiederum die englischen Binnenmarktindustrien, und zwar sowohl die Produktions- wie die Konsumgüterindustrien, wachsen. Dies waren, nach Sternberg, in großen Zügen, die Bedingungen für das Industrie- und Lohnwachstum in England bis etwa zu Beginn des Ersten Weltkrieges; eine Entwicklung, die Marx in ihrer Entfaltung nicht mehr erlebt und zu der er nicht mehr Stellung genommen hat. Genauer gesagt: er konnte sie nicht mehr ausführlich und systematisch würdigen, was ihm sein gestrenger Kritiker Sternberg vorzuhalten nicht müde wurde. Einiges hat Marx 1864 in seiner »Inauguraladresse« über diese Entwicklung, deren Beginn er noch erlebte, immerhin doch geäußert: Für den Zeitraum von 1848 bis 1864 konstatiert er die gewaltige Zunahme des englischen Nationalreichtums und ein Steigen der Reallöhne, und er weist darauf hin, daß es den Arbeitern Englands nach einem dreißigjährigen Kampf endlich gelang, das Gesetz über den zehnstündigen Arbeitstag, das sich aber nur auf Jugendliche und Arbeiterinnen erstreckte,

am 8. Juni 1847 beim englischen Parlament durchzusetzen. Aber er meint dazu, daß im gleichen Zeitraum die offiziellen englischen Einkommens- und Eigentumssteuerlisten zeigten, wie die wirkliche Zunahme von Macht und Reichtum im Grunde ganz und gar nur auf die besitzende Klasse beschränkt blieb und daß nach amtlichen Berichten der Ernährungs- und Gesundheitszustand breiter Bevölkerungsschichten in der gleichen Periode miserabel war. In der »Inauguraladresse« schreibt er: »... mit veränderten Lokalfarben und in verjüngtem Maßstab wiederholen sich die englischen Tatsachen in allen industriellen und fortgeschrittenen Ländern des Kontinents. Seit 1848 in ihnen allen unerhörte Entwicklung der Industrie und angeahnte Ausdehnung der Aus- und Einfuhr. In ihnen allen ein wahrhaft ›berauschender Zuwachs von Reichtum und Macht‹, ganz und gar beschränkt auf die ›besitzende Klasse‹ (Marx zitiert hier englische amtliche Mitteilungen! – E. L.). In allen, wie in England, Steigen des *Reallohns*, d. h. der mit dem Geldlohn beschaffbaren Lebensmittel, für eine Minderheit der Arbeiterklasse, während in den meisten Fällen das Steigen des *Geldlohns* keinen wirklichen Zuwachs von Komfort anzeigte, so wenig, als etwa der Insasse eines Londoner Armen- oder Waisenhauses im geringsten besser daran war, weil seine ersten Lebensmittel im Jahre 1861 der Verwaltung 9 £ 15 Schillinge plus 8 Pence kosteten anstatt der 7 £, 7 Schillinge plus 4 Pence des Jahres 1852 ...«[9]

Marx hat seine Untersuchungen der kapitalistischen Wirtschaft eines Landes stets unter der ausdrücklichen Voraussetzung angestellt, daß dieses Wirtschaftssystem in dem betreffenden Land zur Alleinherrschaft gelangt ist, daß dort also die vorkapitalistischen Produktionsmethoden handwerklicher oder landwirtschaftlicher Art mindestens bis auf unbedeutende Reste verschwunden sind. Seine Fragestellung in bezug auf die Entwicklung der sozialen Lage und der Lohnfrage lautete daher nicht: wie wird sich die Soziallage und die Lohnfrage in einem industrialisierten Land gestalten, das sich große überseeische Absatzmärkte ohne eigene Industrie erschlossen hat? Sondern seine Frage lautete sinngemäß: wie gestaltet sich das Schicksal der Arbeiterschaft und des kapitalistischen Systems in einem Lande oder Wirtschaftsgebiet, in dem es überall nur hochentwickelte Industrie und – prinzipiell für die Zwecke gedanklicher Vereinfachung der Analyse – nur oder doch ganz vorwiegend, Arbeiter und Kapitalisten gibt? Von der Existenz der Mittelschichten hatte er, ohne ihre Bedeutung im mindestens zu verkennen, hierbei abgesehen.

Aber »hätte Marx alle Statistiken aus dem I. Band des ›Kapital‹ einige Jahrzehnte weitergeführt, hätte er die Reallohnentwicklung in England bis zum Jahre 1880 dargestellt und die Krisen von 1859 und der siebziger Jahre, hätte er die Entwicklung der Arbeits-

[9] MEW, Bd. 16, S. 9.

losigkeit in diesen Jahrzehnten aufgezeigt, hätte Marx das alles getan ...«, dann hätte er, nach Sternberg, erkannt, daß sich der Kapitalismus damals noch nicht in seinem Niedergang, sondern noch in der Aufstiegsphase befunden hatte, daß dem Kapitalismus noch eine lange Lebensdauer beschieden sein würde, »... daß seine Abstraktionen in den drei Bänden des ›Kapital‹ zu weitgehend waren, daß sie die konkrete Wirklichkeit des damaligen Kapitalismus nicht voll deckten; er hätte weiter gefunden, daß und warum die Zeitspannen, mit denen er rechnete, irrig waren. Er hätte gefunden, daß und warum der Kapitalismus noch lange nicht am Ende seiner Entwicklung war, daß und warum er die Produktivkräfte weit stärker entwickeln konnte. Diese Erkenntnis aber hätte natürlich den Tenor des ersten Bandes des ›Kapital‹ verändert ...«[10] Sternbergs Ansicht trifft in diesem Punkte zu; es fehlt im »Kapital« die systematische Untersuchung von Industrieländern, die ihre industriellen Probleme durch imperialistische Kolonialpolitik zu lösen suchen. Auch der Hinweis auf die Marxsche Fehleinschätzung der *Lebensdauer* des kapitalistischen Wirtschaftssystems ist berechtigt. Marx und Engels haben die über Jahrzehnte andauernde Lohnsteigerung für große Arbeitergruppen in der Tat wohl nicht in ihrer vollen Bedeutung erkannt und daher nicht mit ihrem vollen Gewicht in ihre Untersuchungen eingesetzt. Auf der anderen Seite muß man Marx zugute halten, daß zu der Zeit, als er den I. Band des »Kapital« veröffentlichte (1867), diese Lohnentwicklung in England noch nicht lange genug angehalten hatte, um eine abschließende systematische Analyse zu erlauben. Dennoch scheint uns, daß Sternbergs Kritik an Marx' Auffassung vom Endschicksal dieses Wirtschaftssystems, wie man sah, nicht ins Schwarze trifft. Denn die von Sternberg hervorgehobene Steigerung der Reallöhne des sich stürmisch entwickelnden Kapitalismus in der zweiten Hälfte des vorigen Jahrhunderts steht nicht im Widerspruch zu Marx' Auffassung. Sternberg hat zwar die Voraussetzung der Marxschen Untersuchung – ein Wirtschaftsgebiet, in welchem der Kapitalismus alleinherrschend geworden ist – zur Kenntnis genommen[11]; er hat jedoch nicht berücksichtigt, daß Marx' Ausführungen über die Lohnhöhe und das Endschicksal des Kapitalismus sich ebenfalls nur auf das Gedankenmodell des reinen Kapitalismus beziehen, daß sie also nicht für industriekapitalistische Länder gelten, welche die wenig oder noch gar nicht industriell entwickelten Gebiete wie Indien, Afrika und andere durch Eroberung in ihr Wirtschaftsgebiet einbezogen haben und daher keine rein kapitalistischen Länder waren. Seitdem haben sich einige dieser Gebiete, wie Indien, China und Argentinien, schnell industrialisiert.

[10] Sternberg, »Anmerkungen ...«, a. a. O., S. 65.
[11] »Kapitalismus ...«, S. 62 u. 88, Fußnote und »Anmerkungen ...«, S. 32, sowie in seinem Buch »Der Imperialismus«, Berlin 1926, Vorwort.

Die lange anhaltende Steigerung der Reallöhne großer Arbeitergruppen Englands – und für die kontinentalen Länder Europas gilt mutatis mutandis dasselbe – ist nämlich im wesentlichen nur durch gewaltsame Erschließung riesiger Exportgebiete und die Lieferung billigster Rohstoffe nach England möglich gewesen, wobei eben dieser Vorgang zur Arbeitslosigkeit, zur Verarmung und zum Hungertode von Millionen indischer Handwerker geführt hat. Die Steigerung der Reallöhne des englischen Mutterlandes erfolgte also *auf Kosten* der wirtschaftlichen Lage großer Bevölkerungsschichten Indiens; die Hebung des Lebensstandards der Arbeiter des industrialisierten Mutterlandes war *erkauft* durch die entsprechende Verarmung, ja Vernichtung der von England abhängigen überseeischen Produzenten. Man hat es daher gar nicht mit einem vorwiegend oder gar ausschließlich kapitalistischen Lande, in diesem Falle mit England allein, zu tun, an das Marx bei seiner Betrachtung des Elends der Arbeiterschaft dachte, sondern mit einem weitgehend industrialisierten England, das zusammen mit seinen überseeischen Kolonien und Halbkolonien ein weitgehend wirtschaftlich zusammengehöriges Gebiet bildete. Auf ein Wirtschaftsgebiet solcher Art – Mutterland *plus* Kolonien bzw. Halbkolonien – bezogen sich eben Marx' Untersuchungen über das Schicksal der Arbeiterschaft und des kapitalistischen Wirtschaftssystems überhaupt nicht.[12] Die Vereinigten Staaten von Amerika, deren Entwicklung spezielle Züge aufweist, waren ebenfalls bis etwa zu Beginn des Ersten Weltkrieges kein kapitalistisches Land; es bestand aus einem industrialisierten und einem landwirtschaftlich unterentwickelten Teil, doch davon später.
Die Tatsache, daß die Lohnverbesserungen in den Mutterländern in dem betreffenden Zeitraum durch die Verarmung großer Bevölkerungsteile in den ausgebeuteten überseeischen Gebieten kompensiert wurde, räumt schließlich Sternberg selbst mit folgenden Worten ein: »Man hat mit Recht betont, daß *national* in den entwickelten Industriestaaten keine Polarisierung der Gesellschaft eingetreten ist; die Entwicklung ist nicht so verlaufen, daß die Reichen reicher und die Armen ärmer wurden, sondern mit der Steigerung der Produktivität der Arbeit hat sich der Lebensstandard für alle erhöht. Das gilt jedoch *nicht*, wenn auch die Kolonien und Halbkolonien einbezogen werden, wenn Ernst gemacht wird mit der Analyse der kapitalistischen Produktion in ihren *globalen* Auswirkungen; denn es hat sich in diesem ganzen Jahrhundert – wie vielfach mit Recht betont wird – eine *internationale* Polarisierung ergeben; der Lebensstandard in den Industrieländern wuchs, während er in den Kolonialländern stagnierte, in manchen Fällen sogar sich senkte.« Nach Sternberg bestand diese internationale »Polarisierung«, wie er sie nennt, anstatt

[12] Sein Kap. 25 im I. Bd. d. »Kapital«: »Die moderne Kolonisationstheorie« bringt über diesen Punkt so gut wie nichts.

schlicht von der Scheidung in Arm und Reich zu sprechen, auch noch in der Nachkriegsperiode, für das Jahrzehnt von 1950 bis 1960.[13]

Wenn Sternberg darauf hinweist, daß der rasche wirtschaftliche Aufschwung der kapitalistischen Industriestaaten bis zum Ersten Weltkrieg in hohem Maße durch die Einbeziehung der kolonialen und halbkolonialen Gebiete in die Wirtschaft ihrer europäischen Mutterländer bedingt war, so entkräftet er damit selber weitgehend seine Behauptung, es sei die Tendenz der kapitalistischen Produktion, den durchschnittlichen Normallohn zu heben und nicht, ihn zu senken, denn seine Behauptung stützt sich nur auf das Steigen der Reallöhne großer Arbeiterschichten der industriekapitalistischen Mutterländer, nicht auf die vom europäischen Kapital ausgebeuteten Kolonien, Halbkolonien, »Protektorate« und sonstigen wehrlosen Wirtschaftsgebiete! Für die Gesamtheit z. B. des englisch-indischen Wirtschaftsgebietes gilt die Behauptung vom Steigen »der« Reallöhne, von der Hebung des Lebensstandards des arbeitenden Menschen eben nicht. Denn es ist doch eine sonderbare Erhöhung des Existenzniveaus großer Teile der englischen Arbeiter, wenn im Zusammenhang damit und gleichzeitig in dem mit England *zwangsweise* weitgehend *verbundenen* Kolonialgebiet Indien Millionen von Menschen verhungern!

Dennoch sind Sternbergs Schilderungen des Rückganges der Arbeitslosigkeit und der steigenden Reallöhne in den kapitalistischen Mutterländern in der 2. Hälfte des 19. Jahrhunderts von Wichtigkeit für die Erkenntnis der Ursachen, die eine lang anhaltende, wenn auch nicht ewig dauernde wirtschaftliche Besserung der europäischen Arbeiterschaft bewirkt hatten. Bis zu dem genannten Zeitpunkt wurden die Kolonien durchkapitalisiert, sie wurden in große Exportmärkte und in Rohstoffquellen umgewandelt, sie dienten für Kapitalanlagen der industriellen Mutterländer, wobei noch einmal betont werden muß, daß diese in den ausgebeuteten Gebieten die Entstehung eines eigenen Industrieproletariats und einer selbständigen Industrie damals verhindert haben. Darüber hinaus gab es Auswanderungsgebiete für die trotz der gebesserten Wirtschaftskonjunktur sich hier und da bildende industrielle Reservearmee der kapitalistischen Mutterländer; doch wurde in jenem Zeitraum in der Industrie noch sehr wenig rationalisiert, so daß die Freisetzung von Arbeitern nur sehr geringe Ausmaße annahm.

In allen diesen Punkten haben sich nun nach Sternberg seit etwa der Zeit des Ersten Weltkrieges entscheidende Wandlungen für das Kapital und die Lage der Arbeiterklasse ergeben. In den Kolonialländern begann sich in immer stärkerem Umfange eine Indu-

[13] Sternberg, »Anmerkungen ...«, S. 50ff – In diesem Zusammenhang sei auch auf das Kapitel »Der moderne Imperialismus«, S. 177ff in dem schon genannten Büchlein von Eduard März verwiesen.

strie und ein eigenes Proletariat zu entwickeln, und die Möglichkeit für die europäischen Kolonialherren, durch Aufrechterhaltung oder Erweiterung des Kolonialbesitzes die industrielle Reservearmee des Mutterlandes zu kompensieren, hat sich seit jener Zeit sehr verringert. In der Epoche nach dem Ersten Weltkriege stößt die Ausdehnung des Produktionsfeldes auf immer schwerer zu überwindende Widerstände, der Konkurrenzkampf zwischen den kapitalistischen Industriestaaten – eine wesentliche Ursache des Ersten Weltkrieges – wird immer gigantischer, und das Tempo der Rationalisierung, der Einführung technischer Modernisierungen zur Steigerung der Produktionsleistungen wird immer schneller, während in der Zeit vor dem Ersten Weltkriege die Arbeitslosigkeit in den europäischen Industrieländern noch keine entscheidende Rolle spielte. Die kapitalistische Expansion nach Übersee hat dann fast aufgehört; Japan war kein Ausfuhrland größeren Umfanges mehr, und in den USA verringerte sich der Markt für die europäischen Industrieprodukte; Rußland fiel nach der Revolution von 1917 als Exportland fast völlig aus; es zerschlug den dort noch wenig entwickelten Industriekapitalismus und baute im Laufe der folgenden Jahrzehnte eine eigene, nichtkapitalistische Industrie auf. Im gleichen Zeitraum wurde die Auswanderungsmöglichkeit für Arbeitsuchende aus den europäischen Industriestaaten nach den USA und nach anderen Weltgegenden immer geringer, so daß sich nun die Tendenz zur Bildung von industriellen Reservearmeen in der Epoche zwischen dem Ersten und dem Zweiten Weltkrieg gewaltig verstärkte. Durch alle diese neuen Faktoren hat sich die Lage der europäischen Industriearbeiterschaft seit dem Ende des Ersten Weltkrieges im Vergleich mit den vorangegangenen Jahrzehnten tendenziell ganz erheblich verschlechtert[14]. In allen diesen von Sternberg geschilderten Epochen ist die jeweilige Größe der industriellen Reservearmee in dem Kampf der Arbeiterklasse gegen die Kapitalistenklasse, speziell bei den Lohnkämpfen, ein wichtiger Faktor. Eine geringe Arbeitslosigkeit verstärkt, eine große Arbeitslosigkeit schwächt die Position der Arbeiterschaft, weil eine große Arbeitslosigkeit dem Kapital als machtvoller Lohndrücker gegen die Arbeiter dient: »Im großen und ganzen sind die allgemeinen Bewegungen des Arbeitslohnes ausschließlich reguliert durch die Expansion und Kontraktion der industriellen Reservearmee, welche dem Periodenwechsel des industriellen Zyklus entsprechen«, heißt es im I. Band des »Kapital«. Damit meinte Marx aber nur die damals etwa 10 Jahre dauernden Perioden guten und schlechten Geschäftsganges in der Industrie, wobei »... der Arbeitsmarkt bald relativ untervoll erscheint, weil das Kapital sich expandiert, bald wieder übervoll, weil es sich kontrahiert...« (I, S. 666).

[14] Vgl. F. Sternberg: »Kapitalismus ...«, S. 177ff u. S. 243ff.

Die soeben im Anschluß an F. Sternberg skizzierte, mehrere Jahrzehnte andauernde Kapitalexpansion der europäischen Industrieländer, im Verein mit den Auswanderungsmöglichkeiten für Teile der europäischen Arbeiterschaft als Ursache einer Besserung der Wirtschaftslage großer Schichten von Arbeitern hatte Marx noch nicht genügend ins Auge gefaßt und z. T. auch nicht mehr erlebt; ebenso wenig wie die Tendenz zur erheblichen Verschlechterung der Lage des Proletariats seit dem Ersten Weltkrieg, die dann durch den Zweiten Weltkrieg unterbrochen wurde bzw. durch ihn eine vorübergehende »Lösung« fand.

Sternbergs Marx-Kritik ist in den Hauptpunkten weder überzeugend, noch neu. In seinem Aufsatz »Zur Zusammenbruchstheorie«[15] hatte schon Heinrich Cunow, der sich hier hauptsächlich mit Eduard Bernstein auseinandersetzte, kurz und bündig, auch mit Zahlenangaben, ausgeführt, daß die extensive und intensive Ausdehnung des europäischen kontinentalen Marktes und die Erweiterung des englischen Kolonialbesitzes – nicht nur durch Export, sondern auch durch die englischen Kapitalanlagen in allen Weltteilen dem englischen Kapital- und Industriemarkt Luft verschafft und die Neigung zu Krisen vermindert hatten. Cunow erwähnt auch den englischen Handel nach Zentral- und Südamerika, und die krampfhaften, aber weniger erfolgreichen Anstrengungen Frankreichs in Afrika und Indochina, ferner die Entstehung einer einheimischen Großindustrie in Indien und »voraussichtlich auch bald in China« (dies sagte Cunow also schon rund 50 Jahre vor dem Eintreffen voraus!), in Japan und in Australien, schließlich die sich damals aus Anfängen entwickelnde Industrialisierung Rußlands. – Man wird übrigens in Sternbergs Argumenten gegen Marx kaum einen Gesichtspunkt finden, den nicht schon Cunow in seinem Aufsatz zur Geltung gebracht hat, wobei Cunow wohl den Marxschen Gedanken weit mehr gerecht wird und viel abgewogener urteilt als Sternberg. Aber nirgends sieht man, daß Sternberg, der rund 50 Jahre später als Cunow schrieb und daher natürlich neueres statistisches Material als Cunow verwerten konnte, Heinrich Cunow als den Vorgänger seiner Argumentation erwähnt.

Nur sehr wenig hat sich Marx mit dem Entwicklungsgang des nordamerikanischen Kapitalismus befaßt, der in mehrfacher Hinsicht ganz erhebliche Abweichungen von der Entwicklung der europäischen Länder von der Agrarwirtschaft zum Industriekapitalismus aufweist. In der Zeit, als in England durch die Abwanderung vom Lande und durch die Einführung der maschinellen Technik gewaltige industrielle Reservearmeen mit ihren grauenhaften Auswirkungen auf die Lage der Arbeiterschaft entstanden, waren die USA noch vorwiegend ein Kolonialland. In

[15] In: »Die Neue Zeit«, XVII. Jg., 1898/99.

dieser Periode waren sie in ihrer industriellen Entwicklung noch weit hinter England zurück; es gab keine Niederkonkurrierung der Handwerker durch eine Großindustrie. Die beiden Faktoren, die in England nach den dreißiger Jahren des 19. Jahrhunderts die Arbeitslosigkeit so sehr verstärkten, waren daher in den USA damals nicht wirksam. Die Bevölkerung der USA betrug 1818 noch unter 10 Millionen. Als Marx das Kommunistische Manifest schrieb, war sie bereits auf mehr als 20 Millionen gestiegen und hatte die von England übertroffen. Doch um die Mitte des 19. Jahrhunderts, ja noch in den 70er Jahren, überwog in den USA die landwirtschaftliche Bevölkerung, so daß bis ins dritte Viertel des 19. Jahrhunderts England die unbestrittene kapitalistische Führerstelle in der Welt behielt. Marx behandelte im »Kapital« den nordamerikanischen Kapitalismus nur beiläufig, er war für ihn nur eine Art Nebenschauplatz. Doch schon um die Zeit, als Marx starb, in den 80er Jahren, hatte der amerikanische Kapitalismus bei einer Bevölkerung von über 50 Millionen in seiner industriellen Produktion die englische erreicht und überflügelte sie; Amerika wurde bereits in dieser Periode das industriell führende Land. Aber der Kapitalismus in den USA war in dieser Periode von der des europäischen völlig verschieden; seine Expansion erfolgte im großen und ganzen im eigenen Land, d. h. *innerhalb* eines vorher fast noch unbesiedelten Kontinents, und er stieß, im Gegensatz zu den europäischen kapitalistischen Industrienationen, nicht in größerem Umfange über seine eigenen Grenzen vor. Im Gegensatz zu England, Frankreich und Deutschland brach der amerikanische Kapitalismus auch nicht in einen feudalen Gesellschaftskörper ein; es gab in den USA keine adligen Großgrundbesitzer, die ihre Hintersassen in die Städte trieben, und es gab auch nicht Hunderttausende von Handwerkern, die der überlegenen kapitalistischen Großindustrie zum Opfer fielen. Aus diesem Grunde gab es damals auch keine große industrielle Reservearmee in den USA wie in England.

So war, im Gegensatz zu England und Europa, die Lage auf den amerikanischen Arbeitsmärkten von vornherein weit günstiger für die Arbeiter; es war zunächst im wesentlichen nur der technische Fortschritt, die Einführung neuer Maschinerie, die einen Druck auf den Arbeitsmarkt verstärkte, – besser: hätte verstärken können. Aber dieser Druck auf den amerikanischen Arbeitsmarkt konnte dort von vornherein – anders als in England und im übrigen Europa – kompensiert werden. Während die europäischen Industriestaaten in die überseeischen Gebiete vorstießen, wodurch die Industrie und z. T. auch der überfüllte Arbeitsmarkt Luft bekam, expandierte die amerikanische Bevölkerung im eigenen Lande vom dichter besiedelten Osten in den fast unbesiedelten Westen; es entstand zu dieser Zeit im Osten ein moderner kapitalistischer Produktionsapparat bei gleichzeitigem relativem Mangel an Kopf-

und Handarbeitern, und dies war der Grund für die damals und in den folgenden Jahrzehnten vorherrschenden hohen Löhne in den USA.[16]

Während in Europa in der zweiten Hälfte des 19. Jahrhunderts die landwirtschaftliche Bevölkerung nur langsam stieg oder sogar vielfach einen Rückgang aufwies, stieg in den USA die landwirtschaftlich bebaute Fläche von 1850–1910 von 294 Millionen auf 879 Millionen Acres (1 Acre = 4046,7 Quadratmeter), weil im Westen immer neue Gebiete besiedelt wurden. Die Industriearbeiter brauchten nicht unbedingt immer in den Westen abwandern, um dort Landwirte zu werden; sie konnten im Osten eine eigene Produktionswerkstatt aufmachen oder sich sonstwie betätigen. Der offene Siedlungsraum im Westen war jedoch das Ventil, er bot Abflußmöglichkeiten für die potentiellen Arbeiter der Städte. Die Grenze dieser inneren Expansion der Industrie und eines großen Bevölkerungsteiles der USA in den offenen Raum des Westens begann sich erst um die Periode des Ersten Weltkrieges zu schließen. In jenem ganzen Zeitraum gab es in den USA nicht nur keine Stauung arbeitsuchender Menschen in den Städten, sondern noch ganz erhebliche zusätzliche Arbeitsmöglichkeiten für 10 Millionen europäischer Auswanderer. So trat in den USA ein zunehmender wirtschaftlicher Pauperismus nicht in Erscheinung. Im Gegenteil: Von 1840–1890 bewegten sich die Reallöhne der amerikanischen Arbeiter stark aufwärts, von 1890 bis 1914 ist der Reallohn relativ etwas gesunken, stieg aber immer noch.[17] Die Eroberung des eigenen Kontinentes, z. B. der Bau der großen Eisenbahnen und die Schaffung von Millionen neuer Farmerstellen, erforderte ein ganz gewaltiges Kapital, und das gab besonders für europäische Kapitalisten gigantische Investitionsmöglichkeiten. Allerdings macht Eduard März die Einschränkung[18], daß man die Rolle der englischen Kapitalanleihen an die USA auch nicht überschätzen darf, wobei er sich auf die Ergebnisse einer Arbeit von John Knapp stützt.[19] Nach Knapp nötigte vor allem die damalige mangelhafte Organisation des amerikanischen Kapitalmarktes die amerikanischen Unternehmer, Darlehen im Ausland aufzunehmen, obwohl die heimische Wirtschaft sich gewöhnlich großer Geldflüssigkeit erfreute. Nicht so sehr die fremden Hilfsmittel, sondern eher die früh erworbene politische Freiheit, der weite, von feudalen Fesseln unbehinderte Markt und die (damals) gesicherte strategische Lage der USA

[16] Über diesen Tatsachenkomplex macht Marx einige treffende Bemerkungen in: »Kapital«, Bd. I, S. 792.

[17] W. S. Woytinsky und Mitarbeiter: »Employment and Wages in the United States. The Twentieth Century Fund«, New York 1953. – Über die Reallohnsteigerung der Arbeiterschaft in den USA vgl. auch die bei J. M. Gillman a. a. O., Kap. 10: »Die säkulare Verarmung der Massen« abgedruckten Statistiken.

[18] In: »Die Marxsche Wirtschaftslehre ...«, S. 187f u. 219ff.

[19] »Capital Exports and Growth«, The Economic Journal, September 1957.

haben nach März und Knapp den märchenhaft anmutenden industriellen Aufstieg der Vereinigten Staaten von Amerika begründet. Dazu kamen die reichen Bodenschätze und die im Vergleich mit den europäischen Arbeitern ziemlich weit gezogenen Freiheitsrechte der amerikanischen Arbeiter, die imstande waren, ihre materiellen Forderungen bis zu einem gewissen Grade auszunützen; ein Punkt, den besonders John Strachey hervorgehoben hat.[20]

Sternbergs Kritik an der sog. »Marxschen Verelendungstheorie« zielt in dreifacher Hinsicht an der Sache vorbei: Einmal hat Marx seine Prognose über die zunehmende Verschlechterung der sozialen und politischen Lage der Arbeiter nicht im Zusammenhang mit oder als Folge von einer anhaltenden Reallohnsenkung getroffen; Sternbergs Argument vom Steigen der Löhne in England (in den USA) und in anderen hochentwickelten kapitalistischen Industrieländern im Zuge ihres industriellen Aufschwungs steht deshalb auch nicht im Widerspruch zu Marx' Auffassung. Zweitens sah man, daß Sternbergs Argument davon keine Notiz nimmt, daß Marx ein rein kapitalistisches Wirtschaftsgebiet voraussetzt. Das traf aber weder für England und die anderen europäischen Industrieländer noch für die Vereinigten Staaten von Amerika, sei es im Zeitalter von Marx noch danach, zu! Die europäischen Industrieländer haben vielmehr noch bis vor wenigen Jahren große, nicht-industriekapitalistische überseeische Gebiete – Kolonien, Halbkolonien, »Protektorate« oder befreundete, nur formal unabhängig gewordene Gebiete – in ihr einheimisches Wirtschaftsgebiet einbezogen. Sie waren also bis dahin und auch nachher keine rein kapitalistischen Gebiete, sondern höchstens kapitalistisch auf dem Territorium des »Mutterlandes«. Das gleiche gilt für die USA, die zwar fast keine überseeische Kolonialpolitik trieben, dafür aber im Westen des eigenen Landes riesige nicht-industrialisierte Gebiete zur Verfügung hatten, die sich als Ventil für die Siedlung und Arbeitsbeschaffung für die im Osten des Territoriums liegenden Industriegebiete auswirkten, so daß die USA bis etwa zum Ersten Weltkriege ebenfalls nicht als ein »rein kapitalistisches Land« aufgefaßt werden dürfen. Es wurde gezeigt, daß die anhaltende Reallohnsteigerung für größere Arbeiterschichten der europäischen Industrieländer durch eine ausgesprochene Verarmung größerer Bevölkerungsteile in ihren Kolonien und Halbkolonien, als Folge der Ausbeutung durch die Mutterländer, ausgeglichen wurde, daß man von einer Reallohnsteigerung der betreffenden Gesamtgebiete – Mutterland plus Kolonien – für ihre *gesamte* warenproduzierende Bevölkerung nicht sprechen kann. – Aus den Darlegungen an früherer Stelle

[20] Vgl. »Contemporary Capitalism«, London 1956. – Die Schilderung der weiteren Entwicklung in den USA findet man bei Sternberg (»Kapitalismus ...«, I. Teil, 4. Kap.) und in den modernen Wirtschaftsgeschichten der USA.

wurde zudem wohl genügend deutlich, daß der Marxsche Begriff der Verelendung und damit auch ihrer Zunahme keineswegs eine Reallohnsenkung, sondern die zahlenmäßige Zunahme des ausgebeuteten lohnabhängigen Menschen im Verlaufe der fortschreitenden Industrialisierung der kapitalistischen Wirtschaft bedeutet.

Die Sternbergschen Behauptungen von »... der Erhöhung der realen Arbeiterlöhne« in der zweiten Hälfte des 19. Jahrhunderts[21], von der beträchtlichen Steigerung der Arbeiterlöhne »in allen Industrieländern« und ähnliche Behauptungen vieler in gleicher Richtung segelnden Marx-Töter sind daher schief, ja geradezu falsch. Diese Lohnerhöhungen waren, wie z. B. Sternberg schließlich selbst zugibt, »... nur die eine Seite der Medaille in der Entwicklung des Kapitalismus in dieser Epoche«; die Betrachtung der Lohnentwicklung der hochindustrialisierten Mutterländer gibt eben nur ein »verzeichnetes Bild« und nicht »ein wirkliches Gesamtbild des kapitalistischen Prozesses in dieser Epoche«.[22] So hat Sternberg – und so haben alle ähnlich argumentierenden Marxkritiker – der angeblich Marxschen Theorie von der Verelendung der Arbeiterschaft als Folge oder Begleiterscheinung einer lange anhaltenden Reallohnsenkung durch eigene Feststellungen den Boden entzogen. Das hindert diese ganze Richtung von Marx-»Kritikern« freilich nicht daran, ähnliche Behauptungen ad infinitum zu wiederholen.

Wie bereits ausgeführt, muß man Sternberg aber darin zustimmen, daß Marx' Analyse der kapitalistischen Wirtschaft deswegen unzulänglich ist, weil sie sich hauptsächlich auf das Studium der englischen Entwicklung (knapp über die Mitte des 19. Jahrhunderts) stützt. Der Kapitalismus, dessen baldiges Ende Marx vorauszusehen glaubte, befand sich damals noch nicht in der End- oder Niedergangsphase, sondern umgekehrt erst im Beginn der Aufwärtsentwicklung, wie Sternberg mit Recht nicht müde wird zu betonen. Auch hat Marx die Entwicklung des zu seinen Lebzeiten bestehenden Konkurrenzkapitalismus zum Monopolkapitalismus nur wenig behandelt, allerdings schon sehr gut vorausgesehen, und die imperialistische Phase des Spätkapitalismus hat er überhaupt nicht mehr untersuchen können.

»Um die Zeit, als Karl Marx und Friedrich Engels das ›Kommunistische Manifest‹ schrieben – d. h. um die Mitte des 19. Jahrhunderts – war der Kapitalismus nur in England vorherrschend; waren die Vereinigten Staaten noch ein Kolonialland, in dem die landwirtschaftlich Tätigen bei weitem überwogen, war der Kapitalismus auf dem europäischen Kontinent nur im Westen etwas vorgeschritten, überwogen z. B. in Deutschland noch bei weitem vorkapitalistische Produktionsformen, waren Rußland und Japan

[21] Sternberg, »Anmerkungen ...«, a. a. O., S. 8 u. 14.
[22] Sternberg, »Kapitalismus ...«, a. a. O., S. 24–28.

noch feudale Staaten, war der asiatische Kontinent nur an wenigen Küstenplätzen mit kapitalistischen Ländern verbunden. Es wird schon optimistisch geschätzt sein, daß damals 10 Prozent der Menschen im Rahmen der kapitalistischen Produktionsweise produzierten. Nunmehr aber setzt ein kapitalistisches Expansionstempo ein und gleichzeitig eine Entwicklung der Produktionskräfte in ungleich schnellerem Tempo als in den Jahrhunderten zuvor. – Hatte es Jahrhunderte gebraucht, bis 10 Prozent der Menschen im Rahmen der kapitalistischen Produktionsweise produzierten, so dauerte es nunmehr nur etwa zwei Drittel eines Jahrhunderts, von der Mitte des 19. Jahrhunderts bis zum Beginn des Ersten Weltkrieges, bis der Kapitalismus nicht nur in einem einzigen Lande, wie zuvor in England, die dominierende Produktionsweise wurde, sondern in der ganzen Welt; bis 25–30 Prozent der Menschheit im Rahmen der kapitalistischen Produktionsweise produzierten, bis in England der Kapitalismus fast alleinherrschend wurde und ebenso in den USA, bis in ganz Westeuropa und Deutschland der Kapitalismus die vorherrschende Produktionsweise wurde, bis Rußland und Japan ... entscheidende Fortschritte in der kapitalistischen Entwicklung machten ...«[23]

Wenn wir auf Sternbergs Marxkritik – er stimmt Marx in anderer wesentlicher Hinsicht auch zu – so ausführlich eingegangen sind, so nicht deswegen, weil er grundsätzlich Neues zu den von Marx aufgeworfenen Fragen beigetragen hat, sondern deswegen, weil seine Bücher leicht lesbar und anregend geschrieben sind und wissenswertes Zahlenmaterial enthalten. Man kann ihn als einen der modernsten Vertreter jener Richtung ansehen, die man, ungeachtet ihrer in manchen Punkten bestehenden Meinungsverschiedenheiten, als »Reformisten« oder »Revisionisten« bezeichnet. Sie stimmen darin überein, daß sie manche wesentliche Marxsche Aussagen über die Struktur und die Zukunft des Kapitalismus, sowie über die ihm gegenüber einzuschlagende Politik, für falsch, für überholt oder für revisionsbedürftig ansehen.

Die Begriffe »Reformismus« und »Revisionismus« sind jedoch vieldeutig. Im Laufe der Zeit sind sie zu politischen und journalistischen Schlagwörtern entwertet worden. Doch davon später.

Eduard Bernstein und Karl Kautsky

Wir skizzieren jetzt die Ansichten zweier ähnlich wie Sternberg argumentierender Verfasser, die etwa eine Generation vor ihm geschrieben haben. Sternbergs Position wurde deshalb hier zuerst behandelt, weil er die meisten früheren »reformistischen« bzw. »revisionistischen« Kritiken an Marx sozusagen auf den neuesten Stand gebracht hat.

Eduard Bernsteins Buch »Die Voraussetzungen des Sozialismus

[23] Ebd., S. 17.

und die Aufgaben der Sozialdemokratie«, in dem er gegen Marx und Engels zu Felde zog, war, wie bereits erwähnt, 1899 und schon vorher in Form mehrerer Zeitschriftenartikel erschienen. Gerade Sternberg bezieht sich bei seiner Kritik an Marx ausdrücklich zustimmend auf Bernstein.[24] – Als revisionsbedürftig an Marx' Lehren galt Bernstein u. a. *das Tempo* der im »Kommunistischen Manifest« vorausgesagten Entwicklung zur Revolution; eine Fehleinschätzung, die auch Friedrich Engels in seiner 1895 verfaßten Einleitung zur Neuherausgabe der von Marx 1850 geschriebenen Arbeit »Die Klassenkämpfe in Frankreich« rückhaltlos zugegeben hat. – Ferner hält Bernstein die Marxsche Lehre von der Kapitalkonzentration für revisionsbedürftig. Zwar habe Marx selbst geschrieben, daß durch die Aufteilung der großen Kapitale in viele kleinere die Zahl der Kapitalisten mehr oder minder zunehme, doch habe er offenbar vorwiegend darauf bestanden, daß die Zahl der *Großkapitalisten* infolge der Zusammenlegung der großen Kapitale immer mehr abnehme. Nach Bernstein ist aber mit der Zunahme des gesellschaftlichen Reichtums nicht nur die Zahl der »Kapitalisten aller Grade, die Zahl der Besitzenden«, gewachsen, sondern es sei auch die Zahl der Kapitalmagnaten – der Großkapitalisten – keineswegs geschrumpft. Nur die Zwergbetriebe hätten sich verringert, die Zahl der Klein- und Mittelbetriebe sei ebenso wie die Zahl der Besitzenden überhaupt und wie die Zahl der beschäftigten Arbeiter in England, Frankreich und in Deutschland, ganz erheblich gestiegen. Diese Steigerung sei nicht nur absolut, sondern auch relativ zur Bevölkerungszunahme erfolgt, während Marx gemeint hätte, daß mit dem Wachstum des Kapitals eine relative Abnahme des Proletariats verknüpft sei.[25]

Hier sind einige Bemerkungen am Platze. Die Zahl der Besitzenden ist allerdings in allen kapitalistischen Industrieländern gestiegen, nicht nur die Zahl der Armen. Ein »Besitzender« ist jedoch nicht unbedingt auch ein Kapitalist, da z. B. auch ein gut bezahlter Angestellter ein »Besitzender« ist. Auch die Zahl der Kapitalbesitzer hat sich in allen Industrieländern vergrößert, während zugleich die Kapitalkonzentration ins Riesenhafte gestiegen ist. Die Abnahme der Arbeiterzahl relativ zum Kapitalwachstum, steht, wie man sah, nicht im Widerspruch zu ihrer von Marx betonten, ja vorausgesetzten absoluten Zunahme; diese ist ja sogar ein wesentliches Element des Marxschen Akkumulationsbegriffes. Zu den Arbeitern wird man aber seit dem Beginn der weiter fortgeschrittenen Technisierung der Arbeitsverrichtungen auch die nicht körperlich arbeitenden produktiv Schaffenden zählen müssen.

Bernstein schreibt weiter, im ganzen westlichen Europa, wie in

[24] Vgl. Sternberg, »Anmerkungen ...«, a. a. O., S. 10f.

[25] Bernstein, »Die Voraussetzungen ...«, a. a. O., S. 246f.

den östlichen Staaten der nordamerikanischen Union nehme überall, auch in der Landwirtschaft, die Zahl der kleinen und mittelgroßen Betriebe zu, während die Zahl der großen und der Riesenbetriebe zurückgehe.[26] Gegen den von Marx gelegentlich geäußerten Gedanken, daß die Wirtschaftskrisen die Tendenz zur Verschärfung zeigen, macht Bernstein die krisenmildernden und krisenverhindernden Faktoren geltend: das seit Marx' Tod eingetretene Wachsen des Weltmarktes, die Entwicklung des modernen Nachrichten- und Transportverkehrs, die wachsende Elastizität des Kreditverkehrs. Bernstein bezweifelt auch die Richtigkeit der von ihm so genannten Marxschen »Elendstheorie« und des unvermeidbaren Zusammenbruchs der kapitalistischen Wirtschaft, die er als »Katastrophentheorie« bezeichnet. »Die Elendstheorie ist nun so ziemlich allgemein aufgegeben worden, wenn nicht mit allen Konsequenzen und gerade heraus, so doch mindestens in der Form, daß man sie möglichst hinweginterpretiert.«[27] Die Sozialdemokratische Partei Deutschlands (womit natürlich die Partei gegen Ende des vergangenen Jahrhunderts gemeint ist) hätte ihre Taktik auf eine bevorstehende große soziale Katastrophe eingestellt. Doch anstatt auf den großen Zusammenbruch der kapitalistischen Gesellschaftsordnung zu spekulieren, sollte man lieber die Arbeiterschaft lehren, die Verwaltungsaufgaben ihres Landes selbst in die Hand zu nehmen und sie zur Demokratie erziehen. Bernstein meint hier den Parlamentarismus der kapitalistischen Industriestaaten. Anstatt zu zerstören, sollte man für Reformen im Staate kämpfen und den Staat schrittweise von innen heraus umgestalten. Die Übel des Kapitalismus könne man friedlich und graduell beseitigen, und die politische Macht sollte man durch die Demokratisierung der Gemeindeverwaltungen, durch die Befreiung der Gewerkschafts- und Genossenschaftsbewegung verwirklichen.

Auf Bernsteins Ausführungen erwiderte im gleichen Jahr Karl Kautsky[28] u. a., Marx und Engels seien im Gegensatz zu Bernsteins irriger Interpretation keineswegs der Auffassung gewesen, daß der Zusammenbruch des Kapitalismus automatisch erfolge; vielmehr hätten sie größtes Gewicht auf die wachsende Reife und Schulung eines genügend starken Proletariats als einer wesentlichen Vorbedingung für den Zusammenbruch der kapitalistischen Wirtschaftsordnung gelegt. Kautsky schreibt weiter: Im Erfurter Programm der Sozialdemokratischen Partei (auf dem dortigen Parteitag 1891 angenommen) steht kein Wort von einem Zusammenbruch des kapitalistischen Wirtschaftssystems. Marx habe auch keineswegs nur an eine fortschreitende wirtschaftliche bzw. physische Verelendung, sondern auch an das soziale Elend der

[26] Ebd., S. 107.
[27] Ebd., S. 140.
[28] Kautsky, »Bernstein und das sozialdemokratische Programm«, Stuttgart 1899.

Arbeiterschaft gedacht. Nach Kautsky ist in der Tat gerade in den am meisten entwickelten kapitalistischen Ländern eine Zunahme des physischen Elends nicht mehr zu konstatieren; die Lebenshaltung »der« Arbeiterschaft sei heute (gemeint ist 1899) höher als vor 50 Jahren: »Aber in sozialer Hinsicht bleibt sie in steigendem Maße ausgeschlossen von den Fortschritten der Kultur, die sie selbst erzeugt. In dem wachsenden Elend einer physisch und geistig kräftigen Arbeiterschaft, nicht in der wachsenden Verzweiflung halbvertierter, skrophulöser Horden, sah der Autor des »Kapital«, die mächtigste Triebkraft des Sozialismus. Ihr Wirken wird durch den Nachweis einer steigenden Lebenshaltung der Arbeiterschaft nicht widerlegt.«[29] Auf Bernsteins Idee einer allmählichen demokratischen, schrittweisen, immer größeren Einflußnahme auf den Staat antwortet Kautsky, man müsse aber auf jede Eventualität gerüstet sein. Die Sozialdemokratie »rechnet mit der Krise wie mit der Prosperität, mit der Reaktion wie mit der Revolution, mit Katastrophen und mit langsamer, friedlicher Entwicklung.«[30]

Schlagwörter

Wenn vielleicht bei manchem Leser der Bernsteinschen Ausführungen noch der Eindruck entstehen konnte, daß sein Ziel, wie das von Marx und Engels, die völlige Abschaffung der kapitalistischen Wirtschaftsweise blieb und er nur einen anderen Weg zu diesem Ziele vorschlug als die von Marx und Engels im allgemeinen als einzigen Ausweg aus der Misere propagierte direkte politische Aktion der Unterdrückten und Ausgebeuteten, so verloren jedoch die späteren, in der gleichen Richtung wie Bernstein argumentierenden Theoretiker das Ziel der völligen Umgestaltung der heutigen Wirtschaftsweise zugunsten kleiner, zeitweiliger Zugeständnisse des Kapitals an die Arbeiterschaft mehr und mehr aus den Augen. Sie gaben das sozialistische Endziel zugunsten gelegentlicher kleiner Lohnaufbesserungen für den beschäftigten Teil der Arbeiterschaft oder eine äußerst beschränkte sogenannte Mitbestimmung von Arbeitervertretern oder solchen, die es zu sein behaupten, in Fragen der Produktion, der Verteilung und der wirtschaftlichen Stabilisierung auf.[31] Die Vertreter der Forderung einer nur durch einzelne und schrittweise Reformen zu bewirkenden Verbesserung der Lage des Proletariats, die in der Praxis der Tagespolitik und in ihren theoretischen Ausführungen mehr oder weniger offen das Endziel, die Abschaffung der kapita-

[29] Ebd., S. 118 u. 120.
[30] Ebd., S. 166.
[31] Vgl. dazu: Dieter Schneider und Rudolf F. Kuda: »Mitbestimmung. Weg zur industriellen Demokratie?« Und die darin wiedergegebenen Dokumente für den Zeitraum von 1848 bis etwa 1967, sowie die Bemerkungen auf S. 212ff – München 1969. Ferner: »Anpassung oder Widerstand?«, Hrsg. von Sven Gustav Papcke, Fischer Taschenbuch, Bd. 1094, 1969.

listischen Wirtschaft, *aufgegeben* haben, werden als *Reformisten* bezeichnet. Aus ähnlichem Grunde werden diejenigen Theoretiker als »Reformisten« bezeichnet, die bestimmte Marxsche Gedanken als unrichtig oder nicht mehr zeitgemäß betrachten, sie also »revidieren« wollen. Doch wollen auch die Revisionisten, ebenso wie die Reformisten, die Lage des arbeitenden Menschen bei gleichzeitiger Aufrechterhaltung der kapitalistischen Wirtschaft verbessern. Der Inhalt der Begriffe »Reformismus« und »Revisionismus« ist praktisch nicht auseinanderzuhalten. Diese Andeutungen müssen hier genügen. Genauere Angaben über die Vertreter der als Reformismus oder Revisionismus bezeichneten Gedankenrichtungen, sowie über die Worte Sozialismus, Kommunismus und Marxismus, findet der Interessierte in den zahlreichen Spezialwerken über die Geschichte der Arbeiterbewegung bzw. des Sozialismus, in den großen Handbüchern und Wörterbüchern der Sozialwissenschaften, und konzentriert und zuverlässig in dem Buche von Werner Hofmann und Wolfgang Abendroth: »Ideengeschichte der sozialen Bewegung der 19. und 20. Jahrhunderte«.[32]

Die Vertreter der Forderung nach der völligen Abschaffung der kapitalistischen Wirtschaft, also die Revolutionäre, haben nun allerdings ihrerseits von jeher nur allzu gern jedem Vertreter der von ihnen abweichenden politischen oder wirtschaftlichen Auffassungen die Bezeichnung »Revisionist« oder »Reformist« angehängt oder haben sie als Agenten der »Bourgeoisie«, des »Imperialismus« oder zumindest allgemein des Kapitalismus abqualifiziert und oft verfolgt.

Das Entsprechende gilt von den polemischen Methoden der Vertreter der kapitalistischen Wirtschaftsordnung, die häufig Kritiker der wirtschaftlichen Ausbeutung als Revolutionäre, als Kommunisten oder Marxisten etikettieren, um sie einzuschüchtern und sie gegebenenfalls grausamer Verfolgung auszusetzen.

Sozialismus, Kommunismus, Marxismus

Fast jede Diskussion Marxscher Theorien stößt unweigerlich auch auf den überreichlichen Gebrauch der Wörter »Sozialismus«, »Kommunismus« und »Marxismus«. Wer von den Beteiligten hat nicht schon einen oder mehrere dieser Begriffe für sich in Anspruch genommen, und wem ist die Berechtigung ihres Gebrauchs nicht schon abgesprochen worden? Eine wenn auch nur grob skizzierte Erläuterung ihres Sinnes ist daher in dieser Schrift nicht zu vermeiden.

Das Wort »Sozialismus« umfaßt heutzutage die Ansichten und Forderungen einer ganzen Reihe verschiedener politischer und sozialer Bewegungen, so daß auch dieses Wort durchaus mehrdeutig ist. Will man versuchen, von den Bedeutungsunterschieden

[32] A. a. O., bes. S. 173ff.

abzusehen, und denjenigen Inhalt des Begriffs Sozialismus umgrenzen, dem die Vertreter der vielen, als »sozialistisch« bezeichneten Gruppen zustimmen, so kann man folgendes festhalten: Der Sozialismus ist eine innerhalb der modernen Industrie und Klassengesellschaft entstandene Bewegung, die eine Gesellschaftsordnung erstrebt, in der die Produktionsmittel Eigentum der Allgemeinheit sind und worin das nicht auf eigener produktiver Arbeit beruhende Einkommen – also das Einkommen aus Grundrente, Kapitalzins und Industrieprofit – beseitigt ist. Damit eng verbunden ist das Ziel des Sozialismus die planmäßige Erzeugung und Verteilung der Sachgüter (Waren) zum Wohle der Allgemeinheit, unter Abschaffung des Profitprinzips, und die Beseitigung oder zumindest die starke Beschränkung des bisher bestehenden Erbrechts. Durch diese Maßnahmen erhoffen die Sozialisten, die wirtschaftliche Ausbeutung des Menschen durch den Menschen zu beseitigen und die heutige Klassengesellschaft, die ja nach Marx im wesentlichen in ihrer Spaltung in Besitzer und Nichtbesitzer der Produktionsmittel beruht, mit allen ihren bekannten unheilvollen Konsequenzen abzuschaffen.

Die frühen Sozialisten des 18. und 19. Jahrhunderts waren meist Schriftsteller, Politiker, Parlamentarier oder Juristen (z. B. Graf Saint Simon, Grachus Babeuf, Louis Blanqui, Robert Owen, Wilhelm Weitling, Etienne Cabet, Charles Fourier, Louis Blanc). Eigentlich war nur einer von ihnen ein Proletarier: Wilhelm Weitling, ein ehemaliger Schneidergeselle. – Alle diese Theoretiker unterschieden sich in ihren Überzeugungen und Forderungen manchmal erheblich voneinander. Ihre Pläne waren oft nicht realistisch und durchführbar; meist weil die Zeitverhältnisse für ihre Erfüllung noch nicht reif waren. Daher werden sie gern als »Utopisten« bezeichnet; eine Bezeichnung, die häufig eine herablassend-joviale oder spöttisch disqualifizierende Bedeutung erhält. Das Wort »Utopie« heißt »Nirgendland« und war der Titel eines in die Form einer Reisebeschreibung gekleideten Entwurfs einer besseren Gesellschaft der Zukunft gewesen, verfaßt von Thomas More (genannt Morus), dem 1535 hingerichteten Kanzler des englischen Königs Heinrich VIII.

Im Fischer-Lexikon »Staat und Politik« von 1964 wird der Unterschied des utopischen und wissenschaftlichen Sozialismus wie folgt gekennzeichnet:

»Den idealen Konstruktionen, moralischen Forderungen und reformerischen Bemühungen der Utopisten (und der weniger utopischen Frühsozialisten) setzten Marx und Engels den wissenschaftlichen Sozialismus entgegen. ›Wissenschaftlich‹, da er auf dem Nachweis beruhen soll, daß die Entwicklung mit naturnotwendiger Gesetzlichkeit zum Sozialismus führen müsse, und zwar mittels der ebenso naturgesetzlich notwendigen revolutionären Aktion des klassenbewußten Proletariats.«

In der Frühzeit der Bewegung bis ins 20. Jahrhundert werden Sozialismus und Kommunismus allgemein und von Marx und Engels selbst oft noch nicht als verschiedene Gedankenrichtungen angesehen; erst später gilt der Kommunismus meist als die radikalere Form des Sozialismus. In der englischen Wochenzeitung »The New Moral World« schreibt Engels in einem Artikel »Sozialismus auf dem Kontinent«: »Wir (d. h. die Gruppe mit Marx und Engels) besitzen in Paris eine deutsche kommunistische Zeitung, den ›Vorwärts‹, der zweimal wöchentlich erscheint...«[33] – Am 13. Dezember 1844 schreibt Engels im gleichen englischen Blatt: »... Die aktivsten literarischen Persönlichkeiten unter den deutschen Sozialisten sind: Dr. Karl Marx, Paris; Dr. Moses Heß, z. Z. Köln; Dr. Karl Grün, Paris; Friedrich Engels, Barmen (Rheinpreußen) ...« u. a. – In seiner Vorrede zur amerikanischen Ausgabe von 1887 der »Lage der arbeitenden Klasse in England« schreibt Engels: »... Die modernen Sozialisten, vertreten durch Marx, fordern, daß er (der Boden) der Gemeinschaft gehören und gemeinschaftlich auf gemeinschaftliche Rechnung bearbeitet werden soll ...« Im gleichen Vorwort schreibt Engels, daß die europäischen Sozialisten zuerst noch eine kleine Minderheit der Arbeiterklasse waren, und er wiederholt im Anschluß daran die folgenden Sätze aus dem Kommunistischen Manifest von 1847: »Die Kommunisten sind keine besondere Partei gegenüber andern Arbeiterparteien. Sie haben keine von den Interessen des ganzen Proletariats getrennte Interessen. Sie stellen keine besonderen Prinzipien auf, wonach sie die proletarische Bewegung modeln wollen. Die Kommunisten unterscheiden sich von den übrigen proletarischen Parteien nur dadurch, daß einerseits sie in den verschiedenen nationalen Kämpfen der Proletarier die gemeinsamen, von der Nationalität unabhängigen Interessen des gesamten Proletariats hervorheben und zur Geltung bringen, andererseits dadurch, daß sie in den verschiedenen Entwicklungsstufen, welche der Kampf zwischen Proletariat und Bourgeoisie durchläuft, stets das Interesse der gesamten Bewegung vertreten. Die Kommunisten sind also praktisch der entschiedenste, immer weiter treibende Teil der Arbeiterparteien aller Länder; sie haben theoretisch vor der übrigen Masse des Proletariats die Einsicht in die Bedingungen, den Gang und die allgemeinen Resultate der proletarischen Bewegung voraus ... Sie kämpfen für die Erreichung der unmittelbar vorliegenden Zwecke und Interessen der Arbeiterklasse, aber sie vertreten in der gegenwärtigen Bewegung zugleich die Zukunft der Bewegung ...« Und Engels fährt dann fort: »Das ist die Aktionslinie, die der große Begründer des modernen Sozialismus, Karl Marx, und mit ihm ich und die anderen Sozialisten aller

[33] Nr. 15 v. 5. Oktober 1844. Der »Vorwärts«, an dem Marx und Engels mitarbeiteten, erschien in Paris vom Januar bis Dezember 1844; er wurde dann von dem französischen Ministerium auf Verlangen der preußischen Regierung verboten.

Nationen, die mit uns zusammenarbeiteten, mehr als vierzig Jahre lang befolgten ...«

Dennoch nannten Marx und Engels ihr politisches Programm ein Manifest der »kommunistischen« und nicht der »sozialistischen« Partei, denn um die Zeit, als sie ihr Manifest verfaßten (Ende 1847), verstand man unter Sozialisten: »einerseits die Anhänger der verschiedenen utopischen Systeme: die Owenisten in England, die Fourieristen in Frankreich, die beide bereits zu bloßen, allmählich aussterbenden Sekten zusammengeschrumpft waren; andererseits die mannigfaltigsten sozialen Quacksalber, die mit allerhand Flickwerk, ohne jede Gefahr für Kapital und Profit die gesellschaftlichen Mißstände aller Art zu beseitigen versprachen – in beiden Fällen Leute, die außerhalb der Arbeiterbewegung standen und eher Unterstützung bei den ›gebildeten‹ Klassen suchten. Derjenige Teil der Arbeiterklasse, der sich von der Unzulänglichkeit bloßer politischer Umwälzungen überzeugt hatte und die Notwendigkeit einer totalen Umgestaltung der Gesellschaft forderte, dieser Teil nannte sich damals kommunistisch. Es war eine noch rauhe, unbehauene, rein instinktive Art Kommunismus; aber er traf den Kardinalpunkt und war in der Arbeiterklasse mächtig genug, um den utopischen Kommunismus zu erzeugen, in Frankreich den von Cabet, in Deutschland den von Weitling. So war denn 1847 Sozialismus eine Bewegung der Mittelklasse, Kommunismus eine Bewegung der Arbeiterklasse. Der Sozialismus war, auf dem Kontinent wenigstens, ›salonfähig‹; der Kommunismus war das gerade Gegenteil. Und da wir von allem Anfang an der Meinung waren, daß ›die Emanzipation der Arbeiterklasse das Werk der Arbeiterklasse selbst sein muß‹, so konnte kein Zweifel darüber bestehen, welchen der beiden Namen wir wählen mußten. Ja noch mehr, auch seitdem ist es uns nie in den Sinn gekommen, uns von ihm loszusagen.«

Dies schreibt Engels in seiner Vorrede zur englischen Ausgabe von 1888 zum »Manifest der Kommunistischen Partei«.

Marx (1818–1883) und Engels (1820–1895) wollten schon in den vierziger Jahren des 19. Jahrhunderts durch eine streng methodische Kritik des Kapitalismus die Entwicklungsgesetze der Wirtschaft und der Gesellschaft aufdecken und forderten die Überwindung der bestehenden wirtschaftlichen und sozialen Gegensätze zwischen der Klasse der Produktionsmittelbesitzer und der von ihr ausgebeuteten Allgemeinheit – gegebenenfalls mit Hilfe der Aktion der Arbeiterklasse – als notwendige Vorbedingung für den Aufbau einer klassenlosen Gesellschaft der Zukunft. Ihre Erkenntnisse waren für beide niemals bloße Theorie, nicht nur eine neue Betrachtungsweise, nicht allein ein neues Untersuchungsergebnis wirtschaftlicher und gesellschaftlicher Vorgänge; der Marxismus bedeutete für sie die Einheit von Denken und Handeln: »Die Philosophen haben die Welt nur verschieden *interpretiert*; es kommt aber darauf an, sie zu *verändern*«, so lautet der berühmte Satz aus Marx' »Thesen über Feuerbach«, verfaßt 1846.[34]

Der Marxismus, hier zunächst als die Gesamtheit der Lehren von Marx und Engels verstanden, ist nur eine, aber die wichtigste, sich als *wissenschaftlich* verstehende Richtung der sozialistischen Bewegung, von der er sich dann als spezielle Gedankenrichtung abgezweigt hat. Der oft getrennte und dann auch direkt entgegengesetzte Weg, den beide Richtungen nach dem Tode von Marx besonders nach der Beendigung des Ersten Weltkrieges, vor allem in Rußland und im Westen, eingeschlagen haben, ist bekannt. Unter den nachmarxschen, z. T. anderen sozialen und wirtschaftlichen Bedingungen in Europa und in den anderen Kontinenten haben sich manche Ansichten und Ziele beider Bewegungen mehr oder weniger erheblich geändert, aber die Bezeichnungen »Sozialismus« und »Kommunismus« sind trotzdem die gleichen geblieben![35]

Ebenso wie die Worte »Revisionismus«, »Kommunismus«, »Sozialismus« werden auch die Bezeichnungen »Marxismus« und »marxistisch« oft völlig unkritisch oder skrupellos gebraucht, um willkommene oder abweichende Ansichten und Bestrebungen entweder zu empfehlen oder zu disqualifizieren. Wenn man sich vor Augen hält, daß Marx und Engels stets jede dogmatische Festlegung auf bestimmte Lehrinhalte Zeit ihres Lebens fremd gewesen ist, so könnte man – wohl auch im Sinne dieser beiden Forscher-Aktivisten – den Begriff ungefähr so umreißen: Marxistisch nennt man die methodische, wissenschaftliche Untersuchung der zwischenmenschlichen Beziehungen, der Institutionen der Gesellschaft und der wirtschaftlichen, sozialen und politischen Vorgänge in ihrem Verhältnis zum Produktionsprozeß; besonders im Hinblick auf den Besitz oder Nichtbesitz der Beteiligten an den Produktionsmitteln. Die dabei gewonnenen Erkenntnisse werden darüber hinaus im Interesse der produktiv arbeitenden Allgemeinheit benutzt, um eine als notwendig erkannte Umstrukturierung der Wirtschaft und Gesellschaft, auch gegen den Willen der privilegierten und ausbeutenden Schichten oder Klassen, herbeizuführen. Aber leider versteht man heutzutage in den meisten Fällen unter »Marxismus« fast nur bestimmte inhaltliche Aussagen von Marx und Engels über wirtschaftliche und politische Vorgänge ihrer Zeit, und daher ist es ein recht schwieriges Unterfangen, eine Einigung darüber zu erzielen, ob sich ein Theoretiker mehr oder weniger vom Inhalt Marxscher (oder

[34] Von Engels aus Marx' hinterlassenen Notizen herausgegeben 1888, als Anhang zu dem revidierten Sonderabdruck von Engels' Schrift, »Ludwig Feuerbach und der Ausgang der klassischen deutschen Philosophie.«

[35] Für die einzelnen Gruppen und Vertreter des Sozialismus und Kommunismus sei wieder auf das Büchlein »Ideengeschichte der sozialen Bewegung des 19. und 20. Jahrhunderts« von Werner Hofmann und W. Abendroth hingewiesen.

Engelsscher) Gedanken entfernt hat, und er aus diesem Grunde noch oder schon nicht mehr als Marxist zu gelten hat oder nicht.
Die heute wohl gebräuchlichste Definition des Marxismus lautet wie folgt:
»Marxismus ist der Sammelname für alle diejenigen Lehren, die sich auf die Lehre von Karl Marx als die für sie verbindliche Autorität berufen. Insbesondere wird heute die Auslegung der Marxschen Lehre, die sie in den Schriften von Lenin und Stalin gefunden hat, in den Ländern der Sowjetunion sogar mit den Zwangsmitteln der Staatsgewalt als die einzig authentische dekretiert und jede Abweichung verfehmt. Jedoch sind eine Anzahl einflußreicher Schriftsteller dem Marxismus zuzuzählen, die zwar von der Sowjet-Orthodoxie als Häretiker abgelehnt werden, die sich aber selbst als getreue Interpreten der ursprünglichen Lehre von Marx darstellen, wie G. W. Plechanow, Karl Kautsky, Rosa Luxemburg, Rudolf Hilferding, Max Adler, N. Bucharin. Dagegen sind sozialistische Schriftsteller dann nicht als Vertreter des Marxismus aufzufassen, wenn sie, auch unter Anlehnung an die Marxsche Lehre, dennoch ihrer eigenen Ansicht nach sich in ihrer Auslegung und ihren Folgerungen von ihr entfernen, wie etwa Georges Sorel, Eduard Bernstein, Emil Vandervelde u. a. Dies soll nicht etwa heißen, daß die orthodoxen Vertreter des Marxismus in der Tat als die authentischen Ausleger der Lehre des Meisters zu gelten haben. Für sie gilt durchaus das von Marx selber überlieferte Wort: ›Moi, je ne suis pas marxiste‹.«[36]
Als »bürgerlich« werden von Marx und Engels und später von allen Theoretikern, die sich selbst – zu Recht oder Unrecht – als Marxisten bezeichnen, alle jenigen Politiker und Schriftsteller bezeichnet, die bewußt oder unbewußt im Interesse der Aufrechterhaltung der kapitalistischen Wirtschaftsordnung, die ja der bürgerlichen Gesellschaftsordnung gleichgesetzt wird, reden, schreiben und handeln.
In späterer Zeit wird auch der Begriff »bürgerlich«, wie alle anderen Begriffe, von angeblichen oder wirklichen Marxisten oder von Sozialisten oft solchen Schriftstellern bzw. Theoretikern angeheftet, die in dieser oder jener volkswirtschaftlichen oder politischen Frage eine von dem wirklichen oder angeblichen Marxismus abweichende Ansicht vertreten.

Die Verelendung des Proletariats in parteikommunistischer Sicht

Es wurde schon darauf hingewiesen, daß die »reformistischen« bzw. »bürgerlichen« Marxkritiker die angebliche Marxsche Verelendungstheorie des Proletariats ablehnen bzw. widerlegt zu haben glauben. Dieser Richtung spielt nun – sicherlich unbeabsichtigt – die Gegenrichtung, das sind in der Regel parteikommu-

[36] »Handwörterbuch der Sozialwissenschaften«, 9. Bd., Göttingen und Tübingen 1956.

nistische Theoretiker, in die Hände, wenn diese die angeblich Marxsche Theorie der Verelendung verteidigen oder sie als längst bestätigt ausgeben. Hierzu einige Beispiele: »Das Elend der Arbeiterklasse entspringt daraus, daß sie eine Klasse ist, die keine Produktionsmittel besitzt. Durch diese Klassenlage des Proletariats wird sein Lebensniveau bestimmt. In dem Maße, wie der Kapitalismus sich entwickelt, sinkt das Lebensniveau des Proletariats, was darin zum Ausdruck kommt, daß der Arbeiter immer unzulänglicher seine Bedürfnisse befriedigen kann.«[37]

Diese Definition erscheint fast gleichlautend in der spanischen Großausgabe des »Segal«, die unter dem irreführenden Titel »Estructura y Ritmo de la Sociedad Humana. Ecónómico-Social« (»Aufbau und Rhythmus der menschlichen Gesellschaft in wirtschaftlicher und gesellschaftlicher Hinsicht«), erschienen ist. Dort heißt es: »Je mehr sich der Kapitalismus weiterentwickelt, desto weniger befriedigt der Arbeiter seine Bedürfnisse.«[38]

Lenin, dem es sonst gewiß nicht an genauer Sachkenntnis der Marxschen Gedanken fehlte und der selber scharfsinnige volkswirtschaftliche Arbeiten geschrieben hatte, verkündete 1912 folgendes: »Die bürgerlichen Reformisten und in ihrem Gefolge manche Opportunisten aus den Reihen der Sozialdemokratie behaupten, daß es eine Verelendung der Massen in der kapitalistischen Gesellschaft nicht gebe. Die ›Verelendungstheorie‹ stimme nicht, der Wohlstand der Massen wachse, wenn auch langsam, die Kluft zwischen Besitzenden und Besitzlosen werde nicht größer, sondern kleiner.

In letzter Zeit wird die ganze Heuchelei derartiger Behauptungen den Massen immer deutlicher klar. Die Lebenshaltungskosten steigen, die Löhne der Arbeiter wachsen *selbst* bei hartnäckigsten und für die Arbeiter *maximal* erfolgreichen Streikkämpfen viel langsamer als die für die Erhaltung der Arbeitskraft notwendigen Ausgaben steigen. Gleichzeitig aber wächst der Reichtum der Kapitalisten in schwindelerregendem Tempo. Hier einige Angaben über Deutschland, wo die Lage der Arbeiter infolge des höheren Kulturniveaus, dank der *Streikfreiheit* und Koalitionsfreiheit, dank der politischen Freiheit, den Millionen Gewerkschaftsmitgliedern und den Millionen Lesern der Arbeiterzeitungen unvergleichlich besser ist als in Rußland. Nach Angaben *bürgerlicher* Sozialpolitiker (welcher, sagt Lenin nicht), die sich auf amtliche Quellen stützen, ist der Durchschnittslohn der Arbeiter in Deutschland in den letzten Jahren um 25 Prozent gestiegen. Im gleichen Zeitabschnitt haben sich die Lebenshaltungskosten *mindestens* um 40 Prozent erhöht! (Die in Moskau 1963 auf russisch

[37] Luis Segal, Prof. für Volkswirtschaft und Soziologie am Marx-Engels-Lenin-Stalin-Institut in Moskau, in seinem »Lehrbuch der politischen Ökonomie«, in der deutschen Kurzausgabe, Ring-Verlag A.-G., Zürich 1934, S. 160.

[38] 5. vermehrte und verb. Aufl., México, Ediciones Fuente Cultural, o. J., S. 198.

und im Verlag ›Die Wirtschaft‹, Berlin-Ost 1964, auf deutsch erschienene sowjetische »Chrestomatie zur politischen Ökonomie. Ein Nachschlagewerk«, bringt auch einen Teil dieser Leninschen Ausführungen, wobei das Wort ›mindestens‹ in der »Chrestomatie« gesperrt ist; d. A.)
Sowohl Nahrungsmittel als auch Kleidung, Heizmaterial und Wohnungen – alles ist im Preis gestiegen. Der Arbeiter verelendet *absolut* (in der ›Chrestomatie‹ gesperrt, d. A.), d. h., er wird geradezu ärmer als früher, er ist gezwungen, schlechter zu leben, sich kärglicher zu ernähren, sich immer weniger satt zu essen, in Kellerräumen und in Dachstuben zu hausen. Noch offensichtlicher ist jedoch die *relative* Verelendung der Arbeiter ...«[39]
In Eugen Vargas Buch »Grundfragen der Ökonomie und Politik des Imperialismus. Nach dem Zweiten Weltkrieg« liest man: »Selbst ein so bekannter Apologet des amerikanischen Imperialismus wie Herbert Hoover mußte die wachsende Verelendung der amerikanischen Werktätigen zugeben. Er (Hoover) erklärte: ›Der Lebensstandard von Millionen Familien in den Vereinigten Staaten wird sinken. Millionen anderer Familien werden ihre Ersparnisse verlieren. Die steigenden Preise kommen durch den Nebeneingang zu uns, während die Steuern durch den Haupteingang in unsere Häuser eindringen.‹«[40]
Zu Vargas Ausführungen bemerkt R. Rosdolsky: »Daß es sich um eine Wahlrede Hoovers (Republikaner) aus dem Jahre 1952 handelt, worin er nur die *möglichen* Konsequenzen eines Wahlsieges der Demokratischen Partei (wie er, Hoover, sie sah) schildert, geniert Varga nicht im geringsten. Ebensowenig, wie Varga irgendwelche Bedenken trägt, zur Stützung seiner These von der ›absoluten Verelendung‹ der nordamerikanischen Arbeiterklasse, die Zahl der Vollarbeitslosen in den Vereinigten Staaten von Amerika im Jahre 1952 mit 12,3 Millionen zu beziffern ... Wie tief hat doch der Stalinismus die Theorie in der Sowjetunion heruntergebracht, wenn sogar Varga (der einmal bessere Tage gesehen hat) derartiges Zeug fabrizieren muß ...«[41] Allerdings beklagt sich der seit langen Jahren in Rußland lebende Varga selbst im Vorwort zu seinem Buch über den Mangel an zuverlässigen statistischen Angaben für manche Sachgebiete. Seine soeben zitierten Bemerkungen über die USA hatte er notgedrungen der »Prawda« vom 2. Februar 1952 entnommen. Das hätte Varga besser nicht tun sollen, auch wenn »Prawda« auf deutsch »Die Wahrheit« heißt.
Nach der »International Labour Review« war in den USA 1952

[39] W. I. Lenin: »Die Verelendung in der kapitalistischen Gesellschaft«, 1912. Nach dem Text der »Prawda«, Nr. 181, v. 30. Nov. 1912. – Lenin: Werke, Bd. 18, Dietz-Verlag, Berlin/DDR, 1962, S. 428–429.
[40] Deutsch im Dietz-Verlag, Berlin/DDR 1955, S. 60.
[41] Roman Rosdolsky in: »Arbeit und Wirtschaft«, Jg. 1958.

der Höchststand der Arbeitslosen im Februar des gleichen Jahres 2086000, in Worten: zwei Millionen und sechsundachtzigtausend.[42] Selbst wenn man berücksichtigt, daß die offiziellen bürgerlichen Statistiken häufig die Arbeitslosenzahlen zu gering (und die Reallöhne zu hoch) angeben, so bleibt uns doch Varga die Erläuterung schuldig, wie er zu seiner Arbeitslosenziffer gelangt ist.

Im August 1954 wurde das seit langem erwartete Lehrbuch »Politische Ökonomie« in einer Gesamtauflage von drei Millionen Exemplaren von zehn sowjetrussischen Professoren herausgegeben und erschien 1955 im Dietz-Verlag, Berlin/DDR auf deutsch. In diesem Werk wurde u. a. ausdrücklich erklärt, das »Gesetz der absoluten Verelendung« sei heute noch in allen westlichen Industriestaaten wirksam. Das »Lehrbuch« stellt u. a. folgende Thesen auf: 1. Im Kapitalismus sinkt der Reallohn der Arbeiter. 2. Umfang und Dauer der Arbeitslosigkeit wachsen. 3. Die Arbeitsbedingungen verschlechtern sich infolge der Intensitätserhöhung der Arbeit ohne entsprechende Kompensation (Taylorsystem und Fordsystem). 4. In den Industrieländern findet man auch eine krasse Verschlechterung der Ernährungsbedingungen und der Wohnverhältnisse.[43] Über die absolute Verelendung des Proletariats heißt es dort z. B.: »Im 20. Jahrhundert befindet sich der Reallohn der Arbeiter in England, den USA, Frankreich, Italien und anderen kapitalistischen Ländern auf einem niedrigeren Stand als um die Mitte des 19. Jahrhunderts.«[44] Einen Nachweis für diese Behauptungen sucht man vergebens.

1959 kam noch bei Dietz (Berlin/DDR) eine deutsche Neufassung des Werkes »nach der dritten überarbeiteten russischen Ausgabe« heraus, in der zwar die Behauptung von der absoluten Verelendung des Proletariats noch enthalten, aber bereits sehr abgeschwächt formuliert ist. Es heißt dort nämlich: »Den Prozeß der absoluten Verelendung darf man nicht als ständig und überall, von Jahr zu Jahr, von Woche zu Woche, von Tag zu Tag vor sich gehende Verringerung des Lebensstandards der Werktätigen auffassen. Der Lebensstandard der Werktätigen kann sich durchaus in einzelnen Entwicklungsperioden des Kapitalismus in diesem oder jenem Land oder in einigen Ländern erhöhen, obwohl er in der kapitalistischen Weltwirtschaft als Ganzes allgemein sinkt.«[45] Doch die Grundbehauptung, daß es eine absolute Verelendung des Proletariats gibt, wird im »Lehrbuch« aufrechterhalten. Es heißt dort: »Marx, der das Wirken des allgemeinen Gesetzes der kapitalistischen Akkumulation aufdeckte, gelangte dabei zu der wichtigen Schlußfolgerung, daß ›in dem Maße, wie

[42] Bd. 67 u. 68, »Statistical Supplement« vom Januar und Juli 1953.
[43] A. a. O., s. S.: 150ff, 167f u. 329f.
[44] Ebd., S. 167.
[45] A. a. O., S. 149.

Kapital akkumuliert, die Lage des Arbeiters, *welches immer seine Zahlung*, hoch oder niedrig, sich verschlechtern muß‹.« Und das »Lehrbuch« fügt hinzu: »Mit der Entwicklung des Kapitalismus vollzieht sich der Prozeß der relativen und der absoluten Verelendung des Proletariats.«[46]

Man sah früher, daß nach der üblichen irrigen Interpretation die absolute Verelendung des Proletariats die fortdauernde Verschlechterung seiner wirtschaftlichen Lage bedeutet, gemessen durch das dauernde Herabsinken des Reallohns. Die Behauptung des Lehrbuchs folgt aber weder aus dem von ihm zitierten Marxschen Satz, noch wird die »absolute Verelendung« sonst dort näher begründet. Es wird nur die allgemein formulierte und so weder beweisbare noch widerlegbare Behauptung aufgestellt, daß die Entwicklung des Kapitalismus zu einer immer größer werdenden Kluft zwischen dem Reallohn und dem Wert der Arbeitskraft führt; dabei wird noch auf die nicht durch Lohnerhöhungen kompensierte zunehmende Arbeitsbelastung, speziell auf die zunehmende Intensivierung der Arbeit in den modernen Industrieländern hingewiesen.[47]

Dem ersten zaghaften Revisionsversuch der früheren Behauptung von der absoluten Verelendung von 1959/60 folgte schon wenige Monate später eine erheblich weitergehende. In Moskau erschien 1960 ein neues Lehrbuch: »Grundlagen des Marxismus-Leninismus« auf Russisch und im gleichen Jahr bei Dietz in Berlin/DDR auf Deutsch. Dort kann der Leser mit Staunen feststellen, daß dieses Buch weder ein Kapitel noch ein Unterkapitel über die Verelendung der Arbeiterklasse im Kapitalismus enthält. Nur ein kleiner Abschnitt beschäftigt sich mit der »Verschlechterung der Lage der Arbeiterklasse«. Nunmehr heißt es (zutreffend!), Marx habe unter der absoluten Verschlechterung der Lebensbedingungen der Arbeiter »... nicht einen ununterbrochenen Prozeß, sondern eine *Tendenz* (Hervorhebung im Buch) des Kapitalismus (verstanden), die sich in den verschiedenen Ländern und Zeitabschnitten ungleichmäßig, über Abweichungen durchsetzt und der andere Faktoren entgegenwirken ...«[48] Erstaunlicherweise heißt es dann noch zwei Seiten weiter: »Nur Verleumder und Fälscher können behaupten, nach der Theorie von Marx und Engels müsse der Lebensstandard der Arbeiter aller kapitalistischen Länder heute niedriger sein als etwa zu Anfang des 20. Jahrhunderts.«[49]

Die »Chrestomatie zur politischen Ökonomie«[50] enthält zum Thema der relativen und der absoluten Verschlechterung der

[46] 1. deutsche Aufl. 1959, 2. Aufl. 1960, S. 145.
[47] A. a. O., S. 146.
[48] A. a. O., S. 276ff.
[49] Ebd., S. 278.
[50] Deutsch: Berlin/DDR, 1964.

Wirtschaftslage des Proletariats nur Textproben von Lenin und späteren marxistischen Autoren, sowie einige Sätze von Friedrich Engels, aber von Marx selbst kein Wort. Engels hatte im Juni 1891 zu dem Programmentwurf der damaligen Sozialdemokratischen Partei Deutschlands eine Reihe kritischer Bemerkungen gemacht. Im Entwurf hatte es geheißen: »Immer größer wird die Zahl und das Elend der Proletarier.« – Hierzu bemerkte Engels: »Dies ist nicht richtig, so absolut gesagt. Die Organisation der Arbeiter, ihr stets wachsender Widerstand wird dem Wachstum des Elends möglicherweise einen gewissen Damm entgegensetzen. Was aber sicher wächst, ist die Unsicherheit der Existenz.« Engels' Arbeit »Zur Kritik des Sozialdemokratischen Programmentwurfs 1891« wurde vom Parteivorstand z. T. berücksichtigt. Veröffentlicht wurde die Engelssche Arbeit aber erst in der »Neuen Zeit«.[51]

Nach der noch darzustellenden Theorie Henryk Grossmanns tritt ein definitives Herabsinken der Arbeitslöhne auf einer weit fortgeschrittenen Entwicklungsstufe des Kapitalismus ein, d. h. bei übermäßiger Kapitalvergrößerung, als Folge bestimmter Strukturveränderungen des Kapitals. Die Grossmannsche Theorie von der absoluten wirtschaftlichen Verelendung des Proletariats hätte vielleicht bis etwa Mitte der 50er Jahre dieses Jahrhunderts als Stütze für die fast nur von Parteikommunisten aufgestellte Behauptung der absoluten Verelendung des Proletariats in den kapitalistischen Industrieländern dienen können. Aber Grossmann wird in der deutschen Ausgabe des »Segal« und in der spanischen Großausgabe des »Segal« nur kurz und herabsetzend, und im schon genannten russischen Lehrbuch der politischen Ökonomie überhaupt nicht erwähnt.

Rosa Luxemburg

Im Jahre 1912 veröffentlichte Rosa Luxemburg ein wichtiges Buch: »Die Akkumulation des Kapitals. Ein Beitrag zur ökonomischen Erklärung des Imperialismus«. Nach der Ansicht der Verfasserin hat Marx die Frage der Erzeugung und der Absatzmöglichkeiten der Waren im Falle der einfachen Reproduktion zufriedenstellend beantwortet. Anders verhält es sich, so meint sie, mit der Marxschen Behandlung der erweiterten Reproduktion. Man erinnert sich, daß nach Marx die Kapitalisten beider Abteilungen von Jahr zu Jahr ihr konstantes Kapital und die Zahl der eingestellten Arbeiter vergrößern. Dies hat eine entsprechende Zunahme des Kaufs von Verbrauchsgütern zur Folge. Den Kapitalisten steht als Ergebnis der Produktion am Ende jeden Jahres eine größere Menge von Mehrwert als im Vorjahre zur Verfügung. Das zusätzliche variable Kapital wird von den neu

[51] 20. Jg., Bd. I, Nr. 1, 1901–1902. Mehr hierüber in: MEW, Bd. 22, Berlin/DDR, 1963, S. 225 ff und »Anmerkungen« dazu, Nr. 196–198.

eingestellten Arbeitern für den Kauf von zusätzlichen Verbrauchsgütern verwendet; und der zur Vergrößerung des konstanten Kapitals benutzte Teil des Mehrwerts wird von den Kapitalisten durch die in jeder Produktionsperiode an Umfang zunehmenden Käufe und Verkäufe von Produktionsmitteln ausgegeben. Den für ihren eigenen persönlichen Verbrauch übrigbleibenden Mehrwertteil geben die Kapitalisten für die Verbesserung ihres Lebensstandards aus, so daß demnach als Normalfall der restlose Absatz der bei der erweiterten Reproduktion auf den Markt gebrachten Produktionsmittel und Verbrauchsgüter als möglich vorausgesetzt wird.

In ihrem Buche nahm Rosa Luxemburg Stellung gegen die in den Marxschen Schemata für die erweiterte Reproduktion vorausgesetzte Auffassung, daß die hierbei erzeugten immer größer werdenden Wertmengen der Waren im kapitalistischen Wirtschaftssystem restlos verkauft werden können, und sie unterzog die Voraussetzungen und Folgerungen aus dem Marxschen Schema einer ausführlichen Kritik. – Ihr Buch erregte ziemlich großes Aufsehen, fand aber verhältnismäßig wenig Zustimmung, und stieß mehr auf Kritik und Ablehnung. Daher schrieb sie während des Ersten Weltkrieges im Gefängnis eine Ergänzung und antwortete gleichzeitig auf ihre wichtigsten Kritiker: »Die Akkumulation des Kapitals oder was die Epigonen aus der Marxschen Theorie gemacht haben. Eine Antikritik«. Ihr erweitertes Buch wurde nach ihrem Tode erstmalig in Leipzig 1921 veröffentlicht. Luxemburgs wichtigste Gedanken sind kurz folgende: Eine Erweiterung der Produktion innerhalb einer nur aus Kapitalisten und Arbeitern bestehenden Gesellschaft ist überhaupt unmöglich. Sie fragt: »Wo rührt die ständig wachsende Nachfrage her, die der fortschreitenden Erweiterung der Produktion im Marxschen Schema zugrunde liegt? Die persönliche Konsumtion der Kapitalisten wächst zwar mit der Akkumulation, sie mag selbst dem verzehrten Wert nach wachsen; immerhin ist es nur ein *Teil* des Mehrwerts, der für die Konsumtion der Kapitalisten verwendet wird.«[52] Sie fragt weiter: »Für wen produziert der *andere* akkumulierte«, d. h. der zur *Vermehrung* der Produktionsmittel verwendete Teil des Mehrwerts? (Hervorhebung von mir.) »Wer braucht diese vermehrten Produktionsmittel? Das (marxsche – E. L.) Schema antwortet: Die Abteilung II braucht sie, um mehr Lebensmittel herstellen zu können. Wer braucht aber die vermehrten Lebensmittel? Das Schema antwortet: Eben die Abteilung I, weil sie jetzt mehr Arbeiter beschäftigt. Wir drehen uns offenbar im Kreise. Lediglich deshalb mehr Konsummittel herstellen, um mehr Arbeiter erhalten zu können, und lediglich deshalb mehr Produktionsmittel herstellen, um jenes Mehr an

[52] S. 88f der 4. Aufl., Frankfurt a. M. 1970.

Arbeitern zu beschäftigen, ist vom kapitalistischen Standpunkt eine Absurdität ... Um neue Arbeiter mit neuen Produktionsmitteln arbeiten zu lassen, muß man – kapitalistisch – vorher einen Zweck für die Erweiterung der Produktion haben, eine neue Nachfrage nach Produkten, die anzufertigen sind.«[53] Nach ihrer Ansicht können die Arbeiter und die Kapitalisten nicht die Käufer der Warenmengen sein, in denen sich der kapitalisierte Mehrwert beider Abteilungen der Reproduktion verkörpert. Selbst wenn man Rosa Luxemburg zufolge einmal unterstellt, daß in einer bestimmten Produktionsperiode die Arbeiter und die Kapitalisten beider Abteilungen die Käufer derjenigen Warenmengen sein könnten, die der Vergrößerung des konstanten und des variablen Kapitals beider Abteilungen entspricht (in dem Marxschen, von uns wiedergegebenen Schema, oben, Kapitel 13, beträgt diese Kapitalvergrößerung 400 + 100 = 500 in der ersten und 100 + 50 = 150 in der zweiten Abteilung), wenn also selbst in dem betreffenden Produktionsjahr die Kapitalakkumulation möglich gewesen sein sollte, so erzeuge doch dieses vergrößerte Kapital im nächsten Jahre, eine wertmäßig noch größere Warenmasse als in diesem Jahre, und so entstehe doch nur wieder aufs Neue die Frage: »Wo finden wir dann die Abnehmer für diese noch mehr gewachsene Warenmenge? ... Wird man etwa antworten: Nun, diese gewachsene Warenmenge wird auch im folgenden Jahre wiederum von den Kapitalisten selbst untereinander ausgetauscht und von ihnen allen verwendet, um die Produktion abermals zu erweitern – und so fort von Jahr zu Jahr – dann haben wir ein Karussel vor uns, das sich in leerer Luft um sich selbst dreht. Das ist dann nicht kapitalistische Akkumulation, d. h. Anhäufung von Geldkapital, sondern das Gegenteil: Ein Produzieren von Waren um des Produzierens willen, also vom kapitalistischen Standpunkt eine vollendete Sinnlosigkeit. Wenn die Kapitalisten als Klasse immer nur selbst Abnehmer ihrer gesamten Warenmasse sind – abgesehen von dem Teil, den sie jeweilig der Arbeiterklasse zu deren Erhaltung zuweisen müssen – wenn sie sich selbst mit eigenem Gelde stets nur die Waren abkaufen und den darin enthaltenen Mehrwert ›vergolden‹ müssen –, dann kann Anhäufung des Profits bei der Klasse der Kapitalisten im ganzen unmöglich stattfinden.«[54]

In dieser letzten Formulierung tritt besonders deutlich hervor, daß Rosa Luxemburg auf den Grundgedanken der Marxschen Auffassung von der Erweiterung der Reproduktion nicht eingeht, obwohl sie ihn an mehreren Stellen des Buches selbst kurz erwähnt.[55] Nach Marxscher Auffassung erfolgt nämlich die Erweiterung der Reproduktion zum Zwecke der Vergrößerung des

[53] Ebd., S. 89.
[54] Ebd., S. 393f.
[55] Ebd., z. B. auf S. 8, 68, 76f.

Mehrwertes. Doch bevor wir einigen kritischen Stellungnahmen zu Rosa Luxemburgs Ansichten Raum geben, sei ihr Hauptgedanke hier zu Ende geführt.

Für eine nur aus Arbeitern und Kapitalisten bestehende Gesellschaft hält Luxemburg die Frage, wer die Abnehmer der sich vergrößernden Wertmengen von Waren sein sollen, für unlösbar. Sie verweist darauf, daß die Kapitalisten die ganze geschichtliche Entwicklung hindurch ununterbrochen nach den entferntesten Absatzmärkten der Erde jagten. Das Suchen nach nicht-kapitalistischen Märkten sei für den Kapitalismus von jeher eine Notwendigkeit gewesen. Vom ersten Moment der kapitalistischen Entwicklung an habe der Drang zur Expansion auf nicht-kapitalistische Schichten und Völker der Erde bestanden. Die Käufer der mit Hilfe des akkumulierten Kapitals erzeugten, stets zunehmenden Wertmengen von Waren seien weder die Arbeiter noch die Kapitalisten, sondern eine *dritte Schicht* von Menschen, die alle *außerhalb* des kapitalistischen Wirtschaftssystems stehen. D. h. entweder solche Bevölkerungsschichten, die zwar in einem kapitalistischen Land leben, aber noch nicht in die kapitalistische Produktion als Teilnehmer einbezogen worden sind, wie etwa die Kleinbauern und Handwerker, oder aber außerhalb der kapitalistischen Länder lebende Bevölkerungen, die noch auf vor-kapitalistischer Wirtschaftsstufe stehen, wie z. B. die Bevölkerung der Kolonien oder die auf ähnlicher Stufe lebende Bevölkerung anderer Länder. Marx nehme bei seiner Behandlung der erweiterten Reproduktion die allgemeine und ausschließliche Herrschaft der kapitalistischen Produktion in der ganzen Welt als bereits gegeben an. Hierdurch aber schließe er das Vorhandensein der nicht-kapitalistischen Schichten und Bevölkerungen und damit die Erklärung des *Imperialismus* aus, der doch gerade das Vorhandensein der nicht-kapitalistischen Völker zur Voraussetzung habe.

Unter Imperialismus versteht man heute das Streben eines Staates, seinen Herrschaftsbereich über möglichst große Teile der Erde auszudehnen. Der Imperialismus kann rein machtpolitischen, militärischen, religiösen, kulturellen, ideologischen, nationalen oder wirtschaftlichen Ursprung haben. In diesem Zusammenhang interessiert nur der wirtschaftliche Beweggrund.

Eine Reihe von sozialistischen Theoretikern, darunter Rosa Luxemburg, sehen den Imperialismus grundsätzlich als eine zwangsläufige Folge der kapitalistischen Wirtschaftsordnung an; sie sind der Ansicht, daß nur durch die Möglichkeit des Exports von Waren und von Kapitalüberschuß mit aktiver Unterstützung der staatlichen Macht der Zusammenbruch des kapitalistischen Wirtschaftssystems verhindert werden kann. Da nach Luxemburg unter der Herrschaft des Kapitalismus das erzeugte Gesamtprodukt im kapitalistischen Raume unmöglich voll abgesetzt werden kann, so bedarf nach ihrer Ansicht der Kapitalismus für seine Fortexistenz notwendig eines nicht-kapitalistischen Wirtschaftsraums für den Kapitalexport und für den Import möglichst billiger Rohstoffe.

Nach Luxemburg liefert die kapitalistische Produktion Konsumtionsmittel über den Bedarf der Arbeiter und Kapitalisten hinaus an nicht-kapitalistische Schichten und Länder. »Zum Beispiel die englische Baumwollindustrie lieferte während der ersten zwei Drittel des 19. Jahrhunderts (und liefert z. T. jetzt) Baumwollstoffe an das Bauerntum und städtische Kleinbürgertum auf dem europäischen Kontinent, ferner an das Bauerntum in Indien, Amerika, Afrika usw. Hier war es die Konsumtion nicht-kapitalistischer Schichten, die für die enorme Erweiterung der Baumwollindustrie in England die Basis bildete. Für diese Baumwollindustrie aber entwickelte sich in England selbst eine ausgedehnte Maschinenindustrie, die Spindel und Webstühle lieferte, ferner im Anschluß daran die Metall- und Kohlenindustrie usw. In diesem Falle realisierte die Abteilung II (Konsumtionsmittel) in steigendem Maße ihre Produkte in außerkapitalistischen Gesellschaftsschichten, wobei sie ihrerseits durch die eigene Akkumulation eine steigende Nachfrage nach den einheimischen Produkten der Abteilung I (Produktionsmittel) schuf und dadurch dieser Abteilung zur Realisierung des Mehrwerts und zur steigenden Akkumulation verhalf. – Nehmen wir den umgekehrten Fall. Die kapitalistische Produktion liefert Produktionsmittel über den eigenen Bedarf hinaus und findet Abnehmer in nicht-kapitalistischen Ländern. Zum Beispiel die englische Industrie lieferte in der ersten Hälfte des 19. Jahrhunderts Konstruktionsmaterial zum Eisenbahnbau in den amerikanischen und australischen Staaten ... Oder die deutsche chemische Industrie liefert Produktionsmittel wie Farbstoffe, die massenhaft Absatz finden, in nicht-kapitalistische Länder in Asien, Afrika usw. Hier realisiert die Abteilung I der kapitalistischen Produktion ihre Produkte in außerkapitalistischen Kreisen. Die daraus entstehende fortschreitende Erweiterung der Abteilung I ruft im Lande der kapitalistischen Produktion eine entsprechende Erweiterung der Abteilung II hervor, die für die wachsende Armee der Arbeiter der Abteilung I Konsumtionsmittel liefert.

Jeder dieser Fälle unterscheidet sich vom Marxschen Schema. In dem einen Fall übersteigt das Produkt der Abteilung II die Bedürfnisse der beiden Abteilungen, gemessen an variablem Kapital und dem konsumierten Teil des Mehrwerts beider; im zweiten Fall übersteigt das Produkt der Abteilung I die Größe des konstanten Kapitals beider Abteilungen, auch unter Berücksichtigung seiner Vergrößerung zu Zwecken der Erweiterung der Produktion ...«[56]

[56] Ebd., S. 274 u. 275.

Nach Luxemburg wird der Prozeß der Kapitalausdehnung im Laufe der Zeit alle bisher nicht-kapitalistischen Bevölkerungsschichten und die Bevölkerung der jetzt noch rückständigen Länder ergreifen, d. h. als Teilnehmer in den kapitalistischen Wirtschaftsprozeß hineinziehen. Erst *dann* werde in der Tat die in den Marxschen Schemata vorausgesetzte Gesellschaft, die im Prinzip nur aus Arbeitern und Produktionsmittelbesitzern besteht, erreicht sein. Da aber ihrer Ansicht nach innerhalb der rein kapitalistischen Gesellschaft ein restloser Absatz der hergestellten Verbrauchsgüter und Produktionsmittel unmöglich ist, so wird schließlich das System von selbst zusammenbrechen. Rosa Luxemburg ist jedoch davon überzeugt, daß die Arbeiter aller Länder es gar nicht erst bis zu diesem Stadium der Entwicklung des kapitalistischen Wirtschaftssystems kommen lassen, sondern daß sie schon vorher die Macht ergreifen werden, um eine sozialistische Gesellschaft aufzubauen.

Luxemburgs Buch ist interessant geschrieben und enthält gelegentlich treffende Bemerkungen über einige schwache Punkte des Marxschen Schemas der erweiterten Reproduktion, doch auch starke Ungereimtheiten, auf die hier nicht eingegangen werden kann. Luxemburgs Kritik an Marx und die Diskussion ihrer Ansichten tragen aber sehr zum tieferen Verständnis der von Marx behandelten Vorgänge bei der Reproduktion bei. Daher sollen hier auch drei Kritiker der Luxemburgschen Stellungnahme kurz zu Worte kommen.

In seinem Buch »Das Akkumulations- und Zusammenbruchsgesetz des kapitalistischen Systems. Zugleich eine Krisentheorie«, schreibt Henryk Grossmann unter anderem: »Soll die Reproduktion auf erweiterter Stufenleiter, d. h. die Kapitalakkumulation, stattfinden, so muß der Mehrwert notwendig nach *dreifacher* Richtung verwendet und dementsprechend in drei Teile geschieden werden: 1. in zusätzliches konstantes Kapital a_c; 2. in zusätzliches variables Kapital, d. h. zusätzliche Lebensmittel der Arbeiter, a_v; endlich 3. in Konsumtionsfonds für die Kapitalisten, k. – Jeder dieser drei Teile ist für die Produktionserweiterung *gleich notwendig*. Stellen wir uns für einen Augenblick vor, daß der Mehrwert nur zur Deckung der zwei ersten Elemente hinreicht, dann wäre die Akkumulation unmöglich. Denn es müßte gefragt werden, zu welchem Zweck die Kapitalisten produzieren und akkumulieren? Um mehr Arbeiter zu beschäftigen? Das hätte vom kapitalistischen Standpunkt keinen Sinn, sobald die Kapitalisten aus der Verwendung von zusätzlichen Arbeitern keinen Nutzen haben. Sie hätten die Mühe der Produktionsleitung, ohne irgendwelche Vorteile davon zu erzielen.

Endlich hätte eine solche Produktionsweise, soweit es auf die Einkommensverteilung ankommt, den privatkapitalistischen Charakter verloren: Mit dem Fortfall des k-Teils des Mehrwerts, der für den Konsum der Kapitalisten bestimmt ist, *wäre jeder Mehrwert im Sinne des arbeitslosen Einkommens verschwunden.* Denn die zwei ersten Teile des Mehrwerts, zusätzliches konstantes Kapital a_c und zusätzliches variables Kapital a_v, haben eben nur den Charakter eines Mehrwerts, solange wie sie zur Produktion des dritten Teiles dienen – den Konsumtionsfonds für Kapitalisten, den diese ohne Äquivalent erhalten. Entfällt dieser Teil, dann fällt den Kapitalisten überhaupt kein Atom von unbezahlter Arbeit zu. Denn das ganze variable Kapital fällt der Arbeiterklasse zu, und das konstante Kapital dient ausschließlich zur Ermöglichung des Arbeitsprozesses, dessen ganzes Jahresprodukt – soweit nicht zum Ersatz der Produktionsmittel nötig – *ausschließlich der Arbeiterklasse zukommt.* Der Mehrwert im Sinne der unbezahlten Arbeit, der Mehrarbeit über die Zeit hinaus, die zur Produktion der *notwendigen* Lebensmittel erforderlich ist, wäre verschwunden. *Alle Lebensmittel wären jetzt nur notwendige* Lebensmittel, sie gingen ausschließlich in den Konsum der Arbeiter ein. Dieser Teil des Mehrwerts, der jetzt über die unmittelbaren Bedürfnisse hinaus zur Erweiterung des Produktionsapparates dient, müßte auch in einer sozialistischen Gesellschaft für denselben Zweck verwendet werden. Der k-Teil ist somit eine für die Kapitalakkumulation essentielle und charakteristische Bedingung. – Erst wenn man sich über diese Zusammenhänge klar ist, kann man die scholastische Leere der Luxemburgischen Argumentation gebührend einschätzen. Mit verächtlicher Geste schaltet R. Luxemburg gerade dieses Element aus der Betrachtung aus, welches, wie gezeigt wurde, das für die Akkumulation charakteristische ist.« – Dann zitiert Grossmann folgenden Satz R. Luxemburgs: »Doch kann die *wachsende* Konsumtion der Kapitalistenklasse jedenfalls nicht als Zweck der Akkumulation betrachtet werden; umgekehrt, sofern diese Konsumtion stattfindet und wächst, findet keine Akkumulation statt; die persönliche Konsumtion der Kapitalisten fällt unter die Gesichtspunkte der *einfachen* Reproduktion ...« (R. Luxemburg). – Hierauf erwidert Grossmann: »Auf welche Weise bei der einfachen Reproduktion die Konsumtion der Kapitalisten dauernd wachsen kann, dieses Geheimnis hat uns R. Luxemburg nicht verraten. Mit scholastischen Redewendungen glaubt sie, reale Wirklichkeitsprobleme lösen zu können, indem sie den Grund (wenn auch nicht den einzigen), der die Kapitalisten zur Akkumulation antreibt, in den Bereich der *einfachen* Reproduktion verweist, fragt sie nachher dramatisch: zu welchem Zweck wird die Akkumulation unternommen? *Marx* antwortet ihr darauf, auf den Kapitalkreislauf ›Geld --- mehr Geld‹ verweisend: »Der Zweck des ganzen Prozesses, die Bereicherung (Verwertung), schließt eine »mit der Größe des Mehrwerts wachsende Konsumtion der Kapitalisten keineswegs aus, sondern erst ein.« (Marx). Und »auf einer gewissen Entwicklungs-

höhe (der Akkumulation) ... wächst seine (des Kapitalisten) Verschwendung mit seiner Akkumulation, ohne daß die eine die andere zu beabbruchen braucht.« (Marx).[57]
Grossmanns Argumente gegen Luxemburgs Auffassung von der erweiterten Reproduktion sind berechtigt. Peinlich berührt jedoch die schulmeisterlich tadelnde, unnötige Schärfe seiner Polemik gegen Rosa Luxemburg, die in den Revolutionswirren 1919 in Berlin zusammen mit Karl Liebknecht von Angehörigen der damaligen Kavallerie-Schützendivision grausam ermordet wurde und auf Grossmanns Kritik aus dem Jahre 1929 nicht mehr antworten konnte.
Zu Luxemburgs Ansicht, wonach die Kapitalakkumulation unter dem Gesichtspunkt einer wachsenden Konsumtion der Kapitalisten sinnlos ist, äußert P. M. Sweezy: »Man unterstelle einmal Luxemburgs Ansicht als richtig, daß die von beiden Abteilungen der Produktion erzeugte und zur Kapitalvergrößerung benutzte zuschüssige Warenmenge nicht an die eigenen Arbeiter und Kapitalisten, sondern nur an nicht-kapitalistische Bevölkerungsteile des eigenen Landes oder der Bevölkerung der Kolonialländer usw. verkauft werden kann. Diesem Export müßte dann ein Import aus jenen Ländern bzw. ein Einkauf bei den nichtkapitalistischen Bevölkerungsschichten entsprechen. Aber ... wenn es aus prinzipiellen Gründen für die ›exportierten‹ Waren keine Nachfrage gegeben haben sollte, dann kann für die ›importierten‹ Waren ebensowenig eine Nachfrage bestehen. Die ganze Unterscheidung zwischen ›kapitalistischen‹ und ›nicht-kapitalistischen‹ Konsumenten ist in diesem Zusammenhange bedeutungslos ...«[58]
In der spanischen Großausgabe seines erwähnten Buches »Estructura y Ritmo de la Sociedad Humana«[59] schreibt Luis Segal über Luxemburgs Auffassung etwa folgendes: Wie könnten die kleinen Bauern, Handwerker, Hirten oder die anderen, auf nicht-kapitalistischer Wirtschaftsstufe stehenden Menschen überhaupt Abnehmer der von den Kapitalisten der Industrieländer angebotenen Produktionsmittel sein? Welcher kleine Bauer, Handwerker, Herdenbesitzer oder Stammesfürst in Neu-Guinea, Afrika oder Südamerika wäre denn in der Lage und hätte die Absicht, Maschinen, Fabrikanlagen, Schmieröl, Eisenbahnschwellen, elektrische Installationen usw. zu kaufen und von Arbeitern bedienen zu lassen? Könnten diese auf primitiver Wirtschaftsstufe lebenden Menschen als Käufer von Produktionsmitteln auftreten, so hätten sie aufgehört, auf nicht-kapitalistischer Wirtschaftsstufe zu stehen,

[57] Zuerst in Leipzig 1929 erschienen, vgl. S. 136.
[58] P. M. Sweezy, a. a. O., S. 162. Sweezys Gedankengang ist, ebenso wie der folgende von Segal, nicht neu, denn schon Marx hat ihn dem Sinne nach genauso in einem seiner Manuskripte 1870 ausgeführt. Engels hat aus dem Nachlaß von Marx dieses und andere Manuskripte 1885 als »Buch II« des »Kapital« herausgegeben.
[59] 5. Aufl., México.

sie hätten sich selbst in Kapitalisten verwandelt. – Aber nehmen wir einmal das Unmögliche an, daß diese außerhalb der kapitalistischen Wirtschaft lebenden Menschen die von den kapitalistischen Unternehmern stammenden überschüssigen Produktionsmittel gekauft, daß also die Kapitalisten der Industrieländer diese Waren in Geld verwandelt oder allenfalls gegen Naturprodukte aus den Kolonien oder den entsprechenden Ländern umgetauscht hätten. Von wem können nun die Kapitalisten die noch nach wie vor zur Vergrößerung und Modernisierung ihrer Maschinen, Fabrikanlagen usw. erforderlichen Produktionsmittel kaufen? Sie müßten sie ja von den Kleinbauern, Viehhirten, Stammeshäuptlingen, Handwerkern usw. jener nicht-kapitalistischen Länder wieder zurückkaufen. Andernfalls könnten sie ihre Produktionsmittel nicht erweitern, d. h. könnten ihr konstantes Kapital nicht vergrößern. Diesen Umweg können sich aber die Kapitalisten sparen, indem sie sich die erforderlichen Produktionsmittel innerhalb ihrer eigenen Abteilung gegenseitig direkt verkaufen, so, wie dies an früherer Stelle bei der erweiterten Reproduktion beschrieben wurde. – Konstruktionsmaterial für den Eisenbahnbau, Chemikalien und die anderen Produkte der Abteilung I im Schema für die erweiterte Reproduktion werden doch nicht an die nordamerikanischen Indianer, an afrikanische Hirten oder an australische Eingeborene verkauft, sondern an Eisenbahngesellschaften oder an andere, hierfür als Abnehmer in Frage kommende Industrieunternehmungen. Diese können auch in jenen zurückgebliebenen Ländern der Erde aufgebaut sein, weil sie näher an den billigen Rohstoffquellen liegen und weil sie dort billigere Arbeitskräfte finden als in den kapitalistischen Mutterländern usw. Es handelt sich also bei den Verkäufen an diese Unternehmungen um Käufe oder Verkäufe *innerhalb* des kapitalistischen Systems. Die Zuflucht zu einer dritten Gruppe von Menschen zu nehmen, die weder Arbeiter noch Kapitalisten sind, ist für die Erklärung der Absatzmöglichkeit bei der erweiterten Reproduktion nicht erforderlich, so gewaltig auch die Rolle der nicht-kapitalistischen Bevölkerungsschichten und Länder für die Bereicherung des Handels- und vor allem des Industriekapitals der »Mutterländer« wegen der Übervorteilung dieser Völker und der indirekten oder aber direkten, brutalen Ausplünderung der Naturprodukte, der Bodenschätze und der dortigen Arbeitskräfte während der Kolonialgeschichte, gewesen ist.

Was den Verkauf, also den Export der überschüssigen Verbrauchsgüter an die nicht-kapitalistische Bevölkerung anderer Länder betrifft, so fand und findet er natürlich dauernd statt. Dabei werden bestimmte Verbrauchsgüter, z. B. Baumwollstoffe, aus den kapitalistischen Ländern an die nicht-kapitalistischen Schichten des eigenen Landes und anderer Länder verkauft; doch werden dafür andere Arten von Verbrauchsgütern aus den anderen Ländern in die Industriestaaten eingeführt, also doch wieder innerhalb des kapitalistischen Systems abgesetzt und für die Vergrößerung des Verbrauchs der eigenen Volksmassen, also wesentlich der eigenen Arbeiterschaft, sowie für den Verbrauch der Kapitalisten verwendet. Daher ist die kapitalistische Wirtschaft auch in diesem Fall, wenn auch gewissermaßen auf Umwegen, der Abnehmer und Verbraucher der im eigenen Lande erzeugten überschüssigen Konsumtionsmittel.[60]

Luxemburg zitiert selbst Marx, der im I. Band des »Kapital« ausdrücklich darauf hingewiesen hat, daß er bei seinen Untersuchungen vom Ausfuhrhandel absieht. Er sagt: »Es wird hier abstrahiert vom Ausfuhrhandel, vermittels dessen eine Nation Luxusartikel in Produktions- oder Lebensmittel umsetzen kann und umgekehrt. Um den Gegenstand der Untersuchung in seiner Reinheit frei von störenden Nebenumständen aufzufassen, müssen wir hier die gesamte Handelswelt als eine Nation ansehen und voraussetzen, daß die kapitalistische Produktion sich überall festgesetzt und sich aller Industriezweige bemächtigt hat.« (I, S. 607) Im II. Band schreibt Marx: »Außer dieser Klasse (der Kapitalisten) gibt es nach unserer Unterstellung – allgemeine und ausschließliche Herrschaft der kapitalistischen Produktion – überhaupt keine andere Klasse als die Arbeiterklasse.« (II, S. 348)

Luxemburg hat selbst auch richtig erkannt, daß die Marxsche Annahme einer nur aus Arbeitern und Produktionsmittelbesitzern bestehenden Gesellschaft »nur eine theoretische Voraussetzung für die Zwecke einer erleichterten, vereinfachten Untersuchung« gewesen ist. Die Existenz der Mittelschichten – Handwerker, Lehrer, Künstler, Ärzte, Rechtsanwälte, Eisenbahnstationsvorsteher, Hafenpolizeiinspektoren, Ladenbesitzer, Priester, Verwaltungsangestellte u. a. m. – hat Marx keineswegs übersehen; er kommt in seinen »Theorien über den Mehrwert« und im »Kapital« in verschiedenen Zusammenhängen auf die Mittelschichten zu sprechen, und wie man sah, hat sich in seinen nachgelassenen Papieren ein Manuskript gefunden, das unter dem Titel »Die Klassen« im III. Band des »Kapital« abgedruckt ist und sich wohl auch mit der wirtschaftlichen Stellung der Mittelklassen beschäftigen wollte, doch das Manuskript brach ab, – für immer. Aber bei aller Besonderheit der wirtschaftlichen und gesellschaftlichen Stellung der Mittelklassen beziehen ihre Angehörigen ihr Einkommen direkt oder indirekt letzten Endes entweder von der Arbeiter- oder der Kapitalistenklasse (etwa, wenn ein Handwerker Möbel oder Bauten für Arbeiterwohnungen herstellt, oder wenn die Kundschaft eines Ladenbesitzers aus Arbeitern besteht, oder wenn andrerseits ein Rechtsanwalt oder ein Buchhalter für ein Industrieunternehmen tätig ist). Die Tätigkeiten von Mitgliedern

[60] Mehr über Luxemburgs Reproduktionsschemata im zweiundzwanzigsten Kapitel dieses Buches.

des Mittelstandes können sich auch verzweigen bzw. überschneiden (so können Eisenbahnbeamte Güterzüge dirigieren, die sowohl Lebensmittel für Arbeiter, als auch Maschinen für eine Aktiengesellschaft befördern usw.). Für die Untersuchung der einfachen und der erweiterten Reproduktion kam es Marx vor allem auf den Entwurf eines Gedankenmodells zu Studienzwecken an, dabei konnten solche Gruppen von Menschen ausgeklammert werden, deren Einbeziehung die Untersuchung unnötig kompliziert haben würde, ohne am Endergebnis etwas zu ändern.

Henryk Grossmanns Zusammenbruchstheorie des Kapitalismus

In seinem Buch »Das Akkumulations- und Zusammenbruchsgesetz des kapitalistischen Systems. Zugleich eine Krisentheorie« hat Henryk Grossmann (1881–1950) die Auffassung verfochten, daß Marx bei der Abfassung des »Kapital« eine echte Theorie der wirtschaftlichen Verelendung des Proletariats und des Zusammenbruchs der kapitalistischen Wirtschaft vorgeschwebt haben muß. Im Verlaufe seiner Untersuchungen über die Kapitalakkumulation und den Zusammenbruch des Kapitalismus gibt Grossmann eine Anzahl Marxscher Ausführungen wieder, deren Gesamtheit die Grossmannsche Ansicht sehr zu stützen scheint. In zusammenhängender Form hat Marx einen solchen Gedankengang im »Kapital« nicht ausgearbeitet. Der Grundgedanke von Grossmanns umfangreicher Arbeit ist eine z. T. in mathematische Form gebrachte Theorie, wonach das kapitalistische Wirtschaftssystem auf einer bestimmten Höhe der Kapitalvergrößerung unausweichlich zusammenbrechen muß.

Einen großen Raum nimmt in Grossmanns Buch die von ihm scharf geführte Auseinandersetzung mit allen wichtigen Marxkritikern bis etwa 1928 ein; besonders mit jenen, die der Auffassung gewesen waren, daß es *keinen* zwangsläufigen Zusammenbruch des Kapitalismus aus rein *wirtschaftlichen* Ursachen gebe und daß eine Verelendung des Proletariats nicht stattfinde. Solche Theoretiker haben nach Grossmann die Grundidee von Marx nicht verstanden oder bewußt verfälscht.

Der Hauptausgangspunkt für Grossmanns Theorie, daß die kapitalistische Wirtschaft zwangsläufig zusammenbrechen muß – eine Theorie, die er rundheraus als »die Marxsche Akkumulations- und Zusammenbruchstheorie«[61] bezeichnet – ist die oben schon kurz skizzierte Diskussion zwischen Eduard Bernstein und Karl Kautsky um die Jahrhundertwende gewesen. In dieser Diskussion war es ja schon um die zukünftige Entwicklung des Kapitalismus und das Schicksal der Arbeiterklasse gegangen. – Nach Grossmann verfehlte die ganze Auseinandersetzung zwischen Bernstein und Kautsky, wie fast alle Diskussionen anderer Theoretiker über dieses Thema, den Marxschen Grundgedanken der wirtschaft-

[61] A. a. O., S. 117ff.

lichen Verelendung des Proletariats und des zwangsläufigen Zusammenbruchs der kapitalistischen Wirtschaft.

An dieser Stelle muß jedoch betont werden, daß die Ursache der wirtschaftlichen Verelendung des Proletariats und des Zusammenbruches des Kapitalismus bei Grossmann, bzw. nach der Grossmannschen Version der Marxschen Gedankengänge, nicht in gleicher Weise verstanden wird wie bei der primitiven, schon ausgiebig erörterten Verelendungstheorie, die führende Reformisten und Kommunisten jahrzehntelang, oft aus entgegengesetzten Motiven, Marx untergeschoben haben. Wie erinnerlich, waren nach jener primitiven Verelendungstheorie die Lohnsteigerungen und Lohnsenkungen im wesentlichen das Ergebnis guter oder schlechter Wirtschaftskonjunkturen, ausreichender oder ungenügender Absatzmärkte, sowie das Ergebnis der Kämpfe zwischen einer mehr oder weniger gut organisierten Arbeiterklasse und den mehr oder weniger starken Kapitaleigentümern. Nach dieser primitiven Auffassung der Verelendung war die wirtschaftliche Lage des Lohnarbeiters in der kapitalistischen Wirtschaftsordnung einem ewigen Auf und Ab mit Wellenbergen und -tälern vergleichbar, wobei sich aber die Wellentäler – die ungünstige Wirtschaftslage des Proletariats – im Laufe der Zeit immer mehr vertiefen sollten. Der Unterschied zwischen der Grossmannschen und der primitiven Verelendungslehre wird zum Schluß der Wiedergabe seiner Ansichten von selbst deutlich werden.

Zur Diskussion zwischen Bernstein und Kautsky führt Grossmann aus: Obwohl Marx die Möglichkeit vorübergehender wirtschaftlicher Aufstiegsphasen des Proletariats offengelassen hat, so stellt die Marxsche Zusammenbruchstheorie dennoch im Grunde eine Tendenz zur schließlichen Verschlechterung der Lage der Arbeiterklasse fest, ». . . und zwar nicht bloß im Sinne eines Wachstums des sozialen Elends, sondern im Sinne der absoluten Verschlechterung des ökonomischen Elends«; – denn dies war nach Grossmann durchaus der Marxsche Grundgedanke. Grossmann sagt ferner, Bernstein habe betont, daß weder Marx noch ein anderer Verfasser jemals einen Beweis für die Unvermeidbarkeit des kapitalistischen Zusammenbruchs aus rein wirtschaftlichen Ursachen erbracht habe, wobei Bernstein auf das damalige Steigen der Reallöhne hingewiesen habe. Grossmann fragt nun: Hat denn Marx jemals bestritten, daß die Reallöhne der Arbeiter vorübergehend steigen können? Immerhin habe Bernstein Grossmann zufolge wenigstens so viel erkannt, daß es für eine begründete Zusammenbruchstheorie des Kapitalismus auf den Nachweis der *Zwangsläufigkeit* der *wirtschaftlichen* Verschlechterung der Lage des Proletariats ankommt. Bernstein habe dabei aber leider nicht erkannt, daß Marx eben eine solche Theorie der absoluten *wirtschaftlichen* Verschlechterung der Lage des Proletariats tatsächlich aufgestellt habe. –

Kautsky wird von Grossmann noch mehr gerügt als Bernstein. Ebenso wie Bernstein habe auch Kautsky das damalige Steigen der Reallöhne gesehen, aber er habe sich in seiner Polemik gegen Bernstein lediglich darauf beschränkt, zu behaupten, daß Marx eine eigentliche Zusammenbruchstheorie des Kapitalismus gar nicht aufgestellt habe. Kautsky habe also ebenfalls fälschlicherweise das Vorhandensein der Marxschen Zusammenbruchstheorie im Zusammenhang oder im Gefolge einer *ökonomischen Verschlechterung* der Lage des Proletariats *geleugnet*. Kautsky habe nur geltend gemacht, daß bei Marx der Zusammenbruch des Kapitalismus als Folge der zunehmenden politischen Schulung und Reife des Proletariats, also vor allem aus politischen und nicht primär aus ökonomischen Ursachen erfolgen wird. Nach Grossmann habe Kautsky nur die Tendenzen gesehen, welche die Lage des Proletariats verbessern, also außer den steigenden Löhnen etwa die wachsende Macht der Arbeiterorganisationen, und damit die zunehmende politische Macht, aber er habe nicht die Ursachen gesehen, die zwangsläufig zum *wirtschaftlichen* Niedergang führen müßten.

Für Grossmann lautet die eigentliche, dem ganzen »Kapital« zugrundeliegende Frage so: *Kann* überhaupt der voll entwickelte Kapitalismus, als ausschließliches, nur auf sich allein angewiesenes, d. h. nur aus Arbeitern und Kapitalisten bestehendes Wirtschaftssystem – das also keinen Handel mit nicht-kapitalistischen Ländern treibt – *unbegrenzt* immer weiter wachsen? Anders ausgedrückt: Kann der voll entwickelte, reine Kapitalismus immer mehr Kapital akkumulieren, *ohne jemals* an eine *unübersteigbare* Schranke zu stoßen, die der Akkumulation definitiven Einhalt gebietet und daher den Zusammenbruch des Kapitalismus herbeiführen muß?

Grossmann unterstreicht das Vorhandensein einer solchen unübersteigbaren Schranke mit aller Entschiedenheit, und er behauptet, daß sich der Zusammenbruch dieses Wirtschaftssystems im Verlaufe und als direkte Folge der bis zu einer bestimmten Höhe fortgesetzten Kapitalvergrößerung streng wissenschaftlich, und zwar deduktiv-mathematisch, beweisen läßt.

Da nach Grossmann sowohl Kautsky wie Bernstein die Kernfrage nicht erkannt hätten, so sei die Polemik dieser beiden Theoretiker im Grunde nur ein Streit um Worte gewesen: Bernstein habe geglaubt, mit dem Hinweis auf das Steigen der Löhne die Marxsche Verelendungstheorie widerlegt zu haben, und Kautsky habe sich gegenüber Bernstein nur darauf beschränkt, zuzugeben, daß in den letzten (der Bernstein-Kautsky-Diskussion vorangegangenen) Jahrzehnten die Löhne gestiegen seien. Dabei hätte Kautsky zwar gegenüber Bernstein mit Recht geltend gemacht, daß eine absolute Verbesserung der Wirtschaftslage des Proletariats dennoch von seiner relativen Verelendung begleitet sein könne und tatsächlich begleitet gewesen ist. Doch dieser Hinweis Kautskys sei nicht genügend, denn er habe damit die Grundtatsache umgangen: nämlich, daß auf einer bestimmten Höhe der Kapitalakkumulation nicht nur eine relative, sondern auch eine absolute Verelendung des Proletariats, zugleich mit dem Zusammenbruch des gesamten Wirtschaftssystems, eintreten müsse.

Aus dem von Marx im II. Band des »Kapital« entworfenen Schema für die erweiterte Reproduktion hatte Kautsky den Schluß gezogen, daß die Kapitalisten ihre Produktivkräfte im Prinzip, von Kriegen oder anderen politischen Komplikationen abgesehen, *schrankenlos* erweitern, das Kapital in alle Ewigkeiten vergrößern können, daß also der Kapitalismus, was seine wirtschaftliche Struktur anbelangt, *ewig* lebensfähig sei. Der schon vor Kautsky bedeutendste Vertreter dieser Auffassung von der unbegrenzten Ausdehnungsfähigkeit des Kapitalismus war Michael v. Tugan-Baranowski, der in seinen »Studien zur Theorie und Geschichte der Handelskrisen in England« geschrieben hatte: »Die absolute Grenze für die Erweiterung der Produktion bilden die Produktivkräfte, über welche die Gesellschaft verfügt; diese Grenzen zu erreichen, ist das Kapital immer bestrebt, und doch vergeblich! Das Kapital kann diese Grenzen nie erreichen!«[62] – vorausgesetzt allerdings, daß die Erweiterung der Produktion in sämtlichen Produktionssphären proportional vor sich geht. Tugan schrieb ferner: »Die kapitalistische Wirtschaft kann gar nicht aus ökonomischen Gründen zusammenbrechen, wohl aber muß sie es aus ethischen.«[63] Ein anderes Mal heißt es bei Tugan: »Es gibt keine Gründe, vorauszusagen, daß der Kapitalismus je eines natürlichen Todes sterben wird; er muß zerstört werden durch den bewußten Willen des Menschen, zerstört durch die vom Kapital ausgebeutete Klasse – durch das Proletariat.«[64] »So ist Tugan der eigentliche Theoretiker der Marxepigonen geworden«, fügt Grossmann diesen Äußerungen Tugans hinzu. Zu Grossmanns Stellungnahme ist zu bemerken, daß auch Kautsky, Rudolf Hilferding, Otto Bauer und andere Theoretiker die völlige und kompromißlose Beseitigung der kapitalistischen Wirtschaft gewünscht haben. Sie waren aber der Ansicht, daß der Kapitalismus nicht nur aus wirtschaftlichen, in seiner eigenen Struktur angelegten Ursachen zusammenbrechen wird. Auch Grossmann ist im Grunde dieser Meinung, trotz all seiner Polemik gegen die Sozialisten der zitierten Richtung. Er läßt nämlich in seinem Buch ziemlich deutlich durchblicken, daß die Arbeiterklasse ja nicht so lange zu warten brauche bis es zu dem andernfalls aus rein ökonomischen Gründen zwanghaften Zusammenbruch kommt (vgl. zu diesem Punkt den

[62] Tugan-Baranowski, a. a. O., Jena 1901, S. 31.

[63] Tugan-Baranowski, »Der Zusammenbruch der kapitalistischen Wirtschaftsordnung im Lichte der nationalökonomischen Theorie«. In: Archiv für Sozialwissenschaft u. Sozialpolitik, Bd. XIX, 1904, S. 304f.

[64] Tugan-Baranowski, »Der moderne Sozialismus in seiner geschichtlichen Entwicklung«, deutsch Dresden 1908, S. 90.

abschließenden Teil unserer Darstellung des Grossmannschen Systems).
Grossmanns Grundthese bedeutet natürlich, daß er alle Verfasser bekämpft, die von der Möglichkeit einer harmonischen, schrankenlosen Weiterentwicklung des Kapitalismus überzeugt waren; angefangen von Tugan-Baranowski und Eduard Bernstein, bis zu Kautsky, Hilferding und Otto Bauer, dessen folgenschwere Untersuchung wir anschließend erörtern werden.
Es wurde bereits darauf verwiesen, daß Grossmann mehrere kritische Einwände Rosa Luxemburgs gegen das marxsche Schema der erweiterten Reproduktion als unbegründet ablehnte. Aber das ist eine Sache für sich. Eine andere und zwar positive, anerkennende Haltung gegenüber Luxemburg nimmt Grossmann insofern ein, als auch sie vom Untergang des Kapitalismus aus rein wirtschaftlichen Gründen überzeugt war: »Es war ein großes historisches Verdienst Rosa Luxemburgs, daß sie – im bewußten Gegensatz und Protest gegen die Entstellungsversuche der Neo-Harmoniker – an dem Grundgedanken des ›Kapital‹ festhielt und ihn durch den Nachweis einer absoluten ökonomischen Grenze für die Fortentwicklung der kapitalistischen Produktionsweise zu stützen versuchte.«[65] Freilich war nach Grossmann Luxemburgs *Begründung* für die Notwendigkeit des Zusammenbruchs der kapitalistischen Wirtschaft ganz und gar verfehlt.
Unter »Neo-Harmonikern« verstand Grossmann jene Theoretiker, welche die Möglichkeit einer ungestörten, schrankenlosen, also harmonischen Weiterentwicklung des Kapitalismus vertreten (z. B. Tugan-Baranowski, Kautsky, Rudolf Hilferding und Otto Bauer). Der Begriff »Neo-Harmoniker« erhält hier einen negativen, ja herabsetzenden Sinn. Was Kautsky anbelangt, so sagt Grossmann, habe dieser zwar noch bis zum Jahre 1902 in seiner Artikelserie über »Krisentheorien«[66] mit Recht gegenüber Tugan-Baranowski die Ansicht vertreten, daß die kapitalistische Produktionsweise ihre Grenzen hat, über die sie sich nicht hinausbewegen kann, doch ein Vierteljahrhundert später habe Kautsky die früher von ihm bekämpften Ansichten Tugans von der Möglichkeit einer schrankenlosen Weiterentwicklung des Kapitalismus vorbehaltlos akzeptiert. Diese Abkehr von seiner früheren Überzeugung nimmt Grossmann Kautsky ganz besonders übel, wie denn überhaupt die formal wissenschaftlich geführten Auseinandersetzungen innerhalb des sozialistischen Lagers.[67]
Wenn Grossmann die Bezeichnung »Neo-Harmoniker«, also »neue« Harmoniker für die Vertreter der Auffassung verwendet, daß es für die freie Weiterentfaltung des Kapitalismus keine prinzipiellen Schranken gibt, – wer sind denn die früheren Har-

65 Grossmann, a. a. O., S. 20.
66 In: »Die Neue Zeit«, 20. Jg., 1902, II.
67 Weiteres über Kautsky bei Grossmann, a. a. O., S. 60ff u. S. 272.

moniker, die Vorläufer der heutigen? Das war vor allem der Franzose Jean Baptiste Say (1767–1832), vor ihm aber schon James Mill (1773–1836), der Vater von John Stuart Mill, der sich auch mit der Frage beschäftigte, ob es eine allgemeine Überproduktion von Waren geben könne, d. h. eine Flut von Gebrauchsgütern, die keine Käufer finden. Say meinte, das *Verlangen* nach Gebrauchsgütern sei unendlich. Das Verlangen nach Nahrung könne durch das Fassungsvermögen des menschlichen Magens begrenzt werden, aber das Verlangen nach Kleidung, Möbeln, Luxusartikel und Schmuck sei unberechenbar groß. Aber auch die Kauffähigkeit sei gewährleistet. Denn jede hergestellte Ware koste ja etwas, und jeder Kostenbetrag sei das Einkommen irgend eines Menschen. Ob diese Kosten nun Lohn, ob Bodenrente, ob Profite seien: was der Preis eines Gutes auch sein möge, es würde schon irgend jemand das nötige Geld zum Kaufen haben. Wie könnte deshalb jemals eine allgemeine Übersättigung mit Waren eintreten? Nach Say gab es Waren, eine Nachfrage und auch Einkommen, um die Waren zu kaufen.[68] Anders gesagt: Nach Say kann es keine Unterbrechung der Güterzirkulation und daher keine Überproduktionskrise geben, die kapitalistische Produktion und ihr Absatz gestalten sich demnach sozusagen harmonisch. David Ricardo hatte dieser Theorie im wesentlichen zugestimmt, von Marx wurde sie jedoch in seinen »Theorien über den Mehrwert« in einem besonderen Abschnitt (Teil II) bekämpft.

In scharfem und bewußtem Gegensatz zu allen Harmonikern und Neo-Harmonikern stellt daher Grossmann seine eigene – wie er überzeugt ist, auch von Marx in der Grundidee konzipierte – Theorie vom zwangsläufigen und vom definitiven Sinken der Reallöhne begleiteten Zusammenbruch des Kapitalismus auf.

Nach Grossmann lag bereits der im Kommunistischen Manifest geäußerten Auffassung von der absoluten Verelendung des Proletariats im kapitalistischen Wirtschaftssystem eine Verelendungstheorie zugrunde; diese habe Marx in seinem reifen Werke, dem »Kapital«, keineswegs aufgegeben, sondern in Form verstreuter Bemerkungen zu erkennen gegeben. Grossmann geht so weit, zu behaupten, daß Marx schon bei der Abfassung des Kommunistischen Manifestes eine mathematisch begründete Zusammenbruchs- und Verelendungstheorie vorgeschwebt habe; eine Behauptung von bemerkenswerter Kühnheit. Daß Marx überhaupt eine solche Theorie bei der Abfassung des »Kapitals« vorgeschwebt hat, ist allerdings nicht ohne weiteres von der Hand zu weisen, denn mehrere Marxsche, von Grossmann zitierte Bemerkungen scheinen in diese Richtung zu weisen. Freilich bleibt dabei die Frage offen, ob eine von Marx selbst systematisch ausgearbeitete Zusammenbruchs- und Verelendungstheorie mit der Grossmann-

[68] Vgl. hierüber z. B. Robert L. Heilbroner: »Wirtschaft und Wissen. Zwei Jahrhunderte Nationalökonomie«, deutsch: Köln 1960, S. 106.

schen Theorie übereingestimmt hätte. An späterer Stelle dieser Arbeit werden wir die von Grossmann zitierten Marxschen Sätze daraufhin genauer zu betrachten haben, ob sie die von Grossmann verfochtene Ansicht einer sozusagen halb verborgenen Marxschen Theorie der absoluten Verelendung des Proletariats wirklich ausreichend stützen.

Nun zu den Einzelheiten der Grossmannschen Theorie selbst. Um zu beweisen, daß die kapitalistische Wirtschaft auf einer bestimmten Höhe der Kapitalakkumulation zusammenbrechen muß, knüpft er zunächst an einige Ausführungen Karl Kautskys an. Dieser hatte in dem Buch »Materialistische Geschichtsauffassung«[69] geäußert, Marx selbst hätte in seinem Schema der erweiterten Reproduktion im II. Band des »Kapital« auf die Möglichkeit einer schrankenlosen Entwicklung der Produktionserweiterung verwiesen.

In der Tat folgt aus den Marxschen Schemata der erweiterten Produktion, die er im einzelnen allerdings nur für den Fall einer *gleichbleibenden* organischen Zusammensetzung des Kapitals ausgeführt hatte, daß hierbei keine Absatzschwierigkeiten für die erzeugten Sachgüter auftreten, also keine ernstlichen Störungen des Produktionsfortganges eintreten. Bei unserer ausführlichen Erläuterung dieser Marxschen Schemata (Kapitel 13) wurde deutlich gemacht, daß nicht nur für die ersten Produktionsjahre, sondern auch für alle folgenden Jahre im Prinzip alle kapitalistisch erzeugten Mengen von Sachgütern beider Abteilungen verkauft werden können. Wo und wie sollte da – abgesehen von äußeren politischen Ereignissen und von Störungen der Proportionen in den Wertmengen der erzeugten Güter – ein Zusammenbruch dieses Produktionssystems entstehen können? Aber an früherer Stelle wurde ebenfalls darauf hingewiesen, daß Marx als die *typische* und für den Fortgang des Kapitalismus *wesentliche* Produktionserweiterung diejenige ansah, bei der die organische Kapitalzusammensetzung unaufhörlich – wenn auch natürlich nicht immer in genau gleichem Umfange – *zunimmt*. Und aus *dieser* letzteren Art der Kapitalakkumulation (die immer mit Produktionserweiterung identisch ist) kann man nun nach Grossmann allerdings zwingend deduktiv-mathematisch ableiten, daß die kapitalistische Wirtschaft auf einer bestimmten Höhe der Kapitalakkumulation zwangsläufig zusammenbrechen muß!

Kautsky hatte seine Ansicht von der Möglichkeit der schrankenlosen Fortentwicklung der kapitalistischen Wirtschaft u. a. auf die Marxschen Schemata gegründet, welche die Produktionserweiterung nur bei *gleich groß* bleibender organischer Kapitalzusammensetzung berücksichtigen. Auch Rosa Luxemburg hatte in ihrem schon genannten Buch bemerkt, daß nach *diesen* Marxschen Schemata der Kapitalismus ja ewig existieren würde; aber sie

[69] Berlin 1927.

hatte die Marxschen Schemata aus mehreren Gründen kritisiert und war, wie man sah, durch Überlegungen besonderer Art zu einer eigenen Theorie gelangt, nach der die heutige Wirtschaftsordnung zwangsläufig zusammenbrechen muß.
Kautsky hatte Luxemburgs Theorie vom notwendigen Untergang des Kapitalismus abgelehnt und stützte seine Ablehnung u. a. nicht nur auf die Marxschen Schemata mit gleichbleibender organischer Kapitalzusammensetzung, sondern auch auf eine bedeutende Untersuchung des österreichischen Sozialisten Otto Bauer. Dieser hatte ein Zahlenschema für die Erweiterung der kapitalistischen Produktion entworfen, das frei von bestimmten Mängeln war, die Rosa Luxemburg dem Marxschen Beispiel vorgeworfen hatte. Das Bauersche Schema verdeutlichte eine Produktionserweiterung bei stets *zunehmender* organischer Zusammensetzung des Kapitals. Bauer wies an Hand seines Beispiels nach – oder glaubte, es nachgewiesen zu haben – daß der restlose Absatz der kapitalistisch erzeugten Sachgüter aller Art, also der I. und der II. Abteilung der Produktion, sogar bei *zunehmender* organischer Zusammensetzung des Kapitals durchaus möglich sei! Hiernach wäre also der ewige Fortgang der kapitalistischen Wirtschaft gerade auch für ihre typische, ihrem Wesen entsprechende Produktionsweise, nämlich für die Kapitalvergrößerung mit dauernd steigender organischer Zusammensetzung bewiesen, und alle Hoffnungen darauf, daß dieses System aus strukturell immanenten, rein wirtschaftlichen Gründen, von sich aus, einmal zusammenbrechen muß, wären vergeblich. Im Verlauf seiner großen Untersuchung führte Bauer zudem aus, daß im Gegensatz zu Rosa Luxemburg das Vorhandensein nicht-kapitalistischer Märkte für den Absatz der kapitalistisch erzeugten Waren gar nicht erforderlich sei![70]
Die auch dem Bauerschen Gedankenmodell der erweiterten Reproduktion anhaftenden Mängel sind, so Grossmann, für eine Untersuchung der Produktionserweiterung mit wachsender Kapitalzusammensetzung relativ unwichtig; in den wesentlichen Punkten sei das Bauersche Schema korrekt entworfen. Nach Grossmann sind jedoch die von Bauer daraus gezogenen Schlußfolgerungen *vollkommen irrig*. Zwar zeigt Bauer an Hand seines Schemas, daß sich die von beiden Abteilungen der gesellschaftlichen Reproduktion erzeugten Waren in jedem der 4 von Bauer betrachteten Produktionsjahre restlos verkaufen lassen, daß also für *diesen* Zeitraum der kapitalistischen Warenproduktion *keine* Gefahr droht.[71]

[70] Otto Bauer: »Die Akkumulation des Kapitals«, in: Die Neue Zeit, Jg. 31, 1913, I, S. 838ff.

[71] Wer unsere Erläuterungen über die Produktion und den Warenverkauf der beiden Abteilungen für die ersten drei Produktionsjahre verstanden hat, wird den Bauerschen Ausführungen über die Absatzmöglichkeiten nach seinem Schema mit zunehmender organischer Kapitalzusammensetzung ohne Schwierigkeiten folgen können.

Nach Grossmann läßt sich aber das Gleichgewicht zwischen Produktion und Absatz nur bis zu einem bestimmten Zeitpunkt aufrechterhalten. Denn Grossmann will uns gerade an Hand des Bauerschen Schemas nachweisen, daß die Kapitalvergrößerung (Produktionserweiterung) beim Erreichen einer bestimmten Höhe der Akkumulation, d. h. nach einer bestimmten Anzahl von Produktionsjahren, *nicht* mehr fortgeführt werden *kann*, sondern zusammenbrechen *muß*.

Wie ist die sonderbare Tatsache zu erklären, daß zwei logisch und mathematisch so geschulte Theoretiker des Sozialismus wie Otto Bauer und Henryk Grossmann, bei der Untersuchung des gleichen (Bauerschen) Schemas zu entgegengesetzten Schlußfolgerungen von größter volkswirtschaftlicher und politischer Tragweite gelangt sind? Des Rätsels Lösung ist erstaunlich und in gewissem Sinne auch erstaunlich einfach. Auf den folgenden Seiten geben wir daher zunächst das von Otto Bauer entworfene Zahlenschema für die Erweiterung der kapitalistischen Produktion von Produktionsjahr zu Produktionsjahr mit Erläuterungen wieder, damit auch der Nicht-Spezialist den Gang der Diskussion ohne größere Mühe verfolgen kann. Die vielen Zahlen haben nichts geheimnisvolles an sich; sie dienen, wie stets, nur der Verdeutlichung der Gedanken. Da Bauer seine Berechnungen nur für vier Produktionsjahre fortsetzte, »ergeben sich (hieraus) die Fehler seiner Untersuchungen ... Hätte Bauer die Entwicklung des Reproduktionsprozesses durch genügend lange Zeit verfolgt, so würde er den notwendigen Zusammenbruch seines Systems (das von ihm konstruierte Schema der Kapitalvergrößerung, d. h. der Produktionserweiterung – E. L.) sofort erkannt haben.«[72] Grossmann studierte aber diese Produktionserweiterung für einen größeren Zeitraum. Daß er dies nicht tat, war der Fehler Bauers.

Das Bauersche Schema der erweiterten Reproduktion[73]

Wie Marx teilt auch Bauer die gesamte kapitalistische Produktion in die uns bekannten zwei großen Hauptabteilungen ein, für die Erzeugung von Produktionsmitteln und für die Erzeugung von Verbrauchsgütern: »Jede Gesellschaft, deren Volkszahl wächst, muß alljährlich ihren Produktionsapparat erweitern. Diese Notwendigkeit wird für die sozialistische Gesellschaft ebenso bestehen wie für die kapitalistische Gesellschaft der Gegenwart, wie sie für die einfache Warenproduktion oder für die Bauernwirtschaft der Vergangenheit bestand, die für den Eigenbedarf produzierte.

Nehmen wir an, in einer sozialistischen Gesellschaft wachse die Volkszahl um 5 Prozent jährlich. Die Gesellschaft wird im nächsten Jahre um 5 Prozent mehr Menschen zu ernähren haben als

[72] Grossmann, a. a. O., S. 117.
[73] Nach O. Bauer, »Die Akkumulation des Kapitals«, a. a. O., S. 838ff.

heuer. Daher muß die Gesellschaft: 1. heuer schon gewisse Konsumtionsgüter produzieren, die der Bevölkerungszuwachs im nächsten Jahre brauchen wird, also z. B. so viele Wohnhäuser bauen, daß der gesamte Wohnungsvorrat um 5 Prozent vermehrt wird, so viel Getreide anbauen, daß der Brotvorrat nach der nächsten Ernte um 5 Prozent vergrößert sein wird, usw.; 2. heuer schon so viele Produktionsmittel produzieren, daß im nächsten Jahre einem um 5 Prozent vermehrten Arbeiterheer die notwendigen Arbeitsräume und Arbeitsmittel zur Verfügung gestellt werden können. Die Gesellschaft muß in jedem Jahr einen Teil ihrer Arbeit auf die Erzeugung der Konsumtionsgüter und der Produktionsmittel aufwenden, die der Bevölkerungszuwachs im nächsten Jahre brauchen wird.

Dasselbe muß auch die kapitalistische Gesellschaft tun. Aber hier ist die Erweiterung des Produktionsapparates und des Lebensmittelvorrats gebunden an die Akkumulation des Kapitals. Von dem Mehrwert wird ein Teil in Kapital verwandelt, und zwar ein Teil des akkumulierten Mehrwerts zum variablen, ein anderer Teil zum konstanten Kapital geschlagen. Die Kapitalisten vollziehen diese Akkumulation, um ihren Profit zu vermehren; aber die gesellschaftliche Wirkung dieser Akkumulation ist, daß für den Bevölkerungszuwachs die notwendigen Konsumgüter und die notwendigen Produktionsmittel bereitgestellt werden. Die Vermehrung des variablen Kapitals drückt die Beschaffenheit der Lebensmittel für den Bevölkerungszuwachs, die Vermehrung des konstanten Kapitals die Beschaffung der Arbeitsräume und der Arbeitsmittel für den Bevölkerungszuwachs aus.

Während aber in der sozialistischen Gesellschaft die die Produktion planmäßig leitenden gesellschaftlichen Organe dafür sorgen, daß die Ausdehnung des Produktionsapparates und die Vermehrung des Lebensmittelvorrats mit dem Bevölkerungswachstum gleichen Schritt halten, hat die kapitalistische Gesellschaft keine solchen Organe. Die Akkumulation des Kapitals hängt hier von der Willkür der Kapitalisten ab. Daher kann sie hinter dem Bevölkerungswachstum zurückbleiben oder aber das Bevölkerungswachstum überholen. Wir wollen nun zunächst untersuchen, *wie* sich die Akkumulation des Kapitals vollziehen mußte, um *im Gleichgewicht* mit dem Bevölkerungswachstum zu bleiben (d. h. im Gleichgewicht zwischen der Produktion und dem Absatz, wie er durch den Bevölkerungszuwachs gegeben ist. – Zusatz von E. L.). Haben wir dies erkannt, dann werden wir unschwer verstehen, welche Wirkungen die Störung dieses Gleichgewichtszustandes herbeiführen muß.

Wir nehmen an, daß die Bevölkerung um 5 Prozent jährlich wachse. Soll das Gleichgewicht erhalten bleiben, muß also auch das variable Kapital jährlich um 5 Prozent steigen. Das konstante Kapital wächst schneller als das variable; um wieviel schneller, ist durch den jeweiligen erreichten Entwicklungsgrad der Technik bestimmt.«[74]

Dies ist ein besonders wichtiger Punkt: Die Kapitalisten verwenden also von ihrer jährlich erzielten, stets wachsenden Mehrwertmasse einen immer *größer* werdenden Teil zur Vergrößerung ihres konstanten und einen *im Verhältnis* dazu immer *kleiner* werdenden Teil ihres Mehrwerts zur Vergrößerung ihres variablen Kapitals; eben darin besteht ja die Zunahme der organischen Kapitalzusammensetzung, welche die wesentliche Voraussetzung sowohl der Bauerschen wie der Marxschen und auch der Grossmannschen Betrachtungsweise der Weiterentwicklung des Kapitalismus ist.

Bauer fährt fort:

»Wir wollen annehmen, daß das konstante Kapital jährlich um 10 Prozent zunehme. So erhalten wir z. B. folgende Reihe:

Tabelle I

Konstantes Kapital		Variables Kapital
1. Jahr	200000	100000
2. Jahr	220000	105000
3. Jahr	242000	110250
4. Jahr	266000	115762

Um die Untersuchung zu vereinfachen, nehmen wir vorerst an, daß die Mehrwertrate (m : v) unverändert bleibe. Sie betrage 100 Prozent.«

– Die Masse des Mehrwerts ist also nach dieser Voraussetzung in jedem Produktionsjahr ebenso groß wie die des variablen Kapitals. –

Hieraus ergeben sich bei Bauer folgende Zahlen:

Wachstum des konst. Kap.		Wachstum des variabl. Kap.	Mehrwert (= ebenso groß wie das variable Kapital)
1. Jahr	200000	100000	100000
2. Jahr	220000	105000	105000
3. Jahr	242000	110250	110250
4. Jahr	266000	115762	115762
5. Jahr	292600	121550	121550

Welcher Teil des Mehrwerts wird nun akkumuliert und welcher Teil für den persönlichen Verbrauch aller Arbeiter und Kapitalisten verwendet?

Um das im 1. Produktionsjahr vorhandene konstante Kapital (200000) im nächsten Jahr um 10 Prozent, = um 20000 zu vergrößern, entnimmt man diesen Betrag dem im 1. Jahr vorhandenen Mehrwert (100000). Diesem Mehrwert wird ebenfalls die Vergrößerung des variablen Kapitals um 5 Prozent im folgenden Jahre, also 5000, entnommen. Insgesamt werden also 20000 + 5000 = 25000 bereitgestellt, um zu Beginn des 2. Produktions-

[74] Ebd., S. 838ff.

jahres die vorgesehene Kapitalvergrößerung vornehmen zu können. Von dem im 1. Jahre vorhandenen Mehrwert verbleiben daher für den persönlichen Konsum der Arbeiter und Kapitalisten noch 75 000. Das im 2. Jahre auf 220 000 angewachsene konstante Kapital wird wiederum um 10 Prozent und das auf 105 000 vergrößerte variable Kapital wieder um 5 Prozent vermehrt. Die gesamte Kapitalvergrößerung im 2. Jahre beträgt also 22 000 + 5250 = 27 250, so daß für den Konsum 105 000 — 27 250 = 77 750 übrig bleiben. Und so fort.

»Im vierjährigen Verlauf stellt sich die Entwicklung folgendermaßen dar:

Tabelle II

Der Mehrwert beträgt		Konsumiert werden	Zum konst. Kap. werden geschlagen	Zum var. Kap. werden geschlagen
1. Jahr	100 000	75 000	20 000	5 000
2. Jahr	105 000	77 750	22 000	5 250
3. Jahr	110 250	80 539	24 200	5 511
4. Jahr	115 762	83 374	26 600	5 788

In jedem Jahre werden zunächst 5 Prozent des Mehrwertes dem Konsum der Kapitalisten entzogen, um zur Vermehrung des variablen Kapitals verwendet zu werden. Außerdem aber muß ein Teil des Mehrwertes zur Vergrößerung des konstanten Kapitals (auf deutsch: Zur Betriebserweiterung) gebraucht werden.«

Da der Mehrwert in *demselben* Verhältnis wächst wie das variable Kapital, das konstante Kapital aber *schneller* als das variable, muß ein von Jahr zu Jahr *wachsender* Teil des Mehrwertes zum konstanten Kapital geschlagen werden. Die sogenannte Akkumulationsrate – das Verhältnis des gesamten akkumulierten Mehrwertteils zum gesamten Mehrwert – beträgt daher:

Tabelle III
Akkumulationsrate

1. Jahr:	25 000 : 100 000 =	. . . . 25%	
2. Jahr:	27 250 : 105 000 =	rund 26%;	genauer 25,95%
3. Jahr:	29 711 : 110 250 =	rund 27%;	genauer 26,96%
4. Jahr:	32 388 : 115 762 =	rund 28%;	genauer 27,98%

»Unveränderte Mehrwertrate vorausgesetzt, ist Reproduktion auf erweiterter Stufenleiter bei fortschreitender organischer Zusammensetzung des Kapitals nur dann möglich, wenn die Akkumulationsrate von Jahr zu Jahr steigt. Soll das Gleichgewicht zwischen Akkumulation und Bevölkerungswachstum erhalten bleiben, dann muß das Wachstum der Akkumulationsrate in einem festen Größenverhältnis zum Bevölkerungswachstum und zum Wachstum des konstanten Kapitals stehen. Daß dies der Fall, zeigen die Zahlen unseres Beispiels . . .

Wir haben bisher das Wachstum des *Gesamt*kapitals beobachtet. Nun wollen wir untersuchen, wie sich das Gesamtkapital auf die beiden großen Produktionszweige – Erzeugung von Produktionsmitteln und von Konsumtionsgütern – *verteilen* muß.«[75]
Nehmen wir an, die Produktion beider Abteilungen stelle sich im ersten Jahre in folgender Weise dar:

1. Produktionsjahr

	c	+	v	+	k	+	a_c	+	a_v	= Summe
I. Abteilung	120000	+	50000	+	37500	+	10000	+	2500	= 220000
II. Abteilung	80000	+	50000	+	37500	+	10000	+	2500	= 180000
Ganze Produktion	200000	+	100000	+	75000	+	20000	+	5000	= 400000

Die oben verwendeten Abkürzungen c und v sind bereits bekannt; k ist die Abkürzung für den zur persönlichen Konsumtion der Kapitalisten verwendeten Teil des Mehrwerts; a_c bedeutet den zum konstanten Kapital, und a_v den zum variablen Kapital geschlagenen Mehrwertteil. – Man behalte im Auge, daß nach Bauer die Summe $k + a_c + a_v$ stets gleich dem Mehrwert m ist. D. h., k, a_c, a_v sind also Teile des Mehrwerts.
Wie verteilt sich nun nach Bauer das schematisch darzustellende Wachstum des Gesamtkapitals auf die beiden Abteilungen der gesellschaftlichen Produktion? »Daß etwa der in jeder der beiden Produktionssphären akkumulierte Mehrwert im folgenden Jahre in *derselben* Produktionssphäre produktiv angelegt (= akkumuliert, investiert) werde, ist unmöglich. Denn der Fortschritt zu höherer organischer Zusammensetzung des Kapitals erheischt Verschiebung des Kapitals aus den Konsumtionsgüterindustrien in die Produktionsmittelerzeugung.«[76]
Denn das Fortschreiten zu höherer organischer Zusammensetzung des Kapitals – zu steigendem Wert des Bruches $\frac{c}{v}$ bedeutet bekanntlich, daß c *rascher* wächst als v. Zwar vergrößern bei fortschreitender Akkumulation *beide* Abteilungen dauernd ihr konstantes Kapital (ebenso, wie sie ja auch ihre anderen Kapitalteile dauernd vergrößern), *erzeugt* wird jedoch dieses stets wachsende konstante Kapital einzig und allein in der I. Abteilung, denn nur diese stellt Maschinen, Anlagen, Rohstoffe und alles sonstige zur Gütererzeugung Erforderliche her. Die Kapitale und Kapitalteile der Produktionsmittelindustrien müssen also mehr, d. h. rascher wachsen als die der Konsumtionsgüterindustrien. »Wir müssen also berechnen, welcher Teil des in den Konsumtionsgüterindustrien akkumulierten Mehrwertes in die *Produktionsgütererzeugung* übertragen, zu ihrer Ausdehnung verwendet werden muß.«

[75] Ebd.
[76] Ebd.

Nach den Tabellen I und II liegt daher für das weitere Produktionsjahr folgender Sachverhalt vor:

Im zweiten Produktionsjahr

Das variable Kapital	105 000
Der konsumierte Teil des Mehrwerts	77 750
Der zum variablen Kapital zu schlagende Mehrwertteil	5 250
Summe	188 000

»Diese Summe ist der Gesamtwert, den die Arbeiter und Kapitalisten für den Kauf von Konsumgütern ausgeben können und müssen. Daher *muß* im *zweiten* Jahre unter den genannten Voraussetzungen der Produktionswert der Konsumtionsgüterindustrien 188 000 betragen; denn nur gegen diese Wertsumme können Konsumtionsgüter eingetauscht werden. In den Konsumtionsgüterindustrien werden im *ersten* Jahre 10 000 konstantes + 2500 variables Kapital akkumuliert.«[77]

Da der Produktionswert der Konsumtionsgüterindustrien im *zweiten Jahre* 188 000 betragen muß, so kann von dem im ersten Jahre akkumulierten Gesamtwert beider Abteilungen (25 000) nur der Betrag von $5334\ a_c + 1333\ a_v = 6667$, in den Konsumtionsgüterindustrien angelegt, d. h. zur Akkumulation verwendet, der Rest dieses Mehrwertes, also $25\,000 - 6667 = 18\,333$, muß in die Produktionsmittelindustrien übertragen, d. h. in diesen zur Kapitalvergrößerung verwendet werden.

Bauer kommt zu den soeben genannten Zahlen durch eine kurze rechnerische Überlegung. Wie nämlich schon festgestellt wurde, muß im zweiten Jahre der Produktionswert der Konsumtionsgüterindustrien

$$c + v + m = 188000$$

betragen. Da die Mehrwertrate bei diesem Bauerschen Schema der erweiterten Reproduktion 100 Prozent, also $v = m$ sein soll, so kann man auch schreiben:

$$c + 2v = 188\,000 \text{ (erste Gleichung)}$$

Jetzt ist noch das konstante Kapital, c, der Konsumtionsgüterindustrien und ihr variables Kapital, v, für das zweite Produktionsjahr zu berechnen. – Der Zuwachs des konstanten Kapitals in den Konsumtionsgüterindustrien vom ersten auf das zweite Jahr beträgt offenbar $c - 80\,000$. c bedeutet das zunächst noch unbekannte konstante Kapital dieser Industrien im zweiten Produktionsjahr. Der Zuwachs des variablen Kapitals ist entsprechend gleich $v - 50\,000$. – Soll nun von a_c und a_v ein gleicher Anteil in die *Produktions*mittelindustrie übertragen werden, so heißt dies: In der Konsumtionsgüterindustrie verhält sich der Zuwachs des konstanten Kapitals vom ersten auf das zweite Jahr zum Zuwachs des variablen Kapitals im gleichen Zeitraum wie 10 000 : 2500. Man hat also

[77] Ebd.

(c — 80 000) : (v — 50 000) = 10 000 : 2500 (zweite Gleichung)
Aus beiden Gleichungen ergibt sich für das zweite Jahr die Größe des konstanten Kapitals der Konsumgüterindustrien *c = 85 334* und ihr variables Kapital *v = 51 333*.
So erklärt sich, warum in der II. Abteilung zum konstanten Kapital des ersten Jahres (80 000) der Beträge von 5334 und zum variablen Kapital des ersten Jahres (50 000) 1333, insgesamt also 6667, wie angeführt zu akkumulieren sind. Daher erhält man für die Konsumtionsgüterabteilung (unsere schon bekannte II. Abteilung) im *zweiten* Produktionsjahr:

Abt. II: 85 334c + 51 333v + 51 333 Mehrwert = 188 000

Da von dem Gesamtmehrwert der beiden Produktionsabteilungen (25 000) noch der Betrag von 25 000 — 6667 = 18 333 für die Übertragung in die Produktionsmittelindustrie, d. h. für die Kapitalvergrößerung in der Abteilung I, übrig bleibt, so verwendet man davon 14 666 c für die Akkumulation des konstanten und 3667 v für die Akkumulation des variablen Kapitals, so daß man für das *zweite* Jahr der Produktionsgüterindustrien die folgenden Zahlen erhält:

Abt. I: 134 666c + 53 667v + 53 667 Mehrwert = 242 000

Aber warum müssen unter den von Bauer gemachten Annahmen in der I. Abteilung gerade 14 666 c für die Akkumulation des konstanten und 3667 v für die des variablen Kapitals verwendet werden? Könnte man nicht ebenso gut andere Wertgrößen für diese Zwecke nehmen? Die Antwort lautet: Wie man oben sah, muß das *gesamte* konstante Kapital beider Abteilungen im 2. Jahr 220 000 betragen. Da das konstante Kapital der II. Abteilung im 2. Jahr mit 85 334 c berechnet wurde, so bleibt für das konstante Kapital der I. Abteilung 220 000 — 85 334 = 134 666 übrig. Das variable Kapital der I. Abteilung muß aufgrund der entsprechenden Überlegung 105 000 — 51 333 = 53 667 betragen.
Im *ersten* Produktionsjahr ist das Verhältnis des von den Kapitalisten konsumierten Mehrwertteils zum gesamten Mehrwert, also k : m – oder, was zahlenmäßig das gleiche ist, k : v – für beide Abteilungen 37 500 : 50 000 = 75 Prozent des Mehrwertes, und das Verhältnis a_c : m, d. h. des zum konstanten Kapital zu schlagenden Mehrwertteils zum gesamten Mehrwert ist für beide Abteilungen 10 000 : 50 000 = 20 Prozent. Der zur Akkumulation des variablen Kapitals verwendete Mehrwertteil beträgt, wie man schon weiß, 5 Prozent; nämlich a_v : m = 2500 : 50 000 in jeder Abteilung.
Diese prozentualen Verhältnisse ändern sich in den folgenden Produktionsjahren. Die konstanten und variablen Kapitale und ihr Zuwachs für das 2. Jahr wurden bereits ermittelt; ebenso der Produktengesamtwert jeder Abteilung. Jetzt sind daher noch die Größen k, a_c und a_v für das 2. Jahr zu berechnen. Weil dies noch nicht geschah, haben wir in ihre Spalten zunächst ein Fragezeichen

gesetzt. Nachdem wir diese Größen nach der Art von Bauer berechnet haben, werden wir die betreffenden Zahlen dann in die Spalten einsetzen.

Zweites Produktionsjahr

	c	+	v	+	k	+	a_c	+	a_v	=	Jährlicher Produktenwert
I. Abteilung	134666	+	53667	+	?	+	?	+	?	=	242000
II. Abteilung	85334	+	51333	+	?	×	?	+	?	=	188000
	220000	+	105000	+	?	+	22000	+	5250	=	430000

Das variable Kapital soll jedes Jahr um 5 Prozent wachsen; also ist in der I. Abteilung der Zuwachs des variablen Kapitals a_v = 5 Prozent von 53667 = *2683*; und in der II. Abteilung ist a_v = 5 Prozent von 51333 = *2567*. In jeder Abteilung verhält sich a_c zu a_v wie 22000 : 5250; daher ist in der I. Abteilung
a_c : 2683 = 22000 : 5250, daher $a_c = 11244$. – Entsprechend ist in der II. Abteilung a_c : 2567 = 22000 : 5250, daher $a_c = 10756$. – Die Akkumulationsrate $a_c + a_v$, als Prozentzahl des Mehrwertes ausgedrückt, ist in der I. Abteilung (11244 + 2683) : 53667 = 25,95 Prozent; und in der II. Abteilung ist die Akkumulationsrate ebenfalls
(10756 + 2567) : 51333 = 25,95 Prozent. Das konsumierte Kapital ergibt sich in der I. Abteilung dann ohne weiteres mit *39740* und in der II. Abteilung mit *38010*; und der Konsum der Kapitalisten (k) in Prozent des Mehrwertes beträgt daher in beiden Abteilungen *74,05 Prozent.*
Man erhält auf diese Weise aufgrund der Bauerschen Annahmen und der entsprechenden, von ihm selbst nicht immer ausreichend erläuterten Rechnungen für beide Abteilungen der gesellschaftlichen Reproduktion im 2. Jahr folgende *Verteilung* der verschiedenen Kapitalteile:

Zweites Produktionsjahr

	c	+	v	+	k	+	a_c	+	a_v	=	Jährlicher Produktenwert
I. Abteilung	134666	+	53667	+	39740	+	11244	+	2683	=	242000
II. Abteilung	85334	+	51333	+	38010	+	10756	+	2567	=	188000
	220000	+	105000	+	77750	+	22000	+	5250	=	430000

Auf gleiche Weise berechnet man die Zunahme der Kapitale und der Kapitalteile für die folgenden Jahre. Otto Bauer hat das für 4 Jahre durchgeführt. Sein Schema ist unnötig umständlich; seine Voraussetzungen sind ziemlich willkürlich; wie weit sie überhaupt realistisch sind, ist darüberhinaus eine Frage für sich. Jedenfalls ist sein Zahlenbeispiel für die erweiterte kapitalistische Reproduktion bei gleichzeitiger Zunahme der organischen Kapitalzusammensetzung nur eine Möglichkeit unter vielen. Grossmann zeigt z. B., daß man auch bei voller Aufrechterhaltung der Bauerschen Voraussetzungen (10prozentiges Wachstum des konstanten und 5prozentiges Wachstum des variablen Kapitals) und bei gleichen Ausgangszahlen noch eine ganze Anzahl anderer Varianten der Produktionserweiterung entwerfen kann, bei denen das konstante Gesamtkapital den Voraussetzungen gemäß ebenfalls von 200000 auf 220000 und das variable von 100000 auf 105000 im folgenden Jahre und entsprechend in den weiteren Jahren steigt.[78]

Da aber Bauers Schema trotz gewisser Mängel in den wesentlichen Punkten korrekt aufgebaut sei, so eignet es sich nach Grossmann sehr gut dafür, den weiteren Verlauf der Kapitalvergrößerung zu studieren. Dazu reiche freilich das von Bauer durchgeführte Schema für den Zeitraum von nur 4 Jahren nicht aus.

Damit kommen wir zu der von Grossmann gestellten Kernfrage: Kann die Akkumulation des Kapitals bei fortschreitend wachsender organischer Zusammensetzung im Prinzip *unbegrenzt* weitergehen, mit anderen Worten, ist der Kapitalismus auf die Dauer unbegrenzt lebensfähig? Denn kapitalistische Weiterentwicklung heißt ja fortschreitende Kapitalvergrößerung. »Auf die Frage, ob für die Akkumulation im Kapitalismus irgendeine unüberschreitbare Grenze besteht, ergibt sich aus der Bauerschen Darstellung eine negative Antwort«, stellt Grossmann fest.[79] D. h. nach Bauer kann die Kapitalakkumulation auch in alle Zukunft *schrankenlos* fortgesetzt werden. Freilich weist Bauer darauf hin, daß ». . . dieser Gleichgewichtszustand zwischen der Akkumulation und dem Bevölkerungswachstum nur dann erhalten werden (kann), wenn die Akkumulation so schnell steigt, daß trotz der steigenden organischen Zusammensetzung des Kapitals das variable Kapital ebenso schnell wächst wie die Bevölkerung«.[80] Doch zunächst die von Bauer aufgestellte Tabelle für die erweiterte Reproduktion während der ersten vier Jahre.

Grossmann stellt hier die Frage: *Kann* denn die Akkumulationsrate auf die Dauer so schnell wachsen? Und seine Antwort lautet: Nein! Seiner Ansicht nach stößt die fortschreitende Kapitalakkumulation mit steigender organischer Zusammensetzung im Laufe der Zeit gegen eine unüberschreitbare Schranke. Das kapitalistische Wirtschaftsystem *muß*, wenn auch durch mehrere Gegentendenzen daran gehindert, nach einer bestimmten Zeit *zwangsläufig zusammenbrechen*!

Grossmann hat nämlich die Bauersche Tabelle über weitere 30 Jahre fortgesetzt, und da zeigt es sich, ». . . daß der für den persönlichen Konsum der Kapitalisten bestimmte Teil des Mehrwertes

[78] Grossmann, a. a. O., S. 247–249.
[79] Ebd., S. 107.
[80] Otto Bauer, a. a. O., S. 869.

Das Bauersche Reproduktionsschema

		c	v	k	a_c	a_v	Jährlicher Produktenwert	Konsum der Kapitalisten k in % des Mehrwerts	Die Akkumulationsrate $a_c + a_v$ in % des Mehrwerts	Profitrate: $\frac{a_c + a_c + a_v}{c + v}$
1. Jahr	I	120000 +	50000 +	37500 +	10000 +	2500 =	220000	75%	25%	
	II	80000 +	50000 +	37500 +	10000 +	2500 =	180000	75%	25%	
		200000 +	100000 +	75000 +	20000 +	5000 =	400000	75%	25%	33,3%
2. Jahr	I	134666 +	53667 +	39740 +	11244 +	2683 =	242000	74,05%	25,95%	
	II	85334 +	51333 +	38010 +	10756 +	2567 =	188000	74,05%	25,95%	
		220000 +	105000 +	77750 +	22000 +	5250 =	430000	74,05%	25,95%	32,3%
3. Jahr	I	151048 +	57576 +	42070 +	12638 +	2868 =	266200	73,04%	26,96%	
	II	90952 +	52674 +	38469 +	11562 +	2643 =	196300	73,04%	26,96%	
		242000 +	110250 +	80539 +	24200 +	5511 =	462500	73,04%	26,96%	31,3%
4. Jahr	I	169124 +	61738 +	44465 +	14186 +	3087 =	292600	72,02%	27,98%	
	II	96876 +	54024 +	38909 +	12414 +	2701 =	204924	72,02%	27,98%	
		266000 +	115762 +	83374 +	26600 +	5788 =	497524	72,02%	27,98%	30,3%

	c		v		k		a_c		a_v		Jährlicher Produktenwert	Konsum der Kapitalisten k in °/₀ des Mehrwerts	Die Akkumulationsrate $a_c + a_v$ in °/₀ des Mehrwerts	Profitrate: $\frac{k + a_c + a_v}{c + v}$
5. Jahr	292600	+	121550	+	86213	+	29260	+	6077	=	535700	70,93°/₀	29,07°/₀	29,3°/₀
6. Jahr	321860	+	127627	+	89060	+	32186	+	6381	=	577114	69,70°/₀	30,30°/₀	28,4°/₀
7. Jahr	354046	+	134008	+	91904	+	35404	+	6700	=	622062	68,58°/₀	31,42°/₀	27,4°/₀
8. Jahr	389450	+	140708	+	94728	+	38945	+	7035	=	670866	67,32°/₀	32,68°/₀	26,5°/₀
9. Jahr	428395	+	147743	+	97517	+	42839	+	7387	=	723881	66,00°/₀	34,00°/₀	25,6°/₀
10. Jahr	471234	+	155130	+	100251	+	47123	+	7756	=	781494	64,63°/₀	35,37°/₀	24,7°/₀
11. Jahr	518357	+	162886	+	102907	+	51835	+	8144	=	844129	63,10°/₀	36,90°/₀	23,9°/₀
15. Jahr	758925	+	197988	+	112197	+	75892	+	9899	=	1154901	56,67°/₀	43,33°/₀	20,6°/₀
19. Jahr	1111139	+	240654	+	117509	+	111113	+	12032	=	1592447	49,66°/₀	50,34°/₀	17,8°/₀
20. Jahr	1222252	+	252691	+	117832	+	122225	+	12634	=	1727634	46,63°/₀	53,37°/₀	17,1°/₀
21. Jahr	1344477	+	265325	+	117612	+	134447	+	13266	=	1875127	44,33°/₀	55,67°/₀	16,4°/₀
25. Jahr	1968446	+	322503	+	109534	+	196844	+	16125	=	2613452	33,96°/₀	66,04°/₀	14,0°/₀
27. Jahr	2381819	+	355559	+	99601	+	238181	+	17777	=	3092937	25,20°/₀	74,80°/₀	12,9°/₀
30. Jahr	3170200	+	411602	+	73822	+	317200	+	20580	=	3993404	17,97°/₀	82,03°/₀	11,5°/₀
31. Jahr	3487220	+	432182	+	61851	+	378722	+	21609	=	4351584	14,31°/₀	85,69°/₀	11,0°/₀
33. Jahr	4219536	+	476480	+	30703	+	421953	+	23824	=	5172496	4,20°/₀	95,80°/₀	10,1°/₀
34. Jahr	4641489	+	500304	+	11141	+	464148	+	25015	=	5642097	0,45°/₀	99,55°/₀	9,7°/₀
35. Jahr	5105637	+	525319	+	∅	+	510563	+	14756	=	6156275	∅	104,61°/₀ (!)	9,3°/₀
36. Jahr														
a) vorhandenes Kap.	5616200		a) vorhandene Bevölkerung 551584						{erforderlich: 26265 Defizit: 11509}					
b) funktionierendes Kap.	5499015*	+	b) aktive Bevölkerung 540075	+	∅	+	540075	+	∅	=	6696350	∅	109,35°/₀ (!)	8,7°/₀
c) Kap.-Überschuß	117185		c) Reservearmee: 11509				{erforderlich: 561620 Defizit: 21545}		{erforderlich: 27003 Defizit: 27003}					
							Gesamtdefizit:		48548					

* 5616200 : 551584 = 5499015 : 540075

(k), der im 5. Jahre 86213 beträgt und in den folgenden Jahren immer weiter wächst, nur bis zu einem bestimmten Höchstpunkt sich vergrößern kann, von dem an er *notwendig abnehmen muß*, weil der zu kapitalisierende (d. h. der zur Kapitalvergrößerung zu verwendende) Teil des Mehrwertes ihn verschlingt.«[81]
Würden die Grossmannschen Schlußfolgerungen aus der von ihm berechneten Tabelle zutreffen, so wären in der Tat die wirtschaftlichen und politischen Konsequenzen seiner Erkenntnis bedeutend. Daher soll die Grossmannsche Fortsetzung des Bauerschen Schemas der erweiterten Reproduktion bis zum 35. Jahre hier wiedergegeben werden.

Grossmanns Fortsetzung der Bauerschen Tabelle

Die in Grossmanns Tabelle für das entscheidende 35. und 36. Produktionsjahr angegebenen Zahlen sollen hier kurz erläutert werden. Die Erörterung der theoretischen Schlußfolgerungen Grossmanns und eine Kritik an ihnen folgt später.
Für das 35. Produktionsjahr ist die Wertsumme der Konsumtionsgüter der Kapitalisten, k: Der Zuwachs zum variablen Kapital des 34. Jahres beträgt 5 Prozent und der des konstanten Kapitals des 34. Jahres beträgt 10 Prozent; also ist im 34. Jahre $a_v = 5$ Prozent von $500\,304 = 25\,015$, und $a_c = 10$ Prozent von $4\,641\,489 = 464\,148$; $a_c + a_v = 489\,164$. Dies ist aber nur ein *Teil* des im 34. Jahre produzierten Mehrwerts, welcher $m = v = 500\,304$ beträgt. Der für den persönlichen Konsum der Kapitalisten zu reservierende k – Teil des Mehrwertes ist also $500\,304 - (ac + av) = 500\,304 - 489\,164 = 11\,140$ (die kleinen Abweichungen unserer Zahlen erklären sich aus den von Grossmann manchmal etwas weitherzig vorgenommenen Abrundungen). Ergebnis: Aus dem im 34. Jahre produzierten Mehrwert wird für die Konsumtion der Kapitalisten während des 35. Jahres 11140, für die Vergrößerung des konstanten Kapitals im 35. Jahre 464148 und für die vergrößerte Lohnsumme, also für eine entsprechend vergrößerte Zahl von Arbeitern – der Betrag von 25015 bereitgestellt und zu Beginn des 35. Jahres dem konstanten und dem variablen Kapital des 34. Jahres hinzugefügt.
Was geschieht jetzt im 35. Produktionsjahr? Das konstante Kapital, c, ist auf 5105637, und das variable ist auf 525319 angewachsen. Der Mehrwert im 35. Jahre ist nach der Voraussetzung Bauers, wonach die Mehrwertrate stets gleich 100 Prozent ist, mit anderen Worten stets $v = m$ ist, ebenfalls gleich 525319.
Um für das 36. Produktionsjahr die nötige Vergrößerung des konstanten und des variablen Kapitals, sowie des für die persönliche Konsumtion der Kapitalisten erforderlichen k-Teils bereitzustellen, müßte $a_c = 10$ Prozent von $5\,105\,637 = 510\,563$, und $a_v = 5$ Prozent von $525\,319 = 26\,265$ betragen; beide Mehrwert-

[81] Grossmann, a. a. O., S. 118.

teile, sowohl a_c wie a_v, müßten also vom Mehrwert des 35. Jahres, von 525 319, entnommen werden, um sie für die entsprechende Kapitalvergrößerung zu Beginn des 36. Produktionsjahres zur Verfügung zu haben. Nun beträgt aber die Summe $a_c + a_v =$ $510\,563 + 26\,265 = 536\,828$, während der im 35. Jahre *vorhandene* Mehrwert, wie schon angegeben, nur 525 319 beträgt. Es *fehlt* daher vom Mehrwert der für die Produktionserweiterung (Akkumulation) des 36. Jahres erforderliche Betrag von 11 509; dieser ist das in der Tabelle (in der Vertikalspalte unter a_v) angegebene »Defizit«. – Und wieviel haben die Kapitalisten im 35. Jahre für ihren persönlichen Konsum zur Verfügung? Antwort: Gar nichts! Daher das Zeichen Ø.

Ergebnis: Die im 35. Jahre zur Verfügung stehende Mehrwertmasse ist um 11 509 *zu klein*, um das für das 36. Jahr erforderliche zusätzliche variable Kapital von 26 265 bereitstellen zu können; nur $26\,265 - 11\,509 = 14\,756$ können zur Vergrößerung des variablen Kapitals im 36. Jahre reserviert werden.

Im 36. Jahre hat sich das konstante Kapital des 35. Jahres nach Voraussetzung um 10 Prozent vermehrt: $5\,105\,637 + 510\,563 =$ $5\,616\,200$. Die Arbeiterbevölkerung des 35. Jahres hat sich laut Voraussetzung, wie stets, um 5 Prozent erhöht, beträgt also im 35. Jahre $525\,319 + 26\,265 = 551\,584$ Köpfe. Wie groß ist zu diesem Zeitpunkt die gesamte Lohnsumme, d. h. das variable Kapital, das zur Beschäftigung der Arbeiterbevölkerung ausgegeben werden kann? Antwort: Zu dem variablen Kapital des 35. Jahres, $v = 525\,319$, können ja nur $a_v = 14\,756$ hinzugefügt werden; es steht daher im 36. Jahr nur der Betrag von $525\,319 +$ $14\,756 = 540\,075$ für Arbeitslöhne zur Verfügung, während die *vorhandene* Arbeiterbevölkerung auf 551 584 angewachsen ist. Wenn man, wie stets, davon ausgeht, daß pro Kopf eine Geldeinheit (1 v) für Lohn ausgegeben wird, so bedeutet dies hier, daß vom Mehrwert ein Betrag von $551\,584 - 540\,075 = 11\,509$ an Arbeitslöhnen *fehlt*, um die *vorhandene* Arbeiterbevölkerung zu beschäftigen, daß, mit anderen Worten, 11 509 Arbeiter *unbeschäftigt* sind. So ist im 36. Produktionsjahr eine industrielle Reservearmee von 11 509 Personen entstanden!

Da im 36. Jahre nur 540 075 Arbeiter Beschäftigung finden können, so kann in diesem Jahre auch nicht mehr das gesamte konstante Kapital, sondern nur ein geringerer Teil davon für die Produktion tätig sein. Der *vorhandenen* Arbeiterbevölkerung von 551 584 Köpfen würde das *vorhandene* konstante Kapital von 5 616 200 entsprechen, d. h. ihr vollzählig Arbeit geben. Aber für die *beschäftigte* Arbeiterbevölkerung von nur 540 075 wird auch nur ein im selben Verhältnis kleineres konstantes Kapital in Betrieb gesetzt werden. Man hat daher die Proportion

$$5\,616\,200 : 551\,584 = x : 540\,075,$$

woraus man die Größe des den 540 075 Arbeitern Beschäftigung

gebenden konstanten Kapitals, x, mit rund 5 499 015 ermittelt. Das brachliegende konstante Kapital (»Kapital-Überschuß«) beträgt daher 5 616 200 — 5 499 015 = 117 185. Um diesen Betrag ist also das konstante Kapital im 36. Produktionsjahr überakkumuliert. Hätten die Voraussetzungen des Schemas eingehalten werden können, so hätte das konstante Kapital von 5 105 637 des 35. Jahres auf ein in der Warenproduktion vollauf tätiges konstantes Kapital von 5 616 200 im 36. Jahr anwachsen müssen; es hätte also der zum konstanten Kapital des 35. Jahres hinzugefügte (akkumulierte) a_c – Teil 561 620 betragen müssen. Da aber diese Vergrößerung des konstanten Kapitals infolge des im 35. Jahre *ungenügend* gewordenen Mehrwertes (= 540075) scheitern muß und daher nur das entsprechend geringere variable Kapital von ebenfalls 540075 für die Warenerzeugung angelegt werden konnte, so *fehlt* für die Vergrößerung des konstanten Kapitals, wenn sie im Sinne der Voraussetzung erfolgen soll, der Betrag von 561 620 — 540075 = 21 545; das ist das »Defizit« in der Vertikalspalte unter a_c (ganz unten).
Ferner: Geht man davon aus, daß auch die *beschäftigte* Arbeiterbevölkerung jährlich um 5 Prozent zunimmt, so müßte im 36. Jahr wenigstens der *Zuwachs* an Beschäftigten, also 5 Prozent von 540075 = 27003 Arbeiter, Beschäftigung finden. Das ist aber nun wegen des Mangels an Mehrwert nicht der Fall; daher *fehlt* die Lohnsumme (variables Kapital) für die Beschäftigung dieser 27003 Arbeiter; daher das »Defizit« a_v = 27003. Das *Gesamtdefizit* im 36. Jahre beträgt $a_c + a_v$ = 21 545 + 27003 = 48 548.

Henryk Grossmanns Zusammenbruchsgesetz

Die von Grossmann in diesem Beispiel bis zum 36. Jahre durchgeführte Berechnung der Kapitale und Kapitalteile ist im Prinzip genau die gleiche wie die von Bauer. Aber bei der von Grossmann für einen längeren Zeitraum durchgeführten Rechnung ergeben sich Kapitalgrößen und Wertverhältnisse *von besonderer Art*, die aus dem nur für vier Jahre berechneten Zeitraum des Bauerschen Schemas nicht ersichtlich sind. Diese Verschiedenheiten werden von Grossmann ausführlich diskutiert. Wir resümieren jetzt die wichtigsten Ergebnisse seiner Ausführungen.
1. Bei – in Übereinstimmung mit Marx – dauernd fallender Profitrate (im 1. Jahre betrug sie noch 33,3 Prozent, im 35. Jahre nur 9,3 Prozent) erfolgt die Kapitalakkumulation in fortschreitend rascherem Tempo; im 1. Jahre war das Kapital (c + v) = 300 000; nach 10 Jahren ist es bereits auf 681 243, d. h. um 227 Prozent gewachsen.
2. Der konstante Kapitalteil wächst so schnell an, daß sein Anteil am Gesamtkapital im 1. Jahr bloß 50 Prozent der Jahresproduktion (200 000 : 400 000) ausmacht, aber im 34. Jahre bereits 82,2 Prozent davon beträgt.

3. Obwohl die Kapitalisten ihren *Konsum* – den k-Teil ihres Mehrwertes – absolut *steigern*, können sie in Anbetracht der wachsenden Produktivität der Arbeit und der wachsenden Mehrwertmasse einen fortschreitend *größeren* Teil des Mehrwertes für die *Akkumulation* (Kapitalvergrößerung) verwenden.

4. Der k-Teil des Mehrwertes erreicht jedoch in dieser Tabelle im 20. Jahr mit 117832 seinen Höchststand, um dann vom 21. Jahre ab nicht nur relativ, sondern auch absolut zu sinken! – Im 34. Jahre beträgt der prozentuale Anteil des für die Konsumtion der Kapitalisten zur Verfügung stehenden k-Teiles 11141 : 500304 = 0,45 Prozent, und im folgenden, 35. Jahr ist der k-Teil überhaupt nicht mehr vorhanden! Die Kapitalistenklasse behält also keine Lebensmittel mehr für ihren persönlichen Konsum; *alle* vorhandenen Lebensmittel müssen für Akkumulationszwecke verwendet werden! Und trotzdem entsteht ein Defizit an Lebensmitteln in Höhe von 11508 a_v, während für das 36. Jahr unter der Bauerschen Voraussetzung eines 5prozentigen Bevölkerungszuwachses 551584 erforderlich sind, und zwar ausschließlich für die Arbeiterklasse allein, so daß die Kapitalisten von der Luft leben müßten!

»Es ergibt sich, *daß die angenommenen Bauerschen Voraussetzungen nicht eingehalten werden können.* Das System (der fortschreitenden Kapitalakkumulation mit fortschreitend erhöhter organischer Kapitalzusammensetzung) bricht zusammen ... Vom 35. Jahre an wäre für die Kapitalistenklasse jede weitere Kapitalakkumulation – unter den genannten Voraussetzungen – *zwecklos.* Die Unternehmer hätten die Mühe der Leitung eines Produktionssystems, dessen Früchte ausschließlich der Arbeiterklasse zufallen würden. Bereits im 35. Jahre könnte das angewachsene Kapital keinen genügend großen Profit liefern, um den Unternehmern einen für ihre Konsumtion erforderlichen k-Teil zu sichern. Das kleinere Kapital des 34. Jahres (4641489 c + 500304 v = 5141793) hat immerhin den Unternehmern einen für ihre persönliche Konsumtion bestimmten k-Teil im Betrage von 11141 geliefert. Das im 35. Jahre auf 5630956 angewachsene Gesamtkapital (5105637 c + 525319 v) liefert keinen solchen Teil.«[82] Und dann zitiert Grossmann Marx:

»Überproduktion von Kapital heißt nie etwas anderes als Überproduktion von Produktionsmitteln – Arbeits- und Lebensmitteln –, die als Kapital fungieren können, d. h. zur Ausbeutung der Arbeit zu einem gegebenen Exploitationsgrad angewandt werden können; indem das Fallen dieses Exploitationsgrades unter einen gegebenen Punkt Störungen und Stockungen des kapitalistischen Produktionsprozesses, Krisen, Zerstörungen von Kapital hervorruft.« (III, S. 266)

»Der beschriebene Zustand als ständige Erscheinung wäre gleich-

[82] Grossmann, a. a. O., S. 122.

bedeutend mit einer Zersetzung des kapitalistischen Mechanismus, mit seinem ökonomischen Ende!«[83] Nach Grossmann erfolgt der Zusammenbruch der kapitalistischen Wirtschaft in einem bestimmten fortgeschrittenen Stadium der Kapitalakkumulation bei dauernd wachsender organischer Kapitalzusammensetzung aus Mangel an Mehrwert, der bei der gegebenen Akkumulationsrate nicht mehr ausreicht, um die Kapitalakkumulation fortzusetzen. »Daher die Katastrophe!«[84] Nach der Voraussetzung wächst die Mehrwertmasse gleichmäßig mit der Bevölkerung; der Lohnzuwachs, a_v, beträgt jährlich 5 Prozent. »Aber ich habe aus dieser so wachsenden Mehrwertmasse Ausgaben zu bestreiten, die größer sind als der jährliche Mehrwertzuwachs. Nämlich einen Lohnzuwachs a_v von gleichfalls 5 Prozent der Bevölkerungszahl (also 5 Prozent von v) und darüber hinaus die Ausgaben für das *zusätzliche konstante Kapital* a_c, das *rascher* als die Bevölkerung zunimmt (in unserem Schemabeispiel 10 Prozent von c). – Das immer mehr anschwellende Kapital muß durch eine Bevölkerung verwertet werden, welche zwar absolut gleichfalls wächst, aber weniger rasch als das Kapital, so daß die Verwertungsbasis relativ immer schmäler wird und schließlich einmal versagen muß.«[85] Und Marx schreibt:

»... das Wachsen der Kapitalwerte ..., die viel rascher wachsen als die Bevölkerung, widerspricht der relativ zum wachsenden Reichtum, immer schmaler werdenden Basis, für die diese ungeheure Produktivkraft wirkt, und den Verwertungsverhältnissen dieses schwellenden Kapitals. Daher die Krisen.« (III, S. 277)

5. Wie man sah, fällt im Schema die Profitrate bei zunehmender Akkumulation dauernd, doch der wirkliche Grund für den Zusammenbruch des Kapitalismus ist das Schwinden der Profit*masse*; diese mag *absolut* steigen – und sie steigt ja auch von 50000 im ersten bis auf 525319 im 35. Jahr –, aber *relativ* zur akkumulierten Kapitalmasse *fällt sie* während der ganzen Akkumulationsdauer; und dieses *relative* Fallen der Profit*masse* ist die Ursache, bzw. das Symptom für den Zusammenbruch des Kapitalismus.

Welche Wirkung hat nun, Grossmann zufolge, die Überakkumulation des Kapitals auf die Arbeiterklasse? Über die Konsumtion der Bevölkerung, der Arbeiterklasse, ist folgendes zu sagen: Zwar fällt die Profitrate im Schemabeispiel schon zu Beginn der Kapitalvergrößerung, doch jenseits gewisser Grenzen nimmt *nicht nur* der für die Konsumtion der Kapitalistenklasse bestimmte Teil des Mehrwertes ab, sondern es folgen bald *auch die übrigen* für die Akkumulation bestimmten Mehrwertteile diesem Trend. Auch die a_c- und die a_v-Teile der Profitmasse schrumpfen so stark zusammen, daß sie nicht mehr ausreichen, um die Akkumulation

[83] Ebd., S. 122.
[84] Ebd., S. 178.
[85] Ebd., S. 180.

fortzusetzen; sie können dem Bevölkerungswachstum nicht mehr angepaßt werden. Im 35. Jahre sind 510563 a_c und 26265 a_v = 536828 *erforderlich*, um die um 5 Prozent angewachsene Bevölkerung zu beschäftigen, also zu ernähren. Die tatsächlich *vorhandene* Profitmasse beträgt jedoch nur 525319. Die Kapitalakkumulation kann also nach diesem Schema mit dem Bevölkerungswachstum nicht mehr Schritt halten; es muß zwangsläufig eine industrielle Reservearmee entstehen, die mit jedem Jahr anwächst. Das Schema zeigt in der Tat, daß im 35. Jahre das variable Kapital statt der erforderlichen 26265 a_v bloß 14765 a_v beträgt, und daher *nicht ausreicht*, um die vorhandene Bevölkerung von 551584 Köpfen voll zu beschäftigen.[86] 11507 Arbeiter werden arbeitslos, es bildet sich die Reservearmee, die von Marx auch »Surplusbevölkerung« genannt wird: »Eine Surplusbevölkerung ist notwendiges Produkt der Akkumulation.« (I, S. 661)

Im III. Band lautet z. B. die Überschrift des dritten Abschnittes im 15. Kapitel »Überfluß an Kapital bei Überfluß an Bevölkerung«, und Marx führt aus: »Die Plethora (Überfülle) des Kapitals erwächst aus denselben Umständen, die eine relative Übervölkerung hervorrufen, und ist daher eine diese letztere ergänzende Erscheinung, obgleich beide auf entgegengesetzten Polen stehen, unbeschäftigtes Kapital auf der einen, und unbeschäftigte Arbeiterbevölkerung auf der anderen Seite.« (III, S. 261)

Da nämlich die ganze Arbeiterbevölkerung nicht mehr (551584 Köpfe) beschäftigt werden kann, so wird auch der ganze Betrag des zusätzlichen konstanten Kapitals (510563 a_c) nicht mehr zum Ankauf neuer Produktionsmittel, d. h. zur Vergrößerung des bisherigen konstanten Kapitals, verwendet werden können. Wenn für die Beschäftigung der zu diesem Zeitpunkt vorhandenen Bevölkerung von 551584 Köpfen ein konstantes Kapital von 5616200 erforderlich ist, so muß (nach den Erläuterungen zur Tabelle) bei einer Bevölkerung von 540075 Köpfen ein konstantes Kapital von nur 5499015 angewendet werden; somit verbleibt ein *Kapitalüberschuß* von 117185 *ohne Anlagemöglichkeit*.

Nach Marx besteht also bei der Überakkumulation zu viel Kapital und eine zu große Bevölkerung *im Verhältnis* zur Verwertungsmöglichkeit des Kapitals. »Es ist kein Widerspruch, daß diese Überproduktion von Kapital begleitet ist von einer mehr oder minder großen relativen Übervölkerung. Dieselben Umstände, die die Produktivkraft der Arbeit erhöht, die Masse der Warenprodukte vermehrt, die Märkte ausgedehnt, die Akkumulation des Kapitals sowohl der Masse wie dem Werte nach beschleunigt und die Profitrate gesenkt haben, dieselben Umstände haben eine relative Übervölkerung erzeugt und erzeugen sie beständig, eine Übervölkerung von Arbeitern, die vom überschüssigen Kapital nicht angewandt wird ...« (III, S. 266)

[86] Ebd., S. 125ff.

An einer anderen Stelle heißt es: »Rascheres Wachstum der Produktionsmittel und der Produktivität der Arbeit als der produktiven Bevölkerung drückt sich kapitalistisch, also umgekehrt (wie in einer sozialistischen Gesellschaftsordnung), darin aus, daß die Arbeiterbevölkerung stets rascher wächst als das Verwertungsbedürfnis des Kapitals.« (I, S. 674)

Erst in diesem Zusammenhang wird nach Grossmann der tiefere Sinn jener schon an früherer Stelle wiedergegebenen Marxschen These im 23. Kapitel des ersten Bandes des »Kapital« verständlich, wonach bei fortschreitender Kapitalakkumulation und zunehmender organischer Zusammensetzung die Arbeiterbevölkerung absolut rascher wachsen muß als die Möglichkeiten zu ihrer Beschäftigung. Das hatte Marx an dieser Stelle nur behauptet, aber nicht zureichend begründet. Wir hatten zu dieser These bemerkt, daß dieser Satz empirisch für die normalen Zeiten kapitalistischer Entwicklung zweifellos nicht gilt, während er im Grossmannschen Sinne für die *Endphase* der kapitalistischen *Überakkumulation*, deren Zusammenbruchstendenzen sich gegenüber den Aufschwungstendenzen durchsetzen, wohl gelten mag. Die Feststellung, daß es vorübergehende und selbst länger andauernde wirtschaftliche Aufstiegsphasen einer zunehmenden Zahl beschäftigter Arbeiter gibt, steht nicht im Widerspruch zu dieser Theorie, nach der bei einer bestimmten Höhe der Kapitalvergrößerung sich schließlich dennoch die Tendenz zur absoluten Verschlechterung der Wirtschaftslage des Proletariats, und zwar nicht nur im Sinne einer Zunahme seines sozialen Elends, *durchsetzt*.[87] Träfe die Grossmannsche Theorie über die Folgen der Überakkumulation des Kapitals zu, so wäre in der Tat der Zusammenbruch des Kapitalismus aus dem Wesen der kapitalistischen Produktionsweise als eine selbstverständliche Notwendigkeit bewiesen. Jetzt gelingt es uns auch, den tieferen Sinn des Marxschen Satzes zu verstehen: »Die wahre Schranke der kapitalistischen Produktion ist das Kapital selbst, ist dies: daß das Kapital und seine Selbstverwertung als Ausgangspunkt und Endpunkt, als Motiv und Zweck der Produktion erscheint.« (III, S. 260)

Man hat früher gesehen, daß im Kommunistischen Manifest der jüngere Marx und Engels von einer zunehmenden Verelendung des Proletariats und einem notwendig eintretenden Ende des kapitalistischen Wirtschaftssystems gesprochen hatten, in seinen reiferen volkswirtschaftlichen Hauptwerken kam jedoch Marx hierauf nicht mehr zurück. Wir schlossen daraus, daß Marx einen Zusammenbruch der kapitalistischen Wirtschaft aus rein ökonomischen Ursachen nur als Folge einer zunehmenden wirtschaftlichen Verelendung des Proletariats und einer wachsenden Reservearmee, entweder fallengelassen oder als noch nicht spruchreif

[87] Vgl. hierzu Grossmann, a. a. O., S. 17, 64, 115 ff u. 189.

angesehen hat. Nach Grossmann haben die wesentlichen Elemente einer Verelendungs- und Zusammenbruchstheorie aber gerade den Ausführungen des »Kapital«, wenn auch nur in Form verstreuter Bemerkungen, zugrunde gelegen. Aber sollte Marx bei der Niederschrift seines Hauptwerkes wirklich eine der Grossmannschen Theorie ähnliche Zusammenbruchs- und Verelendungstheorie vorgeschwebt haben, so wäre sie gewiß von ganz anderer Art, als die ihm zu Unrecht unterstellte primitive Verelendungstheorie, derzufolge es den politisch starken und immer stärkeren Kapitalbesitzern gelingen wird, die Profite auf Kosten der Reallöhne zu erhöhen und diese bis zur Grenze, ja gelegentlich unter die Grenze des Existenzminimums herabzudrücken. Diese primitive Verelendungstheorie besagt ja, daß das Kapital in seiner Struktur bis »zuletzt« intakt bleibt, d. h. solange, bis die verzweifelnden, rebellierenden und ausgebeuteten Volksmassen das System durch eine politische Aktion von außen her zerstören. Nach der Grossmannschen oder Marx-Grossmannschen Theorie hingegen geht das Kapital an seiner *eigenen, inneren* Struktur, an seinem inneren Widerstand, infolge von Änderungen der Wertverhältnisse der einzelnen Kapitalteile zueinander, zugrunde. Auch nach dieser Auffassung findet ein Sinken der Reallöhne statt, aber es erfolgt fast gleichzeitig mit dem Schwinden der wirtschaftlichen Existenz, ja mit dem Hungertode der Kapitalistenklasse! Nach dieser Verelendungstheorie verhungern die Ausgebeuteten an der gleichen Ursache und fast zu gleicher Zeit wie ihre Ausbeuter. Das ist nicht unbedingt ein besonderer Trost für die hungernden Volksmassen, und auch in diesem Falle könnte die politische Rebellion, also das bewußte aktive Handeln des Proletariats, das Ende des Kapitalismus herbeiführen, bevor das System von selbst zugrunde geht. Die Arbeiterschaft wäre dann allerdings nicht der Arzt am Krankenlager des Kapitalismus, sondern sozusagen der zornige Justizbeamte oder, wie ein häufig gebrauchtes Wort hierfür lautet: »Der Totengräber der Bourgeoisie«, der einem schwerkranken, ohnehin dem Tod geweihten Ausbeutungssystem nur den Gnadenstoß gibt.

Man sieht, nach Grossmann tritt der Zusammenbruch des Kapitalismus im Verlaufe der Kapitalakkumulation auch dann mit Notwendigkeit ein, wenn die Produzenten ihre Waren während der ganzen Zeitdauer der Kapitalvergrößerung zu ihren Werten verkaufen, was nur geschehen kann, wenn Angebot und Nachfrage gleich sind, wenn also vom Beginn der Akkumulation bis zum Zeitpunkt der Überakkumulation ein Gleichgewicht beider Waagschalen besteht.[88]

Nach Grossmann leitet Marx den Zusammenbruch des Kapitalismus ganz unabhängig vom Bestehen der Konkurrenz ab, indem

[88] Ebd., S. 105, 139, 175, 177, Fußnote 156 und S. 230.

er als Ausgangspunkt seiner Analyse den Gleichgewichtszustand (Nachfrage = Angebot) akzeptiert: »Weil die Verwertung auf einer gewissen Höhe der Kapitalakkumulation versagt, muß der Kampf um den Absatz und um die Anlagesphären beginnen. Die Konkurrenz ist also eine *Folge* der ungenügenden Verwertung, nicht ihre Ursache.«[89]

Wie bereits bemerkt wurde, haben frühere Theoretiker die Beseitigung der kapitalistischen Wirtschaftsordnung als notwendig angesehen; so z. B. Louis Boudin, Michael Tugan-Baranowski, Rosa Luxemburg, Bucharin, Lenin, Kautsky, R. Hilferding, Otto Bauer u. a. Sie hatten jedoch den Zusammenbruch ursächlich mit der politischen Aktion der Arbeiterklasse verknüpft, die eine ihr günstige wirtschaftliche oder politische Machtkonstellation ausnützen sollte und würde, um die Kapitalbesitzer zu enteignen und ihren Machtapparat – Polizei, Militär – zu zerschlagen und die neue sozialistische Wirtschaft aufzubauen. Selbstverständlich unterscheiden sich die genannten und die vielen hier nicht genannten Theoretiker mehr oder weniger beträchtlich in bezug auf die dabei anzuwendende Strategie der Erhebung. Manche dieser Theoretiker haben im Verlauf ihrer intellektuellen Entwicklung und ihrer politischen Karriere ihren ursprünglichen Theorien abgeschworen. Aber fast alle – außer Rosa Luxemburg und Henryk Grossmann – hatten den Zusammenbruch des Kapitalismus nicht in vorwiegend inner-strukturellen, im widersprüchlichen Verhältnis der Kapital-Teile liegenden Ursachen begründet gesehen, sondern sie hatten den Zusammenbruch eher durch die politische Aktion von *außen* vorausgesagt und mehr oder weniger herbeigewünscht.

Da nach Grossmann und Rosa Luxemburg der Zusammenbruch des Kapitalismus zwangsläufig aus rein wirtschaftlichen Ursachen erfolgen muß, so lag es nahe, gegen beide den Vorwurf einer »mechanistischen« Zusammenbruchslehre zu erheben. Ihre Kritiker glaubten, daß die politische Aktion des Proletariats überflüssig wäre, wenn der Kapitalismus ja schon von sich aus, von innen her, zusammenbrechen müsse. Im Vorwort zu seinem Buche, dort freilich recht vorsichtig formuliert, wehrt sich Grossmann gegen diesen Vorwurf eines Zusammenbruchmechanismus. Die Arbeiterschaft brauche ja nicht so lange zu warten, bis ihre Verelendung auf einer weit fortgeschrittenen Stufe der Kapitalakkumulation schon definitiv eingetreten sei; und im Schlußkapitel wird er noch deutlicher. So ist der gegen Grossmann manchmal erhobene Vorwurf wohl unbegründet. Rosa Luxemburg kann man desgleichen bestimmt nicht den Vorwurf machen, daß sie die politische Aktion der wirtschaftlichen Ausgebeuteten als eine unerhebliche Angelegenheit ansieht.

Für seine Theorie des Zusammenbruchs der kapitalistischen Wirt-

[89] Ebd., S. 285.

schaft, speziell für seine Erklärung des Entstehens der industriellen Reservearmee, nimmt Grossmann die an früherer Stelle unserer Schrift ausführlich zitierten Marxschen Worte über das absolute, allgemeine Gesetz der kapitalistischen Akkumulation aus dem ersten Band des »Kapital« in Anspruch. Die hier entscheidenden Worte lauteten: »Je größer der gesellschaftliche Reichtum, das funktionierende Kapital, der Umfang seines Wachstums ... desto größer die industrielle Reservearmee ... Dies ist das absolute, allgemeine Gesetz der kapitalistischen Akkumulation ...« (I, S. 673)

Die Rede ist hier also von der wachsenden Arbeitslosigkeit durch die Akkumulation des Kapitals. Wie erinnerlich, heißt es bei Marx, daß mit fortschreitender Kapitalvergrößerung die absolute Zahl der beschäftigten Arbeiter wächst: »Mit dem Wachstum des Gesamtkapitals wächst zwar auch sein variabler Bestandteil oder die ihm einverleibte Arbeitskraft ...« Aber sie wächst »... in beständig abnehmender Proportion ...« Aber Grossmann behauptet nun, es sei der Marxsche Gedanke, daß die Zahl der beschäftigten Arbeiter auf einer bestimmten Stufe der Akkumulation *ganz aufhöre zu wachsen*, und daß sich dann die frühere Zunahme in eine Freisetzung verwandle. Marx schreibt aber nur, die Akkumulation des Kapitals produziere »... eine relative, d. h. für die mittleren Verwertungsbedürfnisse des Kapitals überschüssige, daher überflüssige oder Zuschuß-Arbeiterbevölkerung ...« Weder aus den Marxschen Ausführungen über das fragliche Gesetz, noch aus den anderen Bänden des »Kapital« geht also hervor, daß ihm eine Zusammenbruchstheorie des Kapitalismus von der Grossmannschen Art vorgeschwebt hat. Die betreffenden Marxschen Sätze sind teilweise ohne Ableitung, sie sind nicht das logisch zwingende Schlußglied einer zusammenhängenden Kette von Argumenten; und es ist wohl müßig, darüber zu spekulieren, wie eine weniger lückenhafte von Marx projektierte genauere Ausarbeitung seiner Argumentation ausgesehen hätte, deren Ergebnis das von ihm so genannte absolute, allgemeine Gesetz der kapitalistischen Akkumulation ist.

Kritik an Grossmann

Einige der gegen Grossmanns Zusammenbruchstheorie geltend gemachten Einwände sollen hier in Kürze wiedergegeben werden. Für die eingehenderen Begründungen der kritischen Argumente verweisen wir auf die Arbeiten von Fritz Sternberg, »Eine Umwälzung der Wissenschaft?«,[90] und Martin Trottmann, »Zur Interpretation und Kritik der Zusammenbruchstheorie von Henryk Grossmann«.[91] Bei Trottmann findet man auch eine klare und

[90] Berlin 1930.
[91] Dissertation. Zugleich = Bd. 14 der Staatswissenschaftlichen Studien, hrsg. v. L. V. Furlan u. Edgar Salin, Zürich 1956.

elementare Ableitung der von Grossmann aufgestellten mathematischen Formeln und Literaturangaben zu Grossmanns Zusammenbruchstheorie.

Die Einwände Trottmanns sind folgende: Grossmann übernahm von Otto Bauer in das Schema der erweiterten Reproduktion die Voraussetzung, daß sich das variable Kapital um 5 Prozent jährlich vergrößert und eine ebenfalls jährlich um 5 Prozent wachsende Arbeiterbevölkerung voll beschäftigt werden soll. Eine weitere Voraussetzung war, daß infolge des gleichzeitigen technischen Fortschritts in der Warenproduktion eine Vergrößerung des konstanten Kapitals um 10 Prozent stattfindet. Daraus folgt eine jährliche Zunahme des konstanten Kapitals *im Verhältnis* zum variablen oder, was ja das gleiche ist, ein jährliches Wachstum der organischen Kapitalzusammensetzung, im Verhältnis von $(C + \frac{1}{10}C) : (v + \frac{1}{20}v)$, also von jährlich 22 : 21. Ein solches Wachstum der organischen Zusammensetzung anzunehmen sei Willkür. Das von Bauer-Grossmann angenommene jährliche Wachstum der Bevölkerung von 5 Prozent für alle Industrieländer ist, wie P. M. Sweezy in seiner »Theorie der kapitalistischen Entwicklung«[92] betont, geradezu unsinnig, denn die jährliche Bevölkerungszunahme bleibt in allen Industriestaaten weit unter 2 Prozent.

Grossmann behaupte, daß auf den Anfangsstufen der Kapitalakkumulation in seinem Schema sowohl die Profit*masse* als auch ihr für den persönlichen Konsum der Kapitalistenklasse bestimmter k-Teil zunimmt, daß aber ab einer bestimmten Höhe der Kapitalvergrößerung – im Grossmannschen Schema ist es das 35. Produktionsjahr – nicht nur die Profit*masse*, sondern auch ihr k-Teil fällt. Trottmann weist darauf hin, daß aus Grossmanns eigenem Schema eine *dauernde Zunahme* der Profitmasse, nicht nur bis zum fatalen Wendepunkt der Akkumulation, sondern *auch danach*, ganz klar ersichtlich ist. Nur wenn man an der von Bauer und Grossmann vorausgesetzten und völlig willkürlichen Bedingung einer jährlichen Zunahme des konstanten Kapitals um 10 und des variablen Kapitals um 5 Prozent, sowie an einer gleichbleibenden Mehrwertrate (Ausbeutung, $\frac{m}{v}$) von 100 Prozent, festhalte, stoße die Kapitalvergrößerung an jene unübersteigbare Schranke. Trottmann führt nun den rechnerischen Beweis, daß die Kapitalisten im 35. Produktionsjahr die Kapitalvergrößerung auch anders arrangieren könnten, daß sie z. B. sowohl das konstante wie das variable Kapital vergrößern könnten und dennoch für ihren persönlichen Konsum genügend übrig bleibt, und darüber hinaus die Profitmasse dabei ebenfalls weiter zunimmt. Auch

[92] A. a. O., S. 167.

bei diesem Arrangement entstünde eine sehr geringe Zahl von Arbeitslosen, aber die Fortführung der Kapitalakkumulation – also des kapitalistischen Systems – brauche deshalb nicht aus *inneren* Gründen zusammenbrechen. Die von Bauer-Grossmann angenommene jährliche Vergrößerung des konstanten bzw. variablen Kapitals um 10 bzw. um 5 Prozent sind nach Trottmann, der m. E. hier völlig im Recht ist, durchaus keine von kapitalistischem Gesichtspunkt diktierten Notwendigkeiten, sondern sie sind von außen her an die Prinzipien der Kapitalerhöhung herangetragene Forderungen, um die sich die Kapitalisten nicht zu kümmern brauchen und tatsächlich auch nicht kümmern. »Durch das einseitige Festhalten an der Erweiterung des konstanten Kapitals konstruiert Grossmann einen Überfluß an toten Produktionsmitteln, der gar nicht notwendig ist.«[93] Eine weitere, von Bauer-Grossmann gemachte, schwerwiegende, einschränkende, dem kapitalistischen System fremde Voraussetzung für das Kapitalwachstum sei, daß die Mehrwertrate, also das Verhältnis Mehrwert : Variables Kapital, stets 100 Prozent, also wie 1 : 1 sein soll. Diese Bedingung bedeute, daß die laufenden Ersparnisse der Gesellschaft – und das ist ja der Mehrwert – die zur Akkumulation dienen können, keinen größeren Wert haben dürfen als der Verbrauch der Arbeiterbevölkerung, der durch die Größe von v bestimmt ist. Anders ausgedrückt: Die genannte Bedingung besagt, daß höchstens die Hälfte der Arbeit eines Produktionsjahres auf die Erzeugung zusätzlicher Produktions- und Lebensmittel verwendet werden darf.
Im Gegensatz zu Grossmanns Ansicht versage die Kapitalverwertung »... nicht in bezug auf das in die Produktion geworfene Kapital« – denn die Profitmasse steigt im Grossmannschen Schema, entgegen seiner Behauptung, unaufhörlich – sondern ein Versagen der Verwertung bestehe nur »in bezug auf die Aufgaben«, d. h. in bezug auf die von Bauer und Grossmann willkürlich vorgeschriebene (vorausgesetzte) *Art der Verwendung* der steigenden Profitmasse, nämlich für die Beschäftigung einer jährlich um 5 Prozent wachsenden Arbeiterbevölkerung. Für *diese* Art der Verwendung reiche allerdings die wachsende Profitmasse nicht aus. Trottmann zeigt ferner, daß die Art, wie Bauer und Grossmann den für den persönlichen Verbrauch der Kapitalistenklasse bestimmten Mehrwert-Teil (den k-Teil) bestimmen, keineswegs im Sinne von Marx erfolgt.
Nun hatte zwar Grossmann in seinem Buche oft und nachdrücklich darauf hingewiesen, daß es sich bei dem von ihm gewählten Schemabeispiel für die Kapitalvergrößerung nur um ein provisorisches Gedankenmodell zur Vereinfachung des Studiums der Kapitalvergrößerung handelte und daß auch bei einer geringeren

[93] Trottmann, a. a. O.

als der von ihm angenommenen Zunahme des konstanten und des variablen Kapitals das kapitalistische Wirtschaftssystem dereinst zusammenbrechen müsse, wenn nur die Voraussetzung der dauernden Zunahme der organischen Kapitalzusammensetzung anerkannt werde. Grossmann hatte auch darauf verwiesen, daß auch die Annahme einer konstanten 100igen Mehrwertrate nur einen provisorischen fiktiven Charakter habe, daß man nachträglich konkretere, der Wirklichkeit mehr angepaßte Zahlen für die Mehrwertrate und die anderen Daten einsetzen könne. Trottmanns prinzipielle Kritik, daß man durch eine bestimmte Umgruppierung der Kapitalteile den Zusammenbruch der Kapitalakkumulation verhindern kann, ist wohl zutreffend, doch bekommt sie erst dann volle Durchschlagskraft, wenn man nachweisen kann, daß sich weder die Mehrwertrate noch die organische Kapitalgliederung so verhalten, wie Bauer und Grossmann das voraussetzen. In der Tat weist Trottmann darauf hin, daß der Mehrwert für die Kapitalvergrößerung bereits ausreichen würde, wenn die Mehrwertrate im gleichen Tempo wächst wie die organische Zusammensetzung. Diese Erkenntnis folgt aus der Betrachtung der von Trottmann entwickelten mathematischen Formel[94], worauf wir hier nicht einzugehen brauchen. Kurz: H. Grossmanns Versuch, den Zusammenbruch des kapitalistischen Systems durch ein Schwinden der Mehrwertmasse nachzuweisen, ist als mißglückt anzusehen. Man muß jedoch hier mit Nachdruck betonen, daß die Ablehnung der Grossmannschen Begründung für die Zwangsläufigkeit des Zusammenbruchs der kapitalistischen Wirtschaftsweise natürlich keineswegs bedeutet, daß sie nicht aus anderen Ursachen – wirtschaftlichen oder politischen – zusammenbrechen könnte. So könnte z. B. ein immer härter und aussichtsloser werdender Kampf um billige überseeische Rohstoffe, Arbeitskräfte und Absatzmärkte die kapitalistischen Staaten vor die Alternative eines neuen Weltkrieges oder eines innenpolitisch sehr unfriedlichen Zusammenbruches stellen.

Hier ist noch auf den Marxschen Begriff der Überakkumulation einzugehen. Nach M. Trottmann und F. Sternberg verbindet Marx mit dem Begriff »absolute Überakkumulation« (des Kapitals) einen anderen Sinn als Henryk Grossmann, der in seinem Schema die einseitige, übermäßige Größenentwicklung des konstanten Kapitals unter fälschlicher Berufung auf Marx als »absolute Überakkumulation« darstellte. Daß Marx mit dem Begriff »Überakkumulation« einen anderen Sinn verbindet als Grossmann, erkennt man in der Tat sofort, wenn man den betreffenden Marxschen Satz aus dem »Kapital« wie Trottmann vollständig zitiert, was Grossmann aber unterlassen hat. In dem Absatz, mit der Überschrift »Überfluß an Kapital bei Überfluß an Bevölkerung«

[94] Trottmann, a. a. O., S. 20.

schreibt Marx: »Wann wäre die Überproduktion des Kapitals absolut? Und zwar eine Überproduktion, die sich nicht auf dieses oder jenes oder auf ein paar bedeutende Gebiete der Produktion erstreckt, sondern in ihrem Umfang selbst absolut wäre, also sämtliche Produktionsgebiete einschlösse?« (III, S. 261)

Und Marx' Antwort lautet: »Es wäre eine absolute Überproduktion von Kapital vorhanden, sobald das zusätzliche Kapital für den Zweck der kapitalistischen Produktion = 0. Der Zweck der kapitalistischen Produktion ist aber Verwertung des Kapitals, d. h. Aneignung von Mehrarbeit, Produktion von Mehrwert, von Profit. Sobald also das Kapital gewachsen wäre in einem Verhältnis zur Arbeiterbevölkerung, daß weder die absolute Arbeitszeit ... noch die relative Mehrarbeitszeit erweitert werden könnte (das letztre wäre ohnehin nicht tubar in einem Fall, wo die Nachfrage nach Arbeit so stark, also Tendenz zum Steigen der Löhne); wo also das gewachsene Kapital nur ebenso viel oder selbst weniger Mehrwertsmasse produziert als vor seinem Wachstum, so fände eine absolute Überproduktion von Kapital statt; d. h. das gewachsene Kapital $C + \Delta C$ (gemeint ist das um einen kleinen Zusatz, ΔC, vergrößerte Kapital C. – E. L.) produzierte nicht mehr Profit als das Kapital vor seiner Vermehrung durch ΔC. In beiden Fällen fände ein starker und plötzlicher Fall in der Profitrate statt, diesmal aber wegen eines Wechsels in der Zusammensetzung des Kapitals, der nicht der Entwicklung der Produktivkraft geschuldet wäre, sondern einem Steigen im Geldwert des variablen Kapitals (wegen der gestiegenen Löhne – E. L.) und der ihr entsprechenden Abnahme im Verhältnis der Mehrarbeit zur notwendigen Arbeit.« Und einige Zeilen danach fährt Marx fort: »Der Fall der Profitrate wäre diesmal begleitet von einer absoluten Abnahme der Profitmasse, *da unter unseren* (in den vorhergehenden Marxschen Sätzen enthaltenen – E. L.) *Voraussetzungen* die Masse der angewandten Arbeitskraft nicht vermehrt und die Mehrwertrate nicht gesteigert, also auch die Masse des Mehrwerts nicht vermehrt werden könnte. Und die verminderte Profitmasse wäre zu berechnen auf ein vergrößertes Gesamtkapital.« (III, S. 262)

Trottmann schreibt im Hinblick auf diese Marxschen Bemerkungen: »Nur oberflächliche Betrachtung kann die Überproduktion von toten Produktionsmitteln (konstantem Kapital), wie Grossmann sie darstellt, als absolute Überakkumulation im Sinne dieses (Marxschen) Zitats deuten. Wohl liegt bei Grossmann ein Teil des Kapitals, und zwar konstantes Kapital, brach, aber nicht, weil die verfügbare Arbeitskraft absolut zu klein wäre, sondern deswegen, weil wegen Mangel an variablem Kapital nicht die ganze verfügbare Arbeitskraft für die Produktion verpflichtet werden könnte.« Marx schreibt auch einige Seiten nach seinen soeben zitierten Sätzen: »Überproduktion von Kapital heißt nie etwas anderes als Überproduktion von Produktionsmitteln – Arbeits-

und Lebensmitteln – die als Kapital fungieren können, d. h. zur Ausbeutung der Arbeit zu einem gegebenen Exploitationsgrad angewandt werden können ...« (III, S. 266) Und: »... es werden periodisch zu viele Arbeitsmittel und Lebensmittel produziert, um sie als Exploitationsmittel zu einer gewissen Rate des Profits fungieren zu lassen ...« (III, S. 268)

Übereinstimmend mit Trottmann ist festzustellen: Die Überproduktion bedeutet bei Marx also ein zu großes konstantes *und* ein zu großes variables Kapital. Im Verlaufe der Kapitalakkumulation, in Zeiten guten Geschäftsganges, hat das konstante Kapital – Maschinerie, Anlagen aller Art, Apparate, Rohstoffe u. a. m. – so zugenommen, daß vom rein technisch-stofflichen Gesichtspunkt aus mehr Arbeitsplätze zur Verfügung stehen als Arbeiter. Auch das variable Kapital ist im Verlaufe des gleichen Akkumulationsvorganges so angewachsen, daß die *zahlungsfähige* Nachfrage nach Arbeitskräften größer geworden ist als das Angebot; sie ist vorübergehend so stark, daß der Preis der Arbeitskraft über ihren Wert steigt, anders ausgedrückt: daß die Löhne steigen. Im Gegensatz zu Grossmann heißt für Marx »Überproduktion von Kapital«, daß zu dem betreffenden Zeitpunkt *mehr als genügend* großes variables Kapital vorhanden ist, um die verfügbare Zahl von Arbeitskräften zu bezahlen. Hier ist von einem Anwachsen des Kapitals bei voller Ausnutzung der Arbeitsbedingungen seitens der Kapitalisten die Rede; die Länge des Arbeitstages und die Mehrarbeitszeit können nicht weiter vergrößert werden; alle Methoden zur Steigerung der Ausbeutung der bereits beschäftigten Arbeiter sind erschöpft. Was würde unter solchen Bedingungen die Folge einer weiteren Kapitalvergrößerung sein? Die zu groß gewordene Nachfrage nach Arbeitskräften führt zu einer Steigerung der Löhne, also zu vergrößerten Ausgaben an variablem Kapital und daher zu einer Verringerung der Mehrwertmasse (Profitmasse), die auf die vergrößerten Auslagen an Gesamtkapital zu berechnen wären, kurz: Es fällt die Profitrate, wie schon gesagt wurde.

In diesem Sinne besteht vom kapitalistischen Standpunkt aus in der Tat eine *Über*produktion *nicht nur* von Produktionsmitteln, da sie bei dem nun erreichten Umfang nicht weiterhin vermehrt und dabei dennoch ebenso rentabel wie vorher angewandt werden können, sondern *auch* von Lebensmitteln, weil die Wertmenge der jetzt auf dem Markt vorhandenen Lebensmittel (im weiten Sinne des Wortes) größer ist als der Gesamtwert der Arbeitslöhne, mit denen man sie kaufen könnte, denn zu dem betrachteten Zeitpunkt sind ja nicht alle Arbeitskräfte beschäftigt; ein Teil der Arbeitskräfte ist dann nicht Lohnempfänger. Dies ist der Sinn der Marxschen Überschrift über diesen Absatz: »Überfluß an Kapital bei Überfluß an Bevölkerung (nämlich bei gewachsener industrieller Reservearmee)«.

Trottmann sagt daher: »Diese Art von Überproduktion tritt auf in einer völlig beschäftigten Wirtschaft und erzeugt überschüssige Arbeitsstätten bei gleichzeitiger vollster Beanspruchung aller verfügbaren Arbeitskräfte, steigende Löhne, sinkende Profite, damit Erlahmung des Antriebs zur Produktion, Produktionsstockung und Arbeitslosigkeit in dieser Reihenfolge. Sie kann deshalb entstehen, weil die Kapitalisten eben nicht, wie Grossmann will, zuerst ein bestimmtes Quantum (gemeint ist: Mehrwert – E. L.) akkumulieren und den verbleibenden, möglichst großen Mehrwertrest dann für sich konsumieren, sondern umgekehrt zuerst schweren Herzens einen Teil des Mehrwertes für ihren persönlichen Konsum wegnehmen, um dann einen möglichst großen Rest zu akkumulieren.«[95]

Den Unterschied zwischen dem von Marx und dem von Grossmann durch das gleiche Wort »Überproduktion« bezeichneten Vorgang könnte man auch wie folgt kennzeichnen: Bei Grossmann wollen und müssen die Kapitalisten mit der Kapitalakkumulation stets fortfahren, können sie jedoch auf einer bestimmten Stufe der Akkumulation wegen mangelnder Mehrwertmasse nicht ausführen, so daß die vorhandene arbeitsfähige Bevölkerung nicht mehr vollzählig beschäftigt werden kann. Bei Marx besteht hingegen die Überproduktion von Kapital darin, daß sowohl die Zahl der vorhandenen Arbeitsplätze als auch das gewachsene variable Kapital zur Beschäftigung und Entlohnung der gesamten vorhandenen Zahl von Arbeitskräften bei *normalen* Löhnen ausreichen würde. Es könnte darüber hinaus sogar eine größere Zahl von Arbeitern bei gleichem Lohn pro Kopf Beschäftigung finden. Die Zahl der vorhandenen Arbeitskräfte ist jedoch zu gering, was zu einer Lohnsteigerung pro Kopf führt. Eine Beschäftigung mit solchen hohen Löhnen muß zu einem Fall der Mehrwertmasse und der Profitrate führen, so daß die Kapitalakkumulation aus diesem Grunde nicht mehr fortgesetzt werden kann; es sei denn, es setzt eine bessere Wirtschaftskonjunktur, mit besseren Absatzmärkten, usw. ein, wodurch die Kapitalakkumulation weitergeführt und die Beschäftigung einer größeren Zahl von Arbeitskräften ermöglicht wird. Dann steigt nicht nur die Mehrwertmasse, sondern auch temporär die Profitrate. (Daß ein temporäres Steigen der Profitrate nicht mit dem angeblichen oder wirklichen Trend der Profitrate zum Sinken in langen Zeiträumen verwechselt werden darf, wurde schon wiederholt betont.) –

Anstatt »Überproduktion« wird bei Grossmann auch das Wort »Überakkumulation« gebraucht, und Marx verwendet häufig im gleichen Sinn das Wort »plethora« (des Kapitals); auf deutsch: Überfülle. An anderer Stelle schreibt Marx:

95 Trottmann, a. a. O., S. 28; er verdeutlicht seine Kritik auch durch ein Zahlenbeispiel.

»Überproduktion von Kapital, nicht von einzelnen Waren – obgleich die Überproduktion von Kapital stets Überproduktion von Waren einschließt – heißt (daher) weiter nichts als Überakkumulation von Kapital ... Überproduktion von Kapital heißt nie etwas anderes als Überproduktion von Produktionsmitteln – Arbeits- und Lebensmitteln – die als Kapital fungieren können, d. h. zur Ausbeutung der Arbeit zu einem gegebenen Exploitationsgrad angewandt werden können, indem das Fallen dieses Exploitationsgrades unter einen gegebenen Punkt Störungen und Stockungen des kapitalistischen Produktionsprozesses, Krisen, Zerstörung von Kapital hervorruft.« (III, S. 261 u. 266)

Die gleichbedeutenden Worte »Überproduktion« und »Überakkumulation des Kapitals« besagen auch hier, daß die Wertmenge der erzeugten Produktions- und Lebensmittel größer geworden ist als sie zur Erzielung eines genügend hohen Profits für die Güterproduktion Verwendung finden können. Daß in diesem Zusammenhang nicht nur Produktionsmittel, sondern auch Lebensmittel »als Kapital fungieren« und »... zur Ausbeutung der Arbeit ... angewandt werden können«, wird klar, wenn man bedenkt, daß hier diejenigen Lebensmittel gemeint sind, die der Lohnarbeiter kaufen und verzehren muß, um seine Arbeitskraft für den Eigentümer der Produktionsmittel, für die Arbeit an den Produktionsmitteln, erhalten zu können. An sich sind Lebensmittel ja nach Marx ebenso wenig Kapital wie Produktionsmittel, denn auch in der nicht-kapitalistischen Gesellschaft verzehrt der arbeitende Mensch Lebensmittel und erzeugt mit Hilfe der Produktionsmittel Gegenstände, aber er erzeugt dann keinen Mehrwert für den fremden Besitzer von Produktionsmitteln. Produktionsmittel und Lebensmittel – wozu im weiteren Sinne auch Kleidung, Behausung u. a. gehört – sind nur dann »Kapital«, wenn ihr Gebrauch bzw. Verzehr zur Erzeugung von Mehrwert dient, den die fremden Besitzer der Produktionsmittel den arbeitenden Menschen vorenthalten.

Man wird bemerkt haben, daß wir im Zusammenhang mit der Frage nach dem Sinn des Begriffes »Überakkumulation« oder »Überproduktion« die Worte »Mehrwert« und »Profit«, sowie »Mehrwertmasse« und »Profitmasse« unterschiedslos verwenden und zwar aus folgendem Grund: Zwar sind individueller Mehrwert und Profit vom Durchschnittsmehrwert und Durchschnittsprofit eines Landes verschieden, so ist doch bei Marx die *gesamte* Mehrwertmasse eines Landes gleich seiner *gesamten* Profitmasse, und der durchschnittliche Mehrwert ist gleich dem durchschnittlichen Profit. Auch Marx verwendet deshalb in diesem Zusammenhang die Begriffe »Mehrwert« und »Profit« als gleichbedeutend.

Auf ähnliche Weise, allerdings mit schärferer Polemik, war Fritz Sternberg schon 1930 in seiner zornigen Schrift: »Eine Umwälzung der Wissenschaft?« gegen Grossmanns Ansichten über die

Kapitalakkumulation (und andere Grossmannsche Ansichten) vorgegangen. Sternbergs Polemik erklärt sich daraus, daß Grossmann ihn in einer früheren Arbeit sehr angegriffen hatte. Man erinnert sich, daß im Grossmannschen Schema bei gleichbleibender Mehrwertrate und gleicher Akkumulationsrate vom Beginn der Akkumulation an die Profitrate dauernd abnahm. Grossmann hatte hierzu geäußert: »Der Fall der Profit*rate* als solcher ist im Fortgang der Akkumulation eine ständige Begleiterscheinung, wenngleich er in den Anfangsstufen der Akkumulation von wachsender Profitmasse, vom Wachsen des für die Konsumtion der Kapitalistenklasse bestimmten k-Teiles begleitet wird (von dem für die Akkumulation bestimmten a_c und a_v – Mehrwertteil sehen wir ab). ›Jenseits gewisser Grenzen‹ sagt Marx (in unserem – Grossmannschen – Schemabeispiel tritt sie mit dem 21. Akkumulationsjahre ein – E. L.) wird der Fall der Profitrate begleitet vom *Fall* des für die Konsumtion der Kapitalistenklasse bestimmten k-Teils und bald nachher auch der übrigen für die Akkumulation bestimmten Mehrwertteile.«[96] Unmittelbar danach führt Grossmann den Satz aus dem »Kapital« an, daß der Fall der Profitrate diesmal begleitet wäre von einer absoluten Abnahme der Profitmasse »... und die verminderte Profitmasse wäre zu berechnen auf ein vergrößertes Gesamtkapital.« (Marx) Dagegen schreibt Sternberg: »Herr Grossmann sucht in seinen Lesern den Eindruck zu erwecken, Marx selber hätte geschrieben, daß jenseits gewisser Grenzen die Revenue der Kapitalisten – der Grossmannsche k-Teil – sinkt. Bei Marx steht natürlich kein einziges Wort, das ohne gröblichste Vergewaltigung so mißdeutet werden kann.«[97] Was hat aber Marx in Wirklichkeit geschrieben? In dem schon oben behandelten Abschnitt »Überfluß an Kapital bei Überfluß an Bevölkerung« lesen wir: »Mit dem Fall der Profitrate wächst das Kapitalminimum, das in der Hand des einzelnen Kapitalisten zur produktiven Anwendung der Arbeit erheischt ist; erheischt sowohl zu ihrer Exploitation überhaupt als dazu, daß die angewandte Arbeitszeit die zur Produktion der Waren notwendige Arbeitszeit sei, daß sie den Durchschnitt der zur Produktion der Waren gesellschaftlich notwendigen Arbeitszeit nicht überschreite. Und gleichzeitig wächst die Konzentration (des Kapitals), weil jenseits gewisser Grenzen großes Kapital mit kleiner Profitrate rascher akkumuliert als kleines mit großer.« (III, S. 261)
»Also das genaue Gegenteil der Grossmannschen Behauptung«, bemerkt Sternberg zu diesen Marxschen Sätzen.
Zum Schluß noch eine kurze Erklärung zu einem hier wiedergegebenen Marxschen Satz. Was hat Marx gemeint, wenn er schreibt, daß »... jenseits gewisser Grenzen großes Kapital mit kleiner Profitrate rascher akkumuliert (= vergrößert wird – E. L.)

[96] Grossmann, a. a. O., S. 123.
[97] Sternberg, a. a. O., S. 27f.

als kleines Kapital mit großer«? Diesen Satz hat Grossmann, zutreffend, wie folgt erläutert: Man sehe sich z. B. die Bauer-Grossmannsche Tabelle für die Kapitalvergrößerung an. Dort vergrößert sich ein Anfangskapital (c + v) von 300000 nach 10 Jahren auf 681243, d. h. um 227 Prozent, und zwar bei einer Profitrate, die zwar abnahm, aber nicht sehr viel, nämlich von 33,3 Prozent im 1. Jahr auf 24,7 Prozent im 10. Jahr. In der zweiten Dekade wuchs das Kapital, obwohl die Profitrate weiter fiel (von 24,7 Prozent auf 15,4 Prozent), von 681243 auf 1609802 im 21. Jahr (= 2. Jahr der zweiten Dekade). Das Tempo der Kapitalakkumulation beträgt also jetzt für einen gleich großen Zeitraum 236,3 Prozent. Endlich, in der dritten Dekade, bei noch niedrigerer Profitrate (sie fällt von 16,4 Prozent auf 11,0 Prozent) erfolgt die Kapitalakkumulation noch rascher; nämlich von 1609802 auf 3319402 im 31. Jahr. Grossmann hierzu: »Wir haben es also hier, auf der Basis des Bauerschen Schemas, trotz der sinkenden Profitrate, mit einer beschleunigten Akkumulation zu tun.«[98]

Bei den Untersuchungen und Diskussionen über die Kapitalakkumulation wurden sowohl bei den früheren Arbeiten, z. B. von Rosa Luxemburg und N. Moszkowska, als auch im Anschluß an die Erörterungen der Bauer-Grossmannschen Tabellen, die Fragen nach der Größenänderung der Mehrwertrate und der organischen Kapitalzusammensetzung mit allzu allgemein gefaßten Formulierungen und unter Außerachtlassung empirischer Daten behandelt, die freilich meines Wissens bis zum Erscheinen der Arbeit von Gillman auch noch nicht in bearbeiteter Form vorlagen. N. Moszkowska z. B. schrieb in ihrem Buche »Zur Kritik moderner Krisentheorien«, daß die Mehrwertrate im Verlaufe der kapitalistischen Entwicklung steigen müsse, weil die stets zunehmende Produktivität der Arbeit den Stückpreis der Ware senke, aber den Gesamtprofit erhöhe; auch verbillige die steigende Arbeitsproduktivität die Kosten, d. h. die Ausgaben für die Produktionsmittel und die Konsumgüter, also für das c und das v; und als Ergebnis der genannten Trends müsse die Profitrate im Laufe der Zeit steigen.[99]

Eine Konfrontation der auf bloß fiktiven Annahmen aufgebauten Tabelle Grossmanns für das Ansteigen der organischen Kapitalzusammensetzung mit der auf empirischen Daten beruhenden Tabelle Gillmans z. B. für den Zeitraum von 1880–1919[100] zeigt, daß in Wirklichkeit die organische Kapitalzusammensetzung viel langsamer anstieg: In den USA stieg diese von 1,5 (1880) bis auf 4,3 (1919), also auf weniger als das 3fache, während in der Tabelle Grossmanns die organische Kapitalzusammensetzung von 1 : 1 auf rund das 10fache ansteigt. Im gleichen Zeitraum des im wesent-

[98] Grossmann, a. a. O., S. 121.
[99] A. a. O., S. 45 ff.
[100] Gillman, a. a. O., Kap. 5, Tab. E.

lichen noch vor-monopolistischen Kapitalismus stieg die Ausbeutungsrate von 102 Prozent bis auf 125 Prozent. Das war die Ära der stürmischen Entwicklung von der noch fast ausschließlich handwerksmäßig betriebenen kleinen Industrie bis zur mechanisierten, maschinell produzierenden Großindustrie.
Dann beginnt etwa seit dem Ende des Ersten Weltkrieges jene Ära, in der das Monopolkapital mehr und mehr zur Herrschaft gelangt, ein anderer Trend der uns interessierenden Größen setzt ein, wie man das bei unserem Résumé der Arbeit von Gillman sah. Hier trifft die Voraussetzung einer permanent und stark ansteigenden organischen Kapitalzusammensetzung für mehrere lange Zeiträume keineswegs zu.[101]
Die Grossmannsche Zusammenbruchstheorie des kapitalistischen Systems basierte ferner auf der von Marx nur nebenbei getroffenen Annahme einer konstanten Mehrwertrate, die sowohl nach Marx selbst als auch nach den statistischen Untersuchungen Gillmans in der Regel steigt. Nun hebt zwar ein Steigen der Mehrwertrate das Fallen der Profitrate auf die Dauer nicht auf. Doch ist hier zu bemerken, daß die Profitrate nicht nur nicht sinken, sondern steigen muß, wenn die organische Kapitalzusammensetzung langsamer ansteigt als die Mehrwertrate; und eben dies ist im modernen Kapitalismus mehrfach über beträchtlich lange Zeiträume der Fall. Gerade diese Tatsache hat Grossmann bei der Aufstellung seines Schemas nicht in Betracht gezogen; konnte das wohl auch gar nicht, denn es lagen zur Zeit der Abfassung seines Buches (1929) meines Wissens noch kaum empirische Daten über diese Fragen vor.

Zweiundzwanzigstes Kapitel

Die Marxschen Reproduktionsschemata

In Kapitel 13 wurde ausgeführt, wie Marx bei seinem Schemaentwurf der erweiterten Reproduktion von der Voraussetzung ausging, daß in allen aufeinanderfolgenden Reproduktionsjahren die organische Zusammensetzung des Kapitals gleich groß bleibt. Bei der Besprechung dieser Schemata haben wir betont, daß ihm dabei vor allem die notwendige Korrektur des Kreislaufschemas von François Quesnay vorgeschwebt hat.[1] Marx wollte zeigen, wie im kapitalistischen System eine Kapitalvergrößerung und der Absatz der Produkte überhaupt möglich ist. Marx ist jedoch dabei

[101] Gillman, a. a. O., Kap. 5, Tab. E; ab etwa 1921–1952; und Kap. 6, sowie in der deutschen Ausgabe Kap. 12, Tab. L: die Jahre 1928–1963.
[1] Vgl. oben, Kap. 13 und »Kapital«, Bd. II, S. 189 u. 359.

natürlich nicht stehengeblieben: eine Kapitalvergrößerung bei konstanter organischer Zusammensetzung kommt höchstens als Ausnahme für kurze Zeitabschnitte vor. Eine Vergrößerung des Kapitals und des Mehrwerts erfolgt typischerweise durch die *Zunahme* der organischen Kapitalzusammensetzung, wie Marx dies ja auch bei seiner Behandlung des Gesetzes der absoluten allgemeinen Akkumulation und in dem Kapitel über das Gesetz des tendenziellen Fallens der Profitrate als selbstverständlich voraussetzt.[2] Marx' Schemata der erweiterten Reproduktion unter der Voraussetzung einer konstanten organischen Kapitalzusammensetzung haben daher ganz entschieden den Charakter eines sozusagen nur ersten theoretischen Schrittes auf dem Wege einer umfassenderen Erkenntnis der Kapitalvergrößerung.
Dennoch haben gerade Marx' Schemata der Kapitalvergrößerung bei konstanter organischer Zusammensetzung zu einer wichtigen Kritik und zu einigen weiteren Diskussionen über den Sinn dieser Schemata geführt; Diskussionen, die von Rosa Luxemburg bis zu Lenin reichen. Es lohnt sich daher allein um der Aktualität willen, auf diese Auseinandersetzungen kurz einzugehen.

Rosa Luxemburg

Tugan-Baranowski hatte mit seinem Spezialschema beweisen wollen, daß bei andauernder Zunahme der Produktionsmittel bzw. des konstanten Kapitals trotz gleichzeitigen Rückganges der Konsumtion lebenswichtiger Sachgüter, keine Wirtschaftskrisen einzutreten brauchen, solange diejenigen Zahlenrelationen zwischen den Wertprodukten der beiden Abteilungen gewahrt bleiben, die ihren gegenseitigen restlosen Verkauf sichern. Anders ist die Fragestellung Rosa Luxemburgs. Beim Studium der Marxschen Zahlenbeispiele gelangte sie zu der Schlußfolgerung, daß selbst bei zunehmendem konstanten *und* variablen Kapital und bei noch zu erörternden notwendigen Korrekturen der Marxschen Schemata der Kapitalvergrößerung selbst im Verlauf relativ kurzer Zeit, mit Notwendigkeit Mißverhältnisse zwischen den erzeugten Produktenmengen der beiden Abteilungen eintreten müssen, die ihren restlosen Absatz untereinander unmöglich machen. Luxemburg gelangte dann zu dem folgenschweren Schluß, daß ein bestimmter Teil der erzeugten Sachgüter beider Produktionsabteilungen innerhalb einer rein kapitalistisch wirtschaftenden, d. h. nur aus Kapitalisten und Proletariern bestehenden Gesellschaft überhaupt nicht absetzbar ist, so daß diese Industriestaaten für den restlosen Absatz ihrer Produkte auf die nicht-kapitalistisch produzierenden Bevölkerungen anderer Länder und Kontinente als Abnehmer angewiesen seien. Auf diese Weise versuchte sie,

[2] Es soll auch in diesem Zusammenhang daran erinnert werden, daß damit über das Größenverhältnis zwischen dem Wachstum der organischen Kapitalzusammensetzung und dem der Ausbeutungsrate noch nichts gesagt ist.

den imperialistischen Expansionsdrang der kapitalistischen Industrieländer zu erklären. Luxemburg stützt ihre Schlußfolgerungen auf eine kritische Betrachtung der Marxschen Reproduktionsschemata.

Im II. Band des »Kapital« (S. 605 ff), hatte Marx nämlich *zwei* Zahlenschemata für die Kapitalakkumulation entworfen, von denen nur das erste ausführlich erläutert zu werden brauchte, denn die Entwicklung des zweiten Schemas erfolgt ganz entsprechend, nur mit anderen Zahlen. Für das erste Produktionsjahr war das Schema von Marx so:

Abteilung I:	4000 c	+	1000 v	+	1000 m	=	6000
Abteilung II:	1500 c	+	750 v	+	750 m	=	3000

R. Luxemburg wandte dagegen ein, daß Marx zwar in Abteilung I die Kapitalvergrößerung auf Grund klarer Gesetzmäßigkeit konstruiert hätte, in der II. Abteilung hätte er jedoch die Kapitalvergrößerung nur durch eine völlig willkürliche Konstruktion erkauft, indem er diese Abteilung ohne »jede ersichtliche Regel« und nur in sprunghafter Weise akkumulieren lasse.[3] Gegen Luxemburgs Kritik wies aber Roman Rosdolsky mit Recht darauf hin, daß in diesem Marxschen Schema die Kapitalvergrößerung der II. Abteilung keineswegs »schwankend und sprunghaft« erfolgt, denn – wenn man vom ersten Produktionsjahr absieht – »so zeigt es sich, daß die Abteilung I (Produktionsgüter) in diesem Marxschen Diagramm ständig 50 Prozent und Abteilung II ständig 30 Prozent des Mehrwerts akkumuliert.«[4] In der bei solchen Diskussionen gebräuchlichen Terminologie sagt man in bezug auf das vorliegende Beispiel: Die Akkumulationsrate beträgt in der I. Abteilung der Produktion 50 Prozent und in der II. Abteilung 30 Prozent. – Die Verschiedenheit der Akkumulationsraten ist durch die Verschiedenheit der organischen Kapitalzusammensetzung in beiden Abteilungen bedingt. Hätte man die organische Kapitalzusammensetzung in beiden Abteilungen als gleich vorausgesetzt, so hätte man auch die Akkumulationsraten für beide Abteilungen gleich groß wählen müssen, falls keine Störungen in den Zahlenproportionen zwischen den erzeugten Warenmengen – d. h. keine Absatzschwierigkeiten – eintreten sollen. Es gibt nämlich ein allgemeines mathematisches Gesetz für die Produktionserweiterung (Kapitalakkumulation) bei *gleichbleibender* organischer Kapitalzusammensetzung, wonach zwischen dieser und der Größe der Akkumulationsrate eine bestimmte Zahlenbeziehung bestehen muß, falls die Kapitalvergrößerung ohne Absatzschwierigkeiten fortgesetzt werden soll.[5]

[3] R. Luxemburg: »Die Akkumulation des Kapitals«, 1970, S. 78 ff.

[4] Roman Rosdolsky: »Zur Entstehungsgeschichte des Marxschen ›Kapital‹«, Frankfurt a. M. 1968, II. Bd., S. 527 f.

[5] Die algebraische Formulierung dieses Gesetzes findet man bei Rosdolsky, a. a. O., S. 528.

Das *zweite* von uns[6] nicht speziell kommentierte Marxsche Schema für die Kapitalvergrößerung (II, S. 509) für das erste Produktionsjahr sieht wie folgt aus:

Abteilung I:	5000 c	+	1000 v	+	1000 m	=	7000
Abteilung II:	1430 c	+	285 v	+	285 m	=	2000

Hier wählt also Marx die organische Kapitalzusammensetzung in beiden Abteilungen gleich groß, denn es besteht in der Tat kein zwingender Grund, für die Produktionsmittelerzeuger eine höhere organische Kapitalzusammensetzung als bei den Konsumgüterproduzenten vorauszusetzen, wie er das in seinem ersten Schema getan hatte.

Rosa Luxemburg griff jedoch beide Marxschen Beispiele an. Sie gibt zwar zu, daß im zweiten Beispiel die Kapitalakkumulation gleichmäßig vor sich geht, so daß nun keine »willkürlichen Verschiebungen bei der Einteilung des Mehrwerts in Abteilung II« mehr stattfinden, wie das ihrer Ansicht nach im ersten Beispiel der Fall ist, aber sie hält es für eine unberechtigte Willkür, daß auch beim zweiten Marxschen Schema »die Akkumulation in der Abteilung II vollkommen abhängig und beherrscht ist von der Akkumulation in I ..., daß die ganze Akkumulationsbewegung von (Abteilung) I eingeleitet und aktiv betätigt, von II passiv mitgemacht wird.«[7] Gegen Luxemburgs Argument, die Abhängigkeit des Wachstums der II. Produktionsabteilung von der I. Abteilung sei unberechtigte Willkür, hat aber W. Alexander[8] an einem durchgerechneten Schemabeispiel gezeigt, daß auch umgekehrt die Produktionsmittelindustrie (Abt. I) ebenso sehr von der Konsumgüterindustrie abhängig gemacht werden kann, ohne daß sich deswegen irgendwelche Marxsche Schlußfolgerungen in bezug auf die Kapitalvergrößerung ändern. Sehr viel später hat auch Joan Robinson in ihrer Einleitung zur englischen Ausgabe von Luxemburgs »Akkumulation des Kapitals«[9] kurz darauf hingewiesen, aber nicht im einzelnen gezeigt, daß Luxemburgs zuletzt genannter Einwand gegen die Marxschen Schemata nicht stichhaltig ist.[10]

Arbeitsproduktivität und Mehrwertrate

Abermals wird man hier mit der Frage konfrontiert, ob das kapitalistische Wirtschaftssystem in naher oder ferner Zukunft an seiner inneren Struktur funktionsunfähig werden, daher zusammenbrechen muß, wie dies vor allem H. Grossmann und Rosa

[6] Vgl. Kap. 13 dieser Schrift.
[7] R. Luxemburg, a. a. O., S. 84.
[8] W. Alexander, a. a. O.
[9] London 1951 und 1963.
[10] Vgl. Rosdolsky, a. a. O., S. 527.

Luxemburg – beide aber mit völlig verschiedenen Begründungen – behauptet hatten.

Nach R. Luxemburg kann aus einem in ihrem Sinne korrekt entworfenen Schema der Kapitalakkumulation nur gefolgert werden, daß im Verlaufe der Produktionsvergrößerung mit Notwendigkeit bestimmte Mengen von Produkten beider Abteilungen entstehen müssen, deren Absatz *innerhalb* eines nur auf kapitalistische Weise produzierenden Wirtschaftsgebietes *unmöglich*, und im nichtkapitalistischen Ausland nur so lange möglich ist, wie dieses sich seinerseits noch nicht selbst zu einem kapitalistisch produzierenden Wirtschaftsgebiet entwickelt hat.

Gegen Marx' Akkumulationsschemata wandte Luxemburg unter anderem ein, daß diese die unaufhörlich fortschreitende Erhöhung der Arbeitsproduktivität nicht berücksichtigen. Sie schrieb, Marx hätte in seinen Reproduktionsschemata in beiden Abteilungen im Verlaufe der aufeinanderfolgenden Produktionsjahre die organische Kapitalzusammensetzung fortlaufend vergrößern müssen. In der Tat beruhten ja Marx' Schemabeispiele der einfachen und der erweiterten Reproduktion auf der Voraussetzung einer in beiden Produktionsabteilungen in allen aufeinanderfolgenden Produktionsjahren *gleich groß* bleibenden organischen Kapitalzusammensetzung. Aber man sah früher eben auch, daß Marx eine konstante organische Kapitalzusammensetzung keineswegs als Charakteristikum der Kapitalvergrößerung angesehen hatte. – Ferner ist nach Luxemburg auch die in Marx' Schema für das Fallen der Profitrate getroffene Voraussetzung einer stets gleichbleibenden Mehrwertrate anfechtbar, weil unrealistisch. Wie erinnerlich, hatte Marx in der Tat eine konstante Mehrwertrate von 100 Prozent angenommen. Ein die wirklichen Verhältnisse der kapitalistischen Kapitalvergrößerung berücksichtigendes Gedankenmodell muß nach Luxemburg auch die andauernde Erhöhung der Mehrwertrate zum Ausdruck bringen. Das permanente Wachstum der organischen Kapitalzusammensetzung als Begleit- bzw. Folgeerscheinung der dauernd fortschreitenden Produktionstechnik haben unseres Wissens in der Tat alle nachmarxschen Theoretiker, Anhänger wie Gegner, ihren eigenen Entwürfen und Modellen der Kapitalvergrößerung als selbstverständliche Voraussetzung zugrundegelegt; so nicht nur Rosa Luxemburg, sondern auch F. Sternberg, Otto Bauer, Henryk Grossmann, W. Alexander, R. Rosdolsky, Lenin, Ernest Mandel u. v. a.[11] Doch man muß hier eine wichtige Einschränkung machen!

Man erinnert sich, daß die Annahme einer im Verlaufe der Kapitalvergrößerung *dauernd* zunehmenden organischen Kapitalzusammensetzung angesichts der auf empirischem Material beruhenden

[11] Marx selbst setzt z. B. die Zunahme der organischen Kapitalzusammensetzung als einen der Gründe voraus, um das Fallen der Profitrate zu beweisen. (Der zweite Grund war bekanntlich die unveränderte Ausbeutungsrate.)

Untersuchungen von J. M. Gillman für die USA gerade für die Zeiträume starker Modernisierung der Industrietechnik, speziell der Automatisierung und Elektrifizierung, nicht mehr mit Notwendigkeit zutrifft. Zugleich nimmt die Mehrwertrate im allgemeinen zu, und man darf annehmen, daß die Verhältnisse in den anderen kapitalistischen Industriestaaten ganz ähnlich sind wie in den USA.

Warum hat dann aber Marx seine Gedankenmodelle der erweiterten Reproduktion nicht so entworfen, daß sie das für sein Zeitalter geltende Wachstum der organischen Kapitalzusammensetzung und *außerdem* die Zunahme der Mehrwertrate zum Ausdruck bringen? Man muß daran denken, daß der II. Band des »Kapital« (ebenso wie der III. Band) kein abgeschlossenes Werk ist, ». . . sondern nur ein Torso, eine lose Zusammenstellung mehr oder weniger unfertiger Fragmente und Entwürfe . . .«, die von Engels, so gut es eben ging, zu einem Buche zusammengestellt wurden, wie R. Luxemburg selbst sehr zutreffend bemerkt.[12] So bleiben eben die vor allem von Luxemburg geltend gemachten Einwände gegen die Marxschen Reproduktionsschemata insofern richtig, als *jedes* der kapitalistischen Wirklichkeit entsprechende Schema der Produktionserweiterung eine zunehmende organische Kapitalzusammensetzung (für das in diesem Zusammenhang in Frage kommende Zeitalter des Konkurrenzkapitalismus), sowie eine im allgemeinen steigende Mehrwertrate zum Ausdruck bringen muß. In diesem Sinne wären also die Marxschen Schemata zu korrigieren. Sowohl Luxemburg als auch F. Sternberg haben daher den Versuch unternommen, realistischere Reproduktionsschemata zu entwerfen, und beide Theoretiker waren dabei zu der Schlußfolgerung gelangt, daß eine rein kapitalistische – nur aus Profitmachern und Lohnabhängigen bestehende – Wirtschaft ohne nicht-kapitalistische Konsumenten, mit denen sie in Austauschbeziehungen treten, gar nicht existenzfähig sei. Ob diese Schlußfolgerung zutrifft, wird noch zu prüfen sein.

Bevor wir zu einer weiteren Diskussion der Versuche kommen, Schemata der Kapitalakkumulation aufzustellen und daraus Schlüsse zu ziehen, wird man sich daran erinnern müssen, was Zunahme der Arbeitsproduktivität heißt. Das Hauptmittel der kapitalistischen Industrie zur Erzielung eines größeren Mehrwerts besteht darin, fortwährend neue technische Methoden zur Steigerung der Arbeitsproduktivität zu ersinnen und in die Betriebe einzuführen; die Steigerung der Arbeitsproduktivität erfolgt zu dem Zweck, mit der gleichen Arbeitsmenge wie vorher eine *größere* Stückzahl von Produkten von mindestens der gleichen Qualität zu erzeugen. Hierbei sinkt zwar der Wert pro Stück Ware, wie das in Kapitel 8 über die Produktion des relativen Mehrwerts

[12] Luxemburg: »Die Akkumulation des Kapitals«, S. 400.

gezeigt wurde, aber – und das ist ja das eigentliche Ziel der Steigerung der Arbeitsproduktivität – die Profitmasse und – wenn die Arbeitsproduktivität schneller wächst als die organische Kapitalzusammensetzung – auch die *Profitrate nimmt zu.*

Die *Erhöhung* der Arbeitsproduktivität, gemessen an der in einem bestimmten Zeitabschnitt hergestellten Stückzahl der Produkte ist gleichbedeutend damit, daß die zur Herstellung eines *einzigen* Stückes Ware erforderliche lebendige Arbeitsmenge abnimmt, d. h., daß man zur Herstellung der gleichen Stückzahl derselben Ware bei gleicher Arbeitszeit eine geringere Zahl von Arbeitskräften beschäftigt, daß nun ein geringeres variables Kapital dafür ausgeben wird. Die absolute Höhe des variablen Kapitals pro Kopf der Beschäftigten bleibt dabei in der Regel unverändert.

Die bei der Steigerung der Arbeitsproduktivität vergrößerte Zahl von produzierten Gegenständen bedeutet aber zugleich einen größeren Verbrauch von Roh- und Hilfsstoffen, sowie eine gewisse Zunahme des Verschleißes (Abnutzung) von Maschinerie, Anlagen usw. Das Ergebnis der zunehmenden Arbeitsproduktivität ist also erstens eine Ersparnis an Arbeitskräften und damit an der Gesamtsumme der Arbeitslöhne; sie bedeutet zweitens eine meist erhebliche Zunahme des Verbrauches von Rohmaterial und Hilfsstoffen, sowie gleichzeitig relativ zum gesteigerten Rohmaterialverbrauch eine meist geringere Zunahme des Verschleißes der Maschinerie und Anlagen. Natürlich muß dabei die Zunahme der Ausgaben für die Kompensation der Abnutzung des gesamten konstanten Kapitals geringer sein als die Ersparnis an variablem Kapital, denn andernfalls würde ja die Steigerung der Arbeitsproduktivität den Wert der Ware, die Ausgaben pro Stück, nicht senken. (III, S. 270) Friedrich Engels hat im Anschluß an eine Notiz in Marx' Manuskripten ein Zahlenbeispiel für die Steigerung der Arbeitsproduktivität gegeben, deren Einführung in einen Betrieb für einen Kapitalisten nicht lohnend sein würde, weil die Zunahme an Ausgaben für den Ersatz des Verbrauches von konstantem Kapital ebenso groß ist wie die Ersparnis an variablem Kapital (III, S. 270f). Nur dann, wenn die Abnahme des variablen Kapitals *größer* ist als die Zunahme des konstanten Kapitals, lohnt sich die Einführung arbeitssparender Produktionsmittel für den Kapitalbesitzer und vergrößert sich sein Mehrwert.

Die Steigerung der Arbeitsproduktivität macht auch bei denjenigen Industriezweigen nicht halt, die Maschinen, Apparate, Anlagen usw. produzieren, sie ergreift auch die Hersteller von Rohmaterialien und Hilfsstoffen, wie Kohle, Baumwolle, Färbemittel, Schmieröl etc.: »Mit der wachsenden Produktivität der Arbeit steigt nicht nur der Umfang der von ihr vernutzten Produktionsmittel, sondern deren Wert, verglichen mit ihrem Umfang, sinkt. Ihr Wert steigt also absolut, aber nicht proportionell mit ihrem Umfang.« (I, S. 651 und III, S. 222)

Man erinnere sich zum einen an die Ausführungen von Marx über die Verwohlfeilerung der Produktionsmittel im Abschnitt über die Faktoren, die den Fall der Profitrate aufhalten, zum anderen an seine Angaben über den sich ändernden Anteil des konstanten und des variablen Kapitals in den Spinnereibetrieben infolge der Anfang des 18. bis etwa Mitte des 19. Jahrhunderts gestiegenen Produktivität der Arbeit. Wenn demnach infolge der gestiegenen Produktivität in der Erzeugung des Rohmaterials ihr Umfang und die Größe des Maschinenverschleißes in der Mitte des 19. Jahrhunderts z. B. 300mal so groß geworden ist wie zu Anfang des 18. Jahrhunderts, so kann man aus diesen Angaben keineswegs folgern, daß die Kapitalauslagen für diesen so erheblich größeren Verbrauch ebenfalls auf das 300fache gestiegen sind. Vielleicht sind sie z. B. nur auf das $1^1/_2$fache des früheren Wertes gestiegen. Der Wert der infolge der Zunahme der Arbeitsproduktivität angeschwollenen Masse von Produktionsmitteln muß überhaupt nicht notwendigerweise steigen, er kann sogar fallen, wenn der Wert bzw. Preis der Maschinerie, der Anlagen, des Rohmaterials und der Hilfsstoffe gefallen ist. (Vgl. III, S. 115) Man darf eben den wachsenden *Umfang* der Produktionsmittel, also die wachsende *Masse* ihres *Gebrauchswertes*, nicht mit ihrer oft nur wenig oder gar nicht zunehmenden *Wertgröße* verwechseln. Bei diesen Betrachtungen sind Wert und Preis gleichgesetzt.
Das Ergebnis der letzten Überlegungen ist also: Bei den Diskussionen der Marxschen Schemata der erweiterten Reproduktion ist außer der wachsenden organischen Kapitalzusammensetzung vor allem das soeben geschilderte Verhalten der Mehrwertrate bei zunehmender Produktivität der Arbeit zugrunde zu legen. Das bedeutet, daß der Wert des Bruches $\frac{m}{v}$ zunimmt, denn der Mehrwert, m, wird größer, während das variable Kapital, v, für die Produktion der gleichen Stückzahl nicht zunimmt, sondern meist sogar abnimmt. Sie kann sogar auch bei steigenden Reallöhnen zunehmen.
Die Nichtbeachtung der ansteigenden Mehrwertrate infolge zunehmender Produktivität der Arbeit warf Rosa Luxemburg, außer anderen Ungereimtheiten, nicht nur Marx, sondern auch dem Schema der erweiterten Reproduktion Otto Bauers vor. Sie versuchte zudem den Nachweis zu führen, daß in Bauers Zahlenbeispiel ein (uns von früheren Erörterungen schon bekannter) Wertbetrag von 4666 von Produktionsmitteln unverkäuflich bleiben muß, während Bauer beweisen wollte, daß in seinem Schema die Produkte beider Abteilungen restlos verkauft werden können, also zu Überproduktionskrisen kein Anlaß bestand und ein Verkauf an nicht-kapitalistisch produzierende Bevölkerungen nicht stattfinden müsse. Auch in diesem Punkte hat Luxemburg bis zu einem gewissen Grade Recht, als in Bauers Schema der restlose

Absatz aller Produktions- und Konsumgüter nur durch eine zwar nicht unmögliche, aber doch einigermaßen gekünstelte Manipulation erreicht werden kann: die Fabrikanten der Konsumgüter müssen nämlich in seinem Schema einen kleinen Teil ihres Geldes in der Fabrikation von Produktionsmitteln anlegen, d. h. sozusagen ebenfalls in geringem Ausmaß die Fabrikation von Produktionsmitteln betreiben. Unrealistisch ist Bauers Ausweg durchaus nicht; so konnte man z. B. 1967 in den Zeitungen lesen, daß eine bekannte deutsche Firma, welche Backpulver, Puddinge und andere Nährstoffe herstellt, ihr Geld z. T. auch im Schiffsbau und in anderen Produktionszweigen anlegt, und es gibt sicher eine nicht geringe Anzahl ähnlicher Beispiele. Doch war dies nicht der Sinn der Marxschen Reproduktionsschemata. Diese sollten vielmehr gerade zeigen, wie sich die erzeugten Konsumgüter gegen die erzeugten Produktionsgüter *restlos* austauschen können. Das hat Marx allerdings nur für den Fall der Produktionsvergrößerung bei gleichbleibender organischer Kapitalzusammensetzung zahlenmäßig ausgeführt. Es deutet jedoch nichts darauf hin, daß er diesen restlosen Austausch für den Fall der Produktionsvergrößerung bei steigender Kapitalzusammensetzung etwa für unmöglich gehalten hat. In seinen hinterlassenen Notizen und Manuskripten fand man offenbar kein Zahlenschema der erweiterten Reproduktion mit von Jahr zu Jahr zunehmender organischer Kapitalzusammensetzung vor.[13]

Rosa Luxemburg hat nun ihrerseits ein Schema der erweiterten Reproduktion entworfen, das alle Marxschen Grundsätze betonen, zugleich aber von den oben erwähnten Fehlern und Mängeln frei sein sollte, die sie bei Marx und bei Otto Bauer gefunden hatte oder gefunden zu haben glaubte. Ihr Schema berücksichtigt also die steigende Arbeitsproduktivität und die im Verlaufe der aufeinanderfolgenden Produktionsjahre steigende Ausbeutung der Arbeiterklasse. Dabei ergab sich, daß ein restloser Absatz der auf diese realistischere Weise in ihrem Schema von beiden Fabrikationsabteilungen erzeugten Produkte *nicht* möglich ist; oder, um uns vorsichtiger auszudrücken, nicht möglich zu sein schien. Sie gelangte daher zu dem uns schon bekannten Ergebnis, daß innerhalb eines rein kapitalistischen Wirtschaftsgebietes ». . . die Realisierung des Mehrwertes zu Zwecken der Akkumulation . . . eine unlösbare Aufgabe ist.«[14]

Die Auffassung Rosa Luxemburgs ist, wie Alexander ausführt,

[13] Die früher (unser Kapitel Achtzehn) ausgiebig dargestellte Ausnahme ist das in Bd. III des »Kapital« von Marx aufgestellte Schema für das tendenzielle Fallen der Profitrate. – Weitere Angaben über dieses Problem findet man in W. Alexanders Arbeit »Kampf um Marx«, S. 82–84 und in unseren weiter unten folgenden Hinweisen.

[14] R. Luxemburg: »Die Akkumulation des Kapitals«, S. 394f. »Es erscheint (im Schema Luxemburgs) Überproduktion als Dauererscheinung, als permanenter Krisenfaktor.« (Alexander, a. a. O., S. 90)

jedoch falsch. »Es ist von Rosa Luxemburg niemals erkannt worden, warum der Mechanismus ihrer Akkumulationsdarstellung mit Überproduktion enden muß. Die Akkumulationsschemata Rosa Luxemburgs müssen versagen ..., weil sie in beiden Produktionsgebieten irrigerweise gleiche Akkumulationsraten von 50 Prozent zugrundelegt.«[15] Es besteht aber, wie Alexander darlegt, zu solcher Annahme keine zwingende Notwendigkeit. In Luxemburgs Zahlenschema wächst nämlich die organische Kapitalzusammensetzung in beiden Abteilungen nicht in gleichem Maße; daher hätte sie in den aufeinanderfolgenden Produktionsperioden für beide Abteilungen nicht eine gleich große Akkumulationsrate voraussetzen dürfen. Tatsächlich erledigen sich mit Alexanders, wie ich meine, berechtigtem Einwand gegen die irrige Voraussetzung einer gleich großen Akkumulationsrate in beiden Abteilungen auch Luxemburgs Schlußfolgerungen in bezug auf die Notwendigkeit nicht-kapitalistischer Absatzmärkte für das kapitalistische Wirtschaftssystem. Und insofern erledigt sich damit auch ihre Theorie des Imperialismus.

Werner Alexander

Die bisherigen Überlegungen führen zu der Frage, ob die Behauptung zutrifft, daß eine kapitalistische Wirtschaftsweise nur solange möglich ist, wie ihr nicht-kapitalistische Absatzmärkte zur Verfügung stehen. Zweifellos war es ein großer Schritt vorwärts in der Erkenntnis dieses Zusammenhanges, daß W. Alexander in seiner fast unbekannt gebliebenen Arbeit die soeben formulierte Frage eindeutig folgendermaßen beantwortet hat: Die Warenproduktion einer rein kapitalistisch produzierenden Industriewirtschaft braucht *auch dann* auf *keine* Absatzschwierigkeiten zu stoßen, wenn die von der Hauptkritikerin der Marxschen Reproduktionsschemata, Rosa Luxemburg, geforderten realistischen Voraussetzungen für die Kapitalakkumulation erfüllt sind! Alexander hat dies anhand eines von ihm entworfenen Schemas gezeigt; darin steigt in beiden Abteilungen der gesellschaftlichen Reproduktion die organische Kapitalzusammensetzung von Jahr zu Jahr langsam an, und die Mehrwertrate nimmt ebenfalls zu. Da in seinem Schema die organische Kapitalzusammensetzung in beiden Abteilungen in verschiedenem Ausmaß ansteigt, so sind auch die von ihm gewählten Akkumulationsraten für beide Abteilungen konsequenterweise verschieden groß. Alexanders Schema der erweiterten Reproduktion mit wachsender organischer Kapitalzusammensetzung in beiden Abteilungen erfüllt die strengen, von Luxemburg geforderten Bedingungen für ein die kapitalistische Wirklichkeit widerspiegelndes Reproduktionsschema, – und bei keiner Produktionsabteilung des Schemas von Alexander

15 Alexander, a. a. O., S. 95.

bleibt ein unverkäuflicher Warenrest übrig! Mit anderen Worten: Bei der Kapitalvergrößerung mit zunehmender organischer Zusammensetzung und mit zunehmender Ausbeutung ist im Prinzip der restlose Verkauf der Produkte möglich.

Alexander schreibt freilich, auch sein Schema einer ungestörten Kapitalakkumulation sei nur unter der Voraussetzung zutreffend, daß die soeben erwähnten Voraussetzungen des Schemas eingehalten würden, d. h., daß die Kapitalisten ihre Warenmengen in genau denjenigen Proportionen herstellen und ihre Akkumulationsraten genau in der Größe wählen, die erforderlich ist, um unverkäufliche Warenportionen zu vermeiden. Aber gerade diese Bedingungen könnten in der kapitalistischen Wirklichkeit, in der die Produktion der einzelnen Kapitalisten wie die der Monopole nicht nach einem für die Gesamterzeugung der Volks- und der Weltwirtschaft notwendigen Schema, sondern in der Konkurrenz gegeneinander erfolgt, nicht eingehalten werden. Doch ist m. E. Alexander allzu bescheiden gegenüber seinem gelungenen Beweis, daß die kapitalistisch erzeugten Waren im selben Wirtschaftsgebiet restlos abgesetzt werden können. Jedes Schema kann nur eine umrißartige, vergröbernde Skizze zum Zwecke des Studiums und der Verdeutlichung sein und nur das Wesentliche und nicht die Abweichungen vom Wesentlichen wiedergeben. Es trifft natürlich zu, daß die Kapitalisten ihre Warenmengen niemals genau in denjenigen Proportionen erzeugen und ihre Akkumulationsraten (die Größe des zu investierenden Mehrwert-Teils) niemals genauso wählen können, wie es erforderlich ist, um kleinere oder größere Absatzschwierigkeiten zu vermeiden; sie produzieren ja nicht nach einem für alle Unternehmen oder Produktionszweige geltenden vorbedachten Plan; die kapitalistische Wirtschaft ist keine Planwirtschaft. Dies gilt nur für den einzelnen Betrieb oder für das einzelne Monopol. Hier kann nur die für den Kapitalbesitzer manchmal bittere Erfahrung über die Absatzschwierigkeiten früherer Produktionsjahre über Qualität und Menge der zu erzeugenden Produkte für die laufenden Produktionsjahre und über die Höhe der Investitionen (über die Akkumulationsrate) Lehren erteilen. Nicht von ungefähr gibt es eine so ausgedehnte Absatz- und Marktforschung, die die süßen wie bitteren Erfahrungen früherer Produktionsperioden auszuwerten und für die Zukunft »nutzbringend« zu verwenden sucht.

So pendelt die kapitalistische Produktion in normalen Zeiten dauernd um die Gleichgewichtslage, wobei aber die früher ausgiebig erörterten Krisenfaktoren dazu führen, die normale Produktion der Abteilungen I und II von den Proportionen abzudrängen, die für den restlosen Absatz erforderlich sind.

Rosa Luxemburgs Gedankenmodelle der Kapitalvergrößerung waren aber, wie Alexander ausführt, nicht völlig falsch; sie sind »... durchaus lebensfähig, wenn wir nur von ihrer Fiktion gleicher Akkumulationsraten in beiden Produktionsabteilungen absehen ... Marx selbst hat den restlosen Absatz des vergrößerten Produkts in seinen Schemata für möglich gehalten, er hat die wachsende Produktivkraft der Arbeit, die er selbst gut kannte – seine Nachfolger kennen sie erst durch ihn – in seinen Schemata nicht berücksichtigt. Und es hat sich erwiesen, daß er dennoch recht hatte, denn es ändert sich nichts ...«[16]

Das Ergebnis der hier kurz angedeuteten Diskussionen ist also: Im Gegensatz zu Luxemburgs Auffassung bedarf es *keiner* auswärtigen, nicht-kapitalistisch produzierenden Absatzmärkte, um als Ventil für die von der Überproduktion bedrohte kapitalistische Wirtschaft zu dienen; ein Absatzproblem existiert demnach bei der Produktionsvergrößerung mit *steigender* organischer Kapitalgliederung und *wachsender* Ausbeutung der Arbeiterschaft *ebenso wenig* wie bei den zwei Marxschen Schemata, die eine konstante Kapitalzusammensetzung und eine konstante Mehrwertrate voraussetzen. Eine kapitalistisch produzierende, nur aus Kapitalisten und Arbeitern bestehende Wirtschaft kann ihre Produkte so lange im eigenen Wirtschaftsraum verkaufen, wie bestimmte, die normalen Produktionsmengen und Akkumulationsraten störende Faktoren ausgeschaltet sind. Freilich eben nur so lange!

Rosa Luxemburgs Leistung war, wie Alexander bemerkt, jedoch groß: »Das Verdienst Rosa Luxemburgs um die Wiederbelebung der Marxschen Akkumulationstheorie, die bis dahin im Schatten des ersten ›Kapital‹-Buches unbeachtet geblieben war, ist dreifach: Zunächst hat Rosa Luxemburg als eine der ersten die halbvergessenen Schemata wieder ans Licht gezogen; weiter hat sie die erste fruchtbare Kritik an ihnen geübt, und dazu gesellt sich letztens die Tatsache, daß sie die bisher beachtlichste und beachtetste Weiterentwicklung der Theorie gegeben hat.«[17]

Auch die folgenden Ausführungen können nur Hinweise und Ergebnisse einiger Diskussionen über die Marxschen Reproduktionsschemata sein. Dabei wird nochmals kurz das Problem des Imperialismus gestreift werden.

Historische Notizen

Luxemburgs Auffassung, daß die Marxschen Schemata, realistisch modifiziert, in der kapitalistisch produzierenden Wirtschaft eine zwangsläufig eintretende Überproduktion beweisen, hat Ähnlichkeiten mit älteren volkswirtschaftlichen Lehren. Man sah früher, daß Jean Baptiste Say die Möglichkeit einer allgemeinen Absatzkrise für unmöglich gehalten hatte. Einer wirksamen Nachfrage entspreche stets ein ebensolches Güterangebot. Thomas Robert Malthus hingegen war der Auffassung, ein rascher Industrialisierungsprozeß, der von einer »... rapiden Umstellung von bisher

[16] Ebd., S. 105.
[17] Ebd., S. 85.

in persönlichen Diensten verwendeten Personen zu produktiven Arbeitern gefolgt werde, bewirke, daß die Nachfrage hinter dem Angebot zurückbleibt. Daraus sei zu folgern, daß es für ein Land mit großer Kapitalbildung von Wichtigkeit sei, wenn eine Klasse existiere, die nicht am Produktionsprozeß beteiligt sei. Ihre und ihrer Bediensteten Ausgaben bildeten ein notwendiges Regulativ, das einem Mangel an wirksamer Nachfrage zuvorkäme. Der Sinn dieses Arguments liegt klar auf der Hand. Malthus ist der Apologet des englischen Landadels. Zu einer Zeit, in der Ricardo die Klasse der feudalen Grundherren heftig befehdet, versucht Malthus, ähnlich wie vor ihm die Physiokraten, eine wirtschaftlich rationale Funktion für diese Klasse zu finden.«[18]

Ähnlich wie Robert Owen erblickt auch J. Ch. L. Simonde de Sismondi den Grund für die industriellen Krisen in der mangelnden Kaufkraft der arbeitenden Volksmassen, wie das schon erörtert wurde. Er schrieb: »Infolge der Vermögenskonzentration bei einer kleinen Zahl von Eigentümern engt sich der innere Markt immer mehr ein, und die Industrie ist in immer steigendem Maße gezwungen, ihre Absatzwege (débouchés) in den auswärtigen Märkten zu suchen, wo noch größere Umwälzungen sie bedrohen.«[19]

Einige Jahrzehnte später schrieb auch Rodbertus, die Krisen seien das Ergebnis eines Unterverbrauches der Bevölkerung; der Export von Waren sei nur eine Scheinlösung der Absatzfrage. »Da doch die Erde begrenzt ist und deshalb die Gewinnung neuer Märkte einmal aufhören muß, muß auch die bloße Vertagung der Frage einmal aufhören. Sie muß dereinst definitiv gelöst werden.«[20]

Alexander bemerkt hierzu: »Mit dieser tiefen Einsicht Rodbertus' hatte die Entwicklung der Idee einer notwendigen kapitalistischen Expansion ein gewisses Ende erreicht. Die nächste Folgerung zogen die Marxisten selbst. Von der Expansionstheorie – von einer eigentlichen ›Imperialismus‹-Theorie konnte damals noch keine Rede sein – bis zur Zusammenbruchstheorie war nur ein Schritt. Denn wenn jeder neueröffnete Markt nur ein Hinausschieben der entscheidenden Endkrise war, so bedeutete jeder Markt, der kapitalisiert war, eine Verkürzung der Zeit, die bis zur letzten Auseinandersetzung zu überwinden war. Der letzte, in den kapitalistischen Nexus einbezogene Markt war gleichzeitig das Ende des Kapitalismus, der an seinen eigenen Widersprüchen verenden mußte, weil das bisherige Ventil versagte ...«[21]

Bei aller Verschiedenheit ihrer Richtungen hatten Rosa Luxem-

[18] Louis J. Zimmerman: »Geschichte der theoretischen Volkswirtschaftslehre«, 2. Aufl., Köln 1961, S. 204.

[19] J. Ch. L. Simonde de Sismondi: »Nouveaux principes d'économie politique«, Paris 1819, 2. Aufl. 1827, S. 361.

[20] Karl Rodbertus-Jagetzow: »Handelskrisen und Hypothekennot«, in: Gesammelte kleinere Schriften, hrsg. v. Moritz Wirth, Berlin 1899, Bd. IV, S. 234.

[21] Alexander, a. a. O., S. 108.

burg und H. Grossmann darin übereingestimmt, daß der Kapitalismus an seiner eigenen inneren Struktur nach Ablauf einer nicht genau bestimmten Zeit mit Notwendigkeit zusammenbrechen muß. Doch war zu bemerken, daß die Begründungen dieser beiden großen Theoretiker für den Zusammenbruch des Kapitalismus irrig sind. Und falls sein Zusammenbruch erfolgen sollte, so würde das mit Sicherheit in ganz anderer Weise geschehen als in der von Luxemburg und Grossmann behaupteten Weise.
Im Gegensatz zu Luxemburg und Grossmann haben hauptsächlich Otto Bauer, dann der spätere Kautsky und Rudolf Hilferding behauptet, daß die Marxschen Schemata der Kapitalvergrößerung die unbegrenzte Lebensfähigkeit des Kapitalismus zeigen. Otto Bauer will zwar der Verfasserin der »Akkumulation des Kapitals« zugestehen, daß die Zahlen, die Marx im II. Band des »Kapital« zur Darstellung des Reproduktionsprozesses verwendet, ». . . willkürlich gewählt und nicht frei von Widersprüchen« seien. »Aber weil Marx seinen Gedankengang nicht einwandfrei dargestellt hat, muß dieser Gedankengang selbst doch nicht falsch sein.«[22] Aus diesem Grunde hatte ja Bauer sein eigenes und, wie er glaubte, von Willkür befreites Reproduktionsschema entworfen ». . . und behauptet nun immer wieder, daß eben diese von ihm konstruierten Zahlen (vgl. hierzu unsere Darstellung des Bauerschen Reproduktionsschemas, oben, S. 608) die Richtigkeit seiner Deutung der Marxschen Reproduktionstheorie . . . ›zeigen‹ oder ›beweisen‹.«[23]

Rudolf Hilferding

Die Ansichten des bekannten sozialistischen Theoretikers Rudolf Hilferding über die Marxschen Reproduktionsschemata stimmen im wesentlichen mit denen Tugan-Baranowskis überein. Nach Hilferding[24] zeigen die Marxschen Schemata, »daß in der kapitalistischen Produktion die Reproduktion auf einfacher wie auf erweiterter Stufenleiter ungestört vor sich gehen kann, wenn nur diese Proportionen (diejenigen Mengen- bzw. Wertverhältnisse zwischen den beiden Abteilungen, die ihren gegenseitigen restlosen Austausch ermöglichen. – E. L.) erhalten bleiben . . . Umgekehrt kann eine Krise auch bei einfacher Reproduktion bei Verletzung der Proportion eintreten, zum Beispiel zwischen ›abgestorbenem‹ (konstantem) und neu anzulegendem Kapital. Es folgt also durchaus nicht«, so schreibt Hilferding weiter, »daß die Krise in der kapitalistischen Produktion in der immanenten Unterkonsumtion der Massen ihre Ursache haben muß . . . Ebensowenig folgt aus den (Marxschen) Schemata an sich die Möglich-

[22] Otto Bauer: »Die Akkumulation des Kapitals«, a. a. O., S. 838 u. 866.
[23] R. Rosdolsky, a. a. O., S. 531.
[24] »Finanzkapital«, 1. Aufl. 1910, seitdem wiederholt aufgelegt. Zuletzt Frankfurt a. M. 1968. Kap. XVI.

keit einer allgemeinen Überproduktion an Waren, vielmehr läßt sich jede Ausdehnung der Produktion als möglich zeigen, die überhaupt bei den vorhandenen Produktivkräften stattfinden kann.« Auf der Wiener Tagung des Vereins für Sozialpolitik im Jahre 1926 erinnerte Hilferding seine akademische Zuhörerschaft daran, daß er schon immer ein Gegner der »Zusammenbruchstheorie« gewesen sei. »Ich glaube«, so erklärte er, »ich finde mich mit dieser Auffassung in vollständiger Übereinstimmung mit den Lehren Karl Marx', dem man fälschlich immer eine Zusammenbruchstheorie zuschreibt. Gerade der II. Band des ›Kapital‹ zeigt, wie innerhalb des kapitalistischen Systems die Produktion auf immer erweiterter Stufenleiter möglich ist. Ich habe mir oft gedacht«, fügte Hilferding scherzhaft hinzu, »es ist nicht so schlimm, daß dieser II. Band so wenig gelesen wird, denn es könnte unter Umständen ein Hohelied des Kapitalismus aus ihm herausgelesen werden.«[25]

Die Narodniki und Lenin

Haben nun Rudolf Hilferding, Otto Bauer und Karl Kautsky die Marxschen Reproduktionsschemata zutreffend gedeutet? Alexander konstatiert mit Recht, es sei eigenartig, daß dieselben Schemata, die Tugan-Baranowski und Hilferding (und Otto Bauer – E. L.) benutzten, um den harmonischen Verlauf der Konsumtions- und der Produktionsmittelvergrößerung darzutun, bei Rosa Luxemburg und Sternberg (und später auf besondere Weise bei H. Grossmann – E. L.) dazu gedient hätten, um das Gegenteil, den Zusammenbruch des kapitalistischen Wirtschaftssystems, nachzuweisen. Tatsächlich ist es ein wohl kaum zu bestreitendes Ergebnis der hier berichteten Diskussionen über den Sinn der Marxschen Reproduktionsschemata, daß Hilferding und Bauer (sowie der ihnen darin zustimmende K. Kautsky – E. L.) diese Schemata in der Tat – aber nur insofern – zutreffend interpretiert haben, als aus diesen Schemata an sich die Existenz von Faktoren oder Tendenzen, die den Zusammenbruch des Kapitalismus herbeiführen, nicht herausgelesen werden kann. Man kann solch eine Folgerung aus dem einfachen Grunde nicht ziehen, weil die Marxschen Gedankenmodelle nur zeigen, in welcher Weise die Erzeugung und der Absatz einer dauernd wachsenden Menge von Produktionsmitteln und Konsumgütern möglich ist, *falls* dabei bestimmte Zahlenrelationen zwischen den Wertprodukten der betreffenden Warenkategorien eingehalten werden – oder eingehalten werden *können*! Wie aus den bisherigen Erörterungen hervorgeht, zeigen diese Schemata nur den »Normalfall« des störungsfreien Verlaufes der Kapitalakkumulation, also den Verlauf unter eben jenen Spezialbedingungen, unter denen die Einhaltung

[25] Zitiert nach H. Grossmann: »Akkumulations- und Zusammenbruchsgesetz des kapitalistischen Systems«, 1929, S. 57f.

der erforderlichen Mengen- bzw. Wertproportionen möglich ist. Aber *ob* und *wann* solche Bedingungen eintreten, darüber sagen die Marxschen Schemata gar nichts aus, und nichts deutet darauf hin, daß sie darüber etwas aussagen sollen. Marx behauptet nirgendwo, daß die kapitalistische Entwicklung von Tendenzen oder Faktoren frei ist, die zum Zusammenbruch dieses Wirtschaftssystems führen. Ein Zusammenbruch des Kapitalismus folgt aber aus den Marxschen Reproduktionsschemata ebensowenig wie die von Hilferding, Bauer und Kautsky behauptete ewig ungestört fortschreitende Weiterentwicklung des Kapitalismus. Auch bei Marx wirken mehrere Faktoren in der Richtung auf einen Zusammenbruch des Systems, sie sind aber von anderer Art als die von Luxemburg und Grossmann behaupteten; es sind: Die zunehmende Konzentration und Zentralisation der Kapitale, die zunehmende Verschlechterung der Lage des produktiv arbeitenden Menschen in dem von uns früher erörterten Sinn (also nicht im Sinne einer permanenten Reallohnverschlechterung), das langfristige Sinken der Profitrate, das wir als eine problematische Sache auffassen, und die Spannungen zwischen den Kapitalisten und den von ihnen Ausgebeuteten, die sich aus der zunehmenden Vergesellschaftung des Produktionsprozesses und der Aneignung seiner Produkte durch ihre privaten Eigentümer ergebenden Faktoren, die für Marx entweder in Richtung einer von der herrschenden Klasse der Ausbeuter mehr oder weniger freiwillig konzedierten oder auf eine Rebellion der Ausgebeuteten, d. h. auf eine erzwungene Abschaffung der kapitalistischen Gesellschaftsordnung hinwirken.

Außer den soeben genannten Tendenzen kann eine andere, schon an früherer Stelle kurz erörterte Faktorengruppe auf direkte Weise zu tiefgreifenden Störungen der Kapitalakkumulation führen, weil sie die in den Marxschen Schemata angegebene, für den störungsfreien Verlauf erforderliche proportionelle Vergrößerung der Produktionsmittel und der Konsumgüter vereitelt. Es ist der latente Konfliktzustand zwischen der *Kaufkraft* der arbeitenden Massen und der Gesamtmenge der *erzeugten* Konsumgüter. Produktion und Konsumtion decken sich in der Tendenz niemals restlos: »Die Bedingungen der unmittelbaren Exploitation (des Arbeiters; E. L.) und die ihrer Realisation sind nicht identisch. Sie fallen nicht nur nach Zeit und Ort, sondern auch begrifflich auseinander. Die einen sind nur beschränkt durch die Produktivkraft der Gesellschaft, die andren durch die Proportionalität der verschiedenen Produktionszweige und durch die Konsumtionskraft der Gesellschaft. Diese letztere ist aber bestimmt weder durch die absolute Produktivkraft noch durch die absolute Konsumtionskraft; sondern durch die Konsumtionskraft auf Basis antagonistischer Distributionsverhältnisse, welche die Konsumtion der großen Masse der Gesellschaft auf ein nur innerhalb mehr oder minder enger Grenzen veränderliches Minimum reduziert. Sie ist ferner beschränkt durch den Akkumulationstrieb, den Trieb nach Vergrößerung des Kapitals und nach Produktion von Mehrwert auf erweiterter Stufenleiter.« Deshalb: »Je mehr sich ... die Produktivkraft entwickelt, um so mehr gerät sie in Widerstreit mit der engen Basis, worauf die Konsumtionsverhältnisse beruhen ...« (III, S. 254f)

Und in Band II der »Theorien über den Mehrwert« schreibt Marx gegen Ricardo über das Problem der Krisen u. a.: »... der ganze Prozeß der Akkumulation löst sich zunächst in Mehrproduktion auf, die einerseits dem natürlichen Wachstum der Bevölkerung entspricht, andererseits eine immanente Basis zu den Erscheinungen bildet, die sich in den Krisen zeigen. Das Maß dieser Mehrproduktion ist das Kapital selbst, die vorhandene Stufenleiter der Produktionsbedingungen und der maßlose Bereicherungs- und Kapitalisationstrieb der Kapitalisten, keineswegs die Konsumtion, die von vornherein begrenzt ist, da der größte Teil der Bevölkerung, die Arbeiterbevölkerung, nur innerhalb sehr enger Grenzen ihre Konsumtion erweitern kann, andererseits im selben Maße, wie der Kapitalismus sich entwickelt, die Nachfrage nach Arbeit relativ abnimmt, obgleich sie absolut wächst ... Da nicht Befriedigung der Bedürfnisse, sondern Produktion von Profit Zweck des Kapitals, und da es diesen Zweck nur durch Methoden erreicht, die die Produktionsmasse nach der Stufenleiter der Produktion einrichten, nicht umgekehrt, so muß beständig ein Zwiespalt eintreten zwischen den beschränkten Dimensionen der Konsumtion auf kapitalistischer Basis, und einer Produktion, die beständig über diese ihr immanente Schranke hinausstrebt ...« (III, S. 267)

Dies besagt, daß die stets mangelnde Kaufkraft der Bevölkerungsmassen ein mehr oder weniger latentes Hindernis gegen die beliebige Vergrößerung der Konsumgüterproduktion und damit auch der Produktionsmittelvergrößerung bildet, denn das Wachstum beider Abteilungen hängt ja von der Einhaltung bestimmter Mengenproportionen zwischen ihnen ab.

Aber die Konkurrenz zwischen den Unternehmungen, die Planlosigkeit, die im Kapitalismus herrschende Anarchie der Produktion, führen von Zeit zu Zeit zu erheblich schärferen Konflikten zwischen Produktion und Konsumtion. Es kommt zu tiefgreifenden Störungen der Produktion. Die Frage, warum in manchen Zeiten mehr oder weniger große Anpassungen zwischen den beiden Abteilungen der gesellschaftlichen Produktion bestehen und warum es zu anderen Zeiten zu den Wirtschaftskrisen kommt, wurde bereits erörtert. – Das für die proportionale Entwicklung der beiden Produktionszweige erforderliche Gleichgewicht zwischen Erzeugung und Verbrauch kann sich, wie Rosdolsky treffend bemerkte, stets »nur unter beständigen Schwierigkeiten und

Störungen durchsetzen. Doch muß dieses Gleichgewicht zumindest für kurze Zeitperioden erreicht werden, da sonst das kapitalistische System überhaupt nicht funktionieren könnte. In diesem Sinne aber sind die Marxschen Reproduktionsschemata keineswegs eine bloße Abstraktion, sondern ein Stück der ökonomischen Realität ...«[26]

Die Tatsache, daß es zu Störungen in den Mengenproportionen der beiden Produktionsabteilungen kommt, daß es nicht nur einen latenten Konflikt zwischen Produktion und Verbrauch gibt, sondern auch akute Wirtschaftskrisen, zeigt, daß die in den Marxschen Schemata wiedergegebenen Produktions- und Konsumtionsbeziehungen nur ein Spezialfall, nur ein Ausschnitt aus dem wirtschaftlichen Gesamtgeschehen sind. Daher war es überhaupt grundfalsch, die Frage nach den Bedingungen für die ewige Weiterexistenz oder für den Zusammenbruch der kapitalistischen Produktionsweise nur aus den Verhältnissen dieser Schemata entnehmen zu wollen, wie dies auf der einen Seite von den Zusammenbruchstheoretikern und auf der Gegenseite von den Neo-Harmonikern versucht worden war.

Wie man sah, galt Rosa Luxemburgs Kritik an den Marschen Schemata nicht nur der Nichtberücksichtigung der steigenden Arbeitsproduktivität. Sie legte den Nachdruck auch auf das historische Argument, daß Marx' Schemata auch deswegen unrealistisch seien, weil die kapitalistische Industrie seit ihrer Entstehung niemals nur an die Bevölkerung des eigenen Landes verkauft, sondern stets auch einen großen Außenhandel mit nichtkapitalistisch produzierenden Ländern getrieben habe.[27] Schließlich begann die kapitalistische Expansion nach Übersee hauptsächlich in dem Zeitraum zwischen dem Ersten und dem Zweiten Weltkrieg aus den von Sternberg im einzelnen angegebenen politischen und wirtschaftlichen Gründen zu stagnieren und wurde sogar rückläufig, der Produktionsrückgang stürzte dann die kapitalistischen Industrieländer in zunehmende Schwierigkeiten.[28] Die kapitalistische Profitwirtschaft habe so den Test, »... *ohne* größere Expansion die Steigerung der Produktion und der Produktivität mit der Steigerung des Konsums zu synchronisieren ... *nicht* bestanden.« (Hervorhebungen von mir, E. L.) Etwas zurückhaltender formuliert als in seinem Buch »Der Imperialismus« und mit mehr Nachdruck auf Zahlenmaterial steht Sternberg auch in seinem zuletzt genannten Buch auf dem Standpunkt, daß die kapitalistische Produktionsweise in ihrem eigenen Wirtschaftsraum keinen genügenden Absatzmarkt findet, oder, einfacher ausge-

[26] Rosdolsky, a. a. O., S. 585f.

[27] Luxemburg: »Die Akkumulation des Kapitals«, an mehreren Stellen und F. Sternberg: »Der Imperialismus«, S. 7f und: »Kapitalismus ...«, S. 25ff. Auf die im zuletzt genannten Buch angegebenen Tabellen sei hingewiesen.

[28] Sternberg, a. a. O., S. 177ff u. 223ff.

drückt, daß die kapitalistische Wirtschaft ohne das gleichzeitige Vorhandensein nichtkapitalistischer Wirtschaftsformen nicht existieren kann. Vom empirischen Standpunkt treffen Luxemburgs und Sternbergs Hinweise auf Marx' Nichtberücksichtigung des kapitalistischen Außenhandels in den Reproduktionsschemata vollständig zu. Innerhalb des Geburtskontinents des Industriekapitalismus, in Europa, gibt es bis in die Zeit nach dem Ersten Weltkrieg, ja hier und da sogar noch heute, kleinbäuerliche und handwerkliche Betriebe, welche die industriekapitalistisch erzeugten Produkte kaufen; und erst recht wurden von jeher und werden heute noch die Produkte der wichtigen europäischen kapitalistischen Industriestaaten England, Frankreich, Deutschland und Italien sowie die der USA an die Bevölkerungen aller Länder und Erdteile verkauft, die noch keine eigenen Industrien entwickelt haben. In seinem Buch »Imperialismus« schätzt Sternberg[29] die Zahl der Menschen, die nicht unter kapitalistischen Produktionsverhältnissen leben und wirken, auf fast eine Milliarde: Asien mit 700 bis 750 Millionen, Afrika mit 130, Mittel- und Südamerika mit 100 Millionen; dagegen schätzt er die Zahl derer, die in Europa und Nordamerika in die kapitalistische Produktionsweise einbezogen sind, auf 451 Millionen.

Marx hatte das Vorhandensein des in der Mitte des vorigen Jahrhunderts vergleichsweise noch recht geringen Außenhandels der kapitalistischen Industriestaaten selbstverständlich sehr genau gekannt, er sagte z. B.: »Die kapitalistische Produktion existiert überhaupt nicht ohne auswärtigen Handel ...« (II, S. 466).

Zur Erklärung der kapitalistischen Produktionsvergrößerung hat er dennoch ganz bewußt von dem Austausch zwischen den rein kapitalistischen Gebieten und den nicht-kapitalistischen Außenmärkten abgesehen: »Es wird hier abstrahiert vom Ausfuhrhandel, vermittels dessen eine Nation Luxusartikel in Produktions- oder Lebensmittel umsetzen kann, und umgekehrt. Um den Gegenstand der Untersuchung (die Produktions- und damit die Kapitalvergrößerung – E. L.) frei von störenden Nebenumständen aufzufassen, müssen wir hier die gesamte Handelswelt als eine Nation ansehen und voraussetzen, daß die kapitalistische Produktion sich überall festgesetzt und sich aller Industriezweige bemächtigt hat.« (I, S. 607) An anderer Stelle heißt es: »Die Hereinziehung des auswärtigen Handels bei Analyse des jährlich reproduzierten Produktwertes kann also nur verwirren, ohne irgend ein neues Moment, sei es des Problems, sei es seiner Lösung, zu liefern. Es ist also ganz davon zu abstrahieren ...« (II, S. 466)

Diese Sätze – es gibt deren mehr – genügen schon, um zu zeigen, daß Marx, soweit es sich um die Untersuchung der Kapitalakkumulation handelt, wirklich die Beachtung jedes Außenhandels,

[29] A. a. O., S. 214f.

also auch des Handels mit vorkapitalistischen Wirtschaftsgebieten, für überflüssig gehalten hat. Die so heiß umstrittenen Marxschen Untersuchungsmodelle der Produktionsvergrößerung bezogen sich nur auf den sozusagen idealen Fall einer nicht durch die von Disproportionen im früher erläuterten Sinn gestörten, sondern auf die »normal« funktionierende rein kapitalistische Wirtschaft, die *nicht* in Austauschbeziehungen mit vor-kapitalistischen Gebieten steht. Das Ergebnis der bisherigen, resümierenden Hinweise auf Luxemburgs und Sternbergs Marxkritik einerseits und auf Marx' Konzeption andererseits ist somit folgendes: Seit dem Beginn der industriekapitalistischen Gütererzeugung hat es stets Handel mit nicht-kapitalistischen Gebieten gegeben; die Waren wurden also immer nur z. T. innerhalb eines kapitalistischen Wirtschaftsgebietes abgesetzt. Auf der anderen Seite geht aber aus Marx' Modellen der Kapitalakkumulation hervor – und er besteht ausdrücklich auf dieser Auslegung! – daß eine unaufhörliche Vergrößerung der Erzeugung von Produktionsgütern und Konsummitteln sowie des entsprechenden Kapitals auf keine auswärtigen Märkte angewiesen ist, falls und solange *alle* Produktions- und Konsumgüter *restlos* an die Arbeiter und Kapitalbesitzer des eigenen Wirtschaftsgebietes verkauft werden können. – Wären dann, um es zugespitzt zu formulieren, auswärtige Märkte für die rein kapitalistisch produzierenden Länder entbehrlich? Zu welchem Zweck treiben dann die kapitalistischen Staaten ihre imperialistische Expansionspolitik?!

R. Rosdolsky hat klar erkannt, daß sich die ganze Frage darauf reduziert, festzustellen, welche Untersuchungsmethode Marx für die Erkenntnis der Kapitalakkumulation im Zusammenhang mit dem Absatz-(»Realisierungs«-)Problem angewendet hat. Bei der Aufstellung seiner Reproduktionsschemata verfolgte Marx das gleiche Ziel wie der französische Ökonom François Quesnay: die Untersuchung der Erzeugung und Verteilung des jährlich innerhalb eines kapitalistischen Wirtschaftsgebietes erzeugten Gesamtprodukts. Ganz wie Quesnay will Marx den Produktionsprozeß des Kapitals in seiner jährlichen Erneuerung, also als Reproduktionsprozeß, den Ursprung der Einkommen und die Verteilung des Gesamtprodukts zwischen Produzenten und Konsumenten übersichtlich darstellen. Bei Quesnay fällt der Wert der Ware noch mit dem Gebrauchswert zusammen, der Unterschied zwischen Tausch- und Gebrauchswert war ihm unbekannt. Sodann handelte es sich bei Quesnay nur um die jährliche *einfache* Reproduktion, d. h. um die Jahr für Jahr unveränderte Größe und die unveränderte Verteilungsweise des Sozialprodukts, oder, wie man heute sagen würde: Um eine stationäre Wirtschaft. Marx hat die Anregungen zu seiner Kreislauftheorie vor allem von Quesnay empfangen; aber er will, anders als Quesnay, nicht nur zeigen, wie die einzelnen Teile des jährlichen Gesamtprodukts, $c + v + m$,

wechselseitig verkauft werden, sondern ebenfalls, auf welche Weise ein Teil des jeweils produzierten *Mehrwertes* zur *Erweiterung* der kapitalistischen Produktion und damit zur Kapitalvergrößerung dient.[30] Kurz: Während es sich bei Quesnay nur um die Frage drehte, wie die einfache Produktion und Reproduktion der jährlich erzeugten Sachgüter vor sich geht, will Marx theoretisch zeigen, ob und wie bei der einfachen und der erweiterten Reproduktion auch der *Mehrwert* und damit auch die den Mehrwert verkörpernde Warenmenge Jahr für Jahr – von Krisenzeiten abgesehen – restlos verkauft werden kann. Rosdolsky führt nun weiter aus, daß im Unterschied zu Marx auch für James Mill, David Ricardo und Jean Baptiste Say die Frage der Realisierung des Mehrwertes noch gar nicht existierte.[31] Sismondi hatte immerhin erkannt, daß die auf dem Markt erscheinenden Produkte seines Zeitalters nicht einfach nur Produkte wie die anderer Zeiten und früherer Wirtschaftsstufen sind, sondern Produkte von ganz besonderer Art, daß sie nämlich durch den kapitalistischen Produktionsprozeß einen Wertzuwachs (mieux valeur) erhalten; eben jenen Zuwachs, den Marx als »Mehrwert« untersuchte. Wie man sah, glaubte jedoch Sismondi nicht daran, daß dieses Mehrprodukt innerhalb einer kapitalistischen Volkswirtschaft überhaupt verkauft werden kann. Man könne es höchstens im Ausland absetzen. Anders Marx, der das Problem durch die Aufstellung seiner Schemata löst, indem er zeigt, daß die kapitalistische Produktion sich ihren eigenen Absatzmarkt schafft: Die Kapitalisten kaufen von einem Teil des Mehrwerts *alle* Produktionsmittel, während alle Konsumgüter von den Kapitalisten (mit dem anderen Teil ihres Mehrwerts) und von dem Lohn der Arbeiter gekauft werden, wobei die arbeitende Bevölkerung im wesentlichen nur die zur Aufrechterhaltung ihrer Arbeitskraft, allenfalls die für ihren kulturellen Mindestlebensstandard, erforderlichen Mengen von Konsumgütern, die Kapitalisten dagegen nicht nur die lebensnotwendigen, sondern auch die Luxusgüter kaufen können.
Einige Marxsche, in einem anderen Zusammenhang geschriebenen Sätze scheinen in krassem Widerspruch zu der von ihm mit großem Nachdruck geltend gemachten Auffassung zu stehen, daß man beim Studium der kapitalistischen Produktionsvergrößerung vom auswärtigen Handel mit nicht-kapitalistischen Ländern absehen darf, ja absehen muß. Wie erinnerlich, heißt es im »Kommunistischen Manifest«: »Wodurch überwindet die Bourgeoisie die Krisen? Einerseits durch die erzwungene Vernichtung einer Masse von Produktivkräften, andererseits durch die Eroberung neuer Märkte und die gründlichere Ausbeutung alter Märkte. Wodurch also? Dadurch, daß sie allseitigere und gewaltigere Krisen vorbereitet ...«

[30] Vgl. hierzu Rosdolsky, a. a. O., S. 538f.
[31] Ebd., S. 539.

Aus diesen Sätzen geht aber nur hervor, daß die Krisen innerhalb einer kapitalistisch produzierenden Wirtschaft entstehen, und daß der Außenhandel auf die Dauer nicht nur keine Abhilfe schafft, sondern eher krisenverschärfend wirkt. In der krisen*freien* Zeit besteht damit für die kapitalistische Wirtschaft keine Notwendigkeit des Handels mit auswärtigen nichtkapitalistischen Märkten. Da dieser Handel auf die Dauer sogar krisenverschärfend wirkt, so trägt er nach Marx auch nicht dazu bei, das Absatzproblem zu lösen. Ein andermal schreibt Marx, daß die Ausbeutung des Arbeiters und die Realisierung des Mehrwerts von mancherlei Bedingungen abhängen, daß sie auf bestimmte Schranken stoßen: die Produktivkraft der Arbeit und die Ausbeutung können nicht beliebig gesteigert werden, die Produktion muß in ihren verschiedenen Zweigen in bestimmten Proportionen erfolgen; die Konsumtionskraft der Massen kann sich auch nur innerhalb enger Grenzen bewegen. Andrerseits besteht aber der »Akkumulationstrieb«, der »Trieb nach Vergrößerung des Kapitals und der Produktion von Mehrwert auf erweiterter Stufenleiter«. Schließlich findet eine dauernde Umwälzung in den technischen Produktionsmethoden statt, und die damit verknüpfte Entwertung (Verbilligung) von vorhandenem Kapital sowie der allgemeine Konkurrenzkampf führt zur »Notwendigkeit, die Produktion zu verbessern und ihre Stufenleiter auszudehnen, bloß als Erhaltungsmittel und bei Strafe des Untergangs. Der Markt muß daher beständig ausgedehnt werden ... Der innere Widerspruch (zwischen dem Drang und der Notwendigkeit der Kapitalvergrößerung und den entgegenstehenden Schranken; E. L.) sucht sich auszugleichen durch Ausdehnung des *äußeren* Feldes der Produktion ...« (III, S. 255)

Marx spricht davon, daß dem tendenziellen Sinken der Profitrate durch die Ausdehnung des auswärtigen Handels entgegengewirkt werden kann. Damit behauptet er aber durchaus nicht, daß *innerhalb* eines rein kapitalistisch produzierenden Wirtschaftsraums, unter »normalen« Bedingungen, d. h. in krisenfreien Zeiten, im Sinne seiner Reproduktionsschemata, der Absatz unmöglich ist. Er sagt nur, daß der Außenhandel in schwierigen Zeiten und für manche Produktionsbranchen ein Ventil für die von der Konkurrenz oder durch Krisen bedrohten Hersteller sein kann, die ihre Produkte in nicht-kapitalistische Länder zu verkaufen suchen, um das Sinken ihrer Profitrate aufzuhalten oder um ihre Profitmasse und Profitrate überhaupt zu erhöhen. Wenn z. B. Baumwollstoffe nicht nur an die einheimischen 30 Millionen Bewohner einer kapitalistischen Industriewirtschaft, sondern außerdem an weitere überseeische nicht-kapitalistisch produzierende 40 Millionen Menschen verkauft werden können, so ist der Profit der erzeugenden Industrie eben entsprechend größer. In jedem Pfund Baumwollstoff steckt ein bestimmter Mehrwert, und die zusätzlichen 40 Millionen Pfund verkaufter Baumwollstoffe bringen eine größere Mehrwertmasse ein als die nur im einheimischen kapitalistischen Gebiet verkauften.

Selbstverständlich soll mit diesen Bemerkungen nicht im mindesten bestritten werden, daß die massive Ausplünderung der Bodenschätze und sonstigen Rohstoffe der nicht-industrialisierten Länder in Asien, Afrika und Lateinamerika, sowie die Ausbeutung ihrer billigen Arbeitskräfte an Ort und Stelle, von damals bis heute, ganz wesentlich zur Entwicklung und Profitvergrößerung der kapitalistischen Produzenten der betreffenden »Mutterländer« beigetragen haben. Die Literatur über diese Ausplünderung ist sehr groß. Aber die Kernfrage, ob dieser »Außenhandel« eine conditio sine qua non für die Entstehung des europäischen Industriekapitals gewesen ist, wird mit dem Hinweis auf die gigantische Ausplünderung der Dritten Welt noch nicht beantwortet. – Für diese Ausplünderung hier nur zwei Stichproben: In England war der Mehrwert der großen Konzerne aus ihren überseeischen Kapitalanlagen nach Schätzungen von Cairncross für die Periode von 1870–1913 ein Netto-Kapitalexport von 2,4 Milliarden £, während die Einnahmen aus den Auslandsanlagen sich auf 4,1 Milliarden £ beliefen. Der Kapitalexport betrug also nur 3/5 der vereinnahmten Beträge.[32] Die amerikanische Praxis sieht nicht viel anders aus.[33] Der Nettoabfluß von Kapital durch direkte Auslandsanlagen betrug 1950 621 Millionen $, die Einkünfte aus diesen Anlagen 1,294 Millionen $. 1963 betrugen die Netto-Auslandsanlagen 1888 Millionen und die Einkünfte daraus 3059 Millionen $.[34]

Tugan-Baranowski und Rosa Luxemburg waren verschiedener Ansicht über die Auslegung des oben zitierten Marxschen Satzes: ». . . der innere Widerspruch sucht sich auszugleichen durch Ausdehnung des äußeren Feldes der Produktion . . .« Aber diese Deutungsverschiedenheit erscheint uns ebenso gegenstandslos wie W. Alexanders Stellungnahme hierzu, daß Marx' Gedankengang »leider . . . nicht klar genug« sei, »um einer Partei (Luxemburg oder Tugan-B.; E. L.) recht zu geben.«[35] Wie manche anderen Gedankengänge in Band II und III des »Kapital« ist auch dieser Satz nicht eingehend weiterbehandelt worden; es scheint uns aber, daß sein Sinn kaum zu verschiedenen Interpretationen Anlaß geben kann.

Warum treiben also die Kapitalisten Handel mit nicht-kapitalistischen Wirtschaftsgebieten? Alexander hat die Antwort klar formuliert: »Kapitalismus wäre auch möglich, wenn es keine primitiven (Wirtschafts-)Formationen gäbe, aber da sie einmal vor-

[32] Baran/Sweezy, »Monopolkapital«, S. 106.
[33] Vgl. ebd., S. 107f.
[34] Ebd., Tab. S. 108.
[35] Alexander, a. a. O., S. 109.

handen sind, ändert sich durch ihre Austauschbeziehungen das Gesicht des Kapitalismus. Weil es nun einmal nicht-kapitalistische Abnehmer gibt, wird der Kapitalist seine Produktion vergrößern, um auch sie zu beliefern. Ja, er wird dort besonders gern seinen Mehrwert realisieren, weil er es wegen der größeren Profitrate am vorteilhaftesten tun kann. Es ist also genau umgekehrt, wie Rosa Luxemburg die Sache darstellt. Weil England Ausfuhrmöglichkeiten hat, produziert es z. B. Baumwollwaren über seinen Bedarf; aber es führt nicht aus, weil es wegen Überproduktion ausführen müßte. Ebenso ist es mit der Überproduktion und Ausfuhr von Produktionsmitteln. Dank seinen Einflußsphären in aller Welt konnte England seine Stahlproduktion so vergrößern, daß der englische Konsum in diesen Waren nur einen Bruchteil seiner Produktion ausmachte. Hätte es diese Absatzmöglichkeiten nicht gehabt, wäre es abgeschnitten oder auf Europa beschränkt gewesen, so wäre es auch ohne diese Expansion bei kleinerer Produktion lebensfähig gewesen.«[36] Das gleiche gilt bei Berücksichtigung ihrer Sonderbedingungen auch für die anderen kapitalistischen Industrieländer.

Der Einwand R. Luxemburgs gegen Marx' Schemata der Produktionsvergrößerung, daß diese eine Produktionsweise voraussetzen, die es noch niemals gegeben hat und vielleicht niemals geben wird (nämlich die einer rein kapitalistischen Produktionsform ohne die gleichzeitige Existenz nicht-kapitalistisch produzierender Wirtschaftsgebiete) trifft jedoch zu. Doch folgt aus diesem Einwand nicht umgekehrt, daß ein rein kapitalistisches Wirtschaftsgebiet ohne nicht-kapitalistischen Absatz nicht existenzfähig wäre. Marx' zutreffender Leitgedanke bei der Aufstellung seiner Reproduktionsschemata war: Auch eine rein kapitalistische Wirtschaft könnte sich selbst ein Absatzgebiet sein. Freilich ist das nur ein theoretischer Grenzfall. Sein Modell zeigt nur als Denkmodell, was historisch noch nie vollständig verwirklicht wurde und kaum je hundertprozentig Wirklichkeit werden wird: daß nämlich alle Produktionsmittel und Luxuswaren vom Mehrwert und die lebenswichtigen Konsumgüter von den Arbeitslöhnen des eigenen Landes gekauft werden können.

Eine ganz andere Frage ist es allerdings, ob die kapitalistischen Industriestaaten, *nachdem* sie erst einmal über etwa anderthalb Jahrhunderte lang einen immer größeren Außenhandel mit den nicht-kapitalistischen Gebieten der Erde getrieben und ihre Produktionsbasis, ihre Anlagen, ihre Arbeiter- und Angestelltenzahl, entsprechend vergrößert haben, den sukzessiven oder gar den plötzlichen Verlust des Handels mit diesen Gebieten ohne allerschwerste wirtschaftliche und politische Erschütterungen, ja ohne Zusammenbruch ertragen können. Der allmähliche oder gar plötzliche Verlust dieser Märkte heißt langsame oder plötzliche Redu-

[36] Ebd., S. 119.

zierung des bis dahin auf den Welthandel mit den nicht-kapitalistischen Gebieten eingestellten, gigantisch gewachsenen Produktionsapparates, bedeutet die drastische Verringerung des Umfanges der bis dahin tätig gewesenen Produktionsmittel und damit auch der Riesenzahl der Beschäftigten und der entsprechenden Menge von Konsumgütern, kurz: bedeutet die entsprechende Verkleinerung des konstanten und des variablen Kapitals, das nun aus diesem Grunde nicht mehr verwertet werden kann. Die Krise, die große Krise, die wirklich die letzte Krise des kapitalistischen Wirtschaftssystems werden könnte, würde dann in der Tat durch einen Mangel an Kapitalverwertung entstehen, aber dieser Mabgel hätte dann ganz andere als die von Luxemburg oder die von H. Grossmann angegebenen Ursachen. Grossmann schrieb: »Die Unabsetzbarkeit der Waren, die Überproduktion ist nur die *Folge* der ungenügenden Verwertung, die mit der Überakkumulation eintritt. Nicht die Disproportionalität zwischen der Produktionserweiterung und der ungenügenden Kaufkraft, also der Mangel an Konsumenten, bewirkt die Krise. Die Kaufkraft ist beim Ausbruch der Krise in unserem (Grossmanns; E. L.) Schema ebenso vorhanden, wie sie bisher während der ganzen Aufstiegsphase vorhanden war.«[37] Nein! Im Gegensatz zu Grossmann ist die Unabsetzbarkeit der Waren nicht die Folge, sie ist die *Ursache* der ungenügenden Möglichkeit einer Kapitalverwertung!
In der Tat braucht sich die Kaufkraft der nicht-kapitalistisch produzierenden Völker der Erde, mit denen die kapitalistischen Industriestaaten bisher Handel getrieben haben, nicht zu vermindern. Wenn sich aber diese Völker selber industrialisieren und den Handel mit den nicht-kapitalistischen Industrieländern – Sowjetunion und Ostblockstaaten, sowie China – vorziehen sollten, so würden sie als Absatzmärkte, Rohstoffquellen und Territorien billiger Arbeitskräfte für die kapitalistischen Staaten fortfallen. Deren Kapital würde dann nicht wegen der geringer gewordenen Kaufkraft der bisherigen Abnehmer unverwertbar geworden sein, sondern deswegen, weil sich dann die bisherige nicht-kapitalistische Konsumentenzahl drastisch verringert und mehr und mehr fortfällt. Daher sind wir heute die Zeugen gewaltiger Bemühungen der industriekapitalistischen Staaten – und d. h.: ihrer vom Großkapital dirigierten Regierungen – sich die Rohstoffe, die billigen Arbeitskräfte und die Absatzmärkte zu erhalten, oder sich durch Industrialisierung neue Gebiete der genannten Art zu schaffen. Von Asien bis Peru, vom Nordkap bis Südafrika, von Mozambique bis Guatemala, folgt Aufstand um Aufstand der einheimischen Bevölkerungsgruppen, um die Ausbeutung durch das einheimische und ausländische Kapital loszuwerden, und Schlag auf Schlag folgt die Konterrevolution, ja die

[37] Grossmann, a. a. O., S. 291.

offene Intervention der Gegenseite, um den bisherigen Zustand ökonomischer Abhängigkeit vom und der Ausbeutung durch das Kapital des Auslandes zu verewigen.

Die von Luxemburg dargelegte, aber anfechtbare Theorie, wonach der innere Markt einer entwickelten kapitalistischen Volkswirtschaft keinen genügenden Absatz für ihre gesamte Produktenmenge bieten könne, war, wie man gesehen hat, im Prinzip nicht neu. Doch nicht nur Sismondi und Rodbertus hatten diese Ansicht schon vorher geäußert, auch in Rußland, dessen Industrialisierung im Verlaufe des 19. Jahrhunderts ein gewisses Ausmaß erreicht hatte, war diese Auffassung von der unabdingbaren Voraussetzung äußerer Absatzmärkte für die volle Entfaltung der kapitalistischen Produktion innerhalb des eigenen Landes von Vertretern der sog. Narodniki, der Volkstümlerrichtung, W. P. Woronzow u. a., sowie von dem – in anderen Punkten aber von den Volkstümlern abweichenden – Theoretiker P. W. Struve in seinem in Petersburg 1894 erschienenen Buche »Kritische Bemerkungen zur ökonomischen Entwicklung Rußlands« vertreten worden. Aus ihrer Theorie von der Unmöglichkeit des restlosen Absatzes kapitalistisch erzeugter Waren innerhalb des eigenen Binnenmarktes zogen die Narodniki den Schluß, daß die Entwicklung eines Industriekapitalismus in Rußland nicht in erheblichem Ausmaß möglich sei; eine Ansicht, die von W. I. Lenin mit allem Nachdruck und wiederholt in ausführlichen Abhandlungen bekämpft wurde. Durch Lenins Stellungnahme zur Frage der Absatzmöglichkeit (und zu anderen Auffassungen der Narodniki) wurde dieser ganze, durch Marx' Reproduktionsschemata angeschnittene Fragenkomplex in der Folgezeit für Rußland ein Politikum ersten Ranges. Die Narodniki waren z. B. der Ansicht, daß eine Revolution in Rußland im wesentlichen von den armen Bauern ausgehen müsse, da die Industriearbeiterschaft wegen ihrer Schwäche und geringen Zahl keine irgendwie führende Rolle dabei spielen könne. Lenin vertrat jedoch die entgegengesetzte Ansicht: Rußland könne und würde sich zunächst zu einem industriekapitalistischen Lande entwickeln und damit würde ein genügend starkes Industrieproletariat entstehen, das die Führung der Revolution zur Schaffung einer sozialistischen Gesellschaftsordnung in die Hand nehmen könne und müsse.

Die Narodniki waren eine nicht immer einheitliche und in ihren Nahzielen nicht immer gleichförmige Gruppe revolutionärer Intellektueller, die seit den 60er Jahren des 19. Jahrhunderts in das arbeitende Volk gingen, um es durch mühevolle Einzelaufklärung zum Bewußtsein seines Elends und zur politischen Tat zu bringen. Einer ihrer namhaftesten Vertreter war der Übersetzer des Marxschen »Kapital«, N. F. Danielson (mit dem Pseudonym Nikolai-on oder kurz N.-on), der nach Marx' Tode mit Engels über volkswirtschaftliche Fragen Rußlands in lebhaftem Briefwechsel stand.[38] In seinen Briefen an Engels bezweifelt Danielson, daß die immer ärmer werdende russische Bauernschaft insgesamt als Lohnarbeiter in den Fabriken beschäftigt werden könnte; er bezweifelt auch die Möglichkeit der Entstehung eines immer größer werdenden russischen Industrieproletariats. Man wisse doch, so sagte er, daß die Zahl der in der heutigen (gemeint ist natürlich: der damaligen) Industrie Beschäftigten beständig abnehme. Danielson glaubte, daß Rußlands Industriekapitalismus keinen genügend großen inneren Absatzmarkt finden könne, denn die Arbeiterschaft produziere ja immer nur einen Produktenwert in Höhe von (v + m), während die kapitalistisch erzeugten Produkte den Wertbetrag (c + v + m) verkörpern, der auf dem Markt verkauft werden muß, so daß die Arbeiterschaft niemals die Käufer dieses Gesamtproduktes sein könnten. (Hier vergißt Danielson, daß auch die Kapitalisten Käufer ihrer Produkte, und zwar des c-Teils und des m-Teils, sind). Danielson folgert, daß Rußland auf auswärtige Märkte angewiesen sei, weil der innere Markt keinen ausreichenden Absatz biete. Aber die fortgeschrittenen kapitalistischen Industrieländer des Westens hätten den Weltmarkt bereits besetzt. Ergo: der russische Industriekapitalismus sei nicht entwicklungsfähig. – Um den politischen und wirtschaftlichen Hintergrund der Ansichten Danielsons besser zu verstehen, müssen zunächst einige Fakten der russischen Wirtschaftsgeschichte kurz umrissen werden.

Im Jahre 1861 war in Rußland durch Erlaß des Zaren Alexander II. die Leibeigenschaft der Bauern aufgehoben worden, die einer jahrhundertelangen, oft äußerst brutalen Unterdrückung und Ausnutzung ihrer Arbeitskraft auf den zaristischen Kronländereien und auf den kirchlichen und weltlichen Adelsgütern ausgesetzt waren, die immer wieder zu verzweifelten und jedesmal blutig niedergeworfenen Rebellionen der unterdrückten Bauernschaft geführt hatte.

Die Industrialisierung Rußlands war im 18. und 19. Jahrhundert nur sehr langsam und in weitem Abstand zu der entsprechenden Entwicklung in Westeuropa erfolgt.[39] Im Jahre 1860 betrug die Zahl der russischen Fabrikarbeiter nicht mehr als rund 565 000, die der Bergarbeiter nur 165 000. Während vom Ende des 18. bis zur Mitte des 19. Jahrhunderts die Bevölkerungszahl nahezu auf das Doppelte (von 36 auf 68 Millionen) stieg, nahm die Zahl der gutsherrlichen Leibeigenen seit dem Anfang der 50er Jahre des

[38] Zu den folgenden Ausführungen vgl. R. Rosdolsky: »Zur Entstehungsgeschichte des Marxschen ›Kapital‹«, a. a. O., Bd. II, S. 542ff.

[39] Einzelheiten der russischen Agrar- und Industrieverhältnisse findet man z. B. in der »Geschichte der UdSSR«, Bd. I, Berlin 1962 und in Bd. II, 1967. VEB Deutscher Verlag der Wissenschaften, und bei Hans Hausherr: »Wirtschaftsgeschichte der Neuzeit«, 3. Aufl. Köln und Graz 1960. Dann auch bei Wilh. Treue: »Wirtschaftsgeschichte der Neuzeit«, Stuttgart 1963 und Valentin Gitermann: »Geschichte Rußlands«, speziell in Bd. III, Hamburg 1949, und in anderen Werken.

19. Jahrhunderts ab. Dieser Rückgang hielt auch weiterhin an. In den 60er Jahren des 19. Jahrhunderts gab es etwa 10700000 leibeigene Bauern. »Die Ursache für den zahlenmäßigen Rückgang der gutsherrlichen Bauern im zweiten Drittel des 19. Jahrhunderts lag in dem schweren Leben der leibeigenen Bauernschaft und z. T. auch in dem Übertritt der Bauern in einen anderen, vor allem in den städtischen Stand begründet.«[40] Die leibeigenen Bauern mußten vielfach auf den Gütern auch gewerblich für ihre adlige Herrschaft tätig sein. Doch gerieten die Manufakturbetriebe auf den Adelsgütern wegen der oft übermenschlich harten Fronarbeit und der steigenden finanziellen Ansprüche des Adels in Verfall, so daß eine wachsende Anzahl von Bauern die Erlaubnis erhielt, auswärts industrielle Lohnarbeit anzunehmen, von deren Ertrag sie aber stets ihren Herren einen Teil abzuliefern hatten, da sie zunächst trotz ihrer Arbeit in den Fabriken noch Leibeigene blieben. Die Bauern versorgten nicht nur die wachsenden Städte mit Lebensmitteln, es wurden auch gewerbliche Erzeugnisse des bäuerlichen Hausfleißes durch die Bauern selbst oder durch Aufkäufer auf den Markt gebracht.

Die Umwandlung der ursprünglich rein bäuerlichen Leibeigenen in städtische Manufaktur- und industrielle Lohnarbeiter begann in den verschiedenen Gebieten des russischen Reiches zu verschiedenen Zeiten und erfolgte nicht nach einheitlichem Muster. Schon unter Peter dem Großen (1689–1725) wurden den damals aufstrebenden Manufaktur- und Hüttenbetrieben oft ganze Dörfer der bis dahin den Zaren leibeigenen sogenannten Staatsbauern überwiesen. Im Jahre 1762 gab es 142500 und in den 90er Jahren 312500 solcher »zugeschriebenen« Bauern, die also zwangsweise zu Lohnarbeitern gemacht wurden. Im Jahre 1752 wurde den Fabrikbesitzern das Recht zugebilligt, von leibeigenen Bauern bewohnte und bearbeitete Ländereien zu kaufen und die darauf befindlichen Bauern als Arbeiter zu beschäftigen. So kauften die Fabrikanten im Zentrum Rußlands häufig ganze Dörfer auf und überführten die dort ansässigen Bauern nach und nach in ihre Fabrikbetriebe. Auch Tagelöhner und flüchtig gewordene Bauern wurden oft Fabrikbesitzern überschrieben, und in ähnlicher Weise wurde vielfach mit Handwerkern verfahren. Bäuerliche Wanderarbeiter wurden häufig von ihren Herren für eine bestimmte Zeit beurlaubt, um als Lohnarbeiter tätig zu sein; in anderen Fällen wurden leibeigene Bauern direkt gekauft und als Lohnarbeiter in die Betriebe überführt. Diese sind nur einige der Bedingungen, die zur Umwandlung einer Anzahl leibeigener Bauern in Lohnarbeiter in der russischen Industrie geführt hatten.

Nach dem Befreiungsgesetz von 1861 sollten die Bauern für die bis dahin von ihnen als Leibeigene bewirtschafteten, nunmehr in

[40] »Geschichte der UdSSR«, I, S. 631.

ihr Eigentum übergehenden Landstücke im Laufe von 49 Jahren dem Staat als Ablösung eine hohe Geldsumme zahlen, während dieser die z. T. verschuldeten adligen Gutsbesitzer für ihre Einbuße im voraus entschädigte. Hier braucht nicht ausgeführt zu werden, wie es der Opposition der adligen Gutsbesitzer gelang, die Befreiungsgesetze in der Ausführung zu verwässern und ihren Sinn zu verbiegen, so daß sich die Bauern nach dem Loskauf, bzw. der Zuteilung des Bodens im allgemeinen noch schlechter standen als vorher, weil sie von den ihnen zum Loskauf zugeteilten entweder zu kleinen oder unfruchtbaren Landstücken oft nicht leben konnten, oder von der Last der Abzahlungsbedingungen für den Loskauf des Landes von ihren früheren Gutsherrschaften erdrückt wurden und bis zur völligen Abzahlung des Loskaufpreises wieder Frondienste zu leisten hatten.[41] So wanderten sie in zunehmendem Maße in die industriellen Klein- und Großbetriebe der Städte ab, wo sie Lohnarbeiter wurden.

Mit der Industrie begann die Zahl der ständig beschäftigten Fabrikarbeiter zu wachsen, und durch den Bau des größer werdenden Eisenbahnnetzes nahm auch die Zahl der Arbeiter im Eisenbahnwesen zu. In den Jahren 1865–1879 stieg die Zahl der Arbeiter in der Großindustrie nahezu auf das 1,5fache – in absoluten Zahlen von 700000 auf 1 Million – und die der Eisenbahnarbeiter auf das 6fache;[42] zugleich stieg der Bedarf des innerrussischen Marktes an industriellen und landwirtschaftlichen Produkten ganz erheblich.[43]

In seinem Brief an Engels vom 24. März 1892 schrieb Danielson u. a.: »Wir ›befreiten‹ von ihrem Grund und Boden einige 20 Prozent bis 25 Prozent unserer Bauernschaft. Diese Bauern wandern jetzt im Lande herum, nach Arbeit suchend . . . Was sollen sie tun? In die Fabriken gehen? Wir wissen aber, daß die Zahl der in der heutigen Industrie beschäftigten Arbeiter beständig abnimmt . . . Wie viele Arbeiter kann denn unser eigener innerer Markt absorbieren, bis er ganz gesättigt ist? ›Die Arbeiter als Käufer von Ware sind wichtig für den Markt. Aber als Verkäufer ihrer Ware – der Arbeitskraft – hat die kapitalistische Gesellschaft die Tendenz, sie auf das Minimum des Preises zu beschränken.‹«[44] Und Danielson fährt fort: »Hier haben wir unseren Ausgangspunkt – unseren inneren Markt . . . Eine kapitalistische Nation löst den Widerspruch, den unser Autor (Marx) unterstrich, durch die Ausdehnung ihrer auswärtigen Märkte. Wie aber können wir diesem Widerspruch entrinnen? Wie man sich nicht eine kapitalistische Fabrik vorstellen kann, deren Produktion ausschließlich

[41] Vgl. z. B. »Geschichte der UdSSR«, Bd. II, S. 20–26; Hausherr, a. a. O., S. 622f.
[42] »Geschichte der UdSSR«, Bd. II, S. 86f.
[43] Ebd., S. 65ff.
[44] Zitiert nach Rosdolsky, a. a. O., S. 543. Hierzu bemerkt Rosdolsky zutreffend: »Danielson vergißt, daß es sich bei Marx nur um eine relative und nicht um eine absolute Abnahme der Beschäftigtenanzahl handelt.«

auf den Verbrauch der von ihr beschäftigten Arbeiter eingestellt wäre, ebenso unmöglich erscheint auch eine kapitalistische Nation ohne ausländische Märkte ...« usw. »Wir (Russen) betreten ja die Weltarena zu einem Zeitpunkt, wo alle Bestrebungen unserer Konkurrenten bis zum äußersten gespannt sind, wo sie sich sogar mit der geringsten Profitrate zufriedenstellen müssen ... Es scheint daher, daß unser geliebtes Kindlein – der Kapitalismus – welcher ... weder über einen inneren, noch über äußere Märkte verfügt, bei uns keine feste Entwicklungsbasis besitzt.« – Der fundamentale Irrtum Danielsons, der behauptet hatte, »... daß die Zahl der in der heutigen (= damaligen russischen) Industrie beschäftigten Arbeiter beständig abnimmt«, wurde schon von Lenin[45] und P. Struve konstatiert.

Von kleinen Fluktuationen der Zahl der industriellen Arbeitskräfte während kurzer Zeiträume abgesehen, stieg auch im damaligen Rußland die Zahl der Industriearbeiter dauernd an. In der russischen verarbeitenden Industrie betrug z. B. (nach der Geschichte der UdSSR Bd. I, 2, S. 646):

Im Jahre	Die Gesamtzahl der Fabrikarbeiter
1769	45677
1799	81747
1825	210568
1860	564950
1887	1318000
1890	1434700
1897	2098200

(Die Angaben für die drei zuletzt genannten Jahre stammen von V. Gitermann: »Geschichte Rußlands«, Bd. III, Hamburg 1949, S. 206).

Zu Beginn des 20. Jahrhunderts gab es knapp 3 Millionen Fabrikarbeiter,[46] und die Gesamtzahl der Lohnarbeiter in allen Industriezweigen, wozu also auch die landwirtschaftlichen Arbeiter, die Bergleute, die Hütten- und die Eisenbahnarbeiter und andere Kategorien Werktätiger gehören, betrug nach Berechnungen Lenins am Ende des 19. Jahrhunderts rund 10 Millionen.[47]

In seiner in Petersburg 1895 veröffentlichten Abhandlung: »Der ökonomische Inhalt der Volkstümlerrichtung und die Kritik an ihr in dem Buch des Herrn Struve«[48] polemisierte Lenin ausführlich gegen die Auffassung der Narodniki von der unabdingbaren Notwendigkeit äußerer Absatzmärkte für die volle Entwicklung

45 »Werke«, Bd. 2, Berlin/DDR 1966, S. 225 u. 227.

46 Vgl. Gitermann, a. a. O., S. 335; in der »Geschichte der UdSSR«, a. a. O., S. 294, heißt es 3,25 Millionen.

47 Lenin: »Die Entwicklung des Kapitalismus in Rußland«, in: Werke, Bd. 3, Berlin/DDR 1968, S. 600ff. Dort alle Einzelheiten.

48 Lenin, »Werke«, Bd. 1, Berlin 1968.

des Industriekapitalismus in Rußland und zeigte darin, daß die Entwicklung Rußlands vom feudalen Agrarstaat zur industriekapitalistischen Wirtschaft auch ohne äußere Absatzmärkte möglich ist. In seiner groß angelegten späteren Arbeit: »Die Entwicklung des Kapitalismus in Rußland«[49] zeigte er konkret an Hand einer Fülle von Tatsachen, daß die Entstehung und das ausgiebige Wachstum des innerrussischen Absatzmarktes auch wirklich so vor sich gegangen war. Damit hatte Lenin nicht nur diesen wesentlichen Punkt der Auffassungen Sismondis und der Narodniki bekämpft, sondern gewissermaßen implizit zugleich auch Rosa Luxemburgs und F. Sternbergs Theorien von der Notwendigkeit äußerer Märkte für die Entwicklung kapitalistischer Industriestaaten schon Jahrzehnte, bevor sie veröffentlicht wurden, abgelehnt (Luxemburgs »Akkumulation des Kapitals« erschien zuerst 1912, Sternbergs erstes Hauptwerk: »Der Imperialismus«, 1926). Luxemburg setzte sich zwar ebenfalls kritisch mit Sismondi auseinander, tat dies aber vom Standpunkte ihrer eigenen, schon erörterten, anfechtbaren Theorie aus. »Lenins Deutung der Marxschen Realisationstheorie erklärt auch seine durchaus ablehnende Einstellung zu Rosa Luxemburgs 1912 erschienenem Buch »Die Akkumulation des Kapitals«, und der ungewöhnlich scharfe Ton der jetzt folgenden Äußerungen Lenins über deren Verfasserin erklärt sich wohl ». . . großenteils durch die damaligen Fraktionsstreitigkeiten zwischen den Bolschewiki und der von Rosa Luxemburg geführten ›Sozialdemokratie des Königreichs Polen‹«, schreibt Rosdolsky.[50] Lenin schrieb den Herausgebern des in Paris erscheinenden russischen Blattes »Sozialdemokrat« im März 1913: »Ich las gerade Rosas neues Buch. Sie schwätzt ganz unglaublich und verdreht Marx. Es freut mich sehr, daß Pannekoek wie Eckstein wie Otto Bauer ihr Buch einmütig verwerfen und dagegen dieselben Argumente vorbringen, die ich schon 1899 gegen die Narodniki erhob.«

(Daß die damalige russische Sozialdemokratie so ziemlich das genaue Gegenteil der heutigen »Sozialdemokratischen« Partei Deutschlands war, braucht hier wohl nicht noch einmal betont zu werden). – In seinem Essay über Marx, der 1915 in der russischen Enzyklopädie Granats veröffentlicht wurde, findet sich folgende Notiz Lenins: »Die Marxsche Theorie der Kapitalakkumulation wird in einem neuen Buch von R. Luxemburg behandelt. Analysen ihrer irrtümlichen Interpretation von Marx' Theorie finden sich in O. Bauers Artikel in der ›Neuen Zeit‹, 1913, und in den Besprechungen Ecksteins im ›Vorwärts‹ und Pannekoeks in der ›Bremer Bürgerzeitung‹.«[51]

Schon früher beschäftigte sich Lenin in seiner 1897 erschienenen

[49] Ebd., Bd. 3.
[50] Rosdolsky, a. a. O., S. 565 f.
[51] Zitiert nach Rosdolsky, a. a. O., S. 565 f.

Arbeit: »Zur Charakteristik der ökonomischen Romantik – Sismondi und unsere einheimischen Sismondisten«, ausführlich mit dem Absatzproblem. Er schreibt dort, nach Sismondi führe ». . . die Entwicklung des großindustriellen Unternehmertums und der Lohnarbeit in Industrie und Landwirtschaft ... dazu, daß die Produktion notwendigerweise die Konsumtion überholt und vor die unlösbare Aufgabe gestellt wird, Konsumenten ausfindig zu machen; daß sie (nach Sismondi) im Lande selbst keine Konsumenten finden kann, weil sie die Masse der Bevölkerung in Tagelöhner, in einfache Arbeiter verwandelt und eine unbeschäftigte Bevölkerung hervorbringt, während es mit dem Eintritt neuer kapitalistischer Länder (nach Sismondi) immer schwieriger wird, einen äußeren Markt zu finden.«[52]
Nach dieser Zusammenfassung der Sismondischen Ansichten über das betreffende Problem fährt Lenin so fort: »Wie der Leser sieht, sind es ganz dieselben Fragen, die die volkstümlerischen Ökonomen mit den Herren W. W. (= Woronzow) und N.-on an der Spitze beschäftigen.«[53]
Weiterhin zeigt Lenin in dem II. Band seiner Werke und in seinem Aufsatz »Zur sogenannten Frage der Märkte«[54], daß eine sich ausdehnende kapitalistische Industrialisierung an sich nicht die Existenz außerhalb des Landes gelegener Absatzmärkte voraussetzt. Sein hierzu entworfenes Produktions- und Verkaufsschema zeigt die Entwicklung einer Volkswirtschaft von der Selbstversorgung der naturalwirtschaftlichen Produzenten zur Austausch-(= Markt-)Wirtschaft und von da zur immer mehr spezialisierten Industriekapitalistischen Produktion. Es weist auf, daß die fortschreitende Spezialisierung der Produktion auf bestimmte Warengattungen den Absatzmarkt für jede Warengattung schafft, indem jeder Produzent von den anderen diejenigen Warensorten kauft, die er nicht selbst erzeugt. Das Schema zeigt, ebenso wie Marx' Schemata der einfachen und erweiterten Reproduktion, selbstverständlich nur den sozusagen idealen Fall einer störungsfrei verlaufenden Erzeugung und Realisierung der Produkte. Sismondi glaubte demgegenüber, daß die fortschreitende Industrialisierung eines Landes – und das bedeutet die fortschreitende Zunahme der Arbeitsproduktivität – zur Entlassung der entsprechenden Zahl von Arbeitern, daher zur wachsenden Arbeitslosigkeit, also zur Verringerung der Kaufkraft der Arbeiterklasse, und damit zur Verringerung des Nationaleinkommens führen müsse, während gleichzeitig durch denselben Vorgang der, wie es bei Sismondi heißt, »kommerzielle Reichtum«, die Warenmasse, ansteige.
Zu Sismondi ist zu bemerken, daß die selbstversorgenden, selb-

52 Lenin: »Werke«, Bd. II, Berlin 1968, S. 126.
53 Ebd., S. 127.
54 Ebd., Bd. I.

ständig wirtschaftenden Bauern und bäuerlichen Handwerker des vorindustriellen Zeitalters keine Käufer kapitalistisch erzeugter Industrieprodukte sein können, weil es noch keine Industrie gibt. Sie arbeiten mit ihren eigenen Produktionsmitteln, und der verkaufte Arbeitsertrag gehört ihnen selbst. Beim Entstehen der Industrie werden die verarmten Handwerker und Bauern, die keine eigenen Produktionsmittel mehr besitzen, in zunehmendem Maße Lohnarbeiter; zuerst in den Manufakturen, dann in den industriellen Großbetrieben, und werden damit in entsprechend zunehmendem Maße Käufer der kapitalistisch erzeugten Industrieprodukte, von denen sie mit ihrem Arbeitslohn, v, die entsprechende Menge von lebenswichtigen Gebrauchsgütern kaufen. Die Proletarisierung der vorher selbständigen Bauern und Handwerkerschichten, die Trennung von ihren Produktionsmitteln, ist also die wesentliche Voraussetzung für das Entstehen und die Ausdehnung der kapitalistischen Industrie, die sich gerade durch die Entstehung des Proletariats den notwendigen Absatzmarkt für den v-Teil ihres Gesamtproduktes, $c + v + m$, schafft, während die Produktionsmittelbesitzer die Produktionsmittel und die Luxusgüter kaufen. Die Verarmung der vorher selbständigen handwerklichen und bäuerlichen Kleinproduzenten, die auch schon für den Markt erzeugt haben, die Freisetzung von ihren Produktionsmitteln, bedeutet also keineswegs die Verringerung der Absatzmöglichkeiten für die entstehende und wachsende Industrieproduktion im eigenen Land, sondern paradoxerweise gerade umgekehrt die Schaffung ihrer Absatzmöglichkeit, worauf Lenin in seinen Abhandlungen »Was sind die Volksfreunde?«, »Der ökonomische Inhalt der Volkstümlerrichtung«[55] und in seiner »Charakteristik der ökonomischen Romantik«[56] und schließlich in: »Die Entwicklung des Kapitalismus in Rußland«[57] hinweist.
Aber Lenin macht hier selbst mit Recht zur Frage der Entfaltung des Kapitalismus eine wichtige Einschränkung gegenüber der von ihm verfochtenen Ansicht von der Selbstgenügsamkeit des einheimischen Absatzmarktes, daß nämlich bei der kapitalistischen Produktion das Gleichgewicht zwischen Erzeugung und Verbrauch nur über eine Reihe von Schwankungen erreicht werden könne: »Je größer die Produktion, je ausgedehnter der Konsumentenkreis, für den sie berechnet ist, desto stärker sind diese Schwankungen. Es ist daher verständlich, daß es bei der kapitalistischen Produktion, wenn sie einen hohen Entwicklungsgrad erreicht hat, nicht mehr möglich ist, im Rahmen des Nationalstaates zu bleiben: Die Konkurrenz nötigt die Kapitalisten, die Produktion ständig zu erweitern und für den Massenabsatz der Produkte äußere Märkte zu suchen ... Das Geschrei, unsere

[55] »Werke«, Bd. 1, Berlin 1968, S. 226 u. 518.
[56] Ebd., Bd. 2, Berlin 1966, S. 132.
[57] Ebd., Bd. 3, Berlin 1968.

Industrie müsse infolge des Mangels an Märkten zugrunde gehen, ist nichts als ein durchsichtiges Manöver unserer Kapitalisten, die auf diese Weise einen Druck auf die Politik ausüben, die Interessen ihres Geldbeutels (im bescheidenen Bewußtsein ihrer ›Ohnmacht‹) mit den Interessen des ›Landes‹ identifizieren und es fertigbringen, die Regierung auf die Bahn kolonialer Eroberungspolitik zu drängen und sie sogar – zur Wahrung derartiger Staatsinteressen – in einen Krieg zu verwickeln ...«[58]

Im Gegensatz zu den Versuchen, die Marxschen Reproduktionsschemata so zu modifizieren, daß man aus ihnen eine stets notwendige Überproduktion auf dem kapitalistischen Binnenmarkt herauslesen kann, stimmen Lenins Ausführungen mit dem von Marx gemeinten Sinn völlig überein. Wie früher betont wurde, wollen die Marxschen Schemata nur zeigen, *wie* die kapitalistische Produktion erweitert werden kann, *falls* bestimmte Mengen- bzw. Wertrelationen zwischen den Erzeugnissen der beiden Abteilungen »Produktionsmittel« und »Konsumgüter« (sowie zwischen anderen wichtigen Produktionsbranchen) eingehalten werden können. Keineswegs sollen diese Schemata nahelegen, daß es trotz der Konkurrenz zwischen den Produktionsbetrieben, trotz dem Zwang und der Jagd nach höherem Profit, trotz der Planlosigkeit der kapitalistischen Produktion, nicht zu Disproportionen, nicht zur Überproduktion kommen kann! Sie leugnen daher nicht im mindesten die früher oder später, bald hier, bald da für die kapitalistische Produktion des einheimischen Marktes entstehende *Notwendigkeit*, billigere Arbeitskräfte und billigere Rohstoffe, günstigere Absatzmärkte, bessere Kapitalanlagemöglichkeiten *außerhalb* der eigenen Landesgrenzen zu suchen und aus diesem Grunde fremde Gebiete und Kontinente ökonomisch auszubeuten und politisch zu beherrschen! – Aus mehreren der früher wiedergegebenen Marxschen Bemerkungen ersieht man in der Tat, daß das in seinen Schemata vorausgesetzte Gleichgewicht zwischen Erzeugung und Verbrauch »ein reiner Zufall ist«. (Vgl. oben, S. 533)

Und weil die Jagd nach größerem Profit und größerer Profitrate das Kapital in die Außenmärkte *drängt*, wird die politische und ökonomische Beherrschung fremder Territorien zur »Zwangshandlung« des sich entfaltenden Kapitals, dessen störungsfreie, »normale« Ausdehnung nur ein theoretischer Grenzfall ist. Anders gesagt, der moderne Imperialismus ist der *Normalfall* des sich ausdehnenden Kapitals.

Weitere Ausführungen zu diesem Komplex würden uns weit von dem gesteckten Ziel einer Erläuterung der wichtigsten Marxschen Wirtschaftslehren entfernen; andererseits bestehen zwischen den Diskussionen über die Marxschen Reproduktionsschemata und

[58] Ebd., Bd. 1, S. 93 f.

den Problemen des modernen Imperialismus tatsächlich enge Beziehungen.
Das »Kapital« selbst kann heute in einer so viel komplizierteren Welt nicht mehr Führer und Schlüssel zu allen Einzelfragen sein, es kann aber Fundamentalerkenntnisse vermitteln und manche wertvollen Hinweise für die Beurteilung der heutigen Weltlage geben.

Schluß

Nach Marx

Ein Jahrhundert ist nun seit Marx' Tod vergangen, und angesichts der heutigen viel komplizierter gewordenen Industriegesellschaft und einer sich unaufhörlich und schnell ändernden außenpolitischen Weltkonstellation muß sich für alle mit den Marxschen Lehren befaßten und mit den politischen und wirtschaftlichen Problemen der Gegenwart konfrontierten Menschen die Frage aufdrängen, welche seiner Denkergebnisse uns auch auf die speziellen, oft so bedrückenden Fragen der Gegenwart eine konkrete Antwort geben können.[1] Die brennendsten Fragen sind: Wie kann das Los der Millionen Armen und Unterdrückten aller Kontinente, besonders in der Dritten Welt, erleichtert, wie können die Ursachen ihrer Lage beseitigt und wie kann der Friede in der Welt angesichts der Vernichtungskraft der heutigen Kriegswaffen gesichert werden? Und die nächste Frage lautet: Welche der vielen heutigen wirtschaftlichen und politischen Gedankengebäude und der auf besonderen Theorien fußenden Aktionssysteme der vielen zerstrittenen, ja verfeindeten Gruppen, Grüppchen, Parteien, Schulen und Richtungen[2], die sich alle mehr oder weniger auf Marx berufen und die alle überzeugt sind, *den* Weg aus der leidvollen Gegenwart in eine glücklichere Zukunft zu

[1] Vgl. z. B. Leszek Kolakowski: »Die gestrandete Linke«, in: Merkur, 25. Jg., Heft 7, Stuttgart, Juli 1971. – O. K. Flechtheim: »Eine Welt oder keine?« Frankfurt a. M. 1964, bes. S. 221ff.

[2] Vgl. »Außerparlamentarische Linke«, in: Wirtschaftswoche – Der Volkswirt, v. 15. u. 22. Okt. 1971. Auch Helmut Fritz, in: Frankf. Rundschau Nr. 94 v. 22. April 1972; Beilage »Zeit und Bild«. Ferner: Sozialistische Hochschulpolitik, Westberlin 1972. Hrsg.: Verlag für das Studium der Arbeiterbewegung GmbH. – »Die Rebellen von Berlin«, hrsg. v. H. Häußermann, N. Kadritzke u. K. Nevermann, Köln 1967. – Die Zersplitterung der vielen sozialistischen Gruppen will die »Arbeitsgruppe Sozialistisches Büro«, 605, Offenbach 4, Postf. 591, durch bessere Kommunikation und eine illusionslose, undogmatische Haltung, sowie durch Herausgabe der Zeitung »Links« überwinden.

kennen, könnte man als marxistisch bezeichnen? Die Antwort auf diese Frage setzt offenbar eine allgemein als verbindlich akzeptierte Definition des Begriffes Marxismus voraus, die weiter unten versucht werden soll.

Wohl keine der möglichen Antworten auf die Gegenwartsfragen kann auf einhellige Zustimmung hoffen, ebensowenig, wie es irgendeine Stellungnahme zu den speziellen Marxschen Thesen kann: Zu sehr ist das Denken der Menschen von den politischen Zielen der jeweiligen Gruppe oder Richtung bestimmt, der sie sich zugehörig fühlen oder die sie bekämpfen wollen. Dieser zersplitterten »Linken« steht in den entwickelten Industriestaaten die herrschende, meist nur um Nuancen verschiedene öffentliche Meinung gegenüber – und diese ist ja praktisch immer die Meinung der Herrschenden –, welche die jetzige Gesellschaftsordnung für die bestmögliche hält und die Marxsche Analyse und grundsätzliche Kritik von vornherein als irrig und unerwünscht ablehnt und gegebenenfalls mit allen Mitteln der physischen Gewalt bekämpft.

Theoretische Diskussionen über einzelne Marxsche Denkergebnisse haben sich seit seinem Tod in einer schon seit langem kaum noch übersehbaren Flut von Büchern und Spezialabhandlungen niedergeschlagen, deren kritisches Resümee mehrere Bände füllt. Dieser Riesenarbeit hat sich Karl Kühne, ein auf Marx spezialisierter Fachökonom, unterzogen. Es war nicht der Zweck unserer einführenden Schrift, eine selbst durch ein großes Autorenkollektiv kaum noch zu bewältigende Übersicht und Analyse der wichtigen politischen und wirtschaftlichen Vorgänge der Gegenwart in ihren Verflechtungen zu versuchen, um ihre Zusammenhänge mit diesen oder jenen Marxschen Grundergebnissen aufzuzeigen. So scheint es angebrachter, zum Abschluß einen kurzen Blick auf einige wirtschaftlich-politische Vorgänge der Gegenwart zu werfen, um deutlich zu machen, daß sie in dieser oder jener Weise mit der Struktur des Kapitals zusammenhängen; aber auch, um anzudeuten, daß sie über Marx oft hinausweisen und eingehendere Untersuchungen erfordern, wenn man ihre Resultate verwenden will, um aus der leidvollen Gegenwart in eine bessere Zukunft zu gelangen. Man müßte auch, soweit das mit Hilfe des heute zur Verfügung stehenden wissenschaftlichen Apparates möglich ist, versuchen, Prognosen künftiger Entwicklungen der Wirtschaft und Politik zu stellen, denn vom Trend des Kapitals und den Möglichkeiten sozialistischer Gegenentwicklungen – wenn auch nicht von diesen allein – hängt das Schicksal der Menschheit ab; es hängt auch davon ab, wann es endlich gelingt, die chemische Verseuchung der Natur zu stoppen, vom Bevölkerungswachstum, von der Menge der noch vorhandenen Rohstoffe und davon, ob es zeitig genug gelingt, gegebenenfalls gleichwertige Ersatzstoffe herzustellen. Die Wichtigkeit von Prognosen gilt nicht nur für

die Naturwissenschaft, sondern, wie man zunehmend erkannt hat, auch für die Politik, die Soziologie, die Ökonomie.[3]
Die bloße Vielfalt der verschiedenen, in ihrem Selbstverständnis sozialistischen Gruppen müßte nun nicht schon als solche ein Indiz für ihre wissenschaftliche Bedeutungslosigkeit und für die Schwäche sozialistischer Bewegungen sein. Doch die weit verbreitete Intoleranz und die oft mangelnde Bereitschaft zur Rezeption der von den eigenen Vorstellungen abweichenden Gedanken über die Wege zu einer sozialistischen Gesellschaft sind große Hindernisse für die Schaffung einer gemeinsamen Plattform des vielen Gruppen gemeinsamen Hauptziels: Die Abschaffung der Profitwirtschaft und die Humanisierung des menschlichen Zusammenlebens. Das Gelingen oder Scheitern sozialistischer (wie aller politischen) Aktionen war schon in der Vergangenheit ein Kriterium für die Richtigkeit oder Fehlerhaftigkeit der vorangegangenen Lageanalysen; und sozialistische Theoretiker haben anscheinend manchmal auch in der jüngsten Gegenwart über ihren Wunschvorstellungen das gewissenhafte Studium der Empirie vernachlässigt und sind dann der höchst banalen und oft entsetzlich brutalen Realität zum Opfer gefallen.
So kann die Antwort auf die Frage nach dem »richtigen« Weg zu einer sozialistischen Gesellschaft für geographisch, politisch und ökonomisch verschiedene Gebiete und Sozialstrukturen selbstverständlich nicht gleich lauten. Ein krasses Beispiel: der von dem argentinischen Arzt Ché Guevara unternommene, mit seinem Opfertod endende, erfolglose Revolutionsversuch in Bolivien traf dort ganz andere kulturelle Bedingungen an als der von ihm vorher gemeinsam mit Fidel Castro unternommene Aufstand in Kuba[4]: In Bolivien fand Guevara nicht die von ihm vorausgesetzte sympathisierende, auf Befreiung wartende Bevölkerung vor, sondern eine zu vier Fünfteln aus Indianern und Mischlingen bestehende Einwohnerschaft, die jahrhundertelang durch einheimische Großgrundbesitzer, Offiziercliquen und ausländisches Kapital unterdrückt worden waren! Sie lebten praktisch ohne Schulbildung in Lethargie und größtem Elend und konnten einer Befreiungsbotschaft, wenn sie überhaupt zu ihnen drang, keinen Glauben schenschenken.
Anders waren die Bedingungen für das Gelingen sozialistischer

[3] O. K. Flechtheim: »Futurologie. Der Kampf um die Zukunft«. Frankfurt a. M. 1972, S. 78ff.

[4] Ernesto Ché Guevara: Bolivianisches Tagebuch, 3. Aufl. München 1968, und: Tristan Marof (= Dr. Gustavo Navarro): »Aristokrat und Abenteurer« in: »ZEIT« Nr. 34 v. 23. August 1968, S. 5. – Über Bolivien vgl. auch Frankf. Rundschau Nr. 193 v. 23. August 1971 u. Nr. 194 v. 24. August 1971, u. »ZEIT« Nr. 35 v. 27. August 1971. – Über Brasilien Frankf. Rundschau Nr. 154 v. 8. Juli 1971. – Ferner: Wolfgang Hirsch-Weber: »Lateinamerika: Abhängigkeit und Selbstbestimmung«, Opladen 1972, bes. S. 128ff (Bibliographie). – Ernesto Ché Guevara: »Aufzeichnungen aus dem Kubanischen Befreiungskrieg 1956–1959«, Reinbek 1969.

Aktionen beim Ausbruch der russischen Revolution von 1917, bei der Volksbefreiung in China, in Deutschland nach dem verlorenen Ersten Weltkrieg, und erheblich anders die am Ende des Zweiten Weltkrieges nach der militärischen Niederlage des faschistischen Deutschland. Alle antikapitalistischen Rebellionen fanden bekanntlich gerade in den nur sehr wenig industrialisierten Ländern statt, wie es denn überhaupt scheint, daß es in den vorwiegend agrarischen Ländern erheblich leichter ist, das Entstehen einer kapitalistischen Industriewirtschaft zu verhindern, als eine bereits bestehende Kapitalwirtschaft zu beseitigen.

In Politik und Wirtschaft ist die Probe auf die »Richtigkeit« von Analysen irgendwelcher Vorgänge oder Beurteilungen der Aussichten politischer Aktionen selten so unmittelbar zu machen wie in den exakten Naturwissenschaften, wo sich die Folgen falscher Prämissen, ungenügend fundierter Hypothesen, unzureichender Verarbeitung empirischen Materials oder fehlerhafter Deduktionen fast immer bald danach zeigen, zum Unterschied von den viel komplizierteren wirtschaftlich-politischen Vorgängen, deren Konsequenzen sich manchmal erst nach geraumer Zeit einstellen, und dann ist es zur Korrektur irriger Theorien immer zu spät, denn die Geschichte kennt höchstens entfernte Analogien von Ereignissen, aber sie wiederholt sich nicht (»Bonn ist nicht Weimar!«) Das »Nach-Bonn« dürfte erheblich anders aussehen als das »Nach-Weimar«, denn die Weltkonstellation ist heute anders als zu Weimars Zeiten. Und die Weltgeschichte ist irreversibel, sie ist kein Reagenzglas, in dem man ein nicht geglücktes Experiment so oft wiederholen kann, bis der gewünschte Effekt eintritt. Dogmatische, von Parteiführern ihren Mitgliedern aufgeherrschte Auffassungen (z. B. von der politischen Lage der Weimarer Republik kurz vor ihrem Untergang und die Aussichten für einen Sozialismus danach – falls es sie überhaupt gab) haben in Deutschland die Uhrzeit für die Verwirklichung einer sozialistischen Gesellschaft mindestens um Generationen zurückgestellt; sie haben in Deutschland zur fast völligen Vernichtung aller sozialistischen Kräfte und auch zur Verschüttung ihrer Traditionen geführt, so daß nach dem militärischen Zusammenbruch des Deutschen Reiches im Mai 1945 die in den Jahrzehnten danach auf schleichenden Sohlen daherschreitende, dieses Mal sehr geschickt administrativ-legal getarnte Drohung eines neuartigen Faschismus in der Bundesrepublik Deutschland[5] (und vielleicht auch in Italien und sogar in den USA) zu ebenso wirkungsvollen, wenn auch vergleichsweise milderen Unterdrückungsmethoden gegen alle sozialistischen und mit ihnen sympathisierenden Gruppen führen könnte, als sie der eher grobschlächtige, nicht ganz so salonfähige

[5] Vgl. hierzu O. K. Flechtheim: »Westdeutschland am Wendepunkt«, Voltaire Verlag, Berlin 1967 und Reinhard Kühnl: »Deutschland zwischen Demokratie und Faschismus«, 2. Aufl., München 1969.

Nationalsozialismus von 1933–1945 und der ihm ähnliche italienische Faschismus von 1922–1943 angewendet haben.

Marx' Untersuchungen galten Europas aufstrebender Industriewirtschaft des vergangenen Jahrhunderts. In unserer weitgehend von Monopolen und Konzernen beherrschten Gesellschaft stellen außer der Armut in den Industriestaaten und der Armut in der Dritten Welt, der italienische Faschismus, seine deutsche Variante, der Nationalsozialismus und ähnlich strukturierte »Bewegungen« in den kapitalistischen Industrieländern alle mit Marx befaßten Gruppen vor früher nicht existierende Probleme; denn Marx' Lehren von der Grundstruktur des Kapitals im 19. Jahrhundert können für die Erkenntnis und die Bekämpfung seiner heutigen Formen und Entwicklungsphasen, gegen die Ausbeutung der Dritten Welt, oder gar gegen die menschheitsbedrohende Verseuchung der Stadt- und Landluft, gegen die Vergiftung der Flüsse und Meere, oder gegen Bodenspekulation und Mietwucher, gegen die allgemeine Kriegsdrohung, natürlich keine konkreten Patentrezepte geben. Andererseits führen aber alle genannten und viele andere politische und wirtschaftliche Vorgänge der Gegenwart letztlich auf das Profitstreben und damit auf das Kapital als Hauptwurzel und Hauptmotor zurück. Sie fordern mehr denn je die kompromißlose Ablösung der Kapitalherrschaft und ihren Ersatz durch eine sozialistische, freilich auch humane Gesellschaft, – eine Frage von Leben und Tod für die Menschheit.

Daß Marx' Bloßlegung der Kapitalstruktur des vorigen Jahrhunderts kein Universalrezept für die Bewältigung solcher Vorgänge der Gegenwart geben kann und als solches auch gar nicht gedacht war, ist wohl allgemein anerkannt und kommt auch bei Autoren parteikommunistischer Prägung in dem häufigen Gebrauch von Wortverbindungen wie »Marxismus-Leninismus« zum Ausdruck, oder man liest, daß der Kommunismus bzw. Sozialismus auf dem Wege »weiterschreiten« oder »weiterbauen« müsse, den Marx und Lenin gewiesen. Das kann doch nur bedeuten, daß in den vom Kapital beherrschten Ländern neue Bedingungen zu neuen Erkenntnissen führen und neue Wege zu seiner Bekämpfung und Ablösung durch eine bessere Gesellschaft erfordern. Dabei dürfen freilich die »weiteren Schritte« und das »Weiterbauen« nicht nur von der Art sein, wie sie von der jeweils in Rußland herrschenden Parteiführung als richtig gebilligt werden. In der zur Zeit gültigen neuesten parteioffiziellen »Geschichte der Kommunistischen Partei der Sowjetunion« (Berlin/DDR 1971) steht über die Marxsche Theorie: »Wie jede Wissenschaft entwickelt und vervollkommnet sie sich, wird sie durch neue Erfahrungen, neue Erkenntnisse, neue Schlußfolgerungen und Leitsätze bereichert ... Marx und Engels, die die Gesetze des Kapitalismus in seinem vor-monopolistischen Stadium entdeckten, haben gelehrt, daß die sozialistische Revolution in allen oder den meisten kapitalistischen Ländern gleichzeitig siegen könne ...« Doch, so heißt es dort weiter, die alte marxistische These entspreche im Zeitalter des Imperialismus nicht mehr der neuen Situation, sondern Lenin sei zu dem Schluß gekommen, »... daß unter den Bedingungen des Imperialismus der Sozialismus unmöglich in allen kapitalistischen Ländern gleichzeitig siegen [könne], ... daß es im Gegenteil möglich ist, die Kette des Weltimperialismus in ihrem schwächsten Glied zu durchbrechen, daß also der Sieg des Sozialismus zunächst in einigen [Ländern] oder sogar in einem einzelnen Lande möglich ist ...«[6] Diese liberalere Stellungnahme zu Marx vermißt man durchaus in den Publikationen und Diskussionen früherer Jahre; doch hatte schon Lenin selbst in seinem 1899 geschriebenen, wenig bekannten Artikel für die »Rabochaia Gazeta« (die infolge einer Polizeiintervention nicht erscheinen durfte) geäußert: »Wir betrachten Marx' Theorie keineswegs als vollkommen und unverletzlich, wir sind im Gegenteil davon überzeugt, daß diese Theorie nur die Grundsteine jener Wissenschaft gelegt hat, auf denen die Sozialisten fortfahren müssen, in jeder Richtung weiterzubauen, wenn sie nicht hinter den Ereignissen zurückbleiben wollen.«[7] Wenn das von Marx gesagt wird, so wird die Führung der KPdSU und jeder anderen KP eine Kritik auch an »Lenins Theorie« und ebenso an den Auffassungen der auf Lenin folgenden Parteispitzen wohl als mindestens ebenso legitim zulassen müssen.

Die Frage, welche der speziellen Marxschen Denkergebnisse heute als zutreffend, ergänzungsbedürftig oder unrichtig zu gelten haben, ist pauschal nicht zu beantworten. Das Entscheidende ist, daß Marx den zentralen Strukturfehler der kapitalistischen Wirtschaft tiefgründiger und origineller als alle Vor- und Nachgänger bloßgelegt hat: Die Tatsache, daß nicht die allein werteschaffende gewaltige Bevölkerungsmehrheit der Industrienationen (die Lohn- und Gehaltsabhängigen) über die Produktionsmittel und den Produktionsertrag verfügen darf, sondern nur eine winzig kleine Minderheit, die sich kraft dieses auf politische Macht gestützten Verfügungsrechts den Ertrag der Mehrarbeit der arbeitenden Menschen aneignet und mit allen Mitteln die Abschaffung dieses Systems verhindert.[8]

[6] Die oben genannte Geschichte der KPdSU verschweigt jedoch viele wesentliche Vorgänge in der Geschichte jener Partei und sollte daher nur zusammen mit nicht-parteiamtlichen Darstellungen gelesen werden; z. B. mit Leonhard Schapiro: »Die Geschichte der Kommunistischen Partei der Sowjetunion«, Frankfurt a. M. 1961 und Werner Hofmann/Wolfgang Abendroth: »Ideengeschichte der sozialen Bewegung des 19. und 20. Jahrhunderts«, Berlin 1968, S. 207ff, bes. S. 242ff.

[7] Die englische Übersetzung von Lenins Artikel steht in: »A Handbook of Marxism, being a collection of extracts ... chosen by Emile Burns«, London 1935 (Victor Gollancz Ltd.), S. 573.

[8] Die Unzahl der Titel von Büchern und Abhandlungen kann hier selbstverständlich nicht genannt werden. Wir verweisen auf die Angaben am Schluß. – Einiges zu diesem Punkt bei: Karl Kühne: Marx und die moderne Nationalökonomie, in:

Im Jahrhundert nach Marx ist die politische Gewaltanwendung nicht die einzige Möglichkeit zur Aufrechterhaltung des Status quo geblieben. Die herrschende Minderheit verfügt nicht nur über die Machtmittel des Staatsapparates und über die Technik zur Niederhaltung der breiten Massen, falls diese bedrohlich werden sollten; sie verfügt auch über das subtile, äußerst wirksame Mittel der Meinungsbeeinflussung der breiten Öffentlichkeit, obwohl deren erdrückende Mehrheit aus eben jenen schaffenden Massen, Hand- und Kopfarbeitern, besteht, über deren Arbeitsertrag die kleine Minderheit des Großkapitals verfügt.

Die große Masse der Staatsbürger glaubt, in der sog. parlamentarischen Demokratie bestimme das ganze Volk durch die von ihm gewählten Vertreter in jeder Hinsicht in gleichem Ausmaß wie die Großfinanz, die Vertreter der Großindustrie und Großbanken über alle wichtigen politischen und wirtschaftlichen Fragen: über den Besitz oder Nichtbesitz der Produktionsmittel, über die Verteilung des Volkseinkommens auf die einzelnen Schichten, – denn die Abgeordneten des Parlaments würden ja in allgemeiner, unmittelbarer freier, und geheimer Wahl vom ganzen Volk gewählt; daher hätte jedermann den gleichen Zugang zur Macht im Staate, und die Volksvertreter seien nur Sprachrohr und Ausdruck des Willens der Allgemeinheit, an Aufträge und Weisungen nicht gebunden und nur ihrem eigenen Gewissen unterworfen (Art. 38, Grundgesetz). Trotzdem dienen die in den Parlamenten der kapitalistischen Industrieländer beschlossenen Gesetze oder deren Verhinderung vorrangig den Profitinteressen der wirtschaftlich und politisch herrschenden Minderheit der Vertreter des Großkapitals; das sind in der BRD allerhöchstens tausend Personen.[9] Und es besteht z. B. in der BRD selbst bei der seit vielen Jahren für das Großkapital anhaltend guten Konjunktur in breiten Volksschichten eine erhebliche Armut[10] – bei gleichzeitig zunehmender

Die Neue Gesellschaft, Jg. 1955, Heft 1–4. Ders.: »Ökonomie und Marxismus. Zur Renaissance des Marxschen Systems«, Bd. I, Neuwied 1972. – Eduard März: »Die Marxsche Wirtschaftslehre im Widerstreit der Meinungen«, Wien 1959. – Ernest Mandel: »Marxistische Wirtschaftstheorie«, Frankfurt a. M. 1968. – Ferner: »Folgen einer Theorie« (mehrere Verfasser), Frankfurt a. M. 1967. – P. M. Sweezy: »Theorie der kapitalistischen Entwicklung«, Köln 1959. – Lenin: Werke, Bd. 1–3, Berlin/DDR, 1968ff. – Aus parteikommunistischer Sicht nehmen fortlaufend Stellung zu neuen Arbeiten die in Frankfurt a. M. erscheinenden Marxistischen Blätter und der vom dortigen Institut f. Marxistische Studien u. Forschungen hrsg. Marxismus Digest. – Ferner: »Probleme des Klassenkampfes«.

9 »Die totale Macht der hundert Männer« in: Christ und Welt, Nr. 36 v. 4. Sept. 1964. Urs Jaeggi: »Kapital und Arbeit in der Bundesrepublik«, Frankfurt a. M. 1973 (Fischer Taschenbuch 6510).

10 Über Einkommensverteilung und Machtkonzentration in der BRD vgl. z. B. Jörg Huffschmid: »Die Politik des Kapitals«, 4. Aufl. Frankfurt a. M. 1970. – Jürgen Roth: »Armut in der Bundesrepublik«, Frankfurt a. M. 1974. – Koubek/Scheibe-Lange/Höhnen: »Quantitative und qualitative Aspekte der ökonomischen Konzentration und gesellschaftlichen Machtverteilung in der Bundesrepublik Deutschland« in: WWI-Mitteilungen, Köln, 24. Jg., August–Sept. 1971, Heft 8/9. – Helmut Arndt: »Recht, Macht und Wirtschaft«, Berlin 1968. – Ders.: »Die

Anhäufung von Riesenprofiten auf der Gegenseite[11] und gleichzeitiger preistreibender Bodenspekulation, die den privaten Grundbesitzern märchenhafte Gewinne einbringt, verbunden mit allgemeinem Mietwucher, ohne daß all dem vom Parlament irgendwelche wirksamen gesetzlichen Schranken oder Sanktionen im Wege stehen.[12] Und während für dringend benötigte Krankenhäuser, für Ausbildungsmöglichkeiten für Ärzte, für genügend Kindergärten, Spielplätze und für billige Wohnungen bekanntlich das Geld fehlt, betragen die Ausgaben für die westdeutsche Wiederaufrüstung allein im Jahre 1972 rd. 24 Milliarden DM, und die Öffentlichkeit erfährt ebensowenig wie bei den anderen Unternehmensbranchen etwas über die wirkliche Höhe der Nettoprofite der um die Verteidigung ihres (jeweiligen) Vaterlandes so sehr besorgten Rüstungsfirmen.[13] »Der Verteilungs- und Umverteilungskonflikt der von den Schaffenden eines Landes erzeugten Werte wird im Kapitalismus wesentlich auf zwei Ebenen ausgetragen: einmal auf der Ebene des Staates; die Hebel des staatlichen Umverteilungssystems sind die Steuerpolitik, die Währungs- und Kreditpolitik, die Subventionspolitik, das Volumen des Staatsverbrauchs und dessen Struktur, sowie die Regulierungsfunktion der staatlichen Wirtschaftsunternehmen selbst.«[14]

Nur wer der Ansicht ist, die Aufrechterhaltung der bestehenden Profitwirtschaftsordnung sei getreuer Ausdruck des allgemeinen Volkswillens und liege im Interesse der Allgemeinheit, wird einen so strukturierten Staat und sein Parlament als Demokratie im Sinne der Herrschaft des ganzen Volkes ansehen. Dagegen wäre aber zu fragen, wie es kommt, daß in den kapitalistischen Industrieländern die Mehrheit der Parlamentsabgeordneten bei der Gesetzgebung nicht den Interessen der arbeitenden Massen, sondern denen der winzigen Minderheit des Großkapitals Geltung verschafft? Das liegt daran, daß alle Staatsbürger in der Jugendzeit Schulen besuchen müssen, die eher zur kritiklosen Annahme bestehender Urteile über die gegebene Gesellschaftsstruktur als zu kritischem Denken erziehen. Auch die Massenkommunikationsmittel – Presse, Radio, Fernsehen – informieren über die Kapitalstruktur der heutigen Gesellschaft, über den Produktions- und Verteilungsprozeß der erzeugten Wertprodukte so gut wie gar nicht oder allenfalls verzerrend; sie disqualifizieren jeden sozia-

Konzentration der westdeutschen Wirtschaft«, Pfullingen 1966. – Wirtschaft und Statistik, Heft 3, 1969, S. 149, zit. nach Heinz Schäfer: »Lohn, Preis u. Profit heute«, Frankfurt a. M. 1971, S. 104.

[11] DWI-Berichte, Nr. 1/1971, S. 32, zit. nach Heinz Schäfer, a. a. O., S. 80.

[12] Charlotte Rothweiler: »Ein sozialer Rechtsstaat?«, Frankfurt a. M. 1971, bes. S. 78ff.

[13] Vgl. Schäfer, a. a. O. u.: »Entschleierte Profite« (Autorenkollektiv), Frankfurt a. M. 1971. Nachrichten – Verlags GmbH. – Ferner Fritz Vilmar: »Rüstung und Abrüstung im Spätkapitalismus«, Reinbek 1973, Tab. 13, S. 92.

[14] F. Deppe: »Das Bewußtsein der Arbeiter«, Köln 1971, S. 120.

listischen Gedanken und informieren so gut wie gar nicht über die sozialistische Alternative zur gegebenen Wirtschaftsordnung. In den Schulen und den Massenkommunikationsmitteln überwiegen praktisch ganz die Einflüsse der Vertreter des Status quo. Ebenso wie die große Masse der Wähler sind auch die weitaus meisten zur Parlamentswahl stehenden Kandidaten durch die schon erwähnten Einflüsse im kapitalistischen Sinne geformt. Viele Abgeordnete sind direkte Vertreter des Großkapitals – etwa als Geschäftsführer großer Unternehmen, Gesellschafter von Großbanken und Industriefirmen[15] und auf manche andere Arten (Beraterverträge) mit den Interessen des Großkapitals verknüpft. Daher sind sie im Parlament die zuverlässigsten Vertreter seiner handfesten materiellen Interessen und seiner Ideologie. Und wenn bereits das Kommunistische Manifest konstatiert: »Die moderne Staatsgewalt (ist) nur ein Ausschuß, der die gemeinschaftlichen Geschäfte der ganzen Bourgeoisieklasse verwaltet«, so gilt das erst recht in unserem Zeitalter der ins Unermeßliche gewachsenen finanziellen und politischen Macht der großen Kapitalgesellschaften und ihrer Vertreter in den gesetzgebenden Körperschaften. Der Kern der Marxschen Analyse der bürgerlichen Gesellschaft ist die meist totgeschwiegene, verschleierte, gern als »kontrovers« hingestellte oder scharf bekämpfte Erkenntnis der zutiefst antagonistischen Struktur der kapitalistischen Gesellschaft[16], begründet in der Lohnabhängigkeit und der vom Verfügungsrecht am Produktionsertrag ausgeschlossenen, allein alle Werte erzeugenden Klasse – dem Proletariat – auf der einen, und der im Besitze der wirtschaftlichen und politischen Macht befindlichen, den Mehrwert sich aneignenden Klasse – früher die Wettbewerbsunternehmer, heute die Monopole und Konzerne – auf der anderen Seite. Daran ändert auch die Tatsache nichts, daß zum »Proletariat« heute nicht nur die lohnempfangenden Handarbeiter, sondern auch die mehr geistig-organisatorisch tätigen Techniker und Ingenieure, sowie die Gehaltsempfänger in Handel, Industrie und in der Zirkulationssphäre gehören.
Im Jahrhundert nach Marx hat nun zwar die Organisierung von Teilen des Hand- und Kopfproletariats in Form von Gewerkschaften große Fortschritte gemacht, doch die politischen und wirtschaftlichen Machtmittel des Kapitals sind ins Riesenhafte gewachsen. Und dies in zweifacher Hinsicht: Einmal durch die in früheren Zeiten ungeahnte Möglichkeit der Beeinflussung der öffentlichen Meinungsbildung im prokapitalistischen und antisozialistischen Sinne (einschließlich der Beeinflussung von Teilen

[15] Eine aufschlußreiche Liste mehrerer Dutzend solcher Volksvertreter mit Nennung der Namen und Funktionen als Direktoren, Vorstandsmitglieder, Teilhaber etc. von Großfinanzunternehmen brachten der »berliner Extradienst« Nr. 93/94/VI v. 24. Nov. 1972 u. »Konkret« Nr. 9 v. 22. Februar 1973.
[16] Wolfgang Abendroth: »Antagonistische Gesellschaft und Politische Demokratie«, 2. Aufl., Neuwied u. Berlin 1972.

des Proletariats selbst zu politischen Meinungen und Haltungen, die seinem eigenen Interesse zuwiderlaufen) und zweitens durch die subtile und nicht für jedermann sofort erkennbare, manchmal aber mit äußerster Brutalität gehandhabte direkte politische Gewalt; die sich z. B. bei Streiks und bei besonders unliebsamen Demonstrationen zeigt. Will man nun die Faktoren gegeneinander abwägen, die für oder gegen das Gelingen einer Revolution des Proletariats in den entwickelten Industrieländern dieses Jahrhunderts mit dem Ziel der Errichtung einer sozialistischen Gesellschaft sprechen, so ist nicht nur in Betracht zu ziehen, *wer* die Manipulation der Bewußtseinsinhalte, die Beeinflussung der politischen Meinungen der Staatsbürger, lenkt und wer die politischen Machtmittel, Polizei und Militär beherrscht, sondern auch, *wie* diese Machtmittel gegen die sozialistischen Gruppen und Ideen gehandhabt werden. Schon die bloße Rezeption der Marxschen Fundamentalerkenntnis des wirtschaftlichen und politischen Klassenantagonismus stößt natürlich bei den Vertretern des Kapitals, aber auch bei der Klasse der Lohn- und Gehaltabhängigen auf schwer zu überwindende Hindernisse: Die Massenmedien beschönigen oder verschleiern das antagonistische Verhältnis zwischen Lohnarbeit und Kapital (ein anderer Ausdruck für: Lohnarbeiter und Kapitalisten oder: Arbeitgeber und Arbeitnehmer); statt dessen beherrschen Schlagwörter[17] wie die von der angeblich bestehenden Sozialpartnerschaft zwischen Arbeit»nehmern« und Arbeit»gebern« die öffentliche Meinung, oder man spricht von der Mitbestimmung anstatt von der Selbstbestimmung der Schaffenden; so, als ob etwa die Betriebsräte der Produktionsunternehmen über die Höhe und Verteilung der Gewinne oder gar über die Existenz und Nichtexistenz der Profitwirtschaft zu bestimmen hätten. Oder es wird die Vorstellung einer angeblich bestehenden Volksgemeinschaft suggeriert, statt die Zerspaltung des Volkes aufzudecken. In Krisenzeiten wird die Schicksals-

[17] Beispiele und Betrachtungen über die Fabrikation von Meinungen, die der herrschenden Gesellschaftsordnung günstig sind, findet man in großer Zahl in folgenden Publikationen: Karlpeter Arens: »Manipulation«, Berlin 1971, Verlag Volker Spieß. – Eckart Spoo (Hrsg.): »Die Tabus der bundesdeutschen Presse«, München 1971. – Martin Baethge: »Ausbildung und Herrschaft«, 3. Aufl. Frankfurt a. M. 1970. – Friedhelm Nyssen: »Schule im Kapitalismus«, Köln 1970. – Becker/Herkommer/Bergmann: »Erziehung zur Anpassung?«, 3. Aufl. 1970, Wochenschau Verlag, Schwalbach b. Frankfurt a. M. – Horst Holzer: »Gescheiterte Aufklärung?«, München 1971. – Ralf Zoll (Hrsg.): »Manipulation der Meinungsbildung« in: »Kritik« Bd. 4, Opladen 1971. – Reinhard Kühnl: »Das Dritte Reich in der Presse der Bundesrepublik«, Frankfurt a. M. 1966. – Wolfgang Fritz Haug: »Der hilflose Antifaschismus«, Frankfurt a. M., 3. Aufl. 1970. – Sowie die Zeitschrift: »Bundesdeutsche Tabus«, (Hrsg.: Bundesdeutsche Tabus Verlagsgesellgesellschaft mbH., Berlin), Jg. 1971 u. 1972. – Küchenhoff/Keppler/Goebbel/Schriewer: »Bild – Verfälschungen«, Teil 1 u. 2, Frankfurt a. M. 1972. – E. A. Rauter: »Wie eine Meinung in einem Kopf entsteht.«, 2. Aufl. München 1971. – Vgl. hierzu auch Helmut Arndt: »Recht, Macht und Wirtschaft«, Bd. 2 d. Schriftenreihe d. Instituts f. Konzentrationsforschung d. F. U. Berlin, Berlin 1968, S. 54ff.

gemeinschaft der Nation beschworen, die über alles Trennende hinweg im entschlossenen und rücksichtslosen Kampfe gegen alle »zersetzenden« (»Links«-)Intellektuellen das Gesamtinteresse des »Volksganzen« zu wahren hätte, oder man hört die Forderung nach der »formierten« Gesellschaft (wer formt wen?), die sich auf »gefestigte«, »am Gemeinwohl interessierte« Gruppen stützen müsse; diese Ausdrücke wie »Gesellschaft der verpflichtenden Hingabe an das Staatsganze« und ähnliches Vokabular, das, nur um weniges deutlicher, in Italien und in Deutschland vor knapp einer Generation den Faschismus bzw. den Nationalsozialismus eingeläutet und während ihrer Herrschaft begleitet hat.[18] Die Nationalsozialisten nannten ihre Machtergreifung bezeichnenderweise die »nationale Erhebung«. Ganz allgemein zielen die Beherrscher des Staates und der öffentlichen Meinung darauf ab, die fundamentale Kluft zwischen Arbeit und Kapital zu verschleiern oder zu verschweigen.[19] Jedoch nimmt das politische Leben in einigen hochindustrialisierten Ländern bereits seit Jahren Züge an, die die Ansicht von einer Partnerschaft der Klassen, die Auffassung von einer wirtschaftlich-politischen Volksgemeinschaft aufs neue sehr drastisch widerlegen.

Der Zweite Weltkrieg an der Ostfront (und die Liquidierung der sozialistischen Gruppen im Landesinnern) war von deutscher Seite unter der Devise des Kampfes gegen den »Kommunismus« oder den »Marxismus« geführt worden. In den Jahren nach der militärischen Niederlage Deutschlands lebte bald, in Fortsetzung des verlorenen »heißen« Krieges und mit der Wiederherstellung der früheren wirtschaftlichen und politischen Machtverhältnisse in Westdeutschland, in öffentlichen Reden und in der Propaganda der Massenmedien, zuerst sachte und kaum merkbar, dann immer stärker und dreister, die konzertierte Disqualifizierung und Verunglimpfung wieder auf. Und das galt nicht etwa nur den vom

[18] Belege für die hier angeführten Redewendungen erübrigen sich, denn sie sind in der BRD seit Jahrzehnten gang und gäbe. Vgl. auch Urs Jaeggi, a. a. O. S. 135 f. – In einem Exklusiv-Interview des »Telegraf« im Februar 1971 mit dem damaligen Staatssekretär Conrad Ahlers war eine der Fragen: »... Würden Sie (Herr Ahlers) ... einer Wiederholung einer großen Koalition von SPD und CDU eine Chance einräumen?« Worauf Ahlers antwortete: »Nein, nicht, soweit man die Entwicklung der Politik voraussehen kann. Eine große Koalition und zwar gerade nach den Erfahrungen, die wir mit ihr gemacht haben – könnte nur eine Notstandskoalition sein, eine Koalition angesichts einer *nationalen Existenzkrise*, die dann aber vermutlich drei Parteien umfassen würde ...« (»Telegraf«, v. 14. Januar 1971, S. 5. – Hervorhebungen von mir – E. L.).

[19] Ein typisches Beispiel für den Standpunkt der Kapitalvertreter gegenüber Marx' Auffassung vom Antagonismus der bürgerlichen Gesellschaft ist der Artikel von Arno Jochums: »Was blieb vom Proletariat?« in: Unternehmerbrief des Deutschen Industrieinstituts, Köln, Nr. 18, v. 29. April 1971, S. 2. Fast die gesamte Presse schreibt nicht von einem Gegeneinander von Kapital und Proletariat, sondern von der Partnerschaft zwischen Kapital und Arbeit. Gelegentliche Verschärfung in der Auseinandersetzung zwischen Belegschaften und Kapitalvertretern werden nicht als sachbegründet zugegeben, sondern als Werk von vereinzelten Hetzern oder Unterwanderern hingestellt.

russischen Kommunismus beeinflußten Gruppen, sondern auch allen irgendwelcher sozialistischer Sympathien »verdächtigen« Gruppen oder Personen. Selbst sehr gemäßigte Kritiker polizeilicher oder richterlicher Willkür werden gern als schädlich für »unsere« (lies: vom Kapital beherrschte) freiheitliche rechtsstaatliche Demokratie verdächtigt, wie das vor kurzem der keineswegs mit dem Kommunismus sympathisierende Schriftsteller Heinrich Böll und der Theologe Helmut Gollwitzer erleben mußten. Wenn auch diese sich in der BRD bis zur Stunde anscheinend verschärfende antisozialistische Frontstellung der Machtgruppen und der Beherrscher der öffentlichen Meinung in anderen Industrieländern ähnlich ist oder werden mag, so sei hier vor allem kurz die Lage in der BRD betrachtet.

In Deutschland und in den von ihm besetzten Gebieten Europas hatte der »angewandte« Anti-Marxismus erst vor knapp einer Generation mit dem System der Konzentrationslager, mit Massenmorden und schließlich – im Zweiten Weltkrieg – mit rund 50 Millionen Toten seinen bisher blutigsten Triumph gefeiert. Der in letzter Zeit schon wegen der dauernd steigenden Lebenshaltungskosten recht dünn gewordene Propagandaschleier über der bisher so hoch gepriesenen Wohlstandsgesellschaft droht zu zerreißen und eine politische Entwicklung, die eine abermalige blutige deutsche Widerlegung des Märchens von der Klassenharmonie und dem Verhalten des Großkapitals in Krisenzeiten liefern könnte, ist nicht ganz auszuschließen. Vor allem ist auch zu bedenken, daß die führende NATO-Macht niemals eine politische Linksentwicklung in der BRD zulassen wird, wenn sie als Bedrohung dieser östlichen Vorhut der NATO durch den Kommunismus aufgefaßt werden könnte. Das warnende Beispiel Griechenlands hat den deutschen Linken anscheinend nicht genügend zu denken gegeben. Gewiß muß es nicht »so« kommen, aber es kann. Eine nationalistische oder faschistische Entwicklung in der BRD würde abermals zeigen, daß die Hauptwurzel der jetzigen Entwicklung noch ebenso viel mit dem Kapital und seinen Interessen zu tun hat wie das Ende der Weimarer Republik und die Errichtung des Dritten Reiches. Dabei kann die innen- und außenpolitisch komplizierte Gegenwart, ebenso wie der Zeitraum von 1933–1945, mit den Marxschen Kategorien nicht mehr ausreichend beschrieben werden. Z. B. zeigt die aufmerksame Beobachtung der innenpolitischen Vorgänge in der BRD seit mehreren Jahren trotz – bis vor kurzem noch – vorwiegend guter Wirtschaftskonjunktur (für das Kapital) eine immer deutlichere, offiziell nicht an die große Glocke gehängte Entwicklung zu einem polizeilichen Überwachungsstaat, organisiert als vorsorgliche Vorbereitung auf eine abermalige Bedrohung der Kapitalwirtschaft. Hierzu gehören die Überwachung von Post und Telefon, das Sammeln von »Daten« über politische Meinungsäußerungen, über

Bekanntschaften von verdächtigen, den politischen Behörden mißliebigen Personen oder Gruppen mit Hilfe moderner Computer und eine immer mehr perfektionierte, bis in das Privatleben der Bürger eindringende politische Geheimpolizei, mitsamt einem in seinem wirklichen Umfang schwer zu schätzenden Spitzelsystem.[20] Auf diese »Einrichtungen« können die hochindustrialisierten Staaten offenbar nicht mehr verzichten, weil sie ohne diese, auf künftige Repressionen vorbereitende Überwachung antikapitalistischer Strömungen wohl nicht mehr so stark wären.

Eine besonders ominöse Etappe auf dem Wege zur Unterdrückung antikapitalistischer Gruppen in der BRD waren die schon vor Jahren, gegen den lebhaften öffentlichen Protest und die Aufklärungskampagne vorausschauender, politisch erfahrener Staatsbürger, im Bundestag durchgedrückten Notstandsgesetze. Diese sollen die legale Grundlage für eine im Krisenfall notwendig werdende militärische Diktatur der wenigen über die vielen schaffen. Dieser ganze innenpolitische Trend zeigt die völlige Unhaltbarkeit der Ansicht, daß es in der freien Marktwirtschaft keinen ökonomisch-politischen Klassenantagonismus mehr gebe. Zwar heißt es über die Notstandsgesetze in öffentlichen Verlautbarungen stets, diese dienten der Abwehr links- und rechtsradikaler, die freiheitliche Demokratie gefährdenden Aktivitäten, doch die bisherige Interpretation von Notstandssituationen läßt klar erkennen, gegen wen sie sich wirklich richten.

Tatsächlich kann sich die bürgerliche Gesellschaft nur von so-

[20] Vgl. hierzu auch Anm. 46 u. 47. – Material über diese Seite der innenpolitischen Entwicklung der BRD findet sich z. B. bei Peter Brückner/Alfred Krovoza: »Staatsfeinde. Innerstaatliche Feinderklärung in der BRD«. Berlin 1972. Jürgen Roth: »Ist die Bundesrepublik ein Polizeistaat?«, Darmstadt 1972. Die sog. Notstandsgesetze sollen nach der offiziellen Version für den sog. Notstandsfall die innere und äußere Sicherheit der BRD und das reibungslose Funktionieren von Gesetzgebung und Verwaltung gewährleisten; und zwar bei äußerem Notstand (Krieg, Überfall auf das Bundesgebiet), wie auch in Krisenfällen (Bürgerkrieg, politischer Streik). Die BRD ist Mitglied der NATO und wird wie Portugal, die Türkei und Griechenland als eine Art äußerer Bastion gegen die ideologische Infiltration seitens der Ostblockstaaten angesehen, weswegen gerade sie mit besonderer Schärfe propagandistisch und gegebenenfalls auf andere Weise gegen alle Strömungen vorgeht, die nach Sozialismus aussehen. Die Einzelheiten der harmlos klingenden Notstandsgesetze kann nicht jeder aus den Gesetzestexten erraten (Beck-Texte, Notstandsgesetze, München 1968), doch sei hier nur auf Art. 87a, Abs. 4 GG hingewiesen: »Zur Abwehr einer drohenden Gefahr für den Bestand oder die freiheitliche demokratische Grundordnung des Bundes oder eines Landes kann die Bundesregierung, wenn die Voraussetzungen des Art. 91, Abs. 2 vorliegen und die Polizeikräfte sowie der Bundesgrenzschutz nicht ausreichen, Streitkräfte zur Unterstützung der Polizei und des Bundesgrenzschutzes beim Schutze von zivilen Objekten und bei der Bekämpfung organisierter und militärisch bewaffneter Aufständischer einsetzen. Der Einsatz von Streitkräften ist einzustellen, wenn der Bundestag oder der Bundesrat es verlangen.« (In den Beck-Texten siehe auch unter »Gemeinsamer Ausschuß«). – Einige Einzelheiten über die Hintergründe und wahren Intentionen der Notstandsgesetzgebung vgl. unter Anm. 47.

zialistischen bzw. marxistischen Strömungen bedroht fühlen, denn nur diese bekämpfen die Herrschaft des Kapitals, die Grundlage des bürgerlichen Staates. Das geht auch aus der Entstehung der bürgerlichen Gesellschaft hervor, die im Mittelalter im Kampf gegen die feudalen und korporativen Bindungen des Ständestaates und gegen den absolutistischen Polizei- und Militärstaat in den verschiedenen Ländern Europas entstanden war.[21] »Das Bürgertum hatte seinen Kampf gegen Adel und Absolutismus im Namen der Menschheit geführt, mit dem Anspruch, der Wohlfahrt aller zu dienen ...« Jedes Individuum müsse Herr über seine eigenen wirtschaftlichen Interessen sein, damit eine harmonische Verteilung von Tätigkeit und Reichtum statthaben könne. Nach Ansicht der französischen Physiokraten und der englischen Ökonomie jener Zeit würde sich dann die Wirtschaft »... gemäß natürlichen Gesetzen zum Wohle aller entfalten, wenn man sie sich selbst überließ ...« Diese Bedingungen sind aber nur dann erfüllt, »wenn jeder Anbieter seine Waren selber herstellt, umgekehrt jeder Arbeiter seine Produktionsmittel selber besitzt«. Die liberale Ökonomie setzt also eine Gesellschaft von Kleinwarenproduzenten voraus ... Das Parlament, obwohl aus dem Machtkampf zwischen Bürgertum und Absolutismus hervorgegangen, sollte der Idee nach selbst nicht den Charakter einer Gewalt haben; es sollte nicht Interessen und Wünsche, sondern es sollte Vernunft repräsentieren. In gewaltloser Weise, mit rationalen Argumenten, in öffentlicher Diskussion, sollte gemeinsam das Allgemein-Vernünftige und Nützliche ermittelt werden. So wie aus dem freien Wettbewerb in der Wirtschaft sollte aus der freien Auseinandersetzung der Meinungen das allgemeine Beste entstehen.« Reinhard Kühnl führt im einzelnen aus[22], wie Staat und Recht im System der bürgerlichen Gesellschaft nur die Funktion haben konnten, die Grundlage dieser Gesellschaft – das Privateigentum – zu garantieren und den allgemeinen Rahmen festzulegen, innerhalb dessen die freie Konkurrenz der Wirtschaftssubjekte und der Meinungen sich entfalten konnte ... Das Privateigentum, die Basis der bürgerlichen Gesellschaft, nimmt in den liberalen Theorien wie in den Verfassungssystemen jener Periode eine zentrale Stellung ein. »Der Eigentümer an Produktionsmitteln muß das Recht haben, einen Gewerbebetrieb zu errichten oder zu schließen ..., Kauf und Kaufverträge, Miet- und Pachtverträge, Darlehens- und Hypothekenverträge abzuschließen, weil er nur durch die Anerkennung dieser Freiheits-

[21] Für das folgende vgl. z. B. das Stichwort »Bürgertum« in: »Staat und Politik«, Fischer Bücherei 1964, S. 65 ff und Reinhard Kühnl: »Formen bürgerlicher Herrschaft. Liberalismus – Faschismus«, Reinbek 1971. Die hier zitierten Sätze sind Kühnls Buch entnommen, die der interessierte Leser in ihrem Zusammenhang nachlesen wird.
[22] Kühnl, a. a. O., S. 22 ff u. S. 40 ff.

rechte produzieren kann.«[23] Doch »die Toleranz des Liberalismus findet dort ihre Grenze, wo die bürgerliche Eigentumsverfassung in Frage gestellt wird ... es erwies sich sehr rasch, daß die Freiheit des Liberalismus die Freiheit des besitzenden Bürgertums und keineswegs die Freiheit des Menschen war ...«[24] Mit dem Wachstum und unter dem Druck des entstehenden Industrieproletariats im Laufe des 19. Jahrhunderts mußte der Liberalismus den Sozialismus als seine eigene Konsequenz hervorbringen, wie Friedrich Engels treffend bemerkte – eine sehr unerwünschte, feindliche Konsequenz, um so unerwünschter, je mehr wir uns dem Ende des 20. Jahrhunderts nähern. Wenn in Krisenzeiten der liberalen bürgerlichen Gesellschaftsordnung die sog. parlamentarische Demokratie nicht mehr ausreicht, um die Kapitalherrschaft vor der Bedrohung jener zu retten, die Produktion und Verteilung der Arbeitsprodukte durch das ganze Volk verwaltet wissen wollen, dann kann sie leicht zu den schärferen Mitteln des Terrors greifen: sie setzt die normale Funktion der Parlamente durch eine Sondergesetzgebung außer Kraft, ohne die Kapitalstruktur dadurch in Frage zu stellen; vielmehr erweist sich gerade die Diktatur des Terrors als wirksamster Schutz des Kapitals.[25]

Als Wirtschaftskrisen und Arbeitslosenheere in Italien und besonders in Deutschland nach dem Ersten Weltkrieg die bürgerliche Ordnung, also die Kapitalherrschaft, ernsthaft bedrohten und mit der Möglichkeit zu rechnen war, daß sozialistische Forderungen bei den breiten Massen leichteren Zugang finden würden als in »normalen« Zeiten, förderten einflußreiche Kreise des Großkapitals in Italien und in Deutschland den Faschismus und Nationalsozialismus als Abwehr[26] gegen den »Marxismus«. Wenn dieser

[23] F. Neumann: »Der Funktionswandel des Gesetzes im Recht der bürgerlichen Gesellschaft« in ders.: »Demokratischer und autoritärer Staat«, Frankfurt a. M. 1967, S. 40. Hier zit. nach Kühnl, a. a. O., S. 29.

[24] Kühnl, S. 37 u. 41.

[25] Zu diesem Tatsachenkomplex vgl. z. B. O. Bauer/H. Marcuse/A. Rosenberg: »Faschismus und Kapitalismus«, 4. Aufl. Frankfurt a. M. 1970, an verschiedenen Stellen und Einleitung. S. 10. – Ernst Nolte: »Die Krise des liberalen Systems und die faschistischen Bewegungen«, München 1968, bes. S. 53ff, 70ff, 86ff. – Prägnante Formulierungen findet Kühnl a. a. O., S. 102ff u. 146ff. – Vgl. auch Kühnl in: Neue Politische Literatur, XV. Jg. Frankfurt a. M. 1970. – Untersuchungen über verschiedene Aspekte des Nazifaschismus enthält »Das Argument. Zeitschrift für Philosophie und Sozialwissenschaften«, 6. Jg. 1964, Heft 3; 7. Jg. 1965, Heft 1 u. 2; 8. Jg. 1966, Heft 6; 10. Jg. 1968, Heft 3; 12. Jg. 1970, Heft 4–6. Ferner Johannes Agnoli: »Zur Faschismus-Diskussion I u. II, in: Berliner Zeitschrift für Politologie, 9. Jg., Nr. 2 v. August 1968 u. Nr. 4 v. Dezember 1968.

[26] Vgl. Eberhard Czichon: »Wer verhalf Hitler zur Macht?«, 3. Aufl. Köln 1972. Die Führer der faschistischen Bewegungen sagen den verarmten Massen kaum jemals, daß sie die Profitwirtschaft vor dem Sozialismus retten wollen, sondern sie reden und schreiben von der Wiederherstellung der nationalen Größe und/oder gegen das Gift des zersetzenden und volksfeindlichen »Marxismus«, wobei sie und andere profaschistische Redner und Schreiber nicht nur die Kommunisten, sondern jede sozialistische Richtung, selbst nur reformerisch eingestellte und durchaus nicht auf Systemänderung ausgehende Gruppen als Marxisten oder Kommunisten einstufen. – Vgl. auch E. Nolte, a. a. O., S. 88f. – Beim Nazi-

sich auch von dem italienischen Faschismus vor allem durch die Vernichtungspolitik gegen die wehrlose und zum Sündenbock für alle politischen und wirtschaftlichen Mißstände gemachte jüdische Minderheit unterscheidet, so stimmen doch die Ziele beider »Bewegungen« überein: die Herstellung der »nationalen Einheit und Größe«, die Überwindung des »Marxismus« – durch ein Verschleierungsmanöver der Klassengegensätze und die Aufrechterhaltung von »Ruhe und Ordnung«, d. h. die Beseitigung jeglicher Bedrohung der Herrschaft des Kapitals. Deswegen bezeichnet man – nicht ganz unberechtigt – auch den deutschen Nationalsozialismus oft als Faschismus.
Unter Faschismus verstehen wir die auf irregeführte Teile großer Volksmassen gestützten politischen Bewegungen in denjenigen Industriestaaten, deren Großkapital in einer Krisensituation durch eine Diktatur des Terrors alle sozialistischen und mit dem Sozialismus sympathisierenden Gruppen unterdrückt und nach Möglichkeit liquidiert, um dadurch die Kapitalherrschaft, d. h. den bürgerlichen Staat, nicht nur vor dem sowjetrussischen Kommunismus, sondern vor dem Sozialismus überhaupt zu retten. Hierbei suchen die Regierungen ihr Terrorsystem vor den Augen der Weltöffentlichkeit möglichst zu verbergen und es als »staatsnotwendig«, als »im Interesse der Allgemeinheit liegend«, als »Rettung der Nation« vor den zerstörerischen Kräften des »Marxismus« zu preisen und ihre Gegner als Kriminelle hinzustellen. Wer die innenpolitische Entwicklung in der BRD in den letzten Jahren genau beobachtet hat, wird bemerkt haben, daß ein ähnliches Vokabular, wie es bereits im faschistischen Deutschland von 1933 bis 1945 offiziell gebraucht wurde, von gewissen kapitalfreundlichen Kreisen und Presseorganen seit Jahren gegen alle gebraucht wird, die der Meinung sind, daß die bestehende Wirtschafts- und Gesellschaftsordnung nicht die beste aller möglichen Ordnungen ist. Die gegen alle Sozialisten ziemlich unterschiedslos gebrauchte disqualifizierende Terminologie hat freilich seit Jahrzehnten ihr Gegenstück auf östlicher Seite, wo alle Kritiker der jeweils herrschenden Kreml-Hierarchie mindestens als Bürgerliche, als Agenten des Imperialismus, oder als Faschisten bekämpft, oder als Marx- und/oder Lenin-Fälscher abgetan werden. Andererseits ist der Faschismus in seiner deutschen Variante keineswegs nur ein gegen den Sozialismus gerichtetes Terrorsystem gewesen; vielmehr sind die nach Art und Umfang historisch einmaligen Greueltaten geradezu ein Musterbeispiel dafür, daß sich politische Vor-

faschismus liegt der demagogische Akzent seiner Propagandisten vor allem auf der Größe und Einheit der Nation. In dem Aufruf Hitlers an die NSDAP v. 10. März 1933 stehen die Worte: ». . . vom großen Werk der nationalen Erhebung«, und daß mit dem heutigen Tage (10. März 1933) »in ganz Deutschland die nationale Regierung die vollziehende Gewalt in den Händen (hat).« In: »Der Nationalsozialismus. Dokumente 1933–1945«, Hrsg. Walther Hofer, Fischer Bücherei, Frankfurt a. M. 1957, S. 55. Vgl. auch E. Nolte, S. 87.

gänge nicht monokausal in mechanischer Weise aus wirtschaftlichen, speziell aus kapitalistischen oder monopolkapitalistischen Erfordernissen herleiten lassen. So war die grausame Ermordung von 6 Millionen jüdischer Zivilisten sowie von 4000 katholischen und evangelischen Geistlichen in den vom Deutschen Reich besetzten Gebieten Europas vom »Großkapital« ebenso wenig gewollt wie der Raub jüdischen Vermögens. Diese Aktionen entsprangen vielmehr meist sozialen Ressentiments und religiösen Vorurteilen der von der Wirtschaftskrise und daher vom sozialen Untergang bedrohten Mittelschichten, besonders der Angestellten und der Kleinbauern. Die nationalsozialistische Propaganda verstand es, deren Angst und Zorn mit dem bekannten makabren »Erfolg« auf die jüdische, meist selbst dem Mittelstand angehörende Volksminderheit von den komplexen Ursachen der deutschen und der Weltwirtschaftskrise geschickt abzulenken.[27] Dennoch ist der Nationalsozialismus mit Hilfe starker Großfinanzkreise als eine ihnen willkommene Gegenbewegung gegen den drohenden »Marxismus« an die Macht gelangt und begann dementsprechend zuerst die »Abrechnung« mit diesem (oder mit allem, was man damit gleichsetzte) durch die Inhaftierung und Ermordung aller in Reichweite befindlichen wirklicher und möglicher Sozialisten, die von jeher bis in die heutige Zeit hinein von der Presse des Großkapitals gern demagogisch mit dem russischen Kommunismus oder als von diesem »unterwandert« oder »gesteuert« hingestellt werden, erst später setzte die Verfolgung und Vernichtung der meist völlig unpolitischen jüdischen Minderheit ein. Einmal an die Macht gelangt, glitt der Nationalsozialismus,

[27] Die hier angedeuteten nicht-ökonomischen Komponenten der Vernichtungspolitik gegen die jüdische Minderheit in Deutschland und in den von Deutschland ab 1939 besetzten Gebieten Europas geht aus zahlreichen Arbeiten hervor, von denen hier nur einige genannt seien: Eva Reichmann: »Flucht in den Haß«, Frankfurt a. M. 1956. Hannah Arendt: »Elemente und Ursprünge totaler Herrschaft«, Frankfurt a. M. 1955. Leon Poliakov und Josef Wulf: »Das Dritte Reich und die Juden«, 2. Aufl. Berlin 1955. Dies. Verf.: »Das Dritte Reich und seine Denker«, Berlin 1959. Paul W. Massing: »Vorgeschichte des politischen Antisemitismus«, Frankfurt a. M. 1959. Reinhard Henkys (Hrsg.): »Die nationalsozialistischen Gewaltverbrecher«, Stuttgart u. Berlin 1964. Robert M. W. Kempner: »Das Dritte Reich im Kreuzverhör«, München 1969. Guenther Lewy: »Die Katholische Kirche und das Dritte Reich«, München 1965. Raoul Hilberg: »The Destruction of European Jews«, Chicago 1961. Die Ermordung von 4000 katholischen und evangelischen Geistlichen durch den deutschen Faschismus ist belegt bei R. W. Kempner, a. a. O. S. 255. Ders.: »SS im Kreuzverhör«, München 1964, S. 161. – Die Literatur über den deutschen Faschismus und seine Greueltaten braucht hier nicht genannt zu werden. Eine erste Übersicht findet man in: Heydecker und Leeb: »Der Nürnberger Prozeß«, Köln u. Berlin 1958 und in: Martin Broszat: »Der Staat Hitlers«, dtv Weltgeschichte des 20. Jahrhunderts, Bd. 9, München 1969. – Über die Natur und das Ausmaß der deutsch-faschistischen Massaker findet der Verfasser bei der akademischen Jugend und weitesten Kreisen der deutschen Bevölkerung größte Unwissenheit, ebenso über die erstaunlich milden Urteile der Gerichte gegen die Verantwortlichen für schwerste Verbrechen gegen die Menschlichkeit.

dem sich auch weitere Kreise der Großfinanz anschlossen, seinen Förderern aus der Hand; ähnlich wie eine absichtlich verursachte Steinlawine im Gebirge ja oft auch nicht genau die von ihren Urhebern gewollte Richtung talabwärts nimmt.

Mit der militärischen Niederlage Italiens (1943) und Deutschlands (1945) schien zunächst nicht nur die Herrschaft des Nazifaschismus, sondern auch die des in den Augen der Volksmassen kompromittierten Großkapitals, beendet zu sein; der Gedanke an eine wirtschaftliche und soziale Neuordnung, die eine Wiederholung des Geschehenen durch Beseitigung seiner Hauptwurzel unmöglich machen sollte, lag in vielen Kreisen beider Länder nahe, doch intervenierten sehr bald nach Kriegsende die englische und besonders die amerikanische Besatzungsmacht gegen eine solche Neuordnung[28], und so konnte das deutsche kapitalistische Wirtschaftssystem die Niederlage der Armeen ungebrochen überleben. Das ist wohl der Hauptgrund für die restaurative Entwicklung in der BRD[29], und es bedurfte vor den letzten Bundestagswahlen eigentlich schon nicht erst der Enthüllungen eines Bundestagsabgeordneten, um zu zeigen, welche Kreise jene »nationale« Rechtsentwicklung finanzieren, die sich dann leicht noch weiter nach »rechts« zu einer Herrschaft neofaschistischer Art ausweiten kann[30], denn zwischen den nationalen, den nationalistischen und den faschistischen Bewegungen gibt es in der Hauptfrage – der Aufrechterhaltung des Kapitalismus –, zwar graduelle aber keine prinzipiellen Unterschiede.[31]

Der natürliche Feind des Kapitals, sein Antipode, ist nach Marx die Klasse der zum Verkauf ihrer Arbeitskraft gezwungenen, vom Besitz an den Produktionsmitteln und Verfügungsrecht über die Produkte ausgeschlossene Masse der produktiv Arbeitenden: das Proletariat, das für die Beseitigung der Herrschaft einer Klasse über die andere kämpfen sollte und würde. Auf seinen Sieg im Kampf gegen das Kapital und die bestehende bürgerliche Klassenherrschaft hatten Marx und Engels zeitlebens die größten Hoff-

[28] Die kapitalistische Restauration in der Bundesrepublik Deutschland infolge der Interventionspolitik der westlichen Besatzungsmächte dokumentieren z. B. Ute Schmidt und Tilman Fichter: »Klassenkämpfe in den Westzonen«, Berlin 1971, und Eberhard Schmidt: »Die verhinderte Neuordnung 1945–1952«, 2. Aufl. Frankfurt a. M. 1971, sowie John Gimbel: »Amerikanische Besatzungspolitik in Deutschland 1945–1949«, Frankfurt a. M. 1971, S. 139ff, 159ff, 171ff, 210ff, 224ff. – Zur Frage der Restauration in der BRD vgl. auch Rolf Badstübner/Siegfried Thomas: »Die Spaltung Deutschlands 1945–1949«, Berlin/DDR 1966.

[29] R. Kühnl: »Deutschland zwischen Demokratie und Faschismus«, 2. Aufl. München 1969.

[30] William Borm, in: »Frankfurter Rundschau« Nr. 258, v. 6. Nov. 1970, und: »Das schwarze Kassenbuch – Die heimlichen Wahlhelfer der CDU/CSU«, hrsg. v. Presseausschuß der Demokratischen Aktion, Köln 1973.

[31] Kühnl: »Deutschland zwischen ...«, z. B. S. 148ff. – Ders.: »Formen bürgerlicher Herrschaft«, S. 159ff. – Kurt Hirsch: »Kommen die Nazis wieder?«, München 1967. – O. K. Flechtheim: »Westdeutschland am Wendepunkt«, Berlin 1967.

nungen gesetzt und ihn als mit Naturnotwendigkeit kommend vorhergesagt.[32]

Man hat oben, besonders im 19. Kapitel, gesehen, daß es nach Marx der kapitalistische Entwicklungsprozeß selbst ist, der mit der beständig abnehmenden Zahl der Kapitalmagnaten, der wachsenden Masse des Elends, des Drucks, der Knechtschaft, der Entartung, der Ausbeutung, zur Empörung »der vereinten und organisierten Arbeiterklasse ...« führen und so zur proletarischen Revolution treiben muß. »Die kapitalistische Produktion erzeugt mit der Notwendigkeit eines Naturprozesses seine eigene Negation«, heißt es im 24. Kapitel des I. Bandes »Kapital«, und in der von Marx und Engels gemeinsam verfaßten Streitschrift »Die heilige Familie« verkünden sie: »... [das Proletariat] macht nicht vergebens die harte, aber stählende Schule der Arbeit durch. Es handelt sich nicht darum, was dieser oder jener Proletarier oder selbst das ganze Proletariat sich einstweilen vorstellt. Es handelt sich darum, was es ist und was es diesem Sein gemäß geschichtlich zu tun gezwungen sein wird ... Sein Ziel und seine geschichtliche Aktion ist in seiner eigenen Lebenssituation wie in der ganzen Organisation der heutigen bürgerlichen Gesellschaft sinnfällig, unwiderruflich vorgezeichnet ...«

Diese Sätze besagen, daß die *objektiv* gegebene Lage des Proletariats im kapitalistischen Produktionsprozeß den einzelnen und nach und nach alle Ausgebeuteten und Unterdrückten immer klarer bewußt wird und ihre politische Reife im Verlaufe der Arbeitskämpfe immer mehr zunehmen wird. So muß die ganze Proletarierklasse schließlich zwangsläufig zum Aufstand, zur Revolution mit dem Ziele der Abschaffung der kapitalistischen Gesellschaftsstruktur treiben. Letzten Endes bestimmt also die *objektiv* gegebene Lage des Proletariers im Produktionsprozeß seine *subjektive* Reaktion gegen diese Gesellschaftsordnung, macht sein Bewußtsein revolutionsreif und treibt ihn zum Handeln.

Doch heute, hundert Jahre nach Marx, hat zwar die *Zahl* der Lohn- und Gehaltsabhängigen, Ausgebeuteten, kurz: der *Umfang* der Proletarisierung, in allen Industrieländern zugenommen, aber es ist keineswegs überzeugend ersichtlich, daß seitdem auch die Intensität, die Stärke der Empörung des Proletariats gegen das kapitalistische System gewachsen ist. Im Hinblick auf die erforderliche politische Reife war denn auch Marx selbst von der Notwendigkeit überzeugt, vom Proletariat zu fordern, es solle seine historische Aufgabe erkennen und demgemäß handeln. »Proletarier aller Länder, vereinigt Euch!« lautet der weltbekannte, an alle Ausgebeuteten gerichtete Appell, der Aufruf zur Aktion, von deren zwangsläufigem automatischen Eintreten ohne Appelle,

[32] Marx' Brief an Joseph Weydemeyer v. 5. März 1852. In: Marx Engels, Werke, Berlin 1963, Bd. 28, S. 508. Die heilige Familie in: Marx Engels, Werke, Bd. 2, S. 37f.

ohne lange und unermüdliche Aufklärungsarbeit über die Ursache ihres Loses, ohne ausreichende Schulung, ohne viele bittere Erfahrungen durch Rückschläge bei den Emanzipationsversuchen Marx selbst offenbar im Grunde nicht überzeugt war.
Heute, drei Generationen danach, hat sich die Lage der Lohn- und Gehaltsabhängigen nur innerhalb enger Grenzen und in der Regel höchstens in den konjunkturellen Aufschwungphasen gebessert, das Prinzip der Lohnabhängigkeit hat sich nicht geändert; so ist heute mehr denn je zu prüfen, welches die Ursachen für die bisher nicht eingetretene Revolution des Proletariats sind und welche Voraussetzungen erfüllt sein müßten, damit das Proletariat an die Macht gelangen und eine sozialistische Wirtschaftsordnung aufbauen könnte, welche Faktoren andererseits einem solchen revolutionären Umschwung in den entwickelten Industrieländern entgegenwirken.
Man kann die revolutionsfördernden und die einem Umschwung entgegenwirkenden Faktoren selbstverständlich nicht quantitativ gegeneinander abmessen, auch müssen wir uns mit einem kurzen Blick auf die in beide Richtungen wirkenden Faktoren begnügen.
Zunächst ist festzustellen, daß sich in den letzten hundert Jahren nur Teile des Proletariats gewerkschaftlich organisiert haben.[33] Sie konnten den »Arbeitgeber«-Verbänden nur durch harte, entbehrungsreiche Streikkämpfe – äußerst selten durch andere Aktionen – und nur innerhalb der vom Kapital tolerierten Grenzen relative Verbesserungen der Arbeits- und Lohnbedingungen abringen, die meist hinter den seit den letzten Lohnabmachungen gestiegenen Lebenshaltungskosten zurückblieben. Eine Ablösung der kapitalistischen Wirtschaftsordnung durch eine sozialistische haben die Auseinandersetzungen zwischen »Arbeit« und »Kapital« bisher in keinem entwickelten Industrieland gebracht; sie ist von großen Teilen des Hand- und Kopfproletariats, und vor allem von fast keinem seiner Gewerkschaftsfunktionäre, ernsthaft erstrebt worden. Damit hängt auch die fast stets mangelnde Ko-

[33] Die Zahlenangaben über den Organisationsgrad der Arbeiterschaft in Gewerkschaften weichen voneinander erheblich ab. Nach Albers/Goldschmidt/Oehlke: »Klassenkämpfe in Westeuropa«, Reinbek 1971, S. 93, sind in Frankreich »gegenwärtig« (1971) etwa 4,5 Mill. Lohnabhängige gewerkschaftlich organisiert; das entspräche einem durchschnittlichen Organisationsgrad von knapp 30%. – Nach Klaus-Peter Schmid in »Zeit«, Nr. 42 v. 20. Okt. 1972 sind es höchstens 20%. – Hans Kepper (Paris) schreibt in Frankfurter Rundschau Nr. 224, v. 27. Sept. 1969, S. 83, von den rd. 16 Mill. unselbständigen Lohn- und Gehaltsempfängern in Industrie und öffentlichem Dienst seien nach inoffiziellen, aber verläßlichen Schätzungen etwa 25% in insgesamt 6 Gewerkschaften organisiert. – In England betrug nach Oehlke in »Klassenkämpfe ...«, S. 269, der Organisationsgrad i. J. 1964 42,6%. – Nach Müller-Jentsch in: »Gewerkschaften und Klassenkampf 1972« (Hrsg. Otto Jacobi u. a.): Fischer Taschenbuch 1972, S. 216, war der Organisationsgrad in England 1971 45%. – Der Deutsche Gewerkschaftsbund hat dagegen (nach Müller-Jentsch, ebd.) nur 30%. In Italien betrug die gewerkschaftliche Organisiertheit »gegenwärtig« im nationalen Durchschnitt annähernd 40%.

operation und die meist fehlende Solidarität im praktischen Verhalten der Gewerkschaften verschiedener Branchen und Länder bei ihren Arbeitskämpfen zusammen.
Noch mehr Faktoren wirken einer revolutionären Entwicklung entgegen. Der Marxsche Begriff Proletariat (Arbeiterklasse) bezeichnet die Gesamtheit der produktiv schaffenden, Werte erzeugenden Menschen: alle Lohn- und Gehaltsabhängigen, deren Gemeinsamkeit darin besteht, ausgebeutet zu sein und über die Produktionsmittel und den Produktionsertrag nicht verfügen zu können. Primär stimmen alle zum Proletariat gehörenden Menschen, ebenso wie die einzelnen Kapitalisten, in vielen individuellen Eigenschaften natürlich durchaus nicht überein, sondern nur in der Tatsache der allen gemeinsamen Lohnabhängigkeit, d. h. in bezug auf die gleiche Lage im Produktionsprozeß (und im Verteilungsprozeß): Im Ausgebeutetsein. Das Ausgebeutetsein ist aber kein konkretes übereinstimmendes persönliches Merkmal der betroffenen Menschen, sondern das abstrakte Ergebnis der zutreffenden Marxschen Analysen und Deduktionen; der Begriff Proletariat ist nur ein statistischer Sammelbegriff für alle in der gleichen unfreiwilligen Lage befindlichen und im ökonomischen Produktionsprozeß bestimmte, verschiedene Verrichtungen ausführende Menschen; etwa so, wie eine Menschenmenge, die sich gemeinsam in einem Eisenbahnzug oder in einem Schiff auf See befindet, an sich ebenfalls noch keine konkreten Eigenschaften und erst recht keine übereinstimmenden Verhaltensweisen der Insassen konstituiert, sondern zunächst nur die Gleichheit der Situation bedeutet. Kurz: Die Abstraktion »Proletariat« – im 19. Jahrhundert vorwiegend Handarbeiter, seitdem mehr und mehr auch Kopfarbeiter (Techniker, Ingenieure, Industrie- und Handelsangestellte) – suggeriert nur, daß die soziologische und ökonomisch übereinstimmende Position im Produktionsprozeß die Betroffenen auch zwangsläufig zur gemeinsamen Erkenntnis der Ursachen ihrer Lage, zu solidarischem, weitsichtig – zielstrebigem Handeln, zur tieferen Einsicht in die Notwendigkeit der Beseitigung des kapitalistischen Systems und seiner Ablösung durch die sozialistische Wirtschaftsordnung gelangen läßt.
Der schaffende Mensch, der konkrete Proletarier, ist unmittelbares Objekt erlebter, oft schwer erträglicher, empörender, durchaus konkreter Arbeits- und Lohnbedingungen. Er reagiert meist gemeinsam mit seinen Kollegen auf bestimmte unmittelbare Gelegenheiten, z. B. auf die seit dem letzten Tarifvertrag gestiegenen Kosten für die Lebenshaltung. (Es werden Kollegen wegen Differenzen mit der Betriebsleitung entlassen, weil sie sich zu sehr für die Verbesserung der Arbeits- und Lohnbedingungen engagiert haben, oder es stehen etwa wegen der Einführung technischer arbeitsparender Modernisierungen im Betrieb Entlassungen bevor, oder die Arbeit wird durch solche Neuerungen anstrengen-

der, intensiver und man wünscht Abhilfe usw.) Die individuellen Verschiedenheiten der Lohn- und Gehaltsabhängigen können dabei ein Hindernis für weitreichende Aktionen sein. Der eine Kollege ist denkfaul oder verhält sich nicht solidarisch mit den anderen, oder er läßt sich von der Betriebsleitung gegen jene ausspielen; andere Kollegen sind mutiger, opferbereiter, denken mehr nach. Jedoch infolge der gemeinsam unmittelbar erfahrenen Zustände im gleichen Betrieb und wegen der räumlichen Nähe in den gleichen oder nahegelegenen Produktionsstätten und des dadurch gegebenen direkten menschlichen Kontaktes der Betroffenen überwiegt dort meist die Tendenz zur gemeinsamen, kooperativen Reaktion und die solidarische Abwehr im Kampf um die Verbesserung der Lohn- und Arbeitsbedingungen. Die kooperative Haltung der Arbeitskräfte erstreckt sich auch noch auf den für eine bestimmte Gewerkschaft zuständigen Produktionszweig. Doch ein kooperatives Verhalten der Lohnabhängigen ist bei verschiedenen Produktionszweigen schon erheblich geringer, z. B. bei Metallarbeitern und Bergleuten, und erst recht bei Arbeitskämpfen, etwa bei Streikbewegungen von Kollegen gleicher Produktionsbranchen verschiedener Länder, etwa zwischen amerikanischen und schwedischen Fließbandarbeitern.

Die fehlende Kooperation zwischen den Lohnabhängigen verschiedener Produktionszweige in den gleichen und mehr noch in verschiedenen Ländern, sowie die fehlende Synchronisierung ihrer Streikaktionen ist eine der Ursachen für die bisherige Erfolglosigkeit wirksamer Aktionen zur Systemänderung – sofern überhaupt eine Systemänderung des Status quo, d. h. die Abschaffung der Lohnabhängigkeit aus prinzipiellen Gründen, ernstlich erstrebt wird.

Ein großes Hindernis für koordinierte Aktionen der Lohnabhängigen besteht auch darin, daß die Tarifabmachungen für die verschiedenen Gewerkschaften in der Regel zu verschiedenen Zeitpunkten auslaufen und daher Aktionen gegen untragbare Arbeits- und Lohnbedingungen in einem Produktionszweig erst dann einsetzen, wenn sie in einem anderen Zweig durch neue Lohnabmachungen bereits beendet sind. Außerdem steht mindestens die entscheidende Mehrzahl der heutigen Gewerkschaftsführer keineswegs auf dem Standpunkt eines prinzipiellen Antagonismus zwischen der von ihnen vertretenen werteschaffenden Arbeiterschaft und den Aneignern des Mehrwerts und sieht daher nicht die Notwendigkeit der Abschaffung des Profitsystems, sondern sie steht auf dem Standpunkt der Partnerschaft zwischen Kapital und Arbeit; daher versuchen sie, die manchmal gegen ihren Willen ausbrechenden Streikaktionen der Gewerkschaftsmitglieder (der »Basis«) zu bremsen, in eine für den Staat harmlose Richtung zu kanalisieren und die Forderungen der Gewerkschaftsmitglieder mit der Position der Gegenseite durch Kompromisse zu versöhnen, statt das System zu beseitigen. Sie versuchen höchstens, die innerhalb enger Grenzen liegenden Verbesserungen der Lohn- und Arbeitsbedingungen auszuhandeln, die keine ernstliche Bedrohung des Systems bedeuten; ihre zwischen den Fronten der Mitgliedschaft und dem Kapital taktierende Haltung läuft eher auf eine Kontrolle und Paralysierung der von ihnen vertretenen Arbeiterschaft hinaus als auf eine Aktivität zur Abschaffung des herrschenden Systems.[34]

[34] Daß die höheren Gewerkschaftsfunktionäre das kapitalistische System bejahen, zum mindesten nicht für eine systemändernde Aktion der Arbeiterschaft sind, geht teils direkt, teils indirekt aus folgenden wenigen Beispielen hervor: Frankreich: »Die CGT (Confédération Générale du Travail. – Sozialistisch-Kommunistische Gewerkschaft) steht seit der Maikrise (1968) unter hartem Beschuß von Linkssozialisten, die ihr vorwerfen, die ›Revolution‹ zugunsten ›nur‹ materieller Gewinne für die Arbeiter verraten zu haben.« In der Tat hat die CGT damals in mehr oder weniger geheimer Kollaboration mit Pompidou alles getan, um die Revolte der Arbeiter in die Bahn eines traditionellen Arbeitskampfes zu lenken (Pompidou damals über den Generalsekretär Séguy: »Der ist gut, der Junge, mit dem kann man reden.«). Auch gegenwärtig beschränkt sich die CGT im Prinzip auf Forderungen nach materieller Besserstellung der Arbeiter, was ihr von Linksgruppen als »Reformismus« und »Sozialdemokratismus« angekreidet wird ... (H. Kepper – Paris, in: »Frankfurter Rundschau« Nr. 224, v. 27. Sept. 1969, S. 83. – Deutschland: »Der Spiegel« Nr. 34 v. 19. August 1960: Der Frankfurter IG-Metall-Boß Otto Brenner nahm aus seiner Aufsichtsrats-Funktion bei den Krupp Hüttenwerken, VW, Ilseder Hütte und der Bank für Gemeinwirtschaft jährl. rd. 50000 Mark ein. – Noch 10000 Mark mehr als Brenner kassierte der DGB-Vorsitzende Ludwig Rosenberg pro Jahr für seine vier Aufsichtsrats-Mandate bei den Deutschen Edelstahlwerken, der August-Thyssen-Hütte, der Bank für Gemeinwirtschaft und der Volksfürsorge ... »Streiks sind nach der herrschenden (!) Meinung in Wissenschaft und Gerichtspraxis nur dann rechtmäßig, wenn sie von Gewerkschaften mit tarifpolitischen Zielen geführt werden. Die verbreiteten ›spontanen Arbeitsniederlegungen‹ der letzten Wochen (gemeint ist der Herbst 1969 – E. L.) fanden ohne, oft gegen den Willen der zuständigen Gewerkschaftsleitungen (IG-Metall, IG-Bergbau und Energie, IG-Textil) statt. Das reale Arbeitsleben geht offenbar über präzise rechtliche Verbotstafeln unbefangen hinweg, wenn die sozialen und wirtschaftlichen Interessen das geraten erscheinen lassen ... Das neue Selbstbewußtsein der Arbeiter ist ein politischer Faktor ersten Ranges ...« (Bernd Rüthers in: »Zeit« Nr. 39 v. 26. Sept. 1969, S. 28). – England: »In der Labour-Fraktion im Unterhaus« – so erklärt Jack Jones ausländischen Pressevertretern – »sitzen zu viele Journalisten, Professoren und Rechtsanwälte.« – Der Führer der britischen Transportarbeiter sieht die wirklichen Interessen der werktätigen Bevölkerung im Parlament nicht mehr vertreten; denn viele der Abgeordneten »denken mehr an ihre eigene Karriere als an die Wünsche der Arbeiter«. – »Vergangene Woche (Sept. 1972 – E. L.) versammelte sich im südenglischen Seebad Brighton das Fußvolk, repräsentiert in den Delegierten des britischen Gewerkschaftskongresses. Und es ist weniger eine Frage des Gewichts von Argumenten als eine Frage politischer Macht, ob das Fußvolk der Parteiführung endlich den Marsch blasen kann ... Die Führung des TUC (Trades Union Congress) wurde dort nach erbitterter Redeschlacht von der Opposition (dem »Fußvolk«) überrannt und die Opposition der Gewerkschaften gegen den britischen Beitritt zur europäischen Wirtschaftsgemeinschaft besiegelt. – Harold Wilson als Führer der Labour Party hatte in dieser Frage einen Zickzackkurs zwischen einem Ja und einem Nein zu steuern versucht. – Ebenso wie gegen den Beitritt Englands in die EWG kämpften die »linken« Mitglieder des TUC gegen das von der konservativen Regierung erlassene Gewerkschaftsgesetz, wodurch das traditionelle Streikrecht der Gewerkschaften radikal eingeschränkt wird. Doch unterlag die linke Opposition gegen das Streik-Kontrollgesetz gegen

Die mangelnde Kooperation und Synchronisierung von Streiks und anderen Formen der Arbeitskämpfe zeigt sich in den letzten Jahrzehnten fast Monat für Monat, so daß man bei der Aufzählung von solchen Beispielen fast mit jedem Lande und zu jedem Zeitpunkt beginnen kann:

Man betrachte z. B. Frankreich. Dort begannen sich »seit etwa Mitte der sechziger Jahre die gewerkschaftlichen und politischen Organisationen der französischen Arbeiterklasse von der Niederlage zu erholen, die sie mit der Konstituierung der V. Republik hinnehmen mußten ...«[35]. Als sich im Jahre 1967 in Frankreich die Folge der deutschen Rezession bemerkbar machten und Kurzarbeit eingeführt wurde, die Zahl der Entlassungen sich deutlich erhöhte und die Betriebe mit dem Abbau übertariflicher Zulagen und einer weiteren Verschärfung des Arbeitstempos begannen, spitzten sich die Sozialspannungen zu. In einer Reihe von Großbetrieben kam es zu langandauernden und z. T. sehr harten Streiks, so z. B. bei den Rhodiaceta-Werken des Chemiekonzerns Rhône-Poulenc in Lyon und Besançon, sowie in den SAVIEM-Werken in Caën (Lkw-Produzent des Renault-Konzerns). Mitte 1967 verschärften sich die Klassenauseinandersetzungen auf nationaler Ebene. Die Regierung Pompidou ließ sich vom Parlament mittels eines Sondergesetzes spezielle Vollmachten erteilen, die es ihr bis Oktober des gleichen Jahres erlaubten, im Bereich der Wirtschafts- und Sozialgesetzgebung auf dem Verordnungswege gültiges Recht zu schaffen. Gegen dieses Sondergesetz gab es heftige parlamentarische und außerparlamentarische Aktionen. Am 17. Mai 1967 wurde zum ersten Mal seit vielen Jahren von beiden großen Gewerkschaften (Confédération Générale du Travail und Confédération Française démocratique du Travail) gemeinsam ein befristeter Generalstreik ausgerufen. Die Aktionen scheiterten nicht zuletzt deshalb, weil Gewerkschaften und Parteien den breiten Arbeitermassen die Bedeutung dieses Gesetzes nicht hinreichend konkretisieren konnten.

Die Berichte über die Streikbewegungen und Fabrikbesetzungen in Frankreich und die Demonstrationen zeigen den manchmal riesigen Umfang der Aktionen, sie zeigen auch ein gelegentliches solidarisches Zusammengehen von Arbeitern und Studenten, doch fehlte bei fast allen Demonstrationen und Streiks die Kooperation und erst recht die Synchronisierung der gewerkschaftlichen Aktionen. Die Streiks fanden an verschiedenen Orten und zu ver-

den TUC-Vorsitzenden Vic Feather, der trotz aller starken Worte und »trotz aller Militanz ein braver britischer Staatsbürger geblieben ist« und für »Recht und Ordnung«, d. h. für das gewerkschaftsfeindliche Gesetz der konservativen Regierung eintrat (H. Schreitter-Schwarzenfeld in: Frankfurter Rundschau Nr. 210 v. 11. Sept. 1972). (Mehr Einzelheiten z. B. bei Müller-Jentsch in: »Gewerkschaften und Klassenkampf. Kritisches Jahrbuch 1972«, Fischer Taschenbuch Verlag, Frankfurt a. M. 1972, S. 218ff.)

[35] Die Beispiele aus Frankreich finden sich in: »Klassenkämpfe ...«, bes. S. 40ff.

schiedenen Zeiten statt, es gab heftige Polemiken zwischen den Gewerkschaften, ja man lehnte sogar ein gemeinsames Gespräch ab; die Klassenauseinandersetzungen zwischen Gewerkschaften und Regierung erreichten Ende Mai/Anfang Juni 1968 einen Höhepunkt. »Sie offenbarten aber auch zugleich die innere Uneinigkeit der verschiedenen Fraktionen und Organisationen der französischen Arbeiterklasse. Im Augenblick, wo ihre potentielle Macht sich am höchsten hätte entfalten können, hat sie sich so gespalten, daß sie nicht einmal mehr gemeinsame Aktionen zu organisieren vermochte.«[36] Es wurden z. T. erhebliche Verbesserungen der Löhne und Arbeitsbedingungen erzielt, doch von einer Änderung des ökonomischen Systems als Ergebnis dieser riesenhaften Kraftanstrengung des französischen Proletariats konnte keine Rede sein. Die französischen Streiks griffen ebensowenig auf die schwedischen wie auf die italienischen, nordamerikanischen oder deutschen Gewerkschaften über oder umgekehrt, und kaum vorhanden sind Solidaritätshandlungen von Industrie- und Handelsangestellten mit manuellen Arbeitern.[37] Zur Kooperation, geschweige denn zu synchronisierten Arbeitskämpfen des Proletariats verschiedener Länder kommt es auch deswegen fast nie, weil die Lebens- und Arbeitsverhältnisse in industriell verschieden weit fortgeschrittenen Ländern verschieden sind, weil dort die Arbeitsverrichtungen verschieden sind und daher zu anderen Forderungen an Lohn- und Arbeitsbedingungen führen müssen. Ein Landarbeiter Süditaliens hat andere unmittelbare Sorgen als ein Angestellter der Pariser Métro, ein italienischer Volksschullehrer oder ein amerikanischer Fließbandarbeiter andere Sorgen als der afrikanische Arbeiter in den von den weißen Herren betriebenen Gold- und Diamantengruben der südafrikanischen Republik. Die Stenotypistin in der Bundesrepublik Deutschland, die wegen Überschreitens der Altersgrenze trotz chronischen Mangels an Schreibkräften nur noch schwer eine

[36] Klassenkämpfe ..., a. a. O., S. 52.

[37] Bei den Mai/Juni-Ereignissen in Frankreich 1968 kam es zu einer Solidarisierung zwischen Studenten und Arbeitern, sowie einiger Angestelltengruppen mit diesen. Vgl. »Klassenkämpfe ...«, S. 44ff u. 61ff. – »Im Mai 1968 haben zum ersten Male Hunderttausende von Ingenieuren, leitenden Angestellten und Technikern an einem großen Generalstreik teilgenommen ...«, es war überhaupt zum ersten Male, ... »daß leitende Angestellte für einen Streik gestimmt hatten. Man muß hinzufügen, daß in den meisten Fällen auch die nichtstreikenden leitenden Angestellten mit ihren Kollegen während des Streiks in verschiedenen Arbeiterkommissionen, die bei dieser Gelegenheit gebildet wurden, diskutiert haben.« (Joe Metzger in: »Die neue Arbeiterklasse«, hrsg. v. Frank Deppe u. a., Frankfurt a. M. 1970, S. 161ff.) – Doch das Zusammengehen von manuellen Arbeitern mit Technikern und anderen Gruppen, besonders von leitenden Angestellten, gehört bisher zu den Seltenheiten. Auch Solidaritätsaktionen manueller Arbeiter verschiedener Betriebe und mit ihren Vertrauensleuten im selben Unternehmen gibt es; die letztere Art von Solidarität naturgemäß ziemlich häufig; die Kooperation zwischen verschiedenen Unternehmen oder verschiedenen Ländern dagegen äußerst selten.

Anstellung findet, hat andere Nöte als ein entlassener Bergarbeiter im Ruhrgebiet. Die Arbeiter und Angestellten eines Produktionszweiges kämpfen in erster (und meistens auch in letzter) Linie für ihre eigenen Nahziele, auch wenn der Sozialanalytiker sie alle unter den Sammelbegriff der Lohn- und Gehaltsabhängigkeit bringt und ihre Lage als Ausgebeutete zusammenfaßt. Trotz gelegentlicher Solidaritätsaktionen der Arbeiter einiger Betriebe[38] und Protestaktionen Intellektueller gegen Unterdrückung oder Ausbeutung anderer Gruppen Schaffender hat man noch von keinem einzigen größeren, geschweige denn wirkungsvollen Streik z. B. der Arbeiter in den Rüstungsbetrieben und in den chemischen Fabriken in den USA oder anderen Ländern gegen den von der

[38] Beispiele für erfolgreiche Solidaritätsaktionen von Arbeitern in resümierender Wiedergabe sind die folgenden: Anfang Januar 1973 hatte der Vorstand der Hoesch-Hüttenwerke A.G. in Dortmund, um künftig die Durchsetzung von »Recht und Arbeitsordnung sicherzustellen«, acht aktiven Betriebsräten und Vertrauensleuten kündigen wollen. Sie hatten sich in einer Lohnauseinandersetzung zwischen dem Hoesch-Vorstand und den Hoesch-Arbeitern zu sehr für diese eingesetzt. 77% dieser Arbeiter hatten damals die Tariferhöhung von 8,5% abgelehnt, weil sie für die meisten nicht einmal den Kaufkraftverlust des vergangenen Jahres wettmachte. Fast 6000 Arbeiter legten v. 8.–10. Februar in den Hoesch-Werken Westfalenhütte, Union und Phoenix spontan die Arbeit nieder und forderten für alle 14 Pfennige mehr Stundenlohn. Es wurden 86 Betriebszeitungen mit aufklärendem Inhalt hergestellt; aus der ganzen Bundesrepublik liefen Solidaritäts-Fernschreiben ein usw. Für den Vorstand der IG-Metall drohte die Streikbewegung »riesige Ausmaße« anzunehmen. Daher suchte die IG-Metall zwischen den gegnerischen Parteien zu vermitteln, zugleich mit warnend erhobenem Zeigefinger an die Streikenden; die rechtliche Position der gekündigten Kollegen sei bedenklich gewesen. »Diese Disziplinierung der kampfbereiten Basis durch die IGM-Spitze machte dem Vorstand der Hüttenwerke die Rücknahme der Kündigungen leicht – mehr noch: Zu einem guten Geschäft für die Zukunft«, denn es blieb bei den 8,5% Erhöhung. – Auch in diesem Fall gab es über den Streik Divergenzen zwischen der Gewerkschaftsführung und den streikenden Arbeitern. (Einzelheiten in: »Konkret«, Heft 10, v. 1. März 1973.) – Der Vorstand des Bemberg Textilwerks in Barmen, das – mit Werken in Breda (Holland), Fabella in Belgien, Feldmühle in Schottland – zum multinationalen AKZO-Glanzstoff-Konzern gehört, überraschte am 6. April 1972 die Belegschaft von 6000 Mann mit der Nachricht, der Betrieb müsse wegen Absatzschwierigkeiten etc. geschlossen werden. Ebenfalls sollte das AKZO-Werk in Breda wegen angeblicher Überkapazität geschlossen werden, doch in Spanien und in Schottland waren neue AKZO-Werke entstanden, in denen die Konzernleitung dort wegen niedrigerer Löhne, Steuerfreiheiten und Zuschüssen billiger produzieren wollte. In Wuppertal und Breda kommt es zu umfangreichen Solidaritätsaktionen, zur Organisierung gemeinsamer Aktionskomitees und zu Betriebsbesetzungen durch die Belegschaften, und in über 20 weiteren Betrieben des Konzerns lehnen die Belegschaften alle Überstunden ab, die sie wegen des Produktionsausfalls in Wuppertal und Breda ableisten sollten. Infolge dieser Solidaritätsaktionen mußte der Vorstand von AKZO am 21. September 1972 den Stillegungsplan für die Werke in Wuppertal und Breda vollständig zurücknehmen. Damit wurden die 6000 Arbeiter in Wuppertal davor gerettet, ihren Arbeitsplatz zu verlieren. (Eingehendere Schilderung steht im »Berliner Extradienst« Nr. 18/VII v. 4. März 1973). – Ein anderes Beispiel für Solidaritätsaktionen der Arbeiterschaft ist der gleichzeitige Streik in den italienischen und englischen Betrieben von Dunlop-Pirelli – ein multinationaler Konzern mit Produktionsstätten in über 20 Ländern – im Juni 1972. Hierüber berichtet ausführlich Eva Brumlop in: »Express. Zeitung für Sozialistische Betriebs- und Gewerkschaftsarbeit« v. 15. Dezember 1972, 605 Offenbach.

USA-Regierung geführten Krieg in Vietnam oder gegen die Waffenlieferungen der Industrieländer in alle Länder der Dritten Welt gehört. Sofern überhaupt Streiks in Rüstungsbetrieben stattfinden, geht es praktisch nur um höhere Löhne und bessere Arbeitsbedingungen, aber nicht um die dort hergestellten Raketen oder Napalmbomben.
Weder im Ersten noch im Zweiten Weltkrieg erkannte das Proletariat der kriegführenden Länder die Notwendigkeit der internationalen Solidarität mit den Kollegen und Genossen auf der »Feind«-Seite; es kam kaum zu bemerkenswerten Ansätzen einer koordinierten Aktion der arbeitenden Massen, die dem Kriegsmorden, deren fast einzige Opfer gerade sie selber waren, hätte Einhalt gebieten können. Sie wären freilich auch politisch zu einer Rebellion gegen die Kriegstreiber gar nicht imstande gewesen. Denn die Verhältnisse, die waren nicht so; nicht im Ersten und erst recht nicht im Zweiten Weltkrieg. Sie sind auch heute nicht so. Wohl gibt es bei den Arbeitern ein rudimentäres Klassenbewußtsein, wohl sehen und erleben sie die kapitalistische Gesellschaft als »Dichotomie«, als gespalten in ein »Oben« und ein »Unten«; auch fühlen sie sich mehr als Teil des Proletariats und weniger als Teil der Gesamtgesellschaft (das »wir« gegenüber »denen da oben«).[39] Sie erleben ihre Existenz im Produktionsprozeß auch wirklich so, wie sie ist – abhängig vom Kapital –, ihre Arbeit als fremdbestimmt[40], ihre Lage als untergeordnet unter die Gegebenheiten des Produktionsprozesses, doch gründet sich dieses Bewußtsein kaum je auf dem tieferen Erkennen des kapitalistischen Produktionsprozesses und seiner internationalen Verflechtungen. Sofern Aktionen der Arbeiterschaft gegen unerträgliche Arbeits- oder Lohnbedingungen unternommen werden, gelten sie der Erreichung konkreter Nahziele, aber nicht dem abstrakten Fernzielen »Abschaffung der Lohnabhängigkeit«, »Abschaffung der Profitwirtschaft« oder des »internationalen Kapitalismus« überhaupt – das sind Worte, die einzelne Führer oder einige der seltenen belesenen Lohnabhängigen brauchen, obwohl gerade dieses Ziel nach Marx und Engels als einzige Lösung der Wirtschafts- und Gesellschaftsmisere des Kapitalismus kompromißlos zu erstreben ist. Das subjektive Bewußtsein der Lohnabhängigen und die Forderung und Notwendigkeit einer sozia-

[39] F. Deppe: »Das Bewußtsein der Arbeiter«, Köln 1971, S. 75, S. 104ff u. 110ff. – Die Frage nach den Beziehungen zwischen dem Bewußtseinsinhalt der Arbeiter zu den objektiven Gegebenheiten ihrer Position im kapitalistischen Produktionsprozess wird dort speziell behandelt. Bei unserer resümierenden Schlußbetrachtung können wir diesen sehr wichtigen Punkt hier nur berühren. Zum Inhalt des Begriffs »Arbeiterklasse« vgl. auch Heinz Jung in: »Das Argument« 61, Heft 9/10, Dezember 1970 und Helmut Steiner: »Soziale Strukturveränderungen im modernen Kapitalismus«, Berlin/DDR 1967. Bei Steiner und Deppe auch ausführliche Bibliographie. –
[40] Deppe, a. a. O., S. 105.

listischen Gesellschaft klaffen auch heute weit auseinander. Und so definiert das »Kleine Politische Wörterbuch« (Berlin/DDR 1967, S. 332) »Klassenbewußtsein« sehr vorsichtig als »die Elemente des gesellschaftlichen Bewußtseins, in denen sich eine Klasse ihrer materiellen Existenzbedingungen, ihrer grundlegenden Interessen, ihrer Beziehungen zu den anderen Klassen und Schichten der Gesellschaft, sowie ihrer Rolle in der historischen Entwicklung *mehr oder weniger deutlich* bewußt wird.« (Hervorhebungen von mir.)

Deutlicher bewußt konnten und können einem Teil der Lohnabhängigen ihre Lage und die Notwendigkeit der Ablösung der jetzigen durch eine sozialistische Gesellschaft nur einige Intellektuelle machen, die selbst in der Regel ökonomisch *nicht* dem Proletariat entstammen. Sie erkennen die Struktur und Gesetzmäßigkeiten des Produktionsprozesses und die Lage des Proletariats und so vermochten, wie es heißt, vor allen Marx und Engels, »auf dem Klassenstandpunkt des ausgebeuteten und unterdrückten Proletariats stehend, den ganzen Schatz des menschlichen Wissens kritisch zu verarbeiten und in Auseinandersetzung mit der bürgerlichen Ideologie die wissenschaftliche Weltanschauung zu schaffen, die der Arbeiterklasse ihre Stellung in der Geschichte und ihre historische Mission bewußt macht ...« und ihr auch »das theoretische Instrument gibt, das es ihr ermöglicht, ihren Kampf auf wissenschaftlicher Grundlage zu führen.«[41]

Doch über die von ihnen bemerkte geringe Entwicklung eines Klassenbewußtseins, über die Schwierigkeiten der Kooperation und der Synchronisierung proletarischer Aktionen gegen das kapitalistische System machten sich auch Marx und Engels im Grunde wenig Illusionen. Sie waren aber davon überzeugt, daß die von ihnen bemerkte Rückständigkeit durch die immer mehr zunehmende Reife des Proletariats schließlich überwunden werden würde. Das kommt in Marx' und Engels' Formulierungen klar zum Ausdruck. So steht im »Zirkularbrief« (»Entwurf«) von Marx und Engels an August Bebel, Wilhelm Liebknecht u. a. vom 17./18. September 1879: »Die Befreiung der Arbeiterklasse muß das Werk der Arbeiterklasse selbst sein«,[42] und in der im Oktober 1864 verfaßten »Inauguraladresse der Internationalen Arbeiter-Association« (gegründet in London am 28. September 1864) schreibt Marx u. a.: »Politische Macht zu erobern, ist daher jetzt (!) die große Pflicht der Arbeiterklasse. Sie scheinen dies begriffen zu haben, denn in England, Frankreich, Deutschland und Italien zeigt sich ein gleichzeitiges Wiederaufleben und finden gleichzeitige Versuche zur Reorganisation der Arbeiterschaft statt.«[43]

[41] Vgl. »Philosophisches Wörterbuch«, hrsg. v. Georg Klaus u. Manfred Buhr, 8. Aufl., Bd. 2, Berlin West 1972, S. 691, Stichwort: »Materialismus«.
[42] MEW, Bd. 34, S. 407f.
[43] MEW, Bd. 16, S. 12.

In den zu gleicher Zeit wie die »Inauguraladresse« von Marx geschriebenen »Provisorischen Statuten der Internationalen Arbeiter-Association« steht: »In Erwägung, daß die Emanzipation der Arbeiterklasse durch die Arbeiterklasse selbst erobert werden *muß* ...; daß die ökonomische Unterwerfung des Arbeiters unter den Aneigner der Arbeitsmittel, d. h. der Lebensquellen, der Knechtschaft in allen ihren Formen zugrundeliegt – allem gesellschaftlichen Elend, aller geistigen Verkümmerung und politischen Abhängigkeit; ... daß alle auf dieses Ziel gerichteten Versuche bisher gescheitert sind aus Mangel an Einigung unter den mannigfachen Arbeitszweigen jedes Landes und an der Abwesenheit eines brüderlichen Bundes unter den Arbeiterklassen der verschiedenen Länder ... aus diesen Gründen haben die unterzeichneten Mitglieder des Komitees, welches am 28. September 1864 in ... London gewählt wurde, die notwendigen Schritte zur Gründung der Internationalen Arbeiter-Assoziation getan ...«[44]
Die von uns hervorgehobenen Satzteile zeigen klar den Dualismus zwischen den von Marx *vorgefundenen* Bedingungen, also den *Tatsachen*, und dem von ihm *erstrebten* und prognostizierten Freiheitskampf des Proletariats als noch nicht realisiertes Ziel. Aber heute, ein Jahrhundert danach, ist die Kluft zwischen dem, was objektiv gegeben *ist* und dem, was sein *soll*, was man zu erreichen wünscht, nicht erheblich schmaler als in jener Periode, in der er schrieb, es sei der kapitalistische Entwicklungsprozeß selbst, der mit der beständig abnehmenden Zahl der Kapitalmagnaten, der wachsenden Masse des Elends, des Drucks, der Knechtschaft, der Entartung, der Ausbeutung, zur Empörung »der stets anschwellenden und durch den Mechanismus des kapitalistischen Produktionsprozesses selbst geschulten, vereinten und organisierten Arbeiterklasse ...« führe und zur proletarischen Revolution treibe. Aber erzeugte »die kapitalistische Produktion ›wirklich‹ mit der Notwendigkeit eines Naturprozesses ihre eigene Negation«?[45]
Versuchen wir, die vom Marxschen Wunschdenken mit beeinflußte Voraussage der zwangsläufigen proletarischen Revolution und der Umwandlung der kapitalistischen in eine sozialistische Wirtschaft nüchtern mit den Realitäten von heute zu konfrontieren. Das stößt oft auf große psychologische Schwierigkeiten, weil eine solche Betrachtung bei vielen Menschen eine erhebliche Selbstüberwindung erfordert, in deren Denken und Fühlen, mehr oder weniger bewußt, ein aus der Lektüre über Ereignisse früherer Zeiten resultierender heroisch getönter Klassenkampfgedanke und eine gewisse Revolutionsromantik mitspielt. Doch in der heutigen Zeit, da die Konzerne und Monopole mit allen Mitteln raffinierter Technik die politische Macht im Staate ausüben, dürfte demgegen-

[44] Ebd., S. 14–16. Der interessierte Leser wird natürlich den ganzen Text der Provisorischen Statuten nachlesen.
[45] »Kapital«, Bd. I, Kap. 24, S. 790f.

über die Attitüde des kühl rechnenden sozialistischen Gegners weit angemessener sein als vorwiegend von Emotionen gesteuerte Gedanken und Aktionen. Will man die heutigen Realitäten wirklich zur Kenntnis nehmen, so ist es wohl schwer, daran zu zweifeln, daß einem heute – wie zu Marx' Zeiten – zum großen Teil durchaus *nicht* revolutionär gesinnten, geographisch und gewerkschaftlich-organisatorisch zersplitterten, sozial und je nach Art der Produktionseinrichtungen stark differenzierten »Proletariat« der geballte, in den Händen weniger Staatsbehörden konzentrierte, mit den modernsten technischen Errungenschaften ausgestattete »staatstragende« politische Polizeiapparat gegenübersteht; bereit, jeden Versuch eines physischen Aufstandes – falls ein solcher trotz der schon aufgezählten Gegenfaktoren überhaupt zustandekommt – im Keime niederzuhalten oder durch einen Präventivschlag gegen die »Staatsfeinde« (stetes Synonym für Sozialisten aller Richtungen) zu liquidieren. Mit der Entwicklung der modernen Technik ist nämlich nicht nur die Destruktivkraft der Kriegswaffen, sondern auch die technische Möglichkeit der politisch-polizeilichen Überwachung und gegebenenfalls der gewaltsamen Unterdrückung jeder ernstlichen Erhebung gegen den vom Großkapital beherrschten heutigen bürgerlich-parlamentarischen Staat ins Ungeheuerliche gewachsen. Der Ausbau modernster Technik gegen alle potentiellen oder aktuellen anti-kapitalistischen Bewegungen scheint sich in allen Industriestaaten mehr und mehr auszubreiten. Doch heben wir hier wieder in erster Linie auf die BRD ab, weil Deutschland bereits einmal einen historischen Beitrag durch seine nie wieder erreichten Greueltaten im Kampf gegen den »Marxismus« geliefert hat.[46] Sollte der polizeiliche

[46] Die folgenden Beispiele können aus Raumgründen nur Resümees oder stichwortartige Wiedergaben ausführlicherer Berichte sein. – Der parlamentarische Untersuchungsausschuß des schleswig-holsteinischen Landtages hat bestätigt, daß das Landesamt für Verfassungsschutz für die versuchte Anwerbung eines Schülers verantwortlich ist, der Mitschüler und Lehrkräfte des Inselgymnasiums bespitzeln sollte. Der Name des Schülers wurde genannt. Der Schüler ging zum Schein auf die Anwerbung ein, informierte dann aber die Öffentlichkeit. »Berliner Extradienst« Nr. 36/VII v. 5. Mai 1973. – »Der allwissende große Bruder Computer wird gebremst. Heute (= 6. Juli 1973 – E. L.) berät der Bundesrat über das Datenschutzgesetz. – Eine Vorlage mit Gummi-Paragraphen.« »... In der Bundesrepublik gibt es z. Z. weit mehr als 20000 datenverarbeitende Anlagen und fast 35000 Kleincomputer.« Der Handel mit Daten ... von und für Auskunfteien, Adressenverlage, sogar Detektivbüros, Banken, Dienstleistungsrechenzentren, ist zu einem blühenden Geschäft geworden. »Das Schreckgespenst des ›großen Bruders‹ aus George Orwells Roman ›1984‹, der alles erfaßt, kontrolliert und manipuliert, ist zwar nach wie vor nur eine Vision ...« Doch die Fälle von Datenmißbrauch häufen sich. Paradebeispiel aus dem Bundesinnenministerium: »Ein Mann, der sich bei einer Firma bewirbt, erhält mit fadenscheiniger Begründung eine Absage. Was er nicht weiß, ist, daß diese Absage mit der Begründung erfolgte, er sympathisiere mit Kommunisten. Der Personalchef der Firma hatte diese Auskunft von einer Datei erhalten, die den entsprechenden Rückschluß aus der Tatsache zog, daß der Mann sich vor Jahren nach den Bezugsbedingungen für das SED-Zentralorgan »Neues Deutschland« erkundigt hatte ...« (Nach Hans Lerchbacher, Bonn in: »Frankfurter Rundschau« Nr. 154 v. 6. Juli 1973).

Machtapparat der BRD dennoch Schwierigkeiten haben, z. B. mit bedrohlichen, als »politisch« qualifizierten Streikbewegungen fertigzuwerden, so würden die auch für solche Fälle vorgesehenen Notstandsgesetze in Kraft treten, die der Bundeswehr und dem Grenzschutz weitreichende Vollmachten geben. Eine solche Situation kennzeichnet ein Buchtitel zu diesem Thema, wenn auch mit einem Fragezeichen, treffend als »Griff nach der Diktatur«.[47] Der moderne politische Überwachungsstaat durchdringt spinnennetzartig immer mehr das Handeln, ja das geäußerte Denken »seiner« Bürger, um es in den Griff zu bekommen. Das reicht von der Kontrolle von Postsendungen bis zur Überwachung von Privatgesprächen und dringt, in der Wirkung potenziert, auch durch die Verwendung datenspeichernder elektronischer Rechengeräte (Computer) bis tief in das Privatleben der Bürger ein, um jede »staatsfeindliche« (lies: sozialistische) Gesinnung schon frühzeitig zu erfassen und um so frühzeitig »Erkenntnisse« über das Tun und Lassen »seiner« Bürger zu gewinnen. Selbstverständlich wird durch Presse und Ämter seit Jahren eifrigst versichert, daß mit den gesammelten Daten über die Bürger »kein Mißbrauch« getrieben werde, doch wer bestimmt darüber, was »Mißbrauch« ist und wo er beginnt?

Die bisher genannten Instrumente der Staatsmacht zur frühzeitigen Erkennung und Repression aller antikapitalistischen und antiautoritären Tendenzen in den entwickelten Industriestaaten werden durch das in den letzten Jahrzehnten immer mehr perfektionierte System der öffentlichen Meinungsbeeinflussung, also durch die zunehmende Herrschaft über das Denken und die Emotionen

Verfassungsschutz: Homosexueller als Spitzel gegen DKP erpreßt. Ein Mann war in der Bundeswehr wegen Homosexualität bestraft worden. Nach seiner »unehrenhaften Entlassung« verschaffte ihm sein Schwager, Kriminalhauptsekretär beim Polizeipräsidium in Münster, eine Stellung und warb ihn für eine Spitzeltätigkeit an. Der Fall wurde mit Namensnennung vom Bezirksvorsitzenden der DKP, Kapluck, auf einer Pressekonferenz in Essen behandelt und der betreffende Geständige vorgestellt. (»Berliner Extradienst« Nr. 18/VII v. 4. März 1973.) Ein Bericht hierüber auch in »Konkret« Nr. 10 v. 1. März 1973. – Der Vorsitzende der Münchner SPD, der Bundestagsabgeordnete Schöfberger, hatte gegenüber dem Presseausschuß »Demokratische Aktion« gegen den Ministerpräsidentenbeschluß gegen »Radikale« und das daraus resultierende Berufsverbot Stellung genommen. Im Verlauf des Interviews äußerte Schöfberger: »Statt des Bundesverfassungsgerichts entscheiden praktisch nachgeordnete Beamte, wer und was verfassungswidrig ist oder sein soll. Diese Entscheidungen richten sich nach bisheriger Erfahrung in Bayern gegen Linke, während neonazistische Lehrkräfte völlig unbehelligt bleiben (nicht nur in Bayern – E.L.). Über linke Studenten, auch über Jungsozialisten, werden schon während ihres Studiums Dossiers geführt ...« (»Berliner Extradienst« Nr. 14/VII v. 17. Februar 1973.)

47 Zur Notstandsgesetzgebung vgl. auch oben, Anm. 20. – Ferner u. a.: »Vorbereitung auf den Notstand? 10 Antworten auf eine aktuelle Frage« (Beiträge von 10 Autoren), Frankfurt a. M. 1967, Fischer Bücherei. – Die eingangs erwähnten Schubladengesetze wurden unter dem Titel »Schubladentexte« im Wortlaut im Verlag Neue Kritik und im Voltaire Verlag GmbH, Berlin, 2. Aufl. 1966, veröffentlicht. Vgl. hierüber auch Hans Heinz Holz: »Griff nach der Diktatur?«, Köln 1965.

ergänzt, wie es von den Massenmedien Presse, Rundfunk und Fernsehen ausgeübt wird. Die Zahl der Rundfunkhörer in der BRD einschließlich Westberlin hat sich bis Ende 1972 auf insgesamt 19,1 Millionen erhöht. Dem Normalbürger ist es in der Regel ganz unmöglich, die Richtigkeit von Darstellungen politischer und wirtschaftlicher Ereignisse durch Presse und Radio selbst zu überprüfen; er kann nicht feststellen, ob ein Vorkommnis ganz oder teilweise richtig, verdreht oder gänzlich verkehrt wiedergegeben wird, oder ob gar ein besonders übles Mittel der Meinungsmache angewendet wird: Einen Tatbestand erst ganz verspätet zu schildern oder ihn überhaupt zu verschweigen. Das Verschweigen politischer, ökonomischer oder sozialer Vorgänge von öffentlichem Interesse ist eine der folgenschwersten, gefährlichsten Mittel der Meinungsmanipulation.[48] Es braucht daher wohl kaum betont zu werden, wie wichtig es für die sozialistische Bewegung ist, nicht nur die ihr entgegenwirkenden technisch-politischen Machtinstrumente, sondern auch das subtile Mittel der öffentlichen Meinungsfabrikation durch die Gegenseite in Rechnung zu stellen, denn eine sozialistische Bewegung wird kaum inmitten einer von der Gegenseite beeinflußten und beherrschten feindlich gesinnten »öffentlichen Meinung« an Terrain gewinnen können.

Damit glauben wir, die wichtigsten Ursachen für die Tatsache genannt zu haben, daß Marx' Prognose der Machtergreifung des Proletariats und der Ablösung des kapitalistischen Systems durch ein sozialistisches in den entwickelten Industrieländern noch nicht eingetroffen ist. Nun hat Marx sich freilich auf einen bestimmten Zeitpunkt für das Eintreten dieses Ereignisses nicht festgelegt. Es ist aber offensichtlich, daß auch heute noch gerade in den hochentwickelten Industrieländern die Chancen einer proletarischen Revolution wegen der genannten Faktoren äußerst gering sind. Nicht-kapitalistische Wirtschaftssysteme sind nach dem Zweiten Weltkrieg nur durch die rigorose Besatzungspolitik der UdSSR in Ostdeutschland und in den Ostblockländern entstanden, also durch eine Intervention von außen, und nicht durch Machtergreifung des Proletariats oder durch eine innenpolitische Entwicklung. Andererseits ist es durchaus möglich, daß in Westdeutschland eine sozialistische Entwicklung in Gang gekommen wäre, wenn nicht die drei westlichen alliierten Siegermächte alle Ansätze dazu durch ihre rigorose restaurative Besatzungspolitik verhindert hätten. Aber auch ohne diese Besatzungspolitik wäre eine sozialistische Entwicklung in Westdeutschland nur deswegen möglich geworden, weil die deutschen faschistischen Terrororganisationen SS und SD (denen während der Herrschaftszeit des Nationalsozialismus die Vernichtung des »Marxismus« anvertraut

[48] Vgl. hierzu Anm. 17.

gewesen war – eine Aufgabe, die sie praktisch zu hundert Prozent gelöst haben) durch die vorangegangene Niederlage im Kriege militärisch geschwächt und desorganisiert waren und daher einem entschlossenen und gut geführten Aufstand des westdeutschen Proletariats kaum hätten standhalten können. Doch die Besatzungstruppen der westlichen Alliierten hätten sofort gegen alle sozialistischen Erfolge interveniert; ebenso, wie es heute die führende Macht der NATO tun würde. Aber es gab damals kein genügend starkes, einiges, entschlossen und gut geführtes Proletariat; weder in Westdeutschland (ebensowenig wie heute) noch in irgendeinem anderen entwickelten kapitalistischen Industrieland.

Aus dem Nichteintreffen der Marxschen Prognose einer siegreichen Revolution des Industrieproletariats wird mancher den Schluß ziehen, daß dann auch seine Analyse der kapitalistischen Wirtschaft, genauer der kapitalistischen Wirtschaft des 19. Jahrhunderts, falsch gewesen sein muß. Denn, so könnte man argumentieren, wenn die auf Analysen eines vorgefundenen Zustandes fußenden Voraussagen nicht eintreffen, so müsse das ein Anzeichen oder gar ein Beweis dafür sein, daß auch die Analyse falsch gewesen ist. Und für viele stellt sich oft die weitere Frage, ob Marx' Analysen überhaupt den Rang einer Wissenschaft hätten. Solchen Fragen liegt ein irriger Wissenschaftsbegriff zugrunde; denn Wissenschaft ist das sich ständig entwickelnde System der Erkenntnisse über die Eigenschaften, kausalen Zusammenhänge und Gesetzmäßigkeiten der Natur, der Gesellschaft und des Denkens.[49] Das impliziert, daß zur wissenschaftlichen Forschung auch die Möglichkeit von Irrtümern gehört; d. h. die Möglichkeit, einen vorgefundenen Zustand oder Vorgang falsch zu analysieren oder die Möglichkeit irriger Prognosen – nicht nur auf dem Gebiet der Ökonomie und anderen Sozialwissenschaften, sondern sogar auf dem Gebiet der exakten Naturwissenschaften, deren Geschichte ja auch zugleich die Geschichte ihrer korrigierten Irrtümer ist. Wie schon früher erwähnt, versucht man auch in den Sozialwissenschaften seit einer Reihe von Jahren systematisch Methoden zur Voraussage zukünftiger Ereignisse zu entwickeln. Diese Methoden werden immer wichtiger[50], vor allem wegen der immer dringenderen Notwendigkeit, wirtschaftliche, politische und gesellschaftliche Entwicklungstrends möglichst frühzeitig zu erkennen und Ereignisse und Situationen vorhersagen zu können, die das Leben und Überleben der Menschheit betreffen. Gewiß bewegt man sich besonders bei langfristigen Prognosen nicht im Kategorialsystem der absoluten Sicherheit, sondern meist oder

[49] In: »Philosophisches Wörterbuch«, Bd. 2, S. 1169–1171.

[50] Genaueres über die Beziehungen zwischen Prognosen und Wissenschaft bei Flechtheim, »Futurologie«, 1972, bes. S. 78ff u. 122ff und »Philosophisches Wörterbuch«, a. a. O., S. 880–884.

überhaupt nur in dem der Wahrscheinlichkeit und Möglichkeit[51]; doch jeder systematisch unternommene Versuch einer Vorhersage von Ereignissen oder Entwicklungstrends, auch wenn sie nur Wahrscheinlichkeitscharakter besitzt, ist für die angestrebten Zwecke wohl einem blinden Taumeln der Menschheit in eine Zukunft vorzuziehen, die sie mit Situationen konfrontiert, mit denen die Menschen nicht fertig werden. So ist es z. B. durchaus sinnvoll, ja längst dringendes Anliegen, zu untersuchen und zahlenmäßig zu ermitteln, wohin die Vergiftung und Verschmutzung der natürlichen Umwelt bei gleichbleibender oder zunehmender Verschmutzungsrate die Menschheit in 30, 40, 70 Jahren führen wird oder wie groß dann der Vorrat an Rohstoffen bei gleichbleibender oder zunehmender Bevölkerungszahl in diesem Zeitraum sein wird.

Zu Marx' Zeiten gab es noch keinen Ansatz zu systematischer Prognose: es fehlten genügend Daten für langfristige Voraussagen über das Ausmaß der Differenzierungsprozesse innerhalb des Proletariats in bezug auf ihre verschiedenartigen Funktionen und Arbeitsbedingungen im Produktions- und Zirkulationsprozeß; es fehlten Daten über das absolute und relative Wachstum der Angestellten in der Industrie und im Zirkulationsprozeß, die mit ihrer von den manuellen Arbeitern meist abweichenden gewerkschaftlichen und politischen Mentalität einer Einheitsfront gegen das Kapital sehr stark entgegenwirkten. Außerdem konnte Marx die fast uferlosen Möglichkeiten der technischen Machtmittel zur Repression anti-kapitalistischer Bewegungen im heutigen Zeitalter ebensowenig voraussehen und in ihrer Wirkung abschätzen wie die fast unbegrenzte Möglichkeit der öffentlichen Meinungsmanipulation im prokapitalistischen Sinne.

Und dennoch werden seit einiger Zeit die Umrisse zweier, vor hundert Jahren noch nicht vorhersehbarer Entwicklungsreihen sichtbar, die u. U. zu einer entscheidenden Schwächung der wirtschaftlichen und politischen Macht des Kapitals führen können. Die eine Entwicklungsreihe ist der beginnende Freiheitskampf der Bevölkerung der Dritten Welt gegen die Ausnutzung der Bodenschätze und der billigen Arbeitskräfte durch das Kapital der entwickelten Industrieländer, wie man aus den aktuellen, von der herrschenden Presse möglichst verniedlichten oder verschwiegenen Ereignissen in Afrika (Mozambik, Angola, Rhodesien, Südafrikanische Republik u. a.) und in Lateinamerika ersehen kann. Man braucht nur an Chile zu denken, wo das einheimische und das fremde Kapital gerade jetzt, da diese Zeilen geschrieben werden, zum Gegenstoß gegen die ärmsten Bevölkerungsteile ausholt, die sich vom vorwiegend ausländischen Kapital freizu-

[51] R. Popper verneint prinzipiell die Möglichkeit sicherer und langfristiger Prognosen in den Sozialwissenschaften als unbegründete »Prophetien« in: Ernst Topitsch (Hrsg.): »Logik der Sozialwissenschaften«, 6. Aufl. Köln 1970, S. 112ff.

machen versucht haben. Das letzte Wort dürfte weder in Chile noch in Afrika gesprochen sein, während in Vietnam das letzte, für das USA-Kapital günstige Wort nicht mehr das letzte zu sein scheint. Die bloße Existenz der vor hundert Jahren noch nicht vorhersehbaren Ostblockstaaten ist ein starkes und vielleicht immer stärkeres psychologisches und politisches Gegengewicht gegen die Herrschaft der westlichen Industrieländer geworden.

Bei der Erörterung der Marxschen Prognose wurde auch die Frage nach der Richtigkeit und Brauchbarkeit seiner Analyse des kapitalistischen Wirtschaftssystems gestreift. Dadurch kommen wir noch einmal auf die Bedeutung jenes viel umstrittenen Begriffes zurück, der bei allen Diskussionen für oder gegen die Marxschen Denkergebnisse verwandt wird: Was ist Marxismus? Man könnte sich die Definition vereinfachen und, wie es oft geschieht, einfach sagen: Unter Marxismus verstehen wir die Gesamtheit der Lehren von Marx (und Engels). Doch das wäre zu einfach. Marx selbst hat niemals seine Denkresultate als unumstößlich definiert, sondern als Versuch, das Problem von Armut und Reichtum – speziell in den Industrieländern –, und die Frage der Klassenspaltung, der Herrschaft einer Klasse über die andere – speziell im bürgerlichen Zeitalter –, zu erkennen, um diesen Zustand zu beseitigen. Er hat sich niemals dagegen gesperrt, neue Erkenntnisse zu gewinnen, wenn neue gesellschaftliche Entwicklungen eintraten, die eine Ergänzung der früheren Erkenntnisse oder neue erforderlich machten. Man erinnert sich: »Moi, je ne suis pas Marxiste.« Kurz: Marx' Haltung war die eines jeden echten Wissenschaftlers, der mit den Methoden seiner Zeit arbeitet. Über die Marxsche Untersuchungsmethode ist sehr viel geschrieben worden, und die hierüber veröffentlichten Arbeiten sind oft sehr tiefsinnig und nicht von jedem leicht zu lesen. Ob sie immer so fruchtbar sind, wie sie von dieser oder jener Gruppe ihrer Anhänger ausgegeben werden, müssen wir hier dahingestellt sein lassen. Marx selbst hat seine Untersuchungsmethode im Nachwort zur 2. Auflage des I. Bandes des »Kapital« mit den Worten eines ihm wohlwollenden Rezensenten zusammengefaßt, und wir lassen es dabei bewenden. Wer in die Marxsche Untersuchungsmethode und in die Diskussionen darüber eindringen will, wird die riesige Literatur hierüber leicht finden können. Nur auf einen besonders wichtigen Gesichtspunkt soll hier aufmerksam gemacht werden: Der Begriff Marxismus ist seit Generationen zu einem gern gebrauchten Universalinstrument geworden, das je nach dem gewünschten politischen Diskussionseffekt der Legitimierung oder der Disqualifikation von Gedanken, Untersuchungen oder Taten von Personen, Personengruppen oder Parteien dient; es kommt dabei immer auf die gewählten Definitionen und die Gesichtspunkte an, die bei einer Diskussion hervorgehoben oder übergangen werden. Man kann den Marxismus allgemein so umgrenzen: Marxismus ist das wissenschaftliche Studium der wirtschaftlichen, sozialen und politischen Verhältnisse, Vorgänge und Institutionen und ihrer Veränderungen in der Industriegesellschaft mit dem Ziel, die dabei gewonnenen Erkenntnisse zur Abschaffung der kapitalistischen und zur Herbeiführung einer sozialistischen Gesellschaft zu benutzen. Marxismus ist also nicht nur Studium, nicht nur Kontemplation der gegebenen kapitalistischen Verhältnisse, sondern Studium zu dem Zweck, das wirtschaftliche und das damit zusammenhängende menschliche Elend unseres Zeitalters zu beseitigen. Das kommt klar in der bereits früher zitierten berühmten Marxschen These über Feuerbach zum Ausdruck. Marxismus in dem soeben definierten Sinne bedeutet also eine aktive Haltung zu entscheidenden Gegenwartsfragen und zugleich das Streben nach mehr Humanisierung des menschlichen Zusammenlebens.[52]

Die Frage nach der Verwirklichung des Sozialismus bleibt auf der Tagesordnung, und mag es noch so viele Rückschläge durch neue Diktaturen geben. Sie äußert sich in der Formulierung konkreter politischer Mißstände und in der Forderung der Erreichung konkreter Nahziele, die das Elend bestimmter Menschengruppen beseitigen sollen – sei es bei den Armen in den Industrieländern und in der Dritten Welt oder bei den fast oder ganz landlosen, in Slums hausenden Menschen. Aber auch für eine kaum genau anzugebende Zahl von Intellektuellen hat der Sozialismus eine größere Anziehungskraft als die bestehende, von Monopolen und Konzernen beherrschte Profitwirtschaft mit ihrem riesigen Gegensatz zwischen Reichtum und Armut, ihren steten Gefahren von Kriegen, deren jeder wirklich der letzte sein könnte. Das große Risiko auch eines sozialistischen Gesellschaftssystems – eine hierarchisch aufgebaute Bürokratie, die zur Unterdrückung individueller Freiheiten und zu Entwicklungen stalinistischer Art geführt hat und wieder führen könnte –, würde dann äußerst gering sein, wenn die Regierung von der Allgemeinheit wirklich kontrollierbar, gegebenenfalls kurzfristig abberufbar wäre und für schlechte Gesetze und Maßnahmen verantwortlich gemacht werden könnte. Andererseits: Sind die Regierungen der kapitalistischen Industrieländer, ist ihre ins Riesenhafte wachsende, anonyme Bürokratie, gegen die der einzelne, ja ganze Bevölkerungsgruppen oft völlig machtlos sind, ebenso verantwortlich zu machen, wie es von diesen Institutionen einer sozialistischen Gesellschaft zu fordern ist? Man denke nur an die Umweltverschmutzung, an die Bodenspekulation, an die Kriege in Vietnam, in Angola und an so manche Akte administrativer Willkür. Da steht doch die Bevölkerung so oft vor vollendeten Tat-

[52] Mehr über den Begriff Marxismus findet sich im: »Wörterbuch der Soziologie«, hrsg. v. Wilh. Bernsdorf, 2. Aufl. 1969 u. in: »Philosophisches Wörterbuch«, Bd. 2, 8. Aufl., S. 671 ff.

sachen, die sie schwer oder gar nicht mehr ändern kann. Das Problem ist, wie man es vermeiden kann, zwischen Scylla und Charybdis zu wählen. Die Alternative unserer Zeit ist die Wahl zwischen dem extrem inhumanen Kapitalismus und dem Sozialismus, dessen ethisches Ziel die Humanisierung des menschlichen Zusammenlebens ist. Dort, wo sozialistische Wirtschaftssysteme – oder solche, die sich auf dem Wege zum Sozialismus befinden – inhumane, verwerfliche Herrschaftsmethoden anwenden, muß mit aller Entschiedenheit für deren Beseitigung gekämpft werden – freilich *innerhalb* des sozialistischen Lagers und nicht auf seiten der Feinde des sozialistischen Wirtschaftssystems. Diese alten und neuen Kämpfer gegen inhumane Regierungsmethoden sozialistischer oder auch gar nicht sehr sozialistischer Regierungen, standen oder stehen nämlich in der Regel der Herrschaft des Kapitals und seiner terroristischen Ausprägung, dem Faschismus, weit freundlicher gegenüber: sie unterstützten ihn oder schwiegen zu seinen Greueltaten. Diese Gruppe von Entdeckern des Wertes zwischenmenschlicher Beziehungen sind keine Verbündeten im notwendigen Kampf gegen Entartungserscheinungen des Sozialismus; mit ihrem Kampf wollen sie in Wahrheit das sozialistische Wirtschaftssystem selbst bekämpfen.

Kommen wir noch einmal auf die Frage nach den Aussichten für die Verwirklichung sozialistischer Entwicklungen in den hochorganisierten Industrieländern zurück. Bei der sich heute beängstigend schnell ändernden Weltlage kann man trotz der vorhin genannten Gegenfaktoren nicht mit Sicherheit ausschließen, daß sich auch in den Industrieländern irgendwo – aber wohl von niemandem vorauszusehende – Chancen einer sozialistischen Entwicklung eröffnen. Dann würden sofort sehr große Mengen hochqualifizierter Techniker, Pädagogen und anderer Fachkräfte verfügbar sein müssen, um eine solche Entwicklung zu kontrollieren, sie so human wie nur möglich zu gestalten und die Sabotage der zunächst noch in ihren früheren Ämtern verbliebenen Feinde der neuen Gesellschaft zu verhindern. Doch eine sozialistische Entwicklung innerhalb der modernen Industriestaaten scheint z. Z. eine völlig hypothetische unrealistische Vorstellung zu sein. Daher wird die revolutionäre Ungeduld der jüngeren Generation vielleicht in zunehmendem Maße in praktisch-konstruktiver Weise dort für die Verwirklichung des Sozialismus arbeiten, wo die Hilfe einer großen Zahl hochqualifizierter Fachkräfte dringendste Notwendigkeit ist. Sie können den Völkern der Dritten Welt in ihrem Kampf gegen die durchaus noch kolonialen Charakter aufweisende Unterdrückung, gegen die Ausbeutung der einheimischen Rohstoffe und der billigen Arbeitskräfte durch das Kapital der Industriestaaten helfen, so schnell wie möglich eine von fremdem Kapital unabhängige, sozialistische Industrie und Landwirtschaft aufzubauen. Der Emanzipationskampf dieser Völker kostet schon wegen der von den kapitalistischen Industriestaaten an die Unterdrücker gelieferten modernsten Waffen z. Z. schreckliche Opfer, doch langfristig gesehen ist dieser Kampf und jede tatkräftige Hilfe für diese Völker keineswegs aussichtslos, weil den Unterdrückten und ihren Helfern ein riesig großes Hinterland und eine meist von Anfang an mit ihnen sympathisierende einheimische Bevölkerung zur Seite steht. So sind immerhin zwei für das Vordringen des Sozialismus wichtige Faktoren vorhanden, die in den hochorganisierten kapitalistischen Industrieländern fast völlig fehlen: Die ungehinderte Betätigung sozialistischer Fachkräfte und die ihnen günstig gesinnte Bevölkerung. Ein erfolgreicher Emanzipationskampf der Dritten Welt, verknüpft mit dem Aufbau einer sozialistischen Wirtschaft, ist dann einer der Faktoren, die das Vordringen des Sozialismus territorial begünstigen, indem sie die Gebiete der Erdoberfläche verringern, auf denen noch das Kapital herrscht. Ein anderer Faktor, der zu einer Auflockerung der kapitalistischen Wirtschafts- und Denkweise führen kann, wäre im Falle einer genügend lange andauernden und beiderseits wirklich durchgeführten Entspannungspolitik zwischen Ost und West der immer weniger gehinderte Austausch von Beobachtungen und politischen Meinungen zwischen den Bürgern des Westens und des Ostblocks: Geschäftsleuten, Beamten, Jugendverbänden, Schriftstellern, Fachgelehrten, Touristen, die ungehindert in beide Richtungen frei reisen und sich überall auf beiden Seiten frei aufhalten können. Sollten die Reisenden auf Grund ihrer Beobachtungen und Erfahrungen zu der Ansicht gelangen, daß die Regierungen des Ostblocks auf die Dauer mehr materielle Wohlfahrt und eine als besser empfundene geistige Kultur zu bieten haben als die Regierungen des Westens, dann wird keine Propaganda der Massenmedien diese Menschen davon abbringen können zu glauben, was sie selber gesehen und gehört haben. Tritt diese Aufweichung der bisherigen Ansichten eines großen Teils der Bürger des Westblocks ein, dann wird die Front gegen den Sozialismus unweigerlich durchlöchert werden. Aber der Ausgang der Entspannungspolitik hängt von innerstaatlichen und zwischenstaatlichen Entwicklungen ab, die sich in ständigem Fluß befinden und die wohl niemand mit einiger Sicherheit prognostizieren kann. Jedenfalls würde durch die Aufweichung der Fronten als Folge friedlicher Koexistenz das kapitalistische System gleichsam in zweifacher Hinsicht aufgelockert und bröckelig werden: Durch die Emanzipation der Dritten Welt und durch eine vielleicht größere Anziehungskraft der gesellschaftlichen Lebensformen des Ostens. Dieser Weg in eine sozial gerechtere und friedlichere Welt scheint – vorausgesetzt, daß eine kriegerische Menschheitskatastrophe vermieden werden kann – keineswegs aussichtslos zu sein.

Register

(Zusammengestellt von Arne Arnemann)

Inhalt Band 1